编委会名单

主　任：许尚侠

副主任：莫　雷　刘华山　白先同

编　委：（按姓氏笔画排列）

王守恒　史健生　白先同　刘华山

刘英才　许尚侠　李山川　李巨才

李　铮　杨鑫辉　沙毓英　沈家鲜

陈沛霖　罗黎辉　郑和钧　胡启先

胡晓莺　莫　雷　彭运石　傅　荣

漆书青

"十二五"普通高等教育本科国家级规划教材

八省师范大学合编心理学主干课程系列教材

心理与教育测量

PSYCHOLOGICAL & EDUCATIONAL MEASUREMENT

（第四版）

戴海崎　张　锋　主编

暨南大学出版社

JINAN UNIVERSITY PRESS

中国·广州

图书在版编目（CIP）数据

心理与教育测量/戴海崎，张锋主编. —4 版. —广州：暨南大学出版社，2018.5
（2024.3 重印）
ISBN 978 − 7 − 5668 − 2370 − 0

Ⅰ.①心…　Ⅱ.①戴…②张…　Ⅲ.①心理测量学—高等学校—教材②教育测验—高等学校—教材　Ⅳ.①B841.7②G449

中国版本图书馆 CIP 数据核字（2018）第 075786 号

心理与教育测量（第四版）
XINLI YU JIAOYU CELIANG（DI-SI BAN）
主　编：戴海崎　张　锋

- -

出 版 人：阳　翼
责任编辑：黄圣英　黄　球　黄　斯
责任校对：刘舜怡
责任印制：周一丹　郑玉婷

出版发行：暨南大学出版社（511443）
电　　话：总编室（8620）37332601
　　　　　营销部（8620）37332680　37332681　37332682　37332683
传　　真：（8620）37332660（办公室）　37332684（营销部）
网　　址：http：//www.jnupress.com
排　　版：广州市新晨文化发展有限公司
印　　刷：广州市友盛彩印有限公司
开　　本：787mm×1092mm　1/16
印　　张：22.75
字　　数：554 千
版　　次：1999 年 2 月第 1 版　2018 年 5 月第 4 版
印　　次：2024 年 3 月第 51 次
印　　数：447001—467000 册
定　　价：69.80 元

第四版前言

在心理与教育测量应用社会需求量大而情切的召唤下，心理与教育测量学理论和技术的发展也不断与时俱进。在着手本教材第四版修订时，我们面临着很多的选择。选择的新内容如何既体现时代的创新发展，又不失教材循序渐进的逻辑性；既展现学科发展的前沿性，又保持本科教学水平的基础性？在出版社的倾力支持下，本书的原作者们坐在一起，对新内容作了认真的剪裁。

本次修订全书结构和主要内容改进如下：

1. 调换了部分章节的前后次序，使全书更符合学科内在逻辑。

2. 概论章加强了对《心理测验管理条例》和《心理测验工作者职业道德规范》两文件意义的阐述。

3. 测量信度章增加了对分层 α 信度系数和成套测验合成总分测评信度估计方法的介绍。

4. 测量效度章增加了效度验证的举证模式。

5. 项目分析章增加了第五节"项目功能差异分析"。

6. 能力测验章推出了对知名测验新版本的介绍。

7. 人格测量章增加了第四节"内隐联想测验"。

8. 第十六章改名为"测量应用实务"，加强了测量在各领域实际应用的介绍，并在每节后增加"测量误用与滥用的表现及危害"内容。

9. 第十七章改名为"测量理论与应用的新发展"，并增加了第三节"新一代测验理论与认知诊断简介"。

10. 各章的练习与思考题均增至 10 题及以上。

希望此次修订后更加有利于学习者的学习，也更加有利于应用者的应用。

修订后，各章节负责人如下：张锋，第一、七、十四章；罗黎辉、张锋，第二章；杨志明，第三、四、五章；龙文祥，第六、八章；陈雪枫，第九、十二、十三章；戴海崎，第十、十一、十七章；龙立荣，第十五、十六章。另有戴步云、倪雨菡等青年学者参与了本书此次的修订工作，特此致谢。

此次修订，我们又参考和摘引了国内外一些新资料，在此再次向本书所有参考资料的作者们表示感谢。

编　者

2018 年 1 月 5 日

编写说明

  《心理与教育测量》是华南师范大学心理学系组织南方八省师范大学编写的心理学主干课程系列教材之一。本书从测量学基本原理、测验编制技术、知名测验性能三个方面总结前人所编教材的经验，力求反映测量研究领域的当代特色。本书主要有如下特色：

  第一，辟专章介绍了目标参照测验的理论与技术。

  第二，介绍了认知心理学的一些测量学新观点。

  第三，增加了测验等值、题库建设、教师自编测验等实用技术的介绍。

  第四，加强了对我国学者在测量学领域研究活动与成果的介绍。

  第五，专章介绍了现代测量理论两个主要分支项目——反应理论与概化理论的新发展。

  本书可作为心理学、教育学、社会学等专业的测量课教材，也可作为从事心理咨询、考试评价、人员测评等工作人员的参考书。

  全书体系是在主编提供的框架基础上集体讨论而定的，编写分工如下：张锋编写第一、八、十四章，罗黎辉编写第二章，杨志明编写第三、四、五章，龙文祥编写第六、七章，戴海崎编写第九、十一、十七章，陈雪枫编写第十、十二、十三章，龙立荣编写第十五、十六章。

  本书初稿由戴海崎、张锋分工审阅并提出修改意见，最后由戴海崎统校定稿。

  本书的编写得到了心理学主干课程教材编委会的指导，特别是受到了编委会主任莫雷教授的格外关心；江西师大、云南师大、华中师大、湖南师大、安徽师大等高校均对本书的编写出版给予了很大的帮助，在此一并深表谢意。我们还得感谢暨南大学出版社对本书的扶持。在编写过程中，我们参考了国内外大量资料，有些还作了摘引，在此也向这些作者表示感谢。

编　者

1997 年 7 月 1 日

目　录

第一章　心理与教育测量概论

【本章提要】

- 测量的基本性质及其要素
- 测量量表
- 心理与教育测量的理论基础
- 心理与教育测量的量表与测验
- 心理与教育测量在科学研究和实际工作中的意义
- 心理与教育测量工作者的素质要求与道德准则

心理与教育测量是我国各大学心理学专业和教育专业学生必修的重要专业课，它在心理科学、教育科学的基础研究和应用研究之间起着中介桥梁作用。一方面，它是开展心理学和教育学基础研究的方法论课程；另一方面，它又是心理学和教育学应用研究和解决现实问题的工具性课程。因此，学习心理与教育测量，对于理论研究和实际应用均具有重要的意义。在本章里，我们将讨论心理与教育测量的若干基本概念和基本原理问题，以便为学习以后各章的具体内容提供一个基本框架。

第一节　一般测量概述

一、测量及其种类

测量（measurement）是人类生产和生活中普遍存在的现象。农业生产要丈量土地面积，工业生产要测定产品的技术指标，地质勘探要测定海拔高度和地质指标，医疗工作要测定人体的生理指标，教育工作要测定学生的学业成绩。至于科学研究中的测量活动就更加普遍，也更加严格了。那么，究竟什么是测量呢？

斯蒂文斯（Stevens，1946）提出了一个简洁的测量定义，认为测量是指"根据法则给客体或事件指派数字"。后来，有研究者（Lord，Novick，1968；Torgerson，1958）认为，测量的对象不是客体（如水果或空气）本身，而是客体的特定属性（如水果的重量或空气中有毒气体的含量）。因此，测量的定义被修改为"根据法则给客体或事件的属性指派数字"，或者通俗地说，测量是指依据一定的法则使用量尺对事物的属性进行定量描述的过程。这一定义包含四个关键词，简单说明如下：

所谓"一定的法则（rule）"，是指任何测量都要建立在某种科学规则和科学原理基础之上，并通过科学的方法和程序完成测量过程。例如，用杆秤测量物体的重量，所依据的是物理学上的杠杆原理；用温度计测量温度，所依据的是热胀冷缩原理；用尺子测量物体的长短，所依据的是把尺子零点对准物体的一端，指认出沿直线到物体另一端的距离。有的测量所依据的法则比较稳定和完善，所以测量的结果比较准确、可靠；而有的测量所依据的法则比较粗糙和欠成熟，测量结果的准确性和可靠性便较差。有的测量所依据的法则操作比较直观和简单，一般不需要经过专门训练就能很容易掌握（如称重量或量长短）；而有的测量所依据的法则操作程序复杂（如科技领域的专业测量活动），需要经过专门训练才能逐步掌握。

所谓"事物的属性（attribute）"，是指所要测量的客体或事件的特定特征（characteristic）。例如，物体的重量、长短、高矮，物体运动的速度，物体中某些特定成分的含量，等等。这些不同的特征就是测量的特定对象。一种事物有各种各样的属性，对不同的属性要用不同的测量工具依据不同的法则进行测量。有些事物的属性直观明显，具有外显性（如物体的重量、长度等），所以在测量中容易被确定，并容易被多数人认同和接受，测量的结果具有无可争辩性；而有些事物的属性不那么外显，具有内隐性（如人的智力水平、性格特点等），所以在测量中难以准确界定，也不容易取得多数人的认同和接受，测量的结果也就不容易获得清楚的解释。

所谓"量尺"（scale），是指测量中所使用的度量工具。例如，重量测量中的杆秤、电子秤，长度测量中的木尺、皮尺，体温测量中的体温计，等等。不同的测量要用不同的量尺，不同量尺所使用的单位和参照点也不同。

所谓"定量描述"（quantitative description），是指测量的结果总是对事物属性的量的确定。虽然有时人们把诸如"1"代表男、"0"代表女这样的做法也叫作测量，但这里的数字只是一种分类符号，并不是有意义的数量。所谓"数量"不仅指描述事物特征的符号，而且指一种有序的量。数量具有四个特性：一是区分性，即一个数（如"1"）不同于另一个数（如"2"）；二是序列性，即 $1 < 2 < 3 < 4\cdots$；三是等距性，即 $2 - 1 = 1$，$3 - 2 = 1$，所以，$2 - 1 = 3 - 2$；四是可加性，即一个数加另一个数产生第三个数。数量的这些特点是一切数学运算的基础，同样，也正是这些特点使得对事物特征差异的测量成为可能。有些测量对事物特征定量描述的精确度高些，而另一些测量对事物特征定量描述的精确度低些。测量的精确度既与测量对象的性质有关，也与测量时所用的工具有关。

首先，测量的精确度取决于测量对象本身的性质。我们可以根据测量对象的性质把它分为三种类型。

（1）确定型，即在一定条件下，事物的量保持恒定不变。例如，物体的长度和重量，只要物体的温度不变、受力状况不变，其长度也就不会改变；只要物体在地球表面的水平位置和垂直高度不变，其重量也不会改变。

（2）随机型，即事物的量随机改变。例如，人的短时记忆的容量，尽管实验者在实验过程中每次向被试呈现刺激的条件保持恒定，但每次测量的结果总是存在差异，只是这种差异总是保持在一定范围内，量的改变趋势也呈现出一定的规律。

（3）模糊型，即事物的量本身是模糊的，难以获得确定的量。例如，对于人的性格特征，尽管人们习惯于用热情奔放或冷若冰霜等词汇来描绘，而且能够区分出两个同是热情奔放的人在程度上的差别，但这种差别的量却是很模糊的。

显然，对确定型的事物进行定量描述比对随机型和模糊型的事物进行定量描述要容易得多，因此测量的精确度也高得多。但是，即使对确定型的事物也不能做出绝对精确的描述，在任何测量过程中都会有误差存在，只是误差的大小不同而已。

其次，测量的精确度取决于测量工具的精密性。不言而喻，使用技术上完善的测量工具比使用技术上粗糙的测量工具，其测量结果要精确得多。对于长度的测量，用皮尺测量比用脚步测量，其结果要精确得多；而用激光测量比用皮尺测量，其结果又要精确得多。同样，对于重量的测量，用杆秤测量比个人主观估计，其结果要精确得多；而用电子秤测量比用杆秤测量，其结果又要精确得多。因此，尽可能使用精密的测量工具，是保证测量精确度的重要条件。但是，不论使用何等精密的测量工具，实际测量中仍然会有误差存在，不同的仅是误差的大小而已。测量学的目标之一是设法把误差降到最低限度，但不可能完全消灭误差。

测量技术被广泛用于工农业生产、商业流通、科学研究和人们的日常生活领域。根据测量对象的性质和特点，可以将各种不同形式的测量大致分为四种类型。

（1）物理测量：指对事物物理特征的测量。如长度测量、重量测量、面积测量、速度测量等均属于物理测量。

（2）生理测量：指对机体生理特征的测量。如对动植物各种化学成分含量的测量，对人体各种生理机能的测量等均属于生理测量。

（3）社会测量：指对社会现象的测量。如在人口普查、经济统计、民意调查中所进行的测量等均属于社会测量。

（4）心理测量：指对人心理特征的测量。如智力测量、人格测量、职业兴趣测量、态度测量等均属于心理测量。狭义的教育测量主要指对学生学业成绩和知识水平的测量，此时，教育测量可以纳入心理测量的范畴。但是，广义上的教育测量不仅包括对学生学业成绩和知识水平的测量，而且包括对教育领域中其他教育现象的测量。如对教师教学水平的测量、对学校办学质量的测量、对学校管理水平的测量等。此时，教育测量当属社会测量的范畴。本书所使用的教育测量是狭义的教育测量，但为了与其他心理测量有所区别，将教育测量与心理测量这两个术语并列使用。

二、测量的基本要素

在数学上，测量的数量是由零（0）和任何正负数组成的实数系，该实数系通常可用实数轴直观地表示出来（见图 1-1）。实数系是可被无限分解为不同单位的数字连续体，其中每个数值都处于该连续体上的一个特定位置。从图 1-1 可以观察到，一个完善的测量数量必须具备两个基本要素，即测量的参照点和测量的单位。

$$-6 \quad -5 \quad -4 \quad -3 \quad -2 \quad -1 \quad 0 \quad 1 \quad 2 \quad 3 \quad 4 \quad 5 \quad 6 \quad 7$$

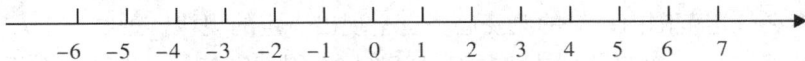

图 1 - 1　测量中的数量连续体

（一）测量的参照点

从根本上说，测量是确定特定事物的特定特征的数量。因此，在测量工作中，必须有一个测量的原始起点，也就是测量前测量对象的数量的固定原点，这个固定原点就叫作测量的参照点（anchor point）。在测量的数量连续体中，固定原点的数字被定为"0"。显然，要使两个测量数量能够相互比较，必须使这两个测量建立在同一个参照点上。因为参照点不同的两个测量，其结果的意义完全不同。

参照点有两种：一种是绝对参照点，即以绝对的零点作为测量的起点。如重量测量和长度测量就是建立在以绝对零点为参照点的基础上的测量。这个绝对零点的意义就是"无有"，即没有重量或没有长度，以此为测量的起点去确定某事物有多重或有多长。另一种是相对参照点，即以人为确定的零点作为测量的起点。如对海拔高度的测量，就是以海平面为测量的起点。人们假定海平面的高度为"零"，然后确定陆地高出海平面的垂直距离。再如对气温的测量，是以水的冰点为测量的起点。人们假定水刚刚能够结为冰的温度为"零"，然后确定气温高于或低于"零"的度数。

最为理想的测量参照点当然是绝对参照点，因为它的意义最为明确。但在许多情况下，人们难以找到绝对参照点，所以必须改用相对参照点。采用相对参照点为测量起点的测量结果只能进行加减运算，而不能进行乘除运算，它的两个值之间没有倍数关系。例如，在智力测量中，假定甲的智商为100，而乙的智商为50，我们不能说甲的智商是乙的智商的2倍，只能说甲的智商高出乙的智商50。

（二）测量的单位

测量的第二个基本要素是它的单位。在现实生活中，不同测量所用的单位有很大差异，如长度测量的单位是毫米、厘米、分米、米等，而重量测量的单位是毫克、克、千克、吨等。但抽象到实数轴的数字连续序列中，我们可以观察到测量数量的基本单位是"1"，即数量从原点"0"开始移动，数轴上每个连续整数都与前一个整数相距1个单位，数轴上相邻整数间的距离都是相等的。所以，理想的测量单位应当具备两个条件：一是要有确定的意义，即对同一单位，所有人的理解都是相同的，不允许做出不同的解释。例如，所有人对重量单位"千克"的解释都是一样的，没有歧义。二是要有相等的价值，即第一个单位与第二个单位之间的距离等于第二个单位与第三个单位之间的距离。例如，30千克与20千克之差等于40千克与30千克之差。但是，在某些情况下，要具备这两个条件是相当困难的。例如，教育与心理测量中的单位就往往难以达到这个要求，它远没有其他测量中使用的单位成熟和完善。这一点我们在后文还会谈到。

三、测量的量表

如前所述，要测量某一特定事物的特定特征的数量，必须首先选择一个具有确定单位和测量参照点的数字连续体，将欲测量的特征与这个连续体相比照，确定它的位置，看它距参照点的远近，就会得到该特征的一个度量值。这种能够使事物的特征数量化的数字连续体就是量表（scale），建立系统的法则，选择有意义的参照点及单位来量化事物属性的活动便称为度量（scaling）。制定量表的参照点和单位不同，就会编制出不同的量表；不同的量表具有不同的测量水平，相应地，测量的精确度也不同。斯蒂文斯（Stevens，1946）根据测量中使用的不同参照点和单位，区分出四种不同水平的测量量表。

（一）称名量表

称名量表（nominal scale）只是用数字代表事物的成分或用数字对事物进行分类，其中的数字只是事物属性的符号，并不具备有意义的固定原点、单位的等距性和数字的顺序性，因而该类数字没有数量的意义。称名量表又可细分为两种形式：一是命名量表，即用数字指代个别事物，如用数字给学生或运动员编号；二是类别量表，即用数字指代事物的种类，如用 1、2、3、4、5…分别代表不同的职业类型。

在教育学或心理学研究中，研究者通常对有关的调查材料用数字编码。例如，将男性编码为"0"，而将女性编码为"1"，但其中的"0"和"1"并不意味着两种性别存在数量的差异。因此，运用称名量表时，对数字不能作常用的数量分析，如不能说 6 号学生 > 5 号学生 > 4 号学生，当然也不能进行代数运算。适合对称名量表进行统计分析的统计方法有百分比（%）、次数（f）、众数（M_o）和 χ^2 检验。

（二）顺序量表

顺序量表（ordinal scale）上的数字不仅能够指代类别，而且能够表明不同类别的大小、等级或事物具有某种特征的程度。各种比赛、评估中的名次排列就是一种典型的运用顺序量表进行的测量。例如，在各种体育比赛中，我们通常取前三名，分别用 1、2、3 代表，那么，我们就可以说，1 > 2 > 3。这表示，第 1 名的水平高于第 2 名的水平，第 2 名的水平又高于第 3 名的水平。这种按照事物的大小、等级、程度来排列数字的量表就叫作顺序量表。

顺序量表中的数字与实数轴中的数值具有相同的顺序性，即不同的数字可表示测量对象的等级、大小和程度的差异，但它既没有相等距离的单位，也没有固定的测量原点。换言之，它既不表示事物特征的真正数量，也不表示绝对的数值，因此不能进行代数运算。适合于对顺序量表进行统计分析的统计方法有中位数（M_d）、百分位数（P_p）、等级相关系数（r_p）和肯德尔和谐系数（W）等。

（三）等距量表

等距量表（equal interval scale）不仅能够指代事物的类别和等级，而且具有相等距离的测量单位。等距量表的数字是一个真正的数量，这个数量中各个部分的单位是相等的，因此可以对其进行加减运算。例如，在测定气温时，10℃和15℃的差别与15℃和20℃的差别是相等的。

等距量表没有绝对的零点，它的零点是人为假定的相对零点。因此，对等距量表中的两个数量不能进行乘除运算，它们之间不存在倍数关系。例如，我们不能说20℃是10℃的两倍。适合对等距量表进行统计分析的统计方法有平均数（M）、标准差（SD）、积差相关系数（r）、等级相关系数（r_p）以及 t 检验和 F 检验。

（四）比率量表

比率量表（ratio scale）是最完善的测量量表，因为它除了具有类别、等级和等距的特征外，还具有绝对的零点或固定的原点。许多物理属性的测量都是在比率量表上进行的（如以厘米测量长度，以千克测量重量，或以天数、月数、年数测量年龄）。在该类测量中，一旦确定绝对零点的位置，那么实数轴上的任何一个非零点的数值均可表示为与其他数值的比值。这意味着，使用比率量表不仅可以知道测量对象之间相差的程度，而且可以知道它们之间的比例。例如，在长度测量中，测得甲的长度为9米，乙的长度为3米，此时，我们不仅了解到甲比乙长6米，也了解到甲的长度是乙的长度的3倍。在重量测量中，测得甲的重量为40千克，乙的重量为20千克，那么，我们既可知道甲比乙重20千克，又可知道甲的重量是乙的重量的2倍。适合对比率量表进行统计分析的统计方法除了与等距量表相同的之外，还有几何平均数（M_g）、变异系数（$C.V$）等。

第二节 心理与教育测量的性质

一、心理与教育测量的定义

根据一般测量的定义，我们可以将心理与教育测量定义为，根据心理学和教育学法则给人的心理特质和教育成就指派数字，或者依据一定的心理学和教育学理论在测验上对人的心理特质和教育成就进行定量描述的过程。与一般测量的定义相比较，心理与教育测量的定义既具有一般测量的共同属性，又具有其独有的特征。

首先，心理与教育测量依据的法则在相当程度上是一种理论，很难达到如同物理测量依据的法则那样普遍被研究者共同接受的科学水平。心理与教育测量学家凭借这些理论来编制测量的工具并完成测量工作。例如，测量学家在编制智力测验时对智力本身的性质存有非常不同的看法，对智力的结构成分也有非常不同的理解。因此，从一种智力测验上得到的测量分数与从另一种智力测验上得到的测量分数可能具有不同的意义。由于所依据的法则不够成熟，即使使用同一种测验测量，所得结果也不像物理测量那样准确和可靠。这种情况在人格测量领域表现得更加明显。

其次，心理与教育测量的对象是人的心理特质和教育成就。教育成就的含义比较明显，是指一个人通过接受教育而获得的知识水平。但心理特质的含义则比较含混，不大能够给予清楚的界定。心理学上通常将"特质"（trait）理解为相对稳定的、对个人的行为具有持久调节作用的心理特征，如智力、兴趣、态度、人格等均可视为特质。但这些特质本身就是很抽象的概念，在测量工作中，将其具体化为可操作的测量对象本身就是一项非常复杂的工作。心理特质显然具有内隐性，我们不可能像测量重量或长度那样直接测量人的心理特质的量，而只能通过测量个人在特定情境中的外显行为来推断他的心理特质。这就决定了心理与教育测量只能是一种间接测量。

再次，心理与教育测量的量尺是由有关领域的专家经过长期的编制、试用、修订、完善而逐渐形成的标准化测验（standardized test），它的编制是一项高度专门化的系统工作，要达到科学所要求的水平绝非易事。

最后，心理与教育测量的目标虽然是对人的心理特质和教育成就进行定量分析，但这种定量分析的精确度远不及物理测量的精确度。这首先是由人的心理特质的高度复杂性所决定的，同时也与目前的测验缺乏令人十分满意的信度和效度有关。

二、心理与教育测量的理论基础

在阐述心理与教育测量的定义的过程中，我们在说明心理与教育测量同一般测量的共同特征的同时，着重强调了心理与教育测量的复杂性和难度。也许正因为如此，人们对心理与教育测量是否必要和是否可能持有怀疑态度。归纳起来，怀疑心理与教育测量的必要性和可能性的理由不外乎两个方面：一是人的心理现象和知识水平是一种主观存在，它的复杂性、流动性和内隐性的特征使人们不可能对其进行直接测量；二是目前的心理与教育测量的技术手段远未达到如物理测量那样准确和可靠的水平。那么，心理与教育测量究竟是否必要和可能呢？对此，我国古代学者孟子早在两千多年前就给予了明确的回答（参见第二章）。但直到20世纪初期，随着心理与教育测量运动的发展，这个问题才真正摆在了测量学家的面前。1918年，桑代克（E. L. Thorndike）曾提出，"凡客观存在的事物都有其数量"。1939年，麦柯尔（W. A. McCall）进一步指出，"凡有其数量的事物都可以测量"。这两个命题被公认为是心理与教育测量的理论基础。

从哲学的观点看，任何事物都是质和量的统一，事物的质的差异是分类的前提，而事物的量的差异则是测量的前提。这里的"事物"不仅指外在的客观现象，而且指人的内在的心理特质。根据这一前提，我们可以认为：第一，人的心理特质和知识水平如同其他一切物理现象一样是有差异的，这种差异不仅包含质的方面，而且包含量的方面。因为有差异，所以有必要测定差异的数量，描述差异的程度。第二，心理特质和知识水平虽然不是物理实体，不能直接测量，但是必须表现于人的外部行为之中，并调节着人的外部行为。因此，通过观测人的外部行为的差异，就有可能测量出人的心理特质和知识水平的差异。第三，心理与教育测量的准确性、可靠性和精确度如同其他一切测量技术一样是相对的，也同其他一切测量技术一样必然随着科学技术的进步和发展而逐步提高。尽管目前心理与教育测量的科学性还达不到人们所期望的高度，但测量不准不等于不能测量，目前测量不准也不意味着将来永远测量不准。一百多年来，心理与教育测量学家正是抱着这种信念进行了大量的研究，取得了明显的成效，已经初步形成一套比较科学的测量原理与技术。可以设想，随着研究工作的拓展和深化，心理与教育测量的科学水平将会进一步提高。

三、心理与教育测量的量表

在本章第一节里，我们已经谈到，测量中所使用的单位和参照点不同，就会有不同水平的测量量表。那么，心理与教育测量的量表属于哪一水平呢？从本质上讲，心理与教育测量的量表属于顺序量表。其原因如下：

（1）从所使用的参照点来说，教育测量和心理测量领域的参照点均为相对零点，而非绝对零点。例如，在学期末的学科考试中，通常的做法是把学生的成绩确定在 0～100 分之间。显然，这个"0"是命题人人为假定的测量起点。因为即使某生在该试卷上得了 0 分，也不能说该生在本学期内没有学到任何知识，或者说该生的知识水平为"零"。在智力测量中，假定某一儿童不会做任何一道题目，那么，他的成绩也为"0"，但这个"0"也并不表示他的智力水平为"零"。这就决定了心理与教育测量的量表不可能达到比率量表的水平。

（2）从所使用的单位来说，心理与教育测量的单位远没有其他测量的单位成熟和完善。一是心理与教育测量所使用的单位意义不太明确。例如，在各种形式的考试中，虽然使用的单位都是"分"，但实际上，数学考试中的"分"和语文考试中的"分"意义是不相同的。学生在不同学科上的考试成绩所反映的不是同一个领域的知识水平。二是在心理与教育测量中的单位常常不等值。例如，同一次数学考试，学生做对一道较简单的题目，得到 1 分，同样做对一道较复杂的题目，也得到 1 分。从表面上看，前者的 1 分和后者的1 分是等值的，但实际上，它们所反映的学生的知识水平是不相等的。由于单位的意义不同，单位的价值不相等，因此各科的考试成绩不能直接相加而求出总分，也不能根据总分求各科平均分。这就决定了心理与教育测量量表上的度量值不是等距量表上的度量值。然而，无论是考试还是能力测验，不同个体获得的分数具有顺序性，可以比较其大小。例如，虽然同一数学试卷上获得的成绩 80、85 和 90 分之间没有绝对零点，也不能认为彼此间的差异量相等，但我们可以对三个分数做出顺序排列：90＞85＞80。所以，它是基于顺序量表获得的度量值。

由于顺序量表的参照点没有绝对零点，而且它的单位不等值，大量的统计方法不能直接应用到顺序量表的分数上，因此在理论研究和实际应用工作中受到极大的限制。为了克服这些缺陷，心理与教育测量学家希望将从顺序量表上得到的分数转化到等距量表上去解释。也就是说，可以采用统计方法把顺序量表的分数转换到具有相等单位的另一个量表即等距量表上（见第八章和第十章）。目前，对大多数心理与教育测量的分数解释工作是在等距量表上实现的。

四、心理与教育测量中的测验

如前所述，心理与教育测量工作是在测验的基础上完成的，而测验是由有关领域的专家经过长期的编制、试用、修订、完善而逐渐形成的标准化测量工具。对于什么是测验的问题，学术界尚未取得一致的意见，相对来说，被多数测量学家所接受的定义是美国心理测量学家安娜斯塔西（A. Anastasi，1968）提出来的，她认为："心理测验实质上是对行为样本的客观的和标准化的测量。"根据这一定义，编制一个测验应当具备下列四个基本条件。

（一）行为样本

抽样是测量活动中普遍采用的方法。例如，在水质检验中，检验人员从要检验的水中抽取一小部分样水予以测定，根据对样水的测定结果推断水的整体质量；在医疗验血中，医生也只是抽取很少一部分血样进行测定，并根据此测定结果推断其整体的情况。从整体中抽取出来作为测量对象的样品叫作样本。与上述例子不同，心理与教育测量是间接测量，是通过测量人的外部行为来推断人的心理特质和教育成就的。但是，人的行为具有多样性，要把人的所有行为都作为测量的对象显然是不可能的，也是不必要的。就此而言，心理与教育测量又与上述例子相同，对心理特质的测量也需要取样。事实上，测量学家的做法是从人的大量行为中抽取与欲测量的心理特质直接相关的一组行为进行测量，并依据对这一组行为的测量结果推断其心理特质和教育成就。那些可供实现行为抽样的所有行为的总体成为行为域（behavior domain），从该行为域中被抽取出来的、作为直接测量对象的行为样例就是行为样本（sample of behavior）。例如，我们要想知道学生数学运算能力的高低，就可以先划定相关的数学知识范围作为知识域，然后从中通过抽样方法选择若干有代表性的数学问题，要求学生解答这些问题。学生在解答这些数学问题时的行为就是我们要测量的直接对象，当我们根据这一组行为来推断其整体的数学运算能力时，这一组行为就是数学运算能力的行为样本，而引起学生行为的那些数学运算问题就构成测验的项目。所以，简单地说，测验就是引起特定行为的工具。显然，所抽取的行为样本必须是能够给测量人员提供有意义的、足以反映个人特定心理特质的一组行为项目，而要做到这一点，首先要使构成测验的行为项目与欲测量的行为域高度相关。

（二）标准化

标准化（standardization）是编制测验的一个重要步骤，也是测验的重要条件。为了使接受测量的不同个人所获得的分数有比较的可能性，测验的条件必须对所有的个人都是相同的。在相同的测验情境中，影响测量分数的唯一的自变量应是正在接受测量的个人的特定心理特质，这样测量结果才具有客观性。测验的标准化就是指测验的编制、实施、记分以及测量分数解释的程序的一致性。具体地说，测验的标准化需要具备以下要件。

1. 测验内容的标准化

标准化的首要前提，是对所有接受测量的个人实施相同的或等值的测验内容。测验内容不同，所测得的结果便没有可比较的基础。

2. 施测条件的标准化

标准化的第二个条件，是对所有接受测量的个人必须在相同的施测条件下实施测验。其中包括：①相同的测验情境；②相同的指导语；③相同的测验时限。

3. 评分规则的标准化

评分规则的标准化要求评分结果的客观性，只有当评分结果客观时，才能将测量分数的差异归于个人心理特质和知识水平的差异。为此，测验中所制定的评分规则要足以使不同评分人的评分结果保持最大限度的一致。

4. 测验常模的标准化

编制测验的一个重要步骤是编制测验的常模（norm）。在心理与教育测量领域，由于测量分数没有绝对的零点作为参照点，因此，孤立地看待一个测量分数是没有什么意义的，必须将该测量分数与他人的测量分数相比较，才能显示出它的意义。常模的功能就是给解释测量分数提供一个可比较的参照点。在许多情况下，常模是一组有代表性的被试群体的平均测验分数。这个平均测验分数表示的是普通人的一般状况。解释个人的测量分数就是将这一分数与常模分数相比较，看该分数高于或低于常模分数多少。例如，在能力测量领域，如果某一个人的测量分数高于常模分数，则此人的能力水平高于普通人的平均水平；相反，如果某一个人的测量分数低于常模分数，则此人的能力水平低于普通人的平均水平。

常模既然是一组有代表性的被试群体的平均测验分数，那么编制测验常模的关键是要抽取有代表性的被试样本，它要求按照抽样原则抽取样本中的每一个个体。这里需要特别说明的是，不能把常模的概念与我们通常理解的标准的概念混淆。标准指的是理想上期望达到的最高程度，而常模指的是被试群体已经达到的实际程度。以常模为参照编制的测验叫常模参照测验（norm-reference test），以标准为参照编制的测验叫目标参照测验或标准参照测验（criterion-reference test）。本书讨论的主要是常模参照测验，但也涉及目标参照测验。

（三）难度或应答率

在编制教育成就测验和各种形式的能力测验时，一个很重要的指标是确定项目的难度值，测验项目是按照其难度值由简单到复杂编排的，而项目难度（item difficulty）是通过计算答对某一项目的被试人数比例来确定的。例如，比内—西蒙智力量表（Binet-Simon Scale，1905）中的 30 道题目就是根据 50 个智力正常儿童和少数智力落后儿童接受该测验的结果而编排的。这是最早用客观方法决定项目难度的尝试。难度太低或太高都不能有效地将不同水平的个体区分开来，从而也就不能保证测验的科学性。

编制诸如态度测验、兴趣测验、性格测验不存在难度问题，但存在对项目的应答率（response ratio）问题。如果在某些项目上，答"是"或答"否"的被试人数太多或太少，则同样不能有效地区分不同态度、兴趣或性格的人。

（四）信度和效度

评价一个测验是否科学的重要指标是它的信度和效度（见第四章和第五章）。信度指的是一个测验的可靠性，即用同一测验多次测量同一团体，所得结果之间的一致性程度。我们用钢片卷尺去测量一木杆的长度，所得结果是可靠的，因为无论是由一个人数次测量，还是由数个人分别去测量，所测得的结果都是一致的。如果改用橡皮软尺去测量木杆，多次测量或多人测量的结果就难以一致。这就是说，橡皮软尺这种测量工具的信度不高。由此可见，信度是衡量测验科学性最基本的指标。效度指的是一个测验的有效性，即一个测验在多大程度上能够测到它所要测量的心理特质。如果一个测验所测得的不是它所要测得的特质，这个测验就是无效的。例如，智力测验所要测得的特质应是智力，如果一个智力测验测到的不是智力，而是知识，那么无论它的信度有多高，这个智力测验对于测量智力而言都是无效的。由此可见，效度是衡量测验科学性最重要的指标。

第三节　心理与教育测验的种类及其功能

一、心理与教育测验的种类

为了满足心理与教育测量工作的需要，一百多年来，测量学家编制了大量的测验，涉及各个方面和各个领域。这就有必要对各种各样的测验进行分类。采用的分类标准不同，就会有不同的测验分类系统。

（一）基于测量对象的分类

1. 智力测验

智力测验（intelligence test）旨在测量个人的智力（一般认知能力）水平的高低。这是心理测量最早涉及的领域，也是目前发展得相对成熟的一种测验。国内外比较著名的智力测验有斯坦福—比内量表、韦克斯勒智力量表、瑞文推理测验等。

2. 能力倾向测验

能力倾向测验（aptitude test）旨在测量个人的潜在才能，预测个人的能力发展倾向。能力倾向测验一般可分为两种：一种是一般能力倾向测验，测量个人多方面的潜能；另一种是特殊能力倾向测验，测量个人的特殊潜在能力，如音乐能力倾向测验、机械能力倾向测验等。

3. 成就测验

成就测验（achievement test）旨在测量个人在接受教育后的学业成就。成就测验有两种类型：一是学科成就测验，测量受教育者在某一科目上的学习成就；二是综合成就测验，测量受教育者在各学科上的综合学业成就。

4. 人格测验

人格测验（personality test）旨在测量个人在诸如兴趣、态度、动机、气质、性格等方面的心理特征。由于人格（personality）概念的含义太广泛，一个具体的测验不可能涵盖如此广泛的内容，所以常常有所偏重，也有测量单一人格特质的测验，如内向—外向量表。人格测验又主要分为两类：一类是自陈人格问卷，比较著名的有明尼苏达多相人格调查表、卡特尔16种人格因素测验、艾森克人格问卷等；另一类是投射测验，如罗夏克墨迹测验、主题统觉测验等。

（二）基于测量方式的分类

1. 个别测验

有些测验同一主试在同一时间内只能测量一个被试，所以被称为个别测验（individual test）。例如，斯坦福—比内量表、韦克斯勒智力量表等智力测验以及罗夏克墨迹测验、主题统觉测验等人格测验均属于个别测验。个别测验有许多优点，一是主试可对被试的做题行为仔细观察，有机会获得测量分数之外的信息；二是主试与被试面对面交流的机会更多，容易与被试建立起融洽的合作关系；三是对于一些特殊被试（如幼儿、文盲），只能采用个别测验，以便主试代替被试记录其行为反应。但是，个别测验也有它的缺点，一是费时间，难以在短时间内收集到大量的测量资料；二是测验手续比较复杂，需由具有较高水平的人担任主试。

2. 团体测验

有些测验同一主试在同一时间内能够测量许多被试，所以被称为团体测验（group test）。例如，瑞文推理测验、陆军甲种和乙种团体智力测验以及绝大多数自陈人格问卷均属于团体测验。各种教育测验也属于团体测验。团体测验的优点是节省时间，可以在短期内收集到大量的测量数据，所以在诸如教育、人事选拔、团体比较研究中被广泛使用。它的缺点是由于同一时间内接受测量的被试较多，不易有效地控制被试的行为，因此容易产生测量误差，从而影响测量的信度和效度。团体测验可用于个别测量，但个别测验不能用于团体测量。

（三）基于测验内容表达和反应形式的分类

1. 文字（纸笔）测验

有些测验的内容是通过文字的形式表现的，被试也用文字作答，所以被称为文字测验（language test），也叫纸笔测验（paper – pencil test）。此种测验实施起来方便，团体测验多采用此种方式编制。其缺点是容易受被试的文化背景影响，从而降低测验的效度。

2. 非文字（操作）测验

有些测验的内容是通过图形、仪器、工具、实物、模型等形式来表现的，被试通过指认、手工操作向主试提供答案，所以被称为非文字测验或操作测验（manipulation test）。此种测验不受或很少受文化背景的影响，因此常用于所谓"文化公平测验"。同时，也适用于测量学前儿童及文盲的心理特质。但是，非文字测验常局限于个别测量，在时间上不经济。有些测验（如斯坦福—比内量表、韦克斯勒智力量表）既包含文字测验的项目，也包含非文字测验的项目。

（四）基于测验功能的分类

1. 成就测验与预测测验

成就测验的目的是测量个人在某一领域已经达到的实际成就，而预测测验的目的在于测量个人未来在某一方面获得成功的可能性。

2. 难度测验与速度测验

难度测验的功能在于识别个人能够达到的最高水平。通常包括各种难度不等的项目，其中有一些极难的项目，由易到难排列，供各种不同水平的被试作答。速度测验的功能在于识别个人做题的最快速度。通常包括大量相对容易的项目，要求被试在严格限定的时间内作答，被试在规定的时间内答对的题数越多，表明他的反应越快。

3. 描述测验与诊断测验

描述测验的功能在于通过测量来描述某一特定群体在某一心理特质上的一般状况。例如，心理学上关于智力发展趋势的研究、关于智商在不同年龄阶段的稳定性的研究、关于智力水平与学业成就关系的研究、关于男女性智力差异的研究等都是通过智力测验来完成的，这些测验研究的目的都是为了描述和说明一个实际问题。诊断测验的功能是对个人的问题行为及其原因进行诊断，这种测验通常在教育和临床治疗领域被广泛应用。例如，学生学业成绩不良的原因可能是多种多样的，究竟是什么原因，需要运用诊断测验才能弄清楚。

二、心理与教育测验的价值和作用

心理与教育测验经过一百多年的发展，现已被广泛应用于科学研究和教育、临床、人才选拔等实践领域，并发挥出日益显著的作用。概括地说，心理与教育测验的功能主要表现在理论研究功能和实际应用功能两大方面。

（一）理论研究功能

1. 收集研究资料

在心理学和教育学的许多研究工作中，都需要通过测验来获得第一手资料。例如，为了查明影响学生学业成绩的心理因素，我们需要运用智力测验、学习能力倾向测验、成就动机测验、学习兴趣测验、人格测验和学业成就测验，通过计算各种心理因素的测量分数与学业成就测验分数之间的相关系数来进行回归分析，然后根据测验所获得的实证资料做出科学结论。

2. 建立和检验理论假设

在心理学的研究中，通常需要根据已有的测验研究成果提出理论假设，然后通过测验进一步检验这个假设。在这方面最为突出的是关于智力结构和人格结构的理论研究。斯皮尔曼（Spearman）的智力二因素理论、瑟斯顿（Thurstone）的智力群因素理论和吉尔福特（Guilford）的智力三维结构理论都是建立在对智力测验结果的因素分析基础上的。这些智力理论来源于智力测验，反过来又成为进一步编制智力测验的理论基础。在人格结构的研究中，如卡特尔（R. B. Cattell）的16种人格因素结构理论、艾森克（H. J. Eysenck）的人格维度理论也都是在对人格测验结果作反复的因素分析基础上提出来的。在教育研究中，如果要比较各种教育措施的实际效果，就需要运用教育测验获得测量分数，并对分数进行统计比较。从20世纪80年代开始，在学术界的理论研究中，有的学者特别强调非智力因素在学生学习活动中的重要作用，但在未得到实证研究结果的证明之前，这种观点只能是一种理论假设。后来一些测量学工作者对这个假设进行了多方面的测验研究，发现有些非智力因素对学生的学业成就具有明显影响，而另一些因素的影响则不明显。这些研究为理论上的进一步探讨提供了重要的资料。

3. 实验分组

心理与教育测验还可以和实验方法结合起来运用于研究工作中。在一些实验心理学的研究课题中，为了考查不同自变量对被试因变量的不同影响，通常选择两组被试进行比较研究，这时需要控制与实验变量无关的被试的其他心理变量（例如智力水平），使两组被试实现等组化（如使他们的智力水平相当），心理与教育测验（如智力测验）可以满足实验设计中的上述要求。有时，我们需要研究具有不同心理特征的被试在完成心理实验任务过程中的差异。在这种情况下，我们首先需要通过心理测验识别具有不同心理特征的被试，然后分成两个极端组进行比较实验。例如，要研究内向的人和外向的人在场独立性实验中的差异，就可以先运用内外向测验选择出典型外向的被试和典型内向的被试，然后让他们完成场独立性的实验任务，从而比较他们是否在场独立性方面存在差异。

（二）实际应用功能

1. 人才选拔

在教育、军事、艺术、体育、人事等部门，人们经常面临着选拔人才的问题，也就是需要识别那些最有可能获得成功的人。在传统社会里，选拔人才主要依靠少数个人的经验，这显然是一种非常原始的选才方式。现代社会各行各业需要大量不同类型、不同层次的人才，那种伯乐识马式的选才方式显然不能适应现代社会对人才的需求。心理与教育测验的发展为大规模地选拔人才提供了可能。心理测量学家根据对各种工作的性质和特点的分析，寻找出适应特定工作要求的心理模式，然后根据这种模式编制测验，借此识别适合从事这种工作的人。这不仅大大提高了选才的效率，而且可以避免选才过程中各种人为因素的影响，从而提高选才的科学性和客观性。美国在1942年第二次世界大战期间将心理测验应用于飞行员的选拔，结果淘汰率由原来的65%下降到36%。心理测验在人才选拔中的价值可见一斑。

2. 人员安置

随着社会化大生产的发展，人事分工越来越细，不同的工种需要不同的人来做，某类人更适合做某种特定的工种，借助心理与教育测验可以使人与事得到最佳匹配，做到人尽其才，提高劳动生产率。在教育领域，可以借助心理与教育测验的资料，作为按能力和成绩分班的依据，为分类教育、因材施教提供条件。

3. 心理诊断

对智力缺陷者和心理障碍者的识别是推动心理测验发展的重要动力。直到现在，对各种智力落后、精神疾病和脑功能障碍的诊断仍然是心理测验的重要应用领域。

心理与教育测验的诊断功能不限于临床，在教育工作中同样可以发挥作用。例如，可以应用测验发现学生学业成绩不良或社会适应不良的原因，查明学习困难或适应困难的症结所在，从而给予适当的帮助或采取补救措施。

4. 描述评价

通过心理与教育测验可以对人们在智力水平、学业成就、人格特点等心理特质上的优势和劣势做出描述和评价，使一个人知道自己的长处和短处，以便扬长避短，更好地适应学习、工作和生活。这种评价既可由他人做出，也可由自己做出；既可用于评价学生，也可用于评价教师；既可评价个人，也可评价团体。

5. 心理咨询

通过心理与教育测验获得的资料，可以作为从事心理咨询工作的依据。例如，综合成就测验、智力测验、能力倾向测验、职业兴趣测验和性格测验的资料，可以就一个人的未来职业方向提供咨询意见，以便帮助来访者做出正确的职业选择。利用人格测验和临床精神障碍测验的资料，可以帮助来访者改善心理环境，提高心理适应能力。

第四节　心理与教育测量工作者的素质要求及道德准则

一、心理与教育测量工作者的素质要求

从前面各节的讨论中，我们可以看到，心理与教育测量工作是一项高度复杂和高度专业化的工作，也是一项从理论到技术尚不甚完善的工作。因此，只有不断提高心理与教育测量工作者的专业素质，才能促进心理与教育测量工作朝着科学、健康的轨道发展。改革开放以来，我国心理与教育测量工作在从恢复到发展的同时，也出现了误用、滥用心理测验的现象，一些地方、一些个人随便使用心理测验，对测量结果乱加解释，造成一些不良影响。之所以出现这种情况，从根本上说，是因为测验的使用者缺乏应有的基本素质。因此，我们认为有必要对心理与教育测量工作者提出一定的素质要求，以便规范专业训练和有关的培训工作，培养合格的测量学工作者。

（一）心理与教育测量工作者的知识结构

概括地说，心理与教育测量工作者可分为两个不同的层次，第一个层次是专业研究工作者，主要从事心理与教育测量学的理论研究工作和各种测验的编制工作。第二个层次是实际应用工作者，主要运用心理与教育测验解决各行各业中的实际问题。不论哪个层次的人员，都应具备从事测量工作的基本知识结构，只是对高层次研究人才的要求更高，使之成为该领域的专家。总结心理与教育测量发展历史的经验教训，结合中国测量学界的现状和未来发展的趋势，我们认为心理与教育测量工作者应当具备相应的基础知识和专业知识。基础知识包括：

（1）普通心理学、发展心理学、教育心理学等广泛的心理学基本知识。

（2）扎实的心理与教育统计学的基本知识。

（3）教育学的基本知识。

在专业知识方面，除了精通人格心理学、智力心理学、变态心理学、心理与教育测量的原理与技术等具有核心地位的专业知识外，还应根据自己的工作领域具备相应的其他专业知识。例如，在教育领域从事教育测量工作的人员应精通各个学科的专业知识；在临床领域从事心理测量工作的人员除了具备基本的医学知识外，尤其应精通精神、神经医学的专门知识；在工业企业、人事部门从事心理测量工作的人员应懂得组织人事管理知识和有关的技术知识；在司法部门从事心理测量工作的人员应懂得犯罪学、罪犯改造学、犯罪心理学的专门知识，等等。总之，合理的知识结构是保证心理与教育测量工作科学化和专业化的基本条件。

（二）对心理与教育测验的科学态度

人们对心理与教育测验的争论自测验问世以来就从未间断。其极端看法要么高估测验的作用，把它奉为神明；要么贬低测验的作用，把它视为江湖骗术。这两种态度都是极其错误和不科学的。对此，心理与教育测量工作者应有清醒的认识。

从心理学的发展历史来看，心理测验是在心理学由思辨科学转向实验科学后出现的。心理测验方法受到心理实验方法的影响，是对实验方法的有益补充，尤其是在研究人的较为复杂和高级的心理现象（如智力和人格）中，测验方法起到了实验方法所无法替代的作用。测验方法在客观上为心理学的发展和进步做出了重要贡献，并在众多的应用领域发挥了它的实际作用。但是我们也应当看到，心理与教育测验无论在理论上还是技术上都存在不少问题。例如，在智力测验和人格测验的编制工作中，人们首先碰到的麻烦是对什么是智力、什么是人格的问题还没有一个统一的认识。在这种情况下，测验所测量的结果究竟代表什么是一个令人伤脑筋的问题。当然，这种情况在科学发展史上并不鲜见。例如，物体重量的测量技术在万有引力定律被发现以前就已被人们广泛地应用了；物体温度的测量技术在人们认识到物体热分子运动加速的原理之前也被广泛地应用了。正是由于杆秤和温度计的发明及广泛应用，才推进了对物理现象的研究，发展了物理学理论。这说明，一方面，测量技术的发展受理论研究水平的制约；另一方面，测量技术的应用反过来促进了理论研究的扩展和深化。在心理学领域，智力测验的发展深化了对智力本质及其结构的认识，这也是人们公认的客观事实。因此，心理与教育测量工作者一方面要认识到心理与教育测验既是从事心理学与教育学研究的一种重要方法，也是解决实际应用问题的一种重要的辅助工具；另一方面也要充分考虑到目前的心理与教育测验的科学性还不够高，有待在使用过程中进一步改进和完善。

测验起源于对个别差异的测量，但测验方法不是鉴别个别差异的唯一方法。如同心理学的任何其他研究方法一样，测验方法既有它的长处，又有它的不足。只有根据研究工作的需要将各种研究方法结合起来，才能对人的心理现象获得相对全面的认识。在运用测验解决实际问题时，使用者应当记住测量结果（分数）只是对人的智力和人格的相对估计，而不是一个十分精确的数值。在解释个人测量分数并以此分数为依据对个人的未来作预测时应当特别小心谨慎。

二、心理与教育测量工作者的职业规范和道德准则

从事每一种职业都应遵守其特定的职业规范和道德准则，从事心理测量工作也不例外。中国心理学会于 1993 年在《心理学报》发布《心理测验管理条例（试行）》和《心理测验工作者的道德准则》，2008 年发布了修订后的《心理测验管理条例》和《心理测验工作者职业道德规范》，2015 年再次对上述文件进行了修订（见本书附录一和附录二），并在两个文件之前编发"编者按"，指出："心理测验是心理学研究与应用的重要工具。随着社会的快速发展与变革，心理测验的使用范围逐渐扩大，并已广泛应用到教育、医疗、卫生、军事、人事、经济、管理等多个领域。但正是由于心理测验的快速发展，社会

上出现了大量良莠不齐的心理测验工具，特别是由于个别心理测验工具的研发者，缺乏应有的心理测量的相关知识和必备的理论基础，以致所编制的测验不符合心理测量学的基本要求，导致社会对心理测验的误解，阻碍了心理测验在我国的健康发展。""编者按"认为，中国心理学会心理测量专业委员会"借鉴国外成熟的测验管理经验，并结合我国实际情况所制定的《心理测验管理条例》《心理测验工作者职业道德规范》文件，对保证和推动心理测验专业化和心理测验朝着正确的方向健康发展至关重要"。这里结合中国心理与教育测量的实际作些阐述。

（一）测验的保密和控制使用

对心理与教育测量工具需要保密，对测验的占有范围需要控制。这本是测量学上的常识，不过，对于初学者，我们仍有必要说明保密和控制使用测验的理由。

对测验保密是为了保证测验的价值，防止测验失效。在实施测验时，人们经常碰到类似这样的情况：一所小学尝试用智力测验对新入学儿童的智力水平进行识别，以此作为分班和因材施教的参考依据。有的家长为了使自己的孩子能够进入理想的班级，找到心理测验工作者，说："让我的孩子先做做这个测验行吗？我希望他能够测到一个好分数，能进入一个好的班级。"假如测验工作者满足了家长的要求，那么，这个测验对于鉴别这个儿童的智力水平就毫无价值了。

当然，对测验内容保密，并不意味着不需要对受测者和一般公众介绍关于测验的知识。但这种介绍的目的应限于：①破除对测验的神秘感；②了解测验的一些技术和方法；③熟悉测验的程序和手续，消除受测者的紧张和焦虑。

为了对测验内容保密，《心理测验管理条例》规定："经登记和鉴定的心理测验只限具有测验使用资格者购买和使用"（第37条）；"为保护测验开发者的权益，防止心理测验的误用与滥用，任何机构或个人不得出售没有得到版权或代理权的心理测验"（第38条）；"凡个人和机构在修订与出售他人拥有版权的心理测验时，必须首先征得该测验版权所有者的同意；印制、出版、发行与出售心理测验器材的机构应该到中国心理学会心理测量专业委员会登记备案，并只能将测验器材售予具有测验使用资格者；未经版权所有者授权任何网站都不能使用标准化的心理量表，不得制作出售任何心理测验的有关软件"（第39条）；"具有测验使用资格者，可凭测验使用资格证书购买和使用相应的心理测验器材，并负责对测验器材的妥善保管"（第41条）；"个人的测验结果应当严格保密。心理测验结果的使用须尊重测验被测者的权益"（第44条）。《心理测验工作者职业道德规范》（第11条）也规定："为维护心理测验的有效性，凡规定不宜公开的心理测验内容如评分标准、常模、临界分数等，均应保密。"

所谓对测验的控制使用，是指并非所有的人都可以接触和使用测验，测验的使用者必须是经过专业训练和具有一定资格的人员。对测验之所以要控制使用，是为了保证测验的实施，对测验分数的解释既做到合乎科学，又对受测者未来的成长有益。在测验工作中，人们也常碰到类似这样的情况：一个女青年愁眉苦脸地来找心理咨询工作者诉说："有人给我作了一个人格测验，说我的神经质分数高。此后，我就经常心神不宁，寝食不安。"显然，这是由于测验人员缺乏专业知识，对测验结果解释不当而给受测者造成心理负担。

这样的解释不仅无益于克服受测者的神经质倾向，而且会加重这种倾向。

为了保证对测验的控制使用，《心理测验管理条例》对测验使用人员的资格作了规定："测验使用人员的资格证书分为甲、乙、丙三种。甲种证书仅授予主要从事心理测量研究与教学工作的高级专业人员，持此种证书者具有心理测验的培训资格。乙种证书授予经过心理测量系统理论培训并通过考试，具有一定使用经验的人。丙种证书为特定心理测验的使用资格证书，此种证书需注明所培训使用的测验名称，只证明持有者具有使用该测验的资格。"（第22条）"申请获得甲种证书应具有副高以上职称和5年以上心理测验实践经验，需由本人提出申请，经2名心理学教授推荐，由中国心理学会心理测量专业委员会统一审查核发。"（第23条）"申请获得乙种和丙种证书需满足以下条件之一：①心理专业本科以上毕业；②具有大专以上（含）学历，接受过中国心理学会心理测量专业委员会备案并认可的心理测量培训班培训，且考核合格。"（第24条）同时，《心理测验工作者职业道德规范》对测验分数的解释原则也作了规定："使用心理测验需要充分考虑测验结果的局限性和可能的偏差，谨慎解释测验的结果和效能，既要考虑测验的目的，也要考虑影响测验结果和效能的多方面因素，如环境、语言、文化、受测者个人特征、状态等"（第6条）；"应以正确的方式将测验结果告知受测者。应充分考虑到测验结果可能造成的伤害和不良后果，保护受测者或相关人免受伤害"（第7条）；"评分和解释要采取合理的步骤确保受测者得到真实准确的信息，避免做出无充分根据的断言"（第8条）。

（二）测验中个人隐私的保护

在测验工作中，尤其是人格测验工作中经常遇到的一个不可忽视的问题是侵犯受测者的个人隐私问题。例如，在编制关于情绪、动机或态度等测验时，其中有的内容会涉及人们的家庭关系、内心冲突、私人生活等问题。在日常生活中，人们一般不愿意向他人透露这些事情，而在测验条件下，为了寻求帮助，或配合测验，很可能表露出来。这种情况在能力测验中同样存在。因为任何智力的、能力的或成就的测验都会显示出一个人的某种限度和缺陷，而在一般情况下，人们是不愿意透露这些缺陷的。即使在测验条件下，受测者也会产生顾虑。在这种情况下，保护受测者的个人隐私就成为测验工作者的一项重要责任。为此，测验工作者应当采取适当的保护措施。一是只有在必要的情况下，测验工作者才能询问个人隐私，凡是与测验目的无关的方面就不应涉及；二是保证为受测者保密，并在实际上为受测者严守秘密；三是凡必须涉及个人隐私的测验应事先征得受测者本人或其他有关人员的同意。为了保证测验中个人隐私得到保护，《心理测验工作者职业道德规范》（第12条）规定："心理测验工作者应确保通过测验获得的个人信息和测验结果的保密性，仅在可能发生危害受测者本人或社会的情况时才能告知有关方面。"

【练习与思考】

1. 掌握以下基本概念和术语：

测量　心理测量　绝对参照点　相对参照点　称名量表　顺序量表　等距量表　比率

量表 标准化测验

2. 心理测量的精度受哪些因素的影响？为什么心理测量的精度远不如物理测量的精度高？

3. 斯蒂文斯（Stevens）区分测量量表的依据是什么？为什么对于基于等距量表的测量分数不能进行四则混合运算？

4. 在同物理测量的比较中阐明心理测量的特点。

5. 为什么说心理与教育测验的分数本质上是基于顺序量表的分数？

6. 为什么人们不像接受物理测量那样容易接受心理测量？如何才能证明心理测量的必要性和可能性？

7. 什么是测验？测验标准化包括哪些要素？分别举出三种以上有关学业成就、能力和人格领域的著名的标准化测验的名称，并说明其理由。

8. 为什么说既不能高估也不能低估心理测量的作用？

9. 为什么要控制使用心理测验？控制使用心理测验的主要要求是什么？

10. 为什么在测验中要保护个人隐私？如何在测验中保护个人隐私？

第二章　心理与教育测量简史

【本章提要】

- 中国古代学者对心理与教育测量的贡献及其特点
- 西方心理与教育测量起源的社会根源与学术背景
- 西方心理与教育测量的早期探索
- 西方心理与教育测量运动的发展
- 现代心理与教育测量在中国的发展

每一门学科都有其产生和发展的历史。了解心理与教育测量学历史的发展，有助于我们深入理解该学科的性质及其现状。本章将对心理与教育测量学的发展历程作一简要回顾，使读者能够对这一学科的历史有一个概要性的了解。

第一节　中国古代的心理与教育测量

像许多科学理论与科学发明均起源于古代中国一样，心理与教育测量技术的最早故乡也是中国。在漫长的中国古代社会里，现代心理与教育测量的主要领域（如能力测量、人格测量、教育测量）均有所涉及，并取得举世公认的成就。

一、能力测量

中国古代的能力测量可上溯到 2 500 年前的思想家和教育家孔子（前551—前479）。他在教育实践中凭借自己的经验观察首先评定学生能力的个别差异，并将人的智力分成三个等级，即中上之人、中人和中下之人。他说："中人以上，可以语上也；中人以下，不可以语上也。"[1] 用现代人的说法，就是智力水平较普通人（中人）高的人可以给以高等教育，智力水平较普通人（中人）低的人不可以给以高等教育。汉代学者董仲舒（约前

---

[1]　出自《论语·雍也》。

179—前104）已论及注意测验，他说："一手画方，一手画圆，莫能成。"① 这大概是世界上最早的心理（注意）测验。东汉王充的《论衡·书解篇》、北齐刘昼的《新论》、明代王守仁的《传习录》等都照录了这个测验。

三国时期刘邵的《人物志》可以说是一部研究能力（也包括性格，见后文）的专门著作。在该书中，刘邵把人的才能划分为12种类型，即清节家、法家、术家、国体、器能、臧否、伎俩、智意、文章、儒学、口辩和雄杰。1937年，美国学者施瑞奥克（J. K. Shryock）将该书以"人类能力的研究"为名译成英文在美国出版。

6世纪中叶，中国江南地区就流行着一种类似于现在的婴儿发展测验的"周岁试儿"习俗。对此，颜之推在《颜氏家训》中作了详细记载："江南风俗，儿生一期，为制新衣，盥浴装饰。男则用弓矢纸笔，女则刀尺针缕，并加饮食之物，及珍宝服玩，置之儿前，观其发意所取，以验贪廉愚智，名之为试儿。"②

盛行于清代的益智图（俗称七巧板）、九连环可以认为是最早的智力和创造力测验。益智图是将一块正方形薄板截成形状和大小不同的七块小薄板，然后利用这七块小薄板组合拼排成上百种不同的动植物图案和其他实物图案。例如，可以将七巧板拼排成"心"字、跑步状、骑马状、帆船、鹅（见图2-1），等等。这种图案组合方法既是一种非文字的智力测验，也是一种儿童娱乐工具。至于九连环的设计之巧妙，足以与现代的魔方相媲美，它是由九个金属丝环组成，套在条形横板或各种框架上，形成一剑形框柄，九个丝环可合可分，用于检测一个人思维的创造性、灵活性、敏捷性等品质，以及动作技巧的熟练程度。后来，刘湛恩用英文撰写了《中国人用的非文字智力测验》一文，将七巧板、九连环介绍到国外。美国心理学家武德沃斯（Woodworth）对九连环极为赞赏，把它视为"中国式的迷津"。19世纪20年代，美国哥伦比亚大学心理学教授鲁格尔（Ruger）将九连环作为心理实验项目，并撰写了《中国连环的解脱》（*The Chinese Ring Puzzles*）一书。③ 至于七巧板的操作，则与现在的发散思维测验完全一致。

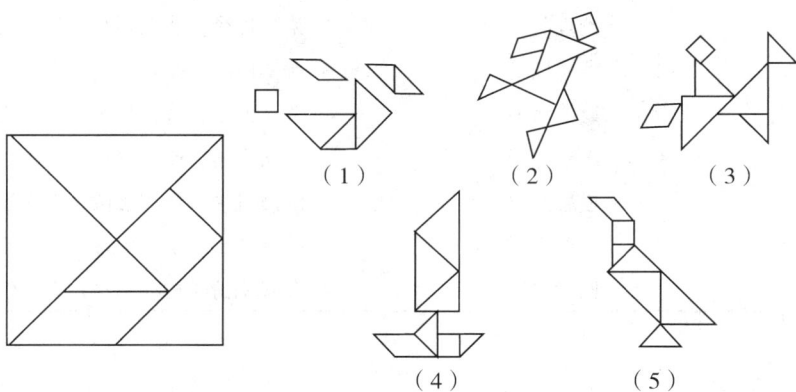

（1）　　　　（2）　　　　（3）

（4）　　　　（5）

图2-1 七巧板拼图举例

---

① 出自《春秋繁露·天道无二》。
② 出自《颜氏家训·风操篇》。
③ 杨鑫辉：《中国古代心理测验技术》，《心理技术与应用》2013年第2期，第8-12页。

图2-2 九连环示意图

二、人格测量

孔子不仅论及学生智力水平的评定，同时也提出了性格类型的观点。他说："不得中行而与之，必也狂狷乎？狂者进取，狷者有所不为也。"[1] 这里，孔子显然把人分成三种：狂者（以积极进取、敢作敢为为特征）、狷者（以拘谨胆怯、唯唯诺诺为特征）和中行者（介于狂者与狷者之间，不偏不倚）。很明显，孔子的"狂者"相当于外倾型，"狷者"相当于内倾型，而"中行者"相当于中间型。

刘邵根据阴阳、五行（木、金、火、土、水）和形体（骨、筋、气、肌、血）的关系以及人的行为表现，把人的性格划分成12种类型（详见表2-1）。

表2-1 刘邵编制的性格类型表[2]

性格类型	性格总的特征	性格的优缺点
强毅之人	狠刚不和	厉直刚毅，材在矫正，失在激讦
柔顺之人	缓心宽断	柔顺安恕，每在宽容，失在少决
雄悍之人	气奋勇决	雄悍杰健，任在胆烈，失在多忌
惧慎之人	畏患多忌	精良畏慎，善在恭谨，失在多疑
凌楷之人	秉意劲特	强楷坚劲，用在桢干，失在专固
辩博之人	论理赡给	论辩理绎，能在释结，失在流宕
弘普之人	意爱周洽	普博周给，弘在覆裕，失在混浊
狷介之人	砭清激浊	清介廉洁，节在俭固，失在拘扃
休动之人	志慕超越	休动磊落，业在攀跻，失在疏越
沉静之人	道思回复	沉静机密，精在玄微，失在迟缓
朴露之人	申疑实蹈	朴露径尽，质在中诚，失在不微
韬谲之人	原度取容	多智韬情，权在谲略，失在依违

---

[1] 出自《论语·子路》。
[2] 高觉敷主编：《中国心理学史》，北京：人民教育出版社1985年版，第177页。

三、教育测量

据迄今可考的史料分析，世界上最早的教育测量出现于中国西周奴隶制时期（前1100—前771）。《礼记·学记》记载，在西周的"国学"中已经建立了相当系统的教育测量制度："比年入学，中年考校。一年视离经辨志，三年视敬业乐群，五年视博习亲师，七年视论学取友，谓之小成；九年知类通达，强立而不反，谓之大成。"这一制度，不仅规定了学业考试的时间和步骤：每隔一年进行一次，而且规定了考试的内容和标准：第一年考查分析经文、章句的能力及学习志向；第三年考查学习态度及与学友的团结互助；第五年考查学业的广博程度及尊师情况；第七年考查分析、评价学业问题的能力，以及择善而交的能力，如果达到标准，则称之为"小成"；第九年则要考查推理论事、触类旁通的能力和是否具有坚定不移的意志，是否不再有违反师长教诲之处，如果能够达到标准，就称之为"大成"。

汉代在考试制度、考试类型和考试功能方面都有了重要的发展。在考试制度方面，调整太学考试时间，汉武帝初年曾制定岁考制，"一岁皆辄课"，把太学的考试时间一度缩小到一年一试。在考试类型方面，开始使用三种形式考学生："口试""策试"及"射策"，开笔试的先河，比欧美国家早1 800多年。在考试功能方面，汉代十分重视教育测量功能的发挥，已经把考试运用于督促和检查学生的学习，使考试成为太学的管理手段之一。

除了学校内部测量的自身发展以外，取士制度自汉以来的发展，客观上也对我国古代乃至西方的教育测量发展起到了促进作用。东汉时，选拔官吏主要通过征辟和察举，乡举里选进行，至西汉开始渗入考试因素，经过魏晋南北朝时期的九品中正制，逐步实现了制度化，最后至隋炀帝大业二年（606）发展成为科举制，在中国延续了1 300年。其间，不仅创造了分科考试、"弥封"、复评等方法，而且在命题、考试组织、反舞弊等方面形成了一整套制度，对欧美不仅在公务员制度的建立方面，而且在教育测量方面都产生了较大的影响。

四、对测验理论的最初探索

古代中国不仅在测验实践方面做出了杰出贡献，而且在测验理论上也有着惊人的突破。孔子之后约150年，思想家孟子（前372—前289）就指出了测量人类心理的必要性和可能性。他说："权，然后知轻重；度，然后知长短。物皆然，心为甚。"[①] 西方学者直到20世纪20年代才解决了这一理论问题。

前面提到的刘邵曾对人才鉴定的意义、可能、困难和方法作了系统的论述。刘邵认为，人才鉴定对于知人善任、振兴国家事业具有重要意义。他说："夫圣贤之所美，莫美乎聪明；聪明之所贵，莫贵乎知人。知人诚智，则众材得其序，而庶绩之业兴矣。"[②] 这

---

① 出自《孟子·梁惠王上》。
② 出自《人物志·序》。

里，所谓知人，就是要对人的才能和性格做出合乎客观实际的鉴定，人才之所以能够鉴定，是因为人的才能和性格必然表现在人的外部行为中。他把人的行为表现概括为九种，称为"九征"。通过观察这九种外部表现就可以知道人的才能和性格的特点。即由"神"可知"平陂之质"；由"精"可知"明暗之实"；由"筋"可知"勇怯之势"；由"骨"可知"强弱之植"；由"气"可知"躁静之决"；由"色"可知"惨怿之情"；由"仪"可知"衰正之形"；由"容"可知"态度之动"；由"言"可知"缓急之状"。① 尽管如此，刘邵仍然认为人才鉴定很不容易。这主要是因为：一方面，鉴定者"各自立度"，用各自的标准去衡量人才，很难全面地识别一个人；另一方面，被鉴定者"表里不一"、行为"似是而非"，常常令鉴定者迷惑不解。为了克服这些困难，他提出了一套识别人才的方法，即所谓的"八观"和"五视"。所谓"八观"就是："一曰观其夺救，以明间杂；二曰观其感变，以审常度；三曰观其志质，以知其名；四曰观其所由，以辨依似；五曰观其爱敬，以知通塞；六曰观其情机，以辨恕惑；七曰观其所短，以知所长；八曰观其聪明，以知所达。"② 所谓"五视"就是："居，视其所安；达，视其所举；富，视其所与；穷，视其所为；贫，视其所取。"③ 这是自孔子以来对观察法的系统总结。

简单回顾中国古代社会的心理与教育测量思想，可以总结出以下几个重要特点：首先，中国古代社会的心理与教育测量思想都是描述性的，而非定量的。这当然和当时的整个科学技术水平是相适应的。其次，中国古代社会的心理与教育测量思想是分类式的。就能力测量和成就测量（即科举考试）而言，分成高、中、低几个层次；就性格测量而言，分成若干种类型。再次，中国古代社会的心理与教育测量思想注重对人作整体的鉴定和评价，并倾向于和人的道德品质联系起来。最后，中国古代社会的心理与教育测量思想同教育中的因材施教及人才使用有着密切的联系，它一开始就具有强烈的应用性质。

第二节　现代心理与教育测量在西方国家的产生和发展

由于众多因素特别是中国人文传统的影响，中国虽然是心理与教育测量的最早故乡，但现代心理与教育测量的理论和技术不是产生于中国，而是产生于工业革命后的一些西方国家。

一、现代心理与教育测量的起源

承认人的个别差异及其对个人行为的重要影响是开展心理与教育测量工作的基本前提。

在中国，两千多年前就有了这方面的自觉探索和思考，但在西方，科学家最初发现人

---

① 参见高觉敷主编：《中国心理学史》，北京：人民教育出版社1985年版，第178页。
② 出自《人物志·八观》。
③ 出自《人物志·效难》。

的心理的个别差异的重要性起因于 18 世纪天文学上的一个偶然事件。1796 年，英国格林尼治天文台的皇家天文学家 N. 马斯林基因为其助手金内布鲁克观察星体通过的时间比自己晚了 0.8 秒钟，就断定他"师心自用，不依法行事"而将他辞退。20 年后，另一天文学家贝塞尔（Bessel）对这一事件作了研究，认为这不是金内布鲁克的过错，而是一种不可避免的个人观察的误差。贝塞尔的这一发现引起了学者们对个别差异的重视和研究。但是，当时并未引起心理学家的注意。

1879 年，德国心理学家冯特（W. Wundt）在莱比锡大学建立了世界上第一个心理实验室，它的主要目标是寻求人类行为的共同规律。但在研究中也发现，不同被试对同一刺激的反应常常不同。研究者最初以为这是实验设计程序上的问题，经过长时间的实验才认识到，这种差异并不是偶然的错误，而是个人能力方面的真正差异。当时的实验心理学所研究的内容主要集中在感知觉等低级心理现象上面，而对诸如能力、人格等高级心理特征还无能为力。这就为日后开展对个别差异的测量学研究提出了课题。

同时，实验心理学从一开始就形成了强调严格控制实验条件的传统。这种使所有被试在尽可能标准化的条件下完成实验的传统被测验学家所继承。心理与教育测量发展到今天，测验的标准化程度已成为鉴定测验科学性最重要的指标。

促使心理与教育测量技术产生的最重要因素是社会发展的需要。工业革命成功后，西方国家对劳动力的需求急剧增加，工厂大量雇佣童工。为了使智力落后者寻找维生的职业，一些地方官员与工厂主订约，每雇佣 20 名童工，必须同时带雇 1 名智力落后者。为了设法使智力落后者尽可能地适应工厂技术的要求，法国医生沈干（E. Seguin）开始训练智力落后儿童，并于 1837 年创办了第一所专门教育智力落后儿童的学校。1846 年，沈干出版了《白痴：用生理学方法诊断与治疗》一书，介绍了在感觉和肌肉运动方面训练智力落后儿童的方法。1948 年，沈干移居美国，对他的方法加以宣传，得到广泛的接受。他著作中的一些内容现已转化为能力操作测验的组成部分。

19 世纪，由于科学的发展和欧洲人道主义思想的广泛传播，人们对智力落后者和精神病人的态度发生了比较大的变化，开设了一些专门护理和医治精神病人的医院。这就在客观上要求确定鉴别各种心理疾病的统一标准。法国医生艾斯克罗尔（E. Esqurol）首次对智力落后与精神病作了区分，认为精神病的显著标志是情绪障碍，而智力落后的主要特征是从婴儿期就表现出智力缺陷。他还认为，智力落后从接近正常到最严重的白痴之间有一系列等级，而诊断智力落后程度最可靠的方法是观察儿童运用语言的能力。他的这一思想至今仍体现在智力测验之中。

随着工业技术的深刻变革，社会分工日益精细，对劳动力能力的要求日益严格，因而社会上产生了对职业选拔和训练的需要，这也是促成心理与教育测验出现的因素。

二、心理与教育测量的早期探索

（一）高尔顿

对现代心理与教育测量的产生起过直接推动作用的是英国优生学的创始人弗兰西斯·

高尔顿（Francis Galton）。他是达尔文的表兄弟，深受进化论的影响。1869 年，高尔顿出版了《遗传的天才》一书，提出人的能力是遗传而来的，并设想不同人的能力水平的分布是正态的，其差异是可以测量的。1884 年，高尔顿在伦敦国际博览会上成立了一个"人类测量实验室"，参观者可得到自己身高、体重、阔度等身体素质和视听敏锐度、肌肉力量、反应时以及其他感觉——运动机能的量化信息。博览会闭幕后，高尔顿把实验室迁到伦敦南克圣顿博物院，继续工作了长达六年之久。通过这种方法，高尔顿积累了有关简单心理现象的个别差异的大量系统资料，可以视为第一个大规模系统测量人的个别差异的尝试。

高尔顿在他的实验室里发明了许多测量仪器，如用于测量长度视觉辨别的高尔顿棒，用于测量听力的高尔顿笛，其中有些仪器到现在仍然有效。他还是应用评定量表、问卷法及自由联想法的先驱。高尔顿在心理与教育测量史上最重要的贡献之一，是把统计方法应用到对个别差异资料的分析之中。他不但扩充了百分位法，而且创造了一种简单的计算相关系数的方法。其中后者被他的学生皮尔逊（Karl Pearson）所继承和发展，创立了积差相关公式，成为当今测量学上应用最为广泛的统计工具之一。

（二）卡特尔

卡特尔（J. M. Cattell）是美国心理学家，早年从师冯特，后与高尔顿有过密切交往，并受到后者的影响。回到美国后，卡特尔致力于心理实验室的建立与测量思想的传播。1890 年，卡特尔在《心理》杂志上发表《心理测验与测量》一文。在这篇论文中，他首次提出了"心理测验"（mental test）这个术语，并报道了他所编制的一套能力测验在大学生身上的应用结果。测验内容包括肌肉力量、视听敏感度、运动速度、重量辨别、反应时、记忆力和类似的一些项目。同时，在该文中，卡特尔还论述了测验理论上的一些问题。他认为，心理学只有立足于实验与测量，才能达到如同自然科学一样的准确性；心理测验只有建立普遍的统一标准，并与常模相比较，才能充分地实现其科学价值和实用价值。这些观点都已成为测量学上的重要观念。

（三）比内

比内（A. Binet）青年时代学习医学，并对心理学产生了兴趣。1886 年出版了他的第一部著作《推理心理学》，1889 年他与亨利·博尼（Henri Beaunis）在索那建立法国第一个心理实验室，1891 年出版《人格心理学》一书，1895 年创办法国心理学杂志《心理学年报》，同年与亨利（V. Henri）联名发表文章，批评当时流行的测验偏重于简单感觉，不能测出真正的智力。这种批评是正确的，因为卡特尔将他编制的测验用于哥伦比亚大学的学生，然后计算测验分数与其考试成绩的相关性，结果相关值很低。1893 年，贾斯特罗（J. Jastrow）编制出一套由 15 个分测验组成的测验，但使用结果却不能令人满意。这些测验的结果不仅彼此相关性不高，而且与教师对学生智力水平的评价结果没有相关性，与学生学业成绩的相关性也不高。比内认为，测量比较复杂的心理功能，不必苛求精确度，因为这些功能的个别差异较大。1898 年，比内在哲学杂志上发表《人格心理学中的测量》一文，提到许多测验，如画方形、比较线的长短、记忆数目、词句重组、折纸、理解文章意义等，其中许多内容被后来的量表所采用。在该文里，比内还提出心理测量的根本原理在于将个人的行为与他人作比较。这个观点已成为现代心理与教育测量的一个普遍原理。1903 年，比内的另一部著作《智力的实验研究》问世，提出了智力的定义，认为智力是高级心理过程，包括推理、判断以及运用已知知识解决新问题的能力。他以自己的两个女儿为被试，进行词语填充、图片解释的项目测量。这些项目也被吸收到他后来的量表中。

1904 年，一个偶然的机会使比内的思想变为实践，并由此推动了心理与教育测量的迅速发展。这一年，法国公共教育部决定成立一个由医学家、科学家和教育家组成的委员会，专门研究公立学校中智力落后儿童的教育方法。比内作为该委员会的成员，主张用测验方法来识别智力落后儿童，但遭到许多其他委员的反对。比内不顾众人反对，与其助手西蒙（T. Simon）合作完成了世界上第一个智力测验量表——比内—西蒙智力量表（Binet-Simon Scale）。1905 年，他们在《心理学年报》上发表《诊断异常儿童的新方法》一文介绍了该量表，史称 1905 年量表。

1905 年量表由 30 个由易到难排列的项目组成，可用来测量各种能力，特别是判断、理解和推理能力，亦即比内所谓的智力的基本组成部分。虽然其中也包含了部分感知觉的测验，但主要是言语理解测验。

1908 年，比内发表了修订后的比内—西蒙智力量表，删掉了 1905 年量表中不合适的项目，增加了一些新的项目，使总题数增加到 59 个。所有项目都按年龄分组，组别从 3 岁到 13 岁。年龄水平根据 300 名正常儿童的测验结果确定。测验成绩用"智力水平"表示，目的在于确定受测儿童能够完成何种年龄水平的儿童能完成的测验，并建立了常模。

1911 年比内发表了第二次修订本。这次修订没有太大的变化，只是改变了几种年龄水平分组，并将测验扩展到成人。就在这一年，比内逝世，终年 54 岁。

回顾西方心理与教育测量早期探索的历史可以看出，心理与教育测量的产生既有着深刻的社会时代背景，与科学技术的发展水平紧密联系，同时也与科学家个人的学术贡献有关。正如美国著名心理史学家波林（E. G. Boring）所指出的，在测验领域，"19 世纪 80 年代是高尔顿的 10 年，90 年代是卡特尔的 10 年，20 世纪前 10 年则是比内的 10 年"①。

三、心理与教育测量运动的发展

从 20 世纪初叶开始，西方心理与教育测量获得迅速发展。其发展的基本轨迹是，20 年代进入狂热期，40 年代达到顶峰，50 年代以后经典测量理论趋于成熟并稳步发展，60 年代以后测量理论出现新的动向，尤其是项目反应理论和概化理论的出现引起了心理与教育测量领域的深刻变革。下面分四个方面作一简要回顾。

（一）智力测验的发展

比内—西蒙智力量表发表后，引起世界各地的广泛关注。各种语言的版本纷纷出现，其中最为著名的是美国斯坦福大学推孟（L. M. Terman）于 1916 年修订的斯坦福—比内量表。这次修订影响最为深远的变动是采用了比率智商的概念来表示智力水平的高低。早在

---

① 转引自郑日昌编著：《心理测量》，长沙：湖南教育出版社 1987 年版，第 10 页。

1911 年，德国汉堡大学心理学家斯腾（W. Stern）就曾提出用儿童的心理年龄与实足年龄的比值（心理商数）来表示儿童的聪明程度，推孟在修订比内—西蒙智力量表时将其改为"智商"，从此智商一词风靡全世界。

比内—西蒙智力量表及其修订形式都是个别测验，一次只能测量一个被试。这种测验在临床诊断和个案资料的收集中是有价值的，但是，如果测量对象太多，就非常费时间。针对这种情况，适合大规模测量的团体测验发展起来。1917 年，美国政府决定参加第一次世界大战。美国心理学会组成以耶克斯（R. M. Yerkes）为首的委员会讨论心理学如何为战争服务的问题。他们认为，当军队在选拔和分派官兵时，应当考虑他们的智力水平。但军队有 100 多万人，若要实施智力测验，就只能采用团体施测方法。于是军队中出现了陆军甲种测验和陆军乙种测验，前者为文字测验，后者为非文字测验。两种测验均可用于大规模的团体施测。在 1917—1919 年间，运用这两种测验共测量了 200 多万名官兵，积累了大量的资料。

战后，这两种测验被修订后广泛运用于整个社会，为教育和工商人事服务。在 20 世纪 20 年代，智力测验出现了狂热的势头，大量的团体智力测验不断涌现，以致出现了粗制滥造的情况。随着智力测验的发展和统计学的进步，针对智力本质及其结构的统计学研究应运而生。英国心理学家斯皮尔曼（Spearman）首先运用因素分析方法研究智力结构，提出智力结构的"二因素理论"，推动了 20 世纪 30—50 年代的智力结构研究，并为编制新的智力测验奠定了理论基础。为了满足社会对测验的需要，新的智力测验被不断编制出来。30 年代以后，英国心理学家瑞文（J. C. Raven）针对斯皮尔曼的"G"因素相继编制了瑞文标准推理测验、瑞文彩色推理测验、瑞文高级推理测验。从 40 年代末开始，美国心理学家韦克斯勒（D. Wechsler）也相继编制了韦克斯勒儿童智力量表（1949）、韦克斯勒成人智力量表（1955）和韦克斯勒幼儿智力量表（1967）。韦克斯勒在智力测验方面最重要的贡献是：①他舍弃了比率智商，而用离差智商代之，从而克服了比率智商的缺陷；②他编制的智力量表分为言语量表和操作量表两部分，不仅能够获得总体智力水平的信息，而且可以获得受测者智力优势的信息。

（二）能力倾向测验的发展

智力测验所测量的只是人的一般能力水平，只是人的能力结构中的一个方面。从 20 世纪 20 年代开始，人们在开发智力测验的同时，着手编制特殊能力测验。它最初被称为"学业能力倾向测验"，后来进一步扩展到职业咨询、工业部门及军事领域的人才选拔和安置工作领域。这些测验包括音乐、文书、机械和艺术等强调特殊能力的领域。在编制成套能力倾向测验的过程中，因素分析方法起到了重要的作用。因为这种方法能够通过对测验的分析获得相对独立的能力因素，如言语理解、数学推理、空间定向、知觉速度、机械操作等。因此，根据因素分析法编制的测验通常提供的是被试在各个能力因素上的分数，这就有助于对个体内部心理结构进行分析。

（三）成就测验的发展

心理测量原理和技术的发展，为学校考试制度的改革提供了理论依据和技术手段。早在 1897 年，赖斯（G. Rice）就曾编制出美国学校儿童拼读能力测验。20 世纪初，桑代克

（E. L. Thorndike）编制了第一个标准化的教育成就测验，该测验运用心理测量原理，编制出评定学生书写、作文、拼读、算术、计算和推理的量表。正因为如此，桑代克被公推为教育测量的鼻祖。1923 年，凯利（L. Kelley）、鲁奇（G. Ruch）和推孟合作编制了第一个成套成就测验——斯坦福成就测验。该测验的一个显著特点是能够对不同学科的测验成绩进行比较。由于成就测验属于客观测验，传统的论文式考试开始引起争议，认为论文式考试费时多，评分结果不可靠。

20 世纪 30 年代后期，在美国出现了跨州、跨区域乃至全国的测验程序。其中最为著名的要数"大学入学考试委员会"（College Entrance Examination Board，CEEB）。1947 年，美国成立"教育测验服务中心"（Educational Testing Service，ETS），它的任务是编制各种测验程序，供各大学、学校和政府机构选用。1959 年，美国又建立了"美国大学测验系统"（American College Testing Program），该机构提供选拔获取奖学金的高才生的测量方法。

现在，成就测验不仅用于教育领域，而且被广泛地应用于工业企业的人事任用和政府公务员的选拔方面。

（四）人格测验的发展

心理与教育测量的另一重要领域，是对人的人格特质的测量。这一领域涉及的方面广泛，如情绪、动机、兴趣、态度、气质、性格等。

最早进行人格测量的是克雷培林（E. Kraepelin），他最早用自由联想法诊断精神病人。在这样的测验中，主试给被试提供若干经过选择的刺激词，要求被试用最快的速度报告他想到的第一个词。克雷培林还用这种方法研究了疲劳、饥饿、药物的心理效应，发现所有这些状态都增加了病人的表层联想。此后，自由联想技术作为诊断人格障碍的一种方法一直被沿用。

20 世纪初叶，出现了自陈人格问卷。1917 年，美国心理学家武德沃斯用自陈问卷法编制了适用于诊断士兵神经症的个人资料调查表。后来，美国的卡特尔（R. B. Cattell）经过多年的努力，编制成卡特尔 16 种人格因素问卷。英国的艾森克（H. J. Eysenck）编制成艾森克人格问卷。美国明尼苏达大学的哈撒韦（S. R. Hathaway）和莫肯利（J. C. Mckinley）编制成明尼苏达多相人格调查表。这些人格问卷后来被翻译成多种文字，流行于全世界。

人格测量的另一种重要技术是投射测验。早在 15 世纪就有人注意到墨迹可以刺激人的想象。比内也曾想利用墨迹来测量儿童的智力，但没有成功。1910 年，瑞士精神医学家罗夏克（H. Rorschach）为了研究精神障碍对知觉的影响，曾用一些画片来测量病人，后来改用墨迹图。在最初制作墨迹图时，先在一张纸的中央倒一堆墨汁，然后将纸对折挤压，使墨汁向四面流动，形成两边对称但形状不定的图形。罗夏克以此类图形对各种精神病患者做了大量试验，发现不同类型的病人对墨迹图有不同的反应。然后再和低能者、正常人、艺术家等的反应作比较，最后确定将其中 10 张墨迹图作为测验材料，逐步确定记分方法和解释测验结果的原则，于 1921 年正式发表。此后，哈罗尔（Harrower）在第二次世界大战期间编制了以团体方式实施的墨迹测验；霍兹曼（Holtzman）也编制了墨迹测验，且有复本，每套由 45 张墨迹图组成。此外，1935 年，由莫瑞（H. A. Murray）和摩根（C. D. Morgan）编制的著名的主题统觉测验（Thematic Apperception Test，TAT）也是投射测验的一种，其他如句子完成测验、情境对话测验、画人测验等也属于投射测验。

四、心理与教育测量的当代趋势

20 世纪 60 年代以后，心理与教育测量学界出现了一些新的动向。概括起来主要表现在三个方面：一是由于信息加工心理学兴起，测量学界倾向于将实验法和测验法相结合，产生了信息加工测验。二是由于计算机技术迅速发展，传统的纸笔测验逐渐被计算机软件测验所取代，从而大大提高了测验的效率。三是针对经典测量理论（即真分数理论）的某些缺陷，提出了一些新的测量理论，尤其是概化理论和项目反应理论的出现，不仅在理论上取得了重要进展，而且在诸如大规模人员测评、题库建设和计算机自适应测验的编制等应用领域显示出强大的生命力。[1]

概括地说，认知心理学的发展，运用现代统计数学的测量模型的成批构建以及计算机网络信息技术的飞速发展，有力地支撑了现代心理测量原理和技术的飞速发展。[2] 此外，源于 20 世纪 60 年代的项目反应理论本身也出现新的变化趋势，原因在于项目反应理论最初是基于心理特质的单维性假设而提出的，但很少有测验只测定单一的能力或特质，因此与许多心理或教育测验的实际不相符合。目前，多维项目反应理论正逐渐取代单维项目反应理论。[3]

第三节 现代心理与教育测量在中国的发展

一、现代心理与教育测量在 1949 年以前的发展

清朝末年，西方心理学开始传入中国。1914 年，有人在广东省对 500 名儿童作了记忆的比喻理解测验。1917 年，樊炳清首先向国人介绍了比内—西蒙智力量表。1918 年，俞子夷编制的小学生毛笔书法量表可视为我国最早的新式教育测验。1920 年，廖世承和陈鹤琴在南京高等师范学校率先开设心理测验课程。1921 年，廖、陈二人出版《心理测验法》，书中测验指向兴趣、观察力、思想与动作的协调性，内容广泛，涉及图形、算学、词句、文字、想象和社会知识、品行道德等许多方面。其中，有 23 种直接采用国外的测验内容，12 种为根据中国学生特点自创。[4] 1921 年，费培杰将比内—西蒙智力量表译成中

---

① 漆书青、戴海崎、丁树良编著：《现代教育与心理测量学原理》，北京：高等教育出版社 2002 年版。

② 漆书青：《能力测量发展中的若干新趋势》，《江西师范大学学报（哲学社会科学版）》2005 年第 5 期，第 109 – 111 页。

③ 康春花、辛涛：《测验理论的新发展：多维项目反应理论》，《心理科学进展》2010 年第 3 期，第 530 – 536 页。

④ 张厚粲、余嘉元：《中国的心理测量发展史》，《心理科学》2012 年第 3 期，第 514 – 521 页。

文，并对江苏、浙江二省的小学生进行测验。同年，中华教育改进社邀请美国测量学家麦柯尔（W. A. McCall）来华讲学，并指导北京师范大学、北京大学、燕京大学、北京女子高等师范大学、东南大学的师生编制测验，各地编成测验40多种。麦柯尔评价当时中国心理学家所编制的测验"至少都与美国的水平相当，有许多竟比美国的为优"。1923年，中华教育改进社对全国22个城市和11个乡镇的9.2万名小学生进行了测验，引起教育界的关注。1931年，在艾伟、陆志韦、陈鹤琴、肖孝嵘等人的倡议下成立了中国测验学会，制定了《中国测验学会简章》，标志着中国心理教育测验的发展进入了一个新的历史时期。[①] 次年，《测验》杂志创刊。从20世纪20年代初至40年代末，除抗战期间外，中国的心理与教育测量工作从未间断过，并涉及广泛的领域。

在智力测验方面，1924年，陆志韦根据中国南方的测验结果发表了《订正比内—西蒙智力测验说明书》，1936年，他和吴天敏合作，将测验范围扩大到北方，作了第二次修订。他们的研究结果表明，中国儿童的智力测验成绩显著高于欧美和日本同年龄的儿童。在此期间，廖世承编制了团体智力测验，陈鹤琴编制了图形智力测验，刘湛恩编制了非文字智力测验，它们均有一定影响。

在人格测验方面，肖孝嵘曾修订了武德沃斯个人资料记录表，并编制有9～15岁的常模。1935年，浙江的沈有乾用朋洛德人格问卷测量中国学生，发现中国男生的神经症倾向明显高于美国男生。1937年，周先庚用瑟斯顿情绪稳定性测验测量中国学生，也发现中国学生的情绪适应性较差。1943年，林传鼎试用普莱西 X－O 测验，发现中国 11～18 岁青少年的情绪成熟度的发育比美国同年龄青少年晚1年左右。1948年，刘范曾经试用罗夏克墨迹测验。

在教育测验方面，艾伟曾编制小学儿童各科学绩测验10多种。特别是他对中学生阅读能力和理解能力的研究，为当时的语文教学改革提供了科学依据。

在测量学学科建设方面，1949年之前共出版有关心理与教育测量的著作20余种，其中孟承先的《测验之学理的研究》、王征葵的《态度测量法》、沈有乾的《心理与测验》、王书林的《心理与教育测验》、陈选善的《教育测验》、艾伟的《小学儿童能力测验》以及孙邦正的《心理与教育测验》等具有很重要的学术价值，在当时产生了较大的影响。

二、现代心理与教育测量在 1949 年以后的发展

从中华人民共和国成立到改革开放的 30 年间，由于深受苏联心理学的影响，[②] 心理与教育测量一直是一个禁区，无人问津。1979年，随着心理科学在中国现代化进程中的地位得到重新肯定，心理与教育测量工作也得以恢复。30 余年来，中国的心理与教育测量在各主要领域获得了迅速发展，为心理与教育测量的学科建设和改进实际工作做出了重要贡献。

---

① 张厚粲、余嘉元：《中国的心理测量发展史》，《心理科学》2012 年第 3 期，第 514－521 页。
② 1936 年，苏联开展对"儿童学"的批判运动，受扩大化的影响，心理与教育测量成为研究禁区。

（一） 智力测验

1979 年，中国心理学会医学心理专业委员会在天津成立心理测验协作组，决定由龚耀先主持修订韦克斯勒成人智力量表，于 1982 年完成修订工作。1980 年，中国心理学会实验心理学专业委员会在武汉成立心理测验协作组，决定由林传鼎、张厚粲主持修订韦克斯勒儿童智力量表，于 1986 年完成修订工作。1982 年，吴天敏对中国比内测验进行了第三次修订。1986 年，龚耀先又主持修订了韦克斯勒幼儿智力量表。1985 年，张厚粲主持修订了瑞文标准推理测验。1989 年，李丹主持修订瑞文测验（联合型）。1992 年，戴忠恒修订了一般能力倾向测验。这些量表都是国际上著名的智力测验，修订后广泛用于智力问题的研究和因材施教、人才选拔、职业咨询、临床诊断等领域。此外，中国学者也编制了不少智力测验，如张厚粲、周容等编制的中国儿童发展量表等。

随着社会经济水平的提高，特别是以互联网为载体的信息传播的日益丰富化，人们的认知能力也逐步提高，原先研发的某些智力测验不完全适应评估新一代人群的认知发展特性。最近，国内研究者相继获得国外授权，重新对韦克斯勒儿童智力量表和成人智力量表的国外修订版进行了大规模中文修订，形成了《韦氏儿童智力量表第四版（WISC－Ⅳ）（中文版）》[1] 和《韦氏成人智力量表第四版（WAIS－Ⅳ）（中文版）》。[2]

（二） 人格测验

1982 年，宋维真主持修订明尼苏达多相人格调查表，1985 年完成修订工作。1981 年，李绍衣等修订了卡特尔 16 种人格因素问卷，制定了辽宁省常模，后于 1988 年由戴忠恒、祝蓓里主持制定出全国常模。1983 年，龚耀先主持修订了艾森克人格问卷，同时陈仲庚也在北方作了修订。在临床心理学领域，也修订了多种涉及心理健康评估的量表，如张明园于 1987 年修订了生活事件量表，吴文源等于 1990 年修订了症状自评量表（SCL－90）等。

20 世纪 90 年代以来，中国心理学家在继续引进修订国外人格量表的同时，开始编制中国人自己的人格量表。1988 年，洪德厚等编制了中国少年非智力个性特征问卷。1992 年，宋维真等人在借鉴明尼苏达多相人格调查表的基础上，编制出心理健康测查表，1993 年，他们同香港学者合作编制出中国人个性测量表。最近的人格测验的编制和修订更多地服从于人格心理学基础研究的需要。

随着社会和经济的快速发展，处于社会转型期的中国人的生活和工作状态已经发生了巨大的变化。这些变化在给人们带来许多便利和实惠的同时，也会带来挑战或调节适应的要求。如果一个人不能适当地应对这些快速的变化及其所带来的各种心理社会问题，那么他便可能出现心理问题。为了准确把握中国人的心理健康状况，促进人们的心理健康发展，近年来中国的心理学家致力于研发适合中国社会生活实际的心理健康素质测评工具，其中由天津师范大学心理学家沈德立等人组织研发编制的《青少年心理健康素质调查表》

---

① 张厚粲：《韦氏儿童智力量表第四版（WISC－Ⅳ）中文版的修订》，《心理科学》2009 年第 5 期，第 1177－1179 页。

② 王健、邹义壮、崔界峰等：《韦氏成人智力量表第四版中文版的信度和结构效度等》，《中国心理卫生杂志》2013 年第 9 期，第 692－697 页。

和《中国成人心理健康素质测评系统》最为系统。前者主要用于评估中学生的心理健康素质，涵盖适应、人际素质、自我、动力系统、认知风格、归因风格、应付风格、个性素质等八个方面[1][2]；后者则适用于评估大学生和成人的心理健康素质，涵盖自我概念、人际健康素质、情绪性、坚韧性、心理弹性、社会赞许性、生活信念和健康信念等八种心理特质和认知风格与应对风格两种亚特质。[3]为适应人才心理选拔的实际需要，研究者又提出"核心心理健康素质"的概念，并在上述十个分量表的基础上，构建了由"自我概念""人际健康素质""坚韧性""心理弹性"和"情绪性"等五种人格特质组成的《中国成年人核心心理健康素质总量表》。[4]

（三）教育测验

1979年，林传鼎、张厚粲等人在参考国外资料的基础上编制了少年儿童学习能力测验，用于测量小学毕业生的普通能力，并估计小学毕业生是否具备学习初中课程所必需的语言能力和推理能力。

1980年开始，在张厚粲的主持下，北京师范大学高考研究组对每年的高考试卷作了系统的统计分析，获得了有关试卷信度、效度、难度、区分度等有意义的信息。他们还对高考试卷评分的客观性、考试科目的合理设置及各科分数的合理组合作了研究。在此基础上对我国高考制度的进一步改革提出了一系列重要的意见和建议。

1984年，我国正式加入在世界上最有影响力的"国际教育成就评价协会"（IEA），并与"国际教育成就评价协会"合作，在我国进行了全国规模的教育测量抽样研究。

1986年，罗黎辉、施良方等对教育目标分类理论进行了研究，并将20世纪50年代以来给国际教育测量学研究带来突破性进展的重要理论，即布卢姆（B. S. Bloom）的《教育目标分类学》系统地介绍到中国，为我国教育测量的理论研究与实践提供了新的视野，注入了新的气息，产生了广泛而积极的影响。

20世纪80年代，张敏强、张厚粲对经典测量理论和项目反应理论在考试制度改革中的应用情况作了比较研究。杨志明、张厚粲运用概化理论对测量误差作了分析。张厚粲等人以项目反应理论为基础建立了"普通心理学计算机化适应性测验系统"。漆书青、戴海崎等人以项目反应理论为依据编制了"党务工作者专业知识计算机化自适应测验"，使干部考核的科学化迈出了重要的一步。胡显勇运用概化理论对作文评分误差的控制作了研究。

标准化考试理论与实践的研究、题库理论与技术的研究取得了长足进展。《标准化考试简介》（国家教育委员会学生管理司，1985）、《标准化考试的理论与实践》（廖平胜等，1986）、《题库建设的理论与实践》（国家教育委员会考试中心，1991）等一大批著作相继

---

① 沈德立、马惠霞、白学军：《青少年心理健康素质调查表的编制》，《心理发展与教育》2007年第1期，第107 - 111页。

② 沈德立等：《中国青少年心理健康素质调查研究》，北京：经济科学出版社2009年版。

③ 梁宝勇：《心理健康素质测评系统：基本概念、理论与编制构思》，《心理与行为研究》2012年第4期，第241 - 247页。

④ 张秀阁、梁宝勇：《心理健康素质测评系统：中国成年人核心心理健康素质全国常模的制定》，《心理与行为研究》2016年第4期，第507 - 516页。

出版。1985 年，国家教育委员会开始在广东省进行高考标准化的试验。1989 年，华南理工大学建设的"高等数学试题库"及"高校工科物理题库"通过国家教育委员会鉴定，全国各地大、中、小学各学科的各种题库纷纷建成并投入使用。

20 世纪 80 年代以来，教育测量开始从单一的学生学绩测量逐步向多侧面方向发展。学生发展测量、教师教学质量测量、课程建设质量测量、办学效益测量等各种教育测量悄然兴起。教育测量类型也从过去比较单一的终结性测量走向诊断性测量、形成性测量等多类型的测量。例如，相对早期的单科性或单维度测验有：由上海市开发的初中平面几何标准测验（1983），郑冠平和陈孝禅编制的小学钢笔正书书法量表（1986），赵裕春等人编制的小学生数学能力测验（1987），王孝玲编制的一至五年级小学生识字量测验（1997），臧铁军编制的四至六年级小学生阅读能力测验以及范晓玲和魏勇编制的三年级数学成就测验（2004）。近期的综合性测验有：由马惠霞和龚耀先（2003）编制的包括语文、数学、物理、化学和历史五个科目的多重成就测验，由范晓玲和龚耀先编制的四至六年级包括语文和数学两个科目的多重成就测验。[①]

（四）组织建设和人才培养

随着心理与教育测量研究的深入和应用领域的拓展，心理与教育测量的组织建设也得到强化。1984 年，中国心理学会组建心理测验工作委员会，随后进一步扩建为心理测量专业委员会。该专业委员会定期组织召开全国性的学术会议。针对滥用和误用测验的情况，该专业委员会及时制定了《心理测验管理条例（试行）》和《心理测验工作者的道德准则》两个文件，由《心理学报》公开颁布，之后于 2008 年和 2015 年先后进行了较大幅度的修改、完善与充实，制定了新版《心理测验管理条例》和与之配套的《心理测验工作者职业道德规范》。此外，教育学界也成立了教育统计与测量学会，开展有关工作。

保证心理与教育测量事业健康发展的前提条件是培养合格的测量学人才。1980 年北京师范大学心理系率先开设"心理测量"课程，随后各大学心理学系均先后开设了"心理与教育测量"课程。目前，许多大学招收心理测量领域的硕士和博士研究生，为该学科培养高层次学术和应用人才。

（五）教材建设与学术著作

20 世纪 80 年代以来，国内不仅发表了大量有关心理与教育测量的研究论文，而且出版了多种教材与学术专著。相对早期的有：宋兆鸿等人编著的《现代教育测量》（1986），郑日昌编著的《心理测量》（1987），戴忠恒编著的《心理与教育测量》（1987），余嘉元编著的《教育与心理测量》（1987），王汉澜主编的《教育测量学》（1988），彭凯平编著的《心理测验——原理与实践》（1989），邢最智和司徒伟成编著的《现代教育测量理论》（1989），漆书青和戴海崎编著的《项目反应理论及其应用研究》（1992），戴海崎、张锋和陈雪枫主编的《心理与教育测量》（1999，2011）等。进入 21 世纪以来，国内心理学界一方面翻译出版了一批国际心理测量学经典著作，如 R. L. Aiken 著的《心理测量与评估》（张厚粲、

---

① 范晓玲、龚耀先：《标准化学业成就测验的发展与现状》，《教育测量与评价（理论版）》2008 年第 9 期，第 7 - 11 页。

黎坚译，2006），S. A. McIntire 和 L. A. Miller 著的《心理测量》（骆方、孙晓敏译，2009），L. Crocker 和 J. Algina 著的《经典和现代测验理论导论》（金瑜等译，2004）；另一方面出版了一批具有相当学术水平的专著，如漆书青、戴海崎和丁树良编著的《现代教育与心理测量学原理》（2002），郑日昌主编的《心理统计与测量》（2008），顾海根著的《应用心理测量学》（2010）。这些著作的翻译和著述极大地推动了国内心理测量领域的学术研究和实际应用。

【练习与思考】

1. 简述古代中国心理与教育测量思想的特点及其贡献。

2. 从认知心理学的观点说明汉代董仲舒关于"一手画方，一手画圆，莫能成"的记述是注意分配测验。

3. 为什么说益智图和九连环是世界上最早的智力和创造力测验？

4. 如何理解孔子关于"不得中行而与之，必也狂狷乎？狂者进取，狷者有所不为也"的言论是人格类型思想的最早雏形？

5. 从卡特尔到比内的发展过程中可以看出心理与教育测量有何特点？

6. 推孟和韦克斯勒在智力测验发展过程中各有什么贡献？

7. 相对于自陈人格问卷，投射测验和主题统觉测验有何特点？

8. 民国时期主要的心理测验家有哪些？他们各自做了哪些重要的工作？

9. 比较中华人民共和国成立前后以及改革开放以来心理与教育测量的发展，能得出什么结论？

10. 20 世纪 80 年代以来，中国主要从事心理测验研究的代表性心理学家有哪些？他们各自做了哪些重要的工作？

第三章　经典测验理论的基本假设

【本章提要】

- ●心理特质及其可测性
- ●心理测量的误差及其种类
- ●真分数的含义
- ●经典测验理论的基本假设

在日常生活中，人的身高、体重等特征比较容易测量。因为人的这些生理属性比较稳定且直观，其测量工具（尺子和秤等）也容易制作和使用。然而，人的内隐的心理特征是否稳定？它们能够测量吗？如果能够测量，又必须具备哪些条件？在本章里，我们先讨论经典测验理论（Classical Test Theory，CTT）的若干基本假设。

第一节　心理特质及其可测性假设

一、心理特质的含义

在日常生活中，我们发现有的人比较热情，有的人比较冷漠；有的人比较聪明，有的人比较愚笨；有的人比较急躁，有的人比较文静，等等。为研究方便，我们将这种表现在一个人身上的特有的相对稳定的行为方式称为人的心理特质。对这一概念，我们可以从以下几个方面来理解。

（1）特质是一组具有内部相关的行为的概括，具有一定的抽象性。例如，某人在公共汽车上总是给老、弱、病、残、幼者让座，在生活中总是能对他人友好相待、热情相助等，则可以称该人具有"善良"的特质，因为在他身上总是表现出一组具有内部相关的行为（让座、友好待人、热情助人），这种行为经概括后便具有了抽象性。同理，如果一个人能在各种测验中获得好成绩，在工作和生活中总能想出好主意解决难题，则可认为该人具有"聪明"的特质。

（2）特质是"一种一般的神经心理系统……它可以综合不同的刺激，使人对这些刺激做出相同的反应"（G. Allport）。例如，在公共汽车上，如果某人只给熟人和朋友让座，而不理睬不认识的老、弱、病、残、幼者，则不能说他具有"善良"的特质。因为"善良"的特质要求他对各种不同的刺激（老、弱、病、残、幼者）都能做出相同的反应（让座）。

（3）特质是一个人身上比较稳定的特点。人的心理活动是十分丰富的，并不是他的每一种心理活动都会表现为一种特质，而只有那些经常出现的比较稳定的心理特征才称得上特质。人们常说，"智者千虑，必有一失"，但我们在评价他时并不会因他的一时之失而否认他是个智者。例如，诸葛亮尽管吃过败仗，但我们仍然认为他是个智者。

（4）一个人的精神面貌（人格）是由多种特质分多个层次有机组合而成的。不同的人往往具有不同的特质组合，即使其特质类型相同，其特质水平往往也会有高低之分（尽管水平的高低只具有相对意义）。心理学家在研究人的人格特征时，一般是把它们分解成多个单元（特质）和层次进行分析的，并认为，人格就是多种特质多个层次的有机组合。心理测量的任务就是区分出不同个体在能力、个性等特质上的差异。

（5）特质可以决定一个人对特定刺激的反应倾向，可以对人的行为进行某种预测。心理测量的最终目的就是了解人的特点，并对人的行为倾向做出预测。

二、心理特质的可测性

心理特质是一种客观存在，"凡客观存在的事物都有其数量"（E. L. Thorndike），"凡有数量的东西都可以测量"（W. A. McCall）。这就是 CTT 心理特质的可测性假设。事实上，心理特质是一种相对稳定的东西，我们可以用许多办法对它进行定义，也可以通过特殊的测量工具对它进行测量。比如，关于人的智力，目前已有比较好的测量办法，关于人的个性，其测量方法也日渐成熟，并发挥着重要作用。

当然，心理测量没有物理测量那样容易。因为人的心理特质具有比较隐蔽的特性，我们无法直接对它进行测量，只能通过被试对一些刺激（如考题）的行为反应（考试答案等）特点来推测其心理特质的特点和水平。此外，心理测量的工具也不易制作，其使用方法也比较麻烦，这都给心理测量工作增加了难度。目前，国际心理测量学界不仅广泛使用心理特质的概念来研究人的智力、个性等，而且提出了大量的认知诊断测量模型（cognitive diagnosis modeling），用于指导测验的编制、实施和改进教育与教学工作。

第二节 测量误差及其来源

一、测量误差的含义

测量误差是指在测量过程中由那些与测量目的无关的变化因素所引起的一种不准确或

不一致的测量效应。这里，我们要从两个方面来进行理解：其一，测量误差是由那些与测量目的无关的变化因素所致；其二，测量误差表现为不准确或不一致两种方式。例如，当我们去小摊上买水果时，若摊主偷换了秤砣，其实测结果一定不准（误差的表现方式之一）。假若摊主的秤是合乎要求的，但他操作时故意快速地要些手段，则其测量结果一定会与你复秤时所得的结果不一致（误差的表现方式之二）。这里，误差的产生都是由那些与测量目的无关的变化因素（修改测量工具、不正确地使用工具）所致。

二、测量误差的种类

和物理测量一样，心理测量也存在两种误差，即随机误差和系统误差。所谓随机误差就是那种由与测量目的无关的偶然因素引起的而又不易控制的误差。它使多次测量产生了不一致的结果，其方向和大小的变化完全是随机的，只符合某种统计规律。例如，在进行手枪射击时，新手往往很难控制手臂的轻微摆动，结果多次射击的成绩很不一致，造成误差，这种误差就是随机误差。

所谓系统误差就是由与测量目的无关的变化因素引起的一种恒定而有规律的效应。这种误差稳定地存在于每一次测量之中，此时，尽管多次测量的结果非常一致，但实测结果仍与真实数值有差异，是不正确的。例如，在射击过程中，尽管射击手非常优秀，每次结果都很一致，但若是枪的准心有点儿毛病，则其射击结果将会有稳定的偏差。又如，在进行数学测验时，若有一道 10 分题的标准答案有误，则全体正确作答该题的考生的成绩将普遍下降 10 分，这也是系统误差。若是教师评分标准宽严不一，甚至是随心所欲，则考生的成绩还会出现较大的随机误差。

由此可知，系统误差只影响测量的准确性，不影响稳定性；而随机误差既影响稳定性又影响准确性。

三、测量误差的来源

在物理测量中，误差来源主要有三个方面，即测量工具、被测对象和施测过程。当被测对象本身不稳定或测量工具不科学，或施测时的条件、操作等不合要求时，测量便必然会出现误差。同样，心理测量的误差也来自三个方面，即测量工具、被测对象和施测过程。

在测量工具方面，心理测量与物理测量有所不同。心理测量工具通常是一套以测验（问卷）为核心的刺激反应系统（通常称作量表）。当量表用于测查人的某种心理特质时，若项目所测的东西与我们欲测的目的之间出现偏差（如项目取样太少或太偏），则测量就会出现误差。例如，当语文考试出现偏题时，押中题的人就会得到好成绩，没押中题的人则得不到好成绩，这样就无法反映出各人的真实水平。又如，数学测验结果的好坏若取决于文字理解能力的高低，则该测量也会出现误差。当一个量表对同一批人前后几次的测查结果极不一致时，则认为该量表缺乏足够的稳定性。心理测量量表不稳定、没有真正测到我们所要测的东西，是测量工具造成误差的两种主要原因。

在被测对象方面，造成测量误差的主要原因是受测者的真正水平未得到正常发挥。一般来说，受测者的某种心理特质水平是相对稳定的，但是他在接受测量时的生理和心理状态会影响其水平的正常发挥。比如，当受测者过分疲劳，或突然生病，或过分焦虑、紧张时，其测量成绩会低于其真实水平。如果他在测量技能技巧方面经验不足，也同样会出现测量误差。此外，受测者应试动机的强弱、受训时间的长短、受训内容的多少、答题反应的快慢等都会导致测量误差。

在施测过程方面，产生测量误差的原因主要是一些偶然因素（恒定因素较易控制）。比如，在物理环境方面：施测现场的温度、光线、声音、桌面好坏、空间宽窄等都会造成误差。在主试者方面：主试者的年龄、性别、外表及其施测时的言谈举止、表情动作、是否按规定实施测验等也都会造成误差。此外，评分记分环节也容易出现差错。还有，若是出现意外干扰（如考场突然停电、有人作弊、计时表停了、试卷印刷或装订出错等），则同样会让考生分心或造成考场混乱，导致出现测量误差。

第三节　真分数及其有关假设

一、真分数的含义

人的心理特质水平经测量之后应表现为一个数值。然而，由于测量误差的存在，实际测得的数值往往难以与该特质的真正水平值完全一致，它总会略高于或略低于其真实水平值，某些时候还会严重偏离其真实水平值。例如，我们平常所说的"××考生基本上考出了其应有水平"或"××被试的人格特点基本上被测出来了"或"××这次测验超水平发挥"等，就是对这种测量现象的一种描述。为研究方便，我们把反映被试某种心理特质真正水平的数值称作该特质的真分数（True Score，简称为 T 分数），把实测的分数称作该特质的观察分数（Observed Score）。当观察分数接近真分数时，就说这次测量的误差较小。

显然，真分数是一个在理论上构想出来的抽象概念，在实际测量中是很难得到的。因为任何一种测量，无论它多么科学，总会存在误差。我们只能通过改进测量工具、完善操作方法等来使观察分数尽量接近真分数。只要观察分数与真分数之间的误差不是太大，或者说误差被控制在可接受的范围之内，我们的测量也就可以看作是可接受的测量了。

二、数学模型及其假设

既然观察分数很难等于真分数，那么两者之间是种什么关系呢？经典测验理论假定，观察分数（记为 X）与真分数（T）之间是一种线性关系，并只相差一个随机误差（记为 E）。即

$$X = T + E \tag{3.1}$$

这就是 CTT 的数学模型。

根据这一模型，我们可以引申出三个相关联的假设公理（Gulliksen, 1950）：

（1）若一个人的某种心理特质可以用平行的测验反复测量足够多次，则其观察分数的平均值会接近真分数。即

$$\varepsilon\,(X)\ = T$$

（2）真分数和误差分数之间的相关为零。即

$$\rho_{ET} = 0$$

（3）各平行测验上的误差分数之间的相关为零。即

$$\rho_{E_1 E_2} = 0$$

对 CTT 这一数学模型及其假设，我们可以从以下三个方面加以理解。第一，在问题的研究范围之内，反映个体某种心理特质水平的真分数假定是不会变的，测量任务就是估计这一真分数的大小。第二，观察分数被假定等于真分数与误差分数之和，即假定观察分数与真分数之间是线性关系，而不是其他关系。第三，测量误差是完全随机的，并服从均值为零的正态分布。这就是说，测量误差不会因为真分数的高低而呈现出有规律的都为正数或都为负数的情况。测量误差不仅独立于所测特质的真分数，而且独立于所测特质以外的其他任何变量。其中，第（1）条假设在于说明 E 是个服从均值为零的正态分布的随机变量；第（2）和第（3）条假设在于说明 E 是个随机误差，没有包含系统误差在内。

为了便于理解以上三条假设，我们可以设想用同一个测验或平行测验（parallel tests）重复测量真实水平为 T 的同一个人 k 次的情景，其测量数据可以表述为如下形式：

测量次第	观察分数（X）	真分数（T）	测量误差（E）
1	X_1	T	E_1
2	X_2	T	E_2
⋮	⋮	⋮	⋮
k	X_k	T	E_k

先计算上表中观察分数均值 $[\varepsilon\,(X)\ =\ (X_1 + X_2 + \cdots + X_k)\ /k]$ 和误差分均值 $[\varepsilon\,(E)\ =\ (E_1 + E_2 + \cdots + E_k)\ /k]$，再计算变量 X 和 E 之间的相关系数 ρ_{ET}。于是，上述公理可以从数学上理解为：假设能用同一个测验或平行测验反复测量同一个人足够多次（k 足够大），则观察分数的均值会接近考生的真分数 $[\varepsilon\,(X)\ =T]$，变量 X 和 E 之间的相

关系数会接近 0，各平行测验上误差分数的相关系数也会接近 0。

这里，平行测验是个十分重要的概念，其含义是：对于测验总体中的任意一个被试而言，若他在两个测验上的观察分数（X 和 X'）同时满足 CTT 的数学模型和三大假设，并且具有相等的真分数（$T = T'$）和相等的误差标准差（$\sigma_E^2 = \sigma_{E'}^2$），则这两个测验被称为严格平行的测验。通俗地说，如果两个题目不同的测验测得的是同一特质，并且题目形式、数量、难度、区分度以及测验得分的分布都是一致的，则这两个测验被称作彼此平行的测验。与此类似，对于测验总体中的任意一个被试而言，若他在两个测验上的观察分数（X_1 和 X_2）同时满足 CTT 的数学模型和三大假设，并且其真分数（$T_1 = T_2 + c_{12}$）之间仅相差一个常数（c_{12}），则这两个测验被称为基本（τ）等价的测验（essentially τ – equivalent tests）。

不过，用许多个彼此平行的测验反复测量同一个人的同一种心理特质的做法往往是很难实现的，因此，CTT 的模型及假设只是一种理论上的描述，所谓的"公理"也只是一种"看上去是真的"却不能证明的"定理"，是同行们为了便于解决测验中的许多问题而给出的一种"约定"。

事实上，在实施一个标准化测验时，我们并不是用许多平行测验来反复测查同一批被试，而是用一个测验来同时测查许多被试。由于每个人的误差都是随机的，且服从均值为零的正态分布，因此，当被试团体足够大时，团体内的各种随机误差会相互抵消，整个团体的观察分数的均值会趋近于该团体真分数的均值。这里，多个被试接受同一个测验，相当于多个平行测验反复测查一个具有团体真分数均值水平的个体。因此，CTT 的理论模型和假设便派上了用场。

根据 CTT 的模型和假设，我们很容易推导出如下关系：

$$S_X^2 = S_T^2 + S_E^2 \tag{3.2}$$

即在一次测量中，被试观察分数的方差等于其真分数方差与误差分数方差之和。

注意，公式（3.2）只涉及随机误差的变异，系统误差的变异包含在真分数的变异之中，即真分数变异还可以分成两部分：与测量目的有关的变异（S_V^2）和与测量目的无关的变异（S_I^2），即

$$S_T^2 = S_V^2 + S_I^2 \tag{3.3}$$

于是（3.2）可改写成：

$$S_X^2 = S_V^2 + S_I^2 + S_E^2 \tag{3.4}$$

这就是说，一次测验中，一个团体的实测分数之间的变异性是由与测量目的有关的变异数（S_V^2）、稳定的但出自无关来源的变异数（S_I^2）和测量误差的变异数（S_E^2）所决定的。

【练习与思考】

1. 简述"心理特质"的含义。

2. 心理测量的误差来源主要包括哪些?

3. CTT 模型及其假设的主要内容是什么?

4. 什么是平行测验?

5. 根据 CTT 的数学模型及其假设,推导关系式(3.2)。

6. 假设某专家编写了 10 道开放式题目考查高中生的语文运用能力,其中 1 题为文字推理题目,需要用到概率论中的贝叶斯原理。请问,这次测验的总分是否可以用 CTT 的模型进行解读?为什么?

7. 某次满分为 60 分的作文考试完成后,试卷由若干个老师独立评判,结果发现 30 万考生中有大约 82% 的人获得的分数在 40~50 分之间,35 分以下几乎没人,50 分以上也不到 2%。有的考生被不同老师评卷所得分数之差竟然高达 30 多分。请问,这次考试测量误差的主要来源有哪些?如何减小测量误差?

8. 民间经常有些算命先生,宣称可以根据人的外貌、谈吐或者生辰八字等,预测人的前程、财运、婚姻,等等。试从 CTT 模型的角度分析这种现象。

9. 有专家指出,大数据技术或许能使得人才测评工作更加科学和有效。试从 CTT 的模型出发,通过文献阅读等手段,阐述应用大数据技术预测人的行为的具体条件、途径和可能的风险。

10. 在综合素质评价工作中,最难的内容可能是人的思想品德。试从 CTT 的理论假设出发,阐述解决这一问题的建议。

第四章　测量信度

【本章提要】

- 测量信度的概念及作用
- 信度的估计方法
- 影响信度的主要因素
- 提高信度的常用方法

在各种测量活动中，常常可以看到测量者进行复测的行为。如果两次所测结果比较一致，则测量者就会认定此量值；如果两次所测结果相当不一致，测量者就不敢贸然认定其中的任何一个量值。同样，在心理测量工作中，测量的结果也必须是经得起"复测"检验的。倘若不同次测量的结果有较大的差异，则这种测量的结果是难以令人信服的。本章所讨论的中心话题便是测量结果的稳定性问题，即测量的信度（reliability）问题。

第一节　信度概述

一、什么是信度

信度是指测量结果的稳定性程度。换句话说，若能用同一测量工具反复测量某人的同一种心理特质，则其多次测量结果间的一致性程度就叫作信度，有时也叫作测量的可靠性。

一般来说，一个好的测量必须具有较高的信度。也就是说，一个好的测量工具，只要遵守操作规则，其结果就不应随工具的使用者或使用时间等方面的变化而发生较大变化。例如，标准的钢尺是测量长度的一种好的工具，只要操作方法得当，无论何时，也无论何人去测量同一张桌子的高度，其结果应是基本一致的。这说明其信度较高。不过，如果所用的是一种具有较大弹性的皮尺，则不同的人或同一个人在不同时间测量同一张桌子的高度，其结果往往会有较大的差异。这说明这种测量的信度不高。

当然，心理测量要比物理测量复杂些，我们不太可能用同一种量表去反复测量一个人的同一种心理特质。例如，某一数学测验就不能反复使用在同一批人身上，否则，测验结果必然是越测越好。因此，信度的定义还应寻求更实际一些的办法。以下就是另外三种等价的信度定义。

定义 1：信度（信度系数，reliability coefficient）是一个被测团体真分数的变异数与实得分数的变异数之比。即

$$r_{xx} = s_T^2 / s_x^2 \qquad (4.1)$$

式中，r_{xx} 代表测量的信度，s_T^2 代表真分数变异，s_x^2 代表总变异数，即实得分数的变异。

定义 2：信度是一个被试团体的真分数与实得分数的相关系数的平方。即

$$r_{xx} = \rho_{xT}^2 \qquad (4.2)$$

定义 3：信度是一个测验 x（A 卷）与它的任意一个"平行测验"x'（B 卷）的相关系数。即

$$r_{xx} = \rho_{xx'} \qquad (4.3)$$

在上述三个定义中，信度是就一批人的数据而言的，并不是用同一种工具反复测量同一个人（定义 3 除外）。这样一来，定义的可操作性程度就提高了。不过，真分数是我们不知道的值，是测量的测查对象。因此，定义 1 和定义 2 仍只具有理论意义，只有定义 3 才具有实际意义。

此外，描述测量一致性程度的指标还有信度指数（ρ_{xT}），它实际上是信度系数的平方根。

二、信度的作用

信度是衡量一个量表质量高低的重要指标之一，信度不合要求的量表是不能使用的，人们在编制和使用量表时都特别重视测量的信度。具体地说，信度的作用表现在以下三个方面。

（一）信度是测量过程中所存在的随机误差大小的反映

如果信度很低，测量的随机误差就很大，测量的结果就会与真分数发生较大偏差。而且这种偏差完全是随机决定的，这就让人无法相信测量的结果。值得指出的是，测量中的系统误差与信度无关。因此，系统误差只对测量结果产生恒定的影响，而不会使测量结果上下波动。

（二）信度可以用来解释个人测验分数的意义

从理论上讲，一个人的真分数本来是用同一个测验对他反复施测所得的平均值，其误差则是这些实测值的标准差。然而，这种做法是行不通的。因此，我们可以用对一个团体（人数足够多）两次施测的结果来代替对同一个人反复施测，以估计测量误差的变异数。此时，每个人两次测量的分数之差可以构成一个新的分布，这个分布的标准差就是测量的标准误。它是此次测量中误差大小的客观指标，有了这一指标，我们就可以对团体中任何一个人的测验成绩做出恰当的解释（即能通过区间估计的办法指出测量的精度）。一个测量的标准误（standard errors of measurement）可用下式计算：

$$S_E = S_x \sqrt{1 - r_{xx'}} \tag{4.4}$$

式中，S_E 为测量的标准误，S_x 为实得分标准差，$r_{xx'}$ 是测量的信度。

当测验满足经典测验理论的三大假设时，根据以上估计的测量标准误，便可以用以下方式构建测验真分数估计的置信区间（Confidence Intervals for True Scores，CI）：

$$x - Z_c S_E \leq T \leq x + Z_c S_E$$

式中，x 是被试（考生）的观察分数，S_E 为测量标准误，Z_c 是对应某个统计检验显著性水平的标准正态分布下的临界值。

比如，对一个均值为 100 分、标准差为 15 分的智力测验而言，若其量表总分的测量信度系数为 0.96，则其测量的标准误为 3 分（$S_E = 15 \times \sqrt{1 - 0.96} = 15 \times 0.2 = 3$）。于是，对一个实测智商（观察分数）为 106 分的被试来说，若取 0.05 为显著性水平，则其真正的智力水平（真分数）处于置信区间 100.12～111.88（$106 \pm 1.96 \times 3$），并且，下这个判定所犯错误的概率要小于 0.05。通俗地说，一个实测智商为 106 分的人，大约有 95% 的把握说其真正的智力水平介于 100～112 分。

（三）信度有助于不同测验分数的比较

通常，来自不同测验的原始分数是不能直接进行比较的，必须转化成标准分数再进行比较。具体办法是采用"差异的标准误"来进行差异的显著性检验，其公式为：

$$S_{Ed} = S \sqrt{2 - r_{xx} - r_{yy}} \tag{4.5}$$

式中，S 为相同尺度（如 T 分数的 $S = 10$）的标准分数的标准差，r_{xx} 和 r_{yy} 分别是两个测验的信度系数。

值得指出的是：①一个测验可以有多个信度估计值，因而其误差估计值也会有多个，在实际工作中要注意选择；②本理论假定同一个团体中所有人的测量误差都是相同的，但实际上水平高的人与水平低的人在做测量时会有不同的随机误差；③测量的结果不能僵硬地看成一个点，而应看成以该点为中心，以 S_E 的某个倍数为半径上下波动的一个范围（区间估计）。

第二节　信度的估计方法

信度是反映测量中随机误差大小的指标。由于造成测量的随机误差的方式或来源多种多样，因此信度的估计方法也多种多样。下面介绍的信度估计方法是分别测量信度的某一方面的，使用时要特别注意它的含义及适用范围。

一、重测信度

（一）含义及计算

重测信度（test-retest reliability）是指用同一个量表对同一组被试施测两次所得结果的一致性程度，其大小等于同一组被试在两次测验上所得分数的皮尔逊积差相关系数：

$$r_{xx} = \frac{\sum (x - \bar{x})(y - \bar{y})}{\sqrt{\sum (x - \bar{x})^2 \cdot \sum (y - \bar{y})^2}} \tag{4.6}$$

式中，x 和 $\bar{x}$ 是第一次测量的实得分数及实得分数的平均值，y 及 $\bar{y}$ 是第二次测量的实得分数及实得分数的平均值，r_{xx} 是重测信度。

当信度值较大时，说明前后两次测量的结果比较一致，测量工具比较稳定，被试的心理特质受被试状态和环境变化的影响较小。用这种测量结果来预测人在短期内的情况是比较好的，因为该结果具有较好的跨时间上的稳定性。

（二）使用的前提条件

重测信度的特点是用同一工具对同一批人测量两次，因此，它只能在允许重测的情况下进行计算。具体地说，它必须满足三个条件：①所测量的心理特质必须是稳定的。例如，一个成人的性格特点一般是稳定的，所以许多人格测验常使用重测信度。但是，刚入学儿童的识字量是极不稳定的，只要两次施测的间隔时间稍长，儿童的识字量就会有很大变化。因此，重测信度不能用于这种情况，因为测量结果的不一致很可能是被试水平的变化所致，而不能说明测量工具是否稳定。②遗忘和练习的效果基本上相互抵消。在做第一次测验时，被试可能会获得某种技巧，但只要间隔的时间适度，这种练习效果基本上会被遗忘。至于两次测验的间隔时间，可以是几分钟、几小时，也可以是几个月甚至几年，这要根据问题的性质和测量目的而定。通常，智力测验的间隔时间在 6 个月左右。③在两次施测的间隔期内，被试在所要测查的心理特质方面没有获得更多的学习和训练。这一点，实际上也是为了保证被试具有稳定的心理特质。

值得注意的是，同样一个量表，随着两次施测间隔时间不同，它可以有不同的重测信度。因此，在报告重测信度时，应说明两次施测的间隔时间，以及在此期间被试的有关经历。例如，在中国修订《韦氏儿童智力量表手册（C－WISC）》时，就曾对重测信度的计算报告了被试情况（6～16 岁城市儿童 151 名，农村儿童 74 名，且各年龄儿童分配较均匀），并报告了两次测验的间隔时间（2～7 周）以及两次的相关系数（城市：0.59～0.86，农村：0.59～0.81）等。特别需要注意的是，当某个测验涉及多个年龄或年级等不同层次的考生（被试）时，重测信度不能直接用测验的原始分数进行估算，而必须使用经过常模量表转换之后的量表分数或其他类型的标准分数进行估算；否则，测量信度会被大大高估。另外，当极少数考生的前测分数与后测分数相差特别明显时，重测信度往往会被低估。例如，当极个别考生的前测得分高于均值一个标准差以上，而后测得分低于均值一个标准差时，则应该仔细核对分数登记过程，甚至通过电话等途径与主考人联系，以确认该考生水平是否发挥异常。一旦考生的水平因特殊原因发挥得严重失常，则在估计重测信度时，应当去除这些异常的极端值（outliers，控制在 2% 以内），以避免低估重测信度。

二、复本信度

（一）含义

复本信度（alternate－form reliability）是指两个平行测验测量同一批被试所得结果的一致性程度，其大小等于同一批被试在两个复本测验上所得分数的皮尔逊积差相关系数。不过，由于两个复本测验实施的时间不同，因此复本信度所表达的含义也略有不同。如果两个复本测验是同时连续施测的，则称这种复本信度为等值性系数。等值性系数的大小主要反映两个复本测验的题目差别所带来的变异情况。如果两个复本测验是相距一段时间分两次施测的，则称这种复本信度为稳定性与等值性系数。此时，两个试卷的题目、两次施测时的情境、被试特质水平等方面的差异都会成为测验结果不一致的重要原因。与其他信度系数相比，此种复本信度最小，也就是说，稳定性与等值性系数是对信度最严格的检验，其值最低。在实际工作中，为抵消施测的顺序效应，一般可以采用平衡设计（counterbalanced design）来施测，即随机选出一半被试先做 A 卷后做 B 卷，另一半被试先做 B 卷后做 A 卷。

（二）使用的前提条件

计算复本信度的条件之一是要构造出两份或两份以上真正平行的测验（即 A、B 卷）。什么样的测验才称得上真正平行呢？这就是说，复本测验之间必须在题目内容、数量、形式、难度、区分度、指导语、时限以及所用的例题、公式和测验等其他方面都相同或相似。换句话说，平行测验就是指用不同的题目测量同样的内容，而且其测验结果的平均值和标准差都相同的两个测验。显然，严格的平行测验是很难构造出来的。

计算复本信度的条件之二便是被试要有条件接受两个测验。这种条件主要取决于时间、经费等几个方面。

另外，使用复本信度虽然能克服重测信度的一些缺点，但被试在做第二次测验时仍会受到练习和记忆等因素的影响，一些解题的策略等技能技巧也会产生迁移效应。对于稳定性与等值性系数，在报告结果时，也应报告两次施测的间隔，以及在此间隔内被试的有关经历。

三、分半信度

（一）含义及计算

分半信度（split – half reliability）是指将一个测验分成对等的两半后，所有被试在这两半上所得分数的一致性程度。

分半信度的解释和等值性系数一样，即可以把对等的两半测验看成是在最短时距内施测的两个平行测验。此外，由于分半信度描述的是两半题目间的一致性，因此它有时也被称作内部一致性系数。

分半信度的计算方法和等值复本信度的计算方法类似，只不过被试在两半测验上得分的相关系数只是半个测验的信度，还必须用斯皮尔曼—布朗（Spearman – Brown）公式加以校正：

$$r_{xx} = \frac{2r_{hh}}{1 + r_{hh}} \tag{4.7}$$

式中，r_{hh} 为两半测验分数间的相关系数，r_{xx} 为整个测验的信度值。

不过，斯皮尔曼—布朗公式只有在两半测验分数的变异数（S_a^2 和 S_b^2）相等时才能使用。否则，我们就应选择下述两个等价的公式之一：

（1）弗朗那根（Flanagan）公式：

$$r_{xx} = 2 \ (1 - \frac{S_a^2 + S_b^2}{S_x^2}) \tag{4.8}$$

式中，S_a^2 和 S_b^2 分别表示所有被试在两半测验上得分的变异数，S_x^2 表示全体被试在整个测验上总得分的变异数。

（2）卢仑（Rulon）公式：

$$r_{xx} = 1 - S_d^2/S_x^2 \tag{4.9}$$

式中，S_d^2 表示同一组被试在两半测验上得分之差的变异数，其他符号的含义与（4.8）中的含义相同。

（二）使用的前提条件及范围

分半信度通常是在只能施测一次或没有复本的情况下使用。而且，在使用斯皮尔曼—布朗公式时要求全体被试在两半测验上得分的变异数相等。当一个测验无法分成对等的两半时，分半信度不宜使用。

此外，由于将一个测验分成两半的方法很多（如按题号的奇偶性分半、按题目的难度分半、按题目的内容分半等），因此，同一个测验通常会有多个分半信度值。

四、同质性信度

（一）含义

同质性信度（homogeneity reliability）也叫作内部一致性系数，是指测验内部所有题目间的一致性程度。这里，题目间的一致性含有两层意思，其一是指所有题目测的都是同一种心理特质，其二是指所有题目得分之间都具有较高的正相关。一句话，同质性信度就是一个测验所测内容或特质的相同程度。当一个测验具有较高的同质性信度时，说明测验主要测的是某一单个心理特质，实测结果就是该特质水平的反映。如果一个测验同质性信度不高，则说明测验结果可能是几种心理特质的综合反映，这时，测验结果不好解释。一种好的办法是把一个异质的测验分解成多个具有同质性的分测验，再根据被试在分测验上的得分分别做出解释。

值得注意的是，一些表面上看起来是测量同一种心理特质的题目，如果其题目间不具有较高的正相关，则不能认为它们具有同质性。这就是说，测量单一特性是同质性高的必要条件，而非充分条件。反过来，同质性高才是测验测得单一特质的充分条件。我们讨论同质性信度的目的就在于判断一个测验能否测到单一特质，以及估计所测到特质的一致性程度。

（二）计算及适用范围

内部一致性系数的一种粗略估计方法是求测验的分半信度。但因分半方法多种多样，所得结果不太稳定，因此有人建议：计算出所有可能的分半信度，并用其平均值来作为内部一致性的估计值。然而，这种办法较复杂，因为所有可能的分半信度的个数简直是个天文数字。于是，人们又提出了如下公式：

$$r_{xx} = \frac{K \bar{r}_{ij}}{1 + (K-1) \bar{r}_{ij}} \tag{4.10}$$

式中，K 为一个测验的题目个数，$\bar{r}_{ij}$ 为所有题目间相关系数的平均值。

这一公式实际上也是不方便的，因为所有题目间都求相关会比较麻烦。不过，由此却导出了十分方便的库—理（Kuder - Richardson）信度系数和克隆巴赫（Cronbach）α 系数，现列于下：

（1）$K - R_{20}$公式：

$$r_{xx} = \frac{K}{K-1} \left(1 - \frac{\sum p_i q_i}{S_x^2}\right) \tag{4.11}$$

49

式中，K 是题目数，p_i 为答对第 i 题的人数的比例，q_i 为答错第 i 题的人数的比例，S_x^2 为测验总分的变异。此公式是由库德（G. F. Kuder）和理查德逊（M. W. Richardson）于1937 年提出的，仅适用于（0、1）记分的测验。

（2）$K - R_{21}$ 公式：

$$r_{xx} = \frac{K}{K-1} \left(1 - \frac{K\bar{p}\bar{q}}{S_x^2}\right) \qquad (4.12)$$

式中，各指标含义与 $K - R_{20}$ 公式相同，只是 $\bar{p}$ 与 $\bar{q}$ 分别表示题目的平均通过率和平均失败率。此公式只有当所有题目的难度接近时才适用。

（3）克隆巴赫 α 系数：

$$\alpha = \frac{K}{K-1} \left(1 - \frac{\sum S_i^2}{S_x^2}\right) \qquad (4.13)$$

或

$$\alpha = \frac{K}{K-1 \left(1 - \frac{\sum \sigma_i^2}{\sigma_x^2}\right)} \qquad (4.13a)$$

式（4.13）中，S_i^2 表示所有被试在第 i 题上的分数变异，其余指标的含义与 $K - R_{20}$ 公式相同。式（4.13a）中，K 是试卷中的题目个数，σ_i^2 是题目 i 的得分方差，σ_x^2 是测验总分的方差。（σ_i^2 和 σ_x^2 是相对于总体而言的，S_i^2 和 S_x^2 是相对于样本而言的，二者都指方差。）

此公式是由克隆巴赫（Cronbach）提出来的，它不要求测验题目仅是（0、1）记分，可以处理任何测验的内部一致性系数的计算问题。实际上，$K - R_{20}$ 和 $K - R_{21}$ 只是 α 的特例，因为在（0、1）记分时有 $\sum S_i^2 = \sum p_i q_i$。此外，$\alpha$ 值还是所有可能的分半信度的平均值，它只是测量信度下界的一个估计值。即当 α 值大时，测量信度必高；但当 α 值小时，却不能断定测量信度不高。

α 值的计算一般按下述步骤进行：①按一定要求抽取 n 个被试的试卷，首先计算出这几个人测验总分的方差 S_x^2；②这几个人在每道题上都会有一个得分，分别求出这几个人在每道题上得分的方差 S_i^2（$i = 1$，2，$\cdots$，K），并求 $\sum S_i^2$ 的值；③按公式（4.13）求出 α 的值。

例如，某态度量表共 7 题，100 个被试在各题上得分的方差（S_i^2）分别是 0.81，0.82，0.79，0.83，0.85，0.76，0.77，测验总分的方差为 14.00，则此测量的 α 信度为：

$$\alpha = \frac{K}{K-1} \left(1 - \frac{\sum S_i^2}{S_x^2}\right)$$

$$= \frac{7}{7-1} \times \left(1 - \frac{0.81 + 0.82 + 0.79 + 0.83 + 0.85 + 0.76 + 0.77}{14.00}\right)$$

$$= 0.70$$

（4）荷伊特信度：

1941 年荷伊特（C. Hoyt）提出用方差分量比描写测验内部一致性的方法：

设有 n 名被试参加一个有 K 个项目的测试，测验分数的总变异可分解为被试间变异 $SS_{人}$、项目间变异 $SS_{题}$ 和人与试题交互作用 $SS_{人×题}$ 三部分。荷伊特认为可用 $MS_{人}$ 作为被试方差估计值，用 $MS_{人×题}$ 作为误差方差估计值，并可用下式作为测验信度的估计值：

$$r_{xx} = 1 - \frac{MS_{人×题}}{MS_{人}} \tag{4.14}$$

五、评分者信度

（一）含义及计算

评分者信度（scorer reliability）是指多个评分者给同一批人的答卷进行评分的一致性程度。在心理与教育测量工作中，客观题的评分很少出现误差（如机器阅卷），但主观题的评分常常会造成误差。因此，提高评分者信度也是心理与教育测量的重要任务之一。当评分者人数为两个时，评分者信度等于两个评分者给同一批被试的答卷所给分数的相关系数（积差相关或等级相关）。当评分者人数多于两个时，评分者信度可用肯德尔和谐系数进行估计。其公式为：

$$W = \frac{12 \left[\sum R_i^2 - \frac{(\sum R_i)^2}{N} \right]}{K^2 (N^3 - N)} \tag{4.15}$$

式中，K 是评分者人数，N 是被评的对象数（通常是考生数，每个考生一份试卷），R_i 是第 i 个被评对象（考卷）被评的水平等级之和。

当评分者（K）为 3~20 人，被评对象（N）为 3~7 时，信度是否符合要求可直接查 W 表检验。当实际计算的 W 值大于表中的相应值时，说明评分所得信度较高。

若被评对象多于 7 个，则可计算 x^2 值，作 x^2 检验 $[x^2 = K (N-1) W, df = N-1]$。

若评分中有相同等级出现，则要使用以下公式求 W 值：

$$W = \frac{12 \left[\sum R_i^2 - \frac{(\sum R_i)^2}{N} \right]}{K^2 (N^3 - N) - \frac{K \sum (n^3 - n)}{12}} \tag{4.16}$$

其中，n 为相同等级的个数，其他指标与公式（4.15）中的含义相同。

（二）举例

设有 A、B、C 三位教师给 6 篇作文评分，结果如表 4-1 所示，试求评分者信度。

表 4 - 1   A、B、C 三位教师给 6 篇作文（6 个考生）的评分

	1	2	3	4	5	6
A	25	30	27	20	28	32
B	22	26	21	20	25	30
C	15	20	18	14	21	22

解：（1）将每一位评分者给 6 篇作文所评分数转化成得分等级（最高分为 1，次为 2，……），并求出每一篇作文所得等级之和 R_i，结果如表 4 - 2 所示。

表 4 - 2   作文的得分等级

	1	2	3	4	5	6
A	5	2	4	6	3	1
B	4	2	5	6	3	1
C	5	3	4	6	2	1
R_i	14	7	13	18	8	3

（2）由上可得：

$\sum R_i = 14 + 7 + 13 + 18 + 8 + 3 = 63$

$\sum R_i^2 = 14^2 + 7^2 + 13^2 + 18^2 + 8^2 + 3^2 = 811$

又由题意知 $K = 3$，$N = 6$。

（3）将 K、N、$\sum R_i$、$\sum R_i^2$ 代入公式（4.15）有：

$$W = \frac{12 \times (811 - 63^2/6)}{3^2 \times (6^3 - 6)} \approx 0.95$$

于是，本次测试的评分者信度估计值为 0.95。

六、分层 α 系数

在众多考试项目中，一套试卷中同时包含客观性试题和主观性试题的情况比较普遍。比如，高考试卷就通常含有若干道客观性试题以及至少一道主观性的作文试题。有时，即使所有题目都是客观性试题，每道题目的计分方式也可能不完全一致。比如，假定有一套试卷，共有 6 道 0/1 计分、4 道 0/5 计分和 5 道 0/10 计分的试题，则不应该直接使用克隆巴赫 α 系数来估计测量信度。因为分值不同的试题混合在一起计算 α 系数没有体现出权重的作用，一些分值较大的题目对测评信度的估计会带来重大影响。对于这种包含着多种计分方式，或者涉及多种测评维度的试卷的测评信度，其估计方法以分层 α 系数（α_{strat}）为宜。其计算公式是：

$$\alpha_{strat} = 1 - \frac{\sum \sigma_{x_i}^2 (1 - \rho_{x_i x_i})}{\sigma_x^2} \tag{4.17}$$

式中，$\rho_{x_i x_i'}$ 是测验 X 某个层级 i（同一种计分方式或同一个维度）所有题目的测量信度（如克隆巴赫 α 系数等），$\sigma_{x_i}^2$ 是层级（或题型）i 所有题目原始分之和的方差，σ_x^2 是整个试卷 X 所有题目原始分之和的方差，α_{strat} 是测验 X 的分层信度估计。

为了方便直观地理解克隆巴赫 α 系数与分层 α 系数的用法，我们分别虚拟了如表 4-3 和表 4-4 所示的考生作答反应数据。其中，表 4-3 是一套计分方式统一为 0/1 形式，包含着三个子维度试卷的考生作答反应数据；表 4-4 是另一套维度单一，但包含着 0/1，0/5 和 0/10 共三种计分方式题型试卷的考生作答反应数据。

表 4-3　一套包含三个子维度试卷的克隆巴赫 α 与分层 α

ID	ag1	ag2	ag3	ag4	ag5	ag6	ag7	ag8	ag9	ag10	ag11	ag12	ag13	ag14	ag15	P1	P2	P3	Tot
1101	1	1	1	1	0	1	0	1	1	0	1	0	1	0	0	5	2	2	9
1102	1	1	1	0	0	0	1	1	1	0	1	0	0	0	1	3	3	2	8
1103	1	1	1	1	0	1	1	1	1	1	1	1	1	0	1	5	4	4	13
1104	1	1	1	1	0	1	1	1	1	0	1	1	1	0	1	5	3	4	12
1105	0	1	1	0	0	0	0	1	0	0	1	1	1	0	1	2	1	4	7
1106	1	1	0	0	0	0	1	0	1	0	1	1	1	0	1	2	2	4	8
1107	1	1	1	0	0	1	0	1	0	1	1	1	1	1	0	4	3	4	11
1108	0	0	1	0	0	1	1	1	0	0	1	1	0	0	0	2	2	2	6
1109	1	0	1	0	1	0	1	1	1	0	1	1	1	0	1	4	3	4	11
1110	1	1	0	1	0	0	1	1	0	0	1	1	0	0	1	3	2	3	8
1111	1	1	1	1	1	1	1	1	1	1	1	1	1	1	0	6	4	4	14
1112	1	0	1	0	0	0	0	1	0	0	1	1	1	0	1	2	1	4	7
1113	1	1	1	1	1	1	1	1	1	1	1	1	1	1	0	6	4	4	14
1114	1	1	1	1	1	1	1	1	1	1	1	1	1	1	0	6	4	4	14
1115	1	1	1	0	0	0	0	1	0	0	1	1	1	0	1	2	1	4	7
1116	1	1	1	1	0	1	1	1	1	1	1	1	1	1	1	6	4	5	15
1117	0	1	1	1	0	0	1	0	0	0	1	1	0	0	0	3	1	2	6
1118	1	1	1	1	0	1	1	1	0	0	1	1	0	0	0	5	2	2	9
Var	0.15	0.18	0.10	0.24	0.24	0.26	0.18	0.10	0.25	0.21	0.00	0.10	0.21	0.21	0.26	2.53	1.32	0.97	9.47
Sum Var						1.17				0.75					0.79				2.71
α						0.65				0.57					0.23	0.65	0.57	0.23	0.7648
α_strat																			0.7672

表 4-4　一套包含三种题型试卷的克隆巴赫 α 与分层 α

ID	ag1	ag2	ag3	ag4	ag5	ag6	ag7	ag8	ag9	ag10	ag11	ag12	ag13	ag14	ag15	P1	P2	P3	Tot
1101	1	1	1	1	0	1	0	5	5	0	10	0	10	0	0	5	10	20	35
1102	1	1	1	0	0	0	5	5	5	0	10	0	0	0	10	3	15	20	38
1103	1	1	1	1	1	0	5	5	5	5	10	10	10	0	10	5	20	40	65
1104	1	1	1	1	0	1	5	5	5	0	10	10	10	0	10	5	15	40	60
1105	0	1	1	0	0	0	0	5	0	0	10	10	10	0	10	2	5	40	47
1106	1	1	0	0	0	0	5	0	5	0	10	10	10	0	10	2	10	40	52
1107	1	1	1	0	0	0	5	5	5	0	10	10	10	10	0	4	15	40	59
1108	0	0	1	0	0	1	5	5	0	0	10	10	0	0	0	2	10	20	32
1109	1	0	1	0	1	0	5	5	5	0	10	10	10	0	10	4	15	40	59
1110	1	1	0	1	0	0	5	5	0	0	10	10	0	0	10	3	10	30	43
1111	1	1	1	1	1	1	5	5	5	5	10	10	10	10	0	6	20	40	66
1112	1	0	1	0	0	0	0	5	0	0	10	10	10	0	10	2	5	40	47
1113	1	1	1	1	1	1	5	5	5	5	10	10	10	10	0	6	20	40	66
1114	1	1	1	1	1	1	5	5	5	5	10	10	10	10	0	6	20	40	66
1115	1	0	1	0	0	0	0	5	0	0	10	10	10	0	10	2	5	40	47
1116	1	1	1	1	0	1	5	5	5	5	10	10	10	10	10	6	20	50	76
1117	0	1	1	1	0	0	5	5	0	0	10	10	0	0	0	3	5	20	28
1118	1	1	1	1	0	1	5	5	0	0	10	10	0	0	0	5	10	20	35
Var	0.15	0.18	0.10	0.24	0.24	0.26	4.58	2.61	6.29	5.31	0.00	10.46	21.24	21.24	26.14	2.53	33.01	96.73	199.32
Sum Var						1.17				18.79					79.08				99.04
α						0.65				0.57					0.23	0.65	0.57	0.23	0.5390
α_strat																			0.5504

由表 4 – 3 可知，题型一致、维度多样时的克隆巴赫 α 系数和分层信度估计（α_{strat}）非常接近，分别为 0.764 8 和 0.767 2。但是，当计分方式不一致时（表 4 – 4），尽管测验所包含的维度单一，并且每个组成部分的"答错/答对"情况以及信度估计值都完全相同（0.65，0.57 和 0.23），但两种估计方法所得的结果相差较大，分别为 0.539 0 和 0.550 4。

七、成套测验合成分数（composite score）的信度

在实际工作中，使用成套测验或多套试卷总分的情况比较普遍。比如，著名的《韦氏儿童智力量表第四版（WISC – Ⅳ）》，除了含有 15 个分测验，还含有 VCI、PRI、WMI、PSI 和 FSIQ 五个合成分数（composite scores）。在中国的高考招生录取工作中，使用语文、数学和外语总分，或者语数外理化总分，或者语数外政史总分的情况也十分常见。为此，估计合成总分的测评信度的方法值得重视。

假设某考生（p）在成套测验上的合成总分（Z_p）等于其中 k 个分测验分数（x_{p1}，x_{p2}，…，x_{pk}）的加权（w_1，w_2，…，w_k）之和。即

$$Z_p = w_0 + \sum_{i=1}^{k} w_i x_{pi} \tag{4.18}$$

式中，w_0 是用于分数调整的常数，可以为 0。w_i 可以是每个分测验的题目数量在所有试卷题目总数中的比重或其他重要性指标。

与 CTT 关于真分数及其相关假设类似，合成分数也同样需要假定它等于其对应的真分数与随机误差之和，并假定误差之间彼此独立、数学期望值为 0，同时还要假定，只要使用同样的分数合成权重，我们就能够编制出众多平行的分测验。于是，合成分数的信度估计方法为：

$$\rho_{zz'} = 1 - \frac{\sigma_{E_z}^2}{\sigma_z^2} = 1 - \frac{\sum w_i^2 \sigma_{E_i}^2}{\sigma_z^2} = 1 - \frac{\sum w_i^2 \sigma_{x_i}^2 (1 - \rho_{x_i x_i'})}{\sigma_z^2} \tag{4.19}$$

式中，$\rho_{x_i x_i'}$ 是分测验 x_i 的测量信度，$\sigma_{x_i}^2$ 是分测验 i 总分的方差，σ_z^2 是所有分测验加权总分的方差，$\rho_{zz'}'$ 是合成分数的信度估计。

必须特别指出的是，成套测验合成分数的信度估计公式（4.19）与分层 α 公式（4.17）中分母方差的计算方法非常不同。公式（4.17）中 σ_x^2 是整个试卷所有题目原始分之和的方差，其中没有加权系数。而公式（4.19）中 σ_z^2 是各分测验加权总分的方差，不能通过计算各个分测验总分之和的方法计算合成总分的方差，即，公式（4.19）可以如下形式展开：

$$\rho_{zz'} = 1 - \frac{\sum w_i^2 \sigma_{x_i}^2 (1 - \rho_{x_i x_i'})}{\sum w_i^2 \sigma_{x_i}^2 + \sum_i \sum_{j(\neq i)=1}^{k} w_i w_j \rho_{x_i x_j} \sigma_{x_i} \sigma_{x_j}} \tag{4.20}$$

式中，$\rho_{x_i x_j}$ 是两个不同分测验 x_i 与 x_j 之间的相关系数，$\sigma^2_{x_i}$ 是分测验 i 总分的方差，$\sigma_{x_i}\sigma_{x_j}$ 是两个不同分测验 x_i 与 x_j 的标准差之积。

当分数合成的权重相等时，即 $w_i = 1/k$，$i = 1$，2，$\cdots$，k，成套测验合成分数的信度估计值与分层 α 值完全相同。其相应的公式（4.19）可以简化为：

$$\rho_{zz'} = 1 - \frac{\sum \sigma^2_{x_i}(1 - \rho_{x_i x_i'})}{k^2 \sigma^2_z} \tag{4.21}$$

或

$$\rho_{zz'} = 1 - \frac{\sum \sigma^2_{x_i}(1 - \rho_{x_i x_i'})}{\sum \sigma^2_{x_i} + \sum_{i \neq j} \rho_{x_i x_j}\sigma_{x_i}\sigma_{x_j}} \tag{4.22}$$

式中，$\rho_{x_i x_j}$ 是两个不同分测验 x_i 与 x_j 之间的相关系数，$\rho_{x_i x_i'}$ 是分测验 x_i 的测量信度，$\sigma_{x_i}\sigma_{x_j}$ 是两个不同分测验 x_i 与 x_j 的标准差之积，σ^2_z 是各分测验加权总分的方差，需要用公式（4.20）中计算分母的公式计算。

若所有分测验的标准差相等（如使用度量体系相同的量表分数），则该公式还可以进一步简化为：

$$\rho_{zz'} = 1 - \frac{k - \sum \rho_{x_i x_i'}}{k + \sum_{i \neq j} \rho_{x_i x_j}} \tag{4.23}$$

式中，k 是分测验的个数，$\rho_{x_i x_j}$ 是两个不同的分测验 x_i 与 x_j 之间的相关系数，ρ_{x_i} 是分测验 x_i 的测量信度。

为了解释成套测验合成分数的估计方法，我们以表 4-4 中的数据为例进行演算。假设该成套测验包含三个分测验（部分 1，部分 2，部分 3），其中，部分 1 有 6 道题，部分 2 有 4 道题，部分 3 有 5 道题。若以各分测验题目数量作为合成分数的权重系数设定标准，则 $w_1 = 6/15$，$w_2 = 4/15$，$w_3 = 5/15$。于是，公式（4.20）中的分子、分母和包含有三个分测验的成套测验的信度估计方法如表 4-5 所示。读者可以参照本表模式，创建符合自己需求的成套测验信度估计的 Excel 模板。

表 4-5 的结果显示，该成套测验的信度估计值为 0.529 5，比分层 α 系数 0.550 4 和题目层面的克隆巴赫 α 系数 0.539 0 略微小一些。可以验证的是，当三个部分的权重完全相等，即 $w_i = 1/3$ 时，成套测验的信度估计值与分层 α 值完全一致。

表 4 - 5　成套测验合成总分信度估计演示

指标说明	部分 1	部分 2	部分 3	总分	信度估计
方差（部分和总分）	2.526 1	33.006 5	96.732 0	199.323 5	
α（题目层面）					0.539 0
α_{strat}（题组层面）	0.645 8	0.574 3	0.228 0		0.550 4
权重（题量比重）	0.400 0	0.266 7	0.333 3		
各部分间相关系数					
部分 1		0.823 1	0.242 5		
部分 2	0.823 1		0.393 3		
分子					
$\sum W_i^2 \sigma_{x_i}^2 \ (1 - \rho_{x_i x'_i})$	0.143 2	0.999 3	8.297 0	9.439 5	
分母					
$\sum w_i^2 \sigma_{x_i}^2$	0.404 2	2.347 1	10.748 0	13.499 3	
$\sum_i^k \sum_{j(\neq i)=1}^k w_i w_j \rho_{x_i x_j} \sigma_{x_i} \sigma_{x_j}$					
部分 1		0.801 7	0.505 4		
部分 2	0.801 7		1.975 3		
部分 3	0.505 4	1.975 3		6.565 0	
				20.064 3	
成套测验信度（三个分测验）					0.529 5

特别需要说明的是，在估计成套测验合成分数的信度时，应该首先考察这些分测验的分数是否可以合成。若分测验之间没有必然的合并关系，则不应该求合成分数，当然也就不需要估计合成分数的信度了。

第三节　提高测量信度的方法

一、影响测量信度的主要因素

测量信度是测量过程中随机误差大小的反映。随机误差大，信度就低；随机误差小，信度就高。因此，在测量过程中凡是能引起测量的随机误差的因素——被试、主试、施测情境、测量工具等都会影响测量信度。现具体讨论如下：

（一）被试方面

就单个被试而言，被试的身心健康状况、应试动机、注意力、耐心、求胜心、作答态度等都会造成测量误差，因为这些因素往往会影响被试心理特质水平的稳定性。

就被试团体而言，整个团体内部水平的离散程度以及团体的平均水平都会影响测量信度。这是因为，我们所计算的信度估计值大都是以相关为基础的，而相关系数的大小往往取决于全体被试得分的分布情况。当被试团体异质（即团体内水平彼此差异大）时，全体被试的总分分布必然较广，以相关为基础计算出来的信度值必然会大。这就很有可能高估实际的信度值。当团体内部水平相差不大（同质）时，其得分分布必定会较窄，以相关为基础计算出来的信度值必然会小。这时，又可能低估真正的信度值。此外，若团体的平均水平太高（大家都得高分）或太低（大家都得低分），同样会使测验总分的分布变窄，低估测量的真正信度。

（二）主试方面

就施测者而言，若其不按指导手册中的规定施测，或故意制造紧张气氛，或给考生一定的暗示、协助等，则测量信度会大大降低。就阅卷评分者而言，若评分标准掌握不一，或前紧后松，甚至是随心所欲，则会降低测量信度。

（三）施测情境方面

在实施测验时，考场是否安静、光线和通风情况是否良好、所需设备是否齐备、桌面是否合乎要求、空间宽窄是否恰当等都可能影响到测量的信度。特别地，随着计算机和网络技术的发展，基于计算机或其他 IT 技术的考试已经越来越普遍，因此，考试平台的质量、稳定性，以及考生使用机器的熟练程度等，也是常见的影响测量信度的重要因素。

（四）测量工具方面

以测验为代表的心理与教育测量工具是否性能稳定是测量工作成败的关键。因此，弄清楚影响测量工具稳定性的因素是十分重要的。一般来说，试题的取样、试题之间的同质性程度、试题的难度等是影响测验稳定性的主要因素。

如果一个测验的试题取样不当（或题目数太少，或考查的方面不全面），则难以测查到被试心理特质的全面情况。若是被试采取押题方式应考，则所得结果的随机性更大。既然心理特质被考查的方面是随机的，测查的结果也是随机的，那么，这种测量的信度必然不会高。相反，当一份测验中同质性的题目数量增多之后，同一心理特质被考查到的次数就会增多，被试的成绩也就越能有效拉开，整个团体的测验分数分布就会更广，从而提高测量的信度。这种效果可用斯皮尔曼—布朗预测公式（Spearman – Brown Prophecy Formula）计算：

$$\rho_{zz'} = \frac{K\rho_{xx'}}{1 + (K-1)\ \rho_{xx'}} \tag{4.24}$$

式中，K 为改变后的测验长度与原来长度之比，$\rho_{xx'}$ 为原测验的信度，$\rho_{zz'}$ 为测验长度增加为 K 倍后的测验信度。

如果一个测验内部的试题之间彼此异质（即测查不同的心理特质），则无法使测量的内部一致性系数提高。

如果测验的题目太难，则会引起被试的随机猜答，并使大部分人的得分偏低，整个分数的分布变窄，从而影响测量的信度。如果题目太容易，则大部分被试都将获得高分，同样会使测验分数的分布变窄，影响测量的信度。

（五） 两次施测的间隔时间

在计算重测信度和稳定性与等值性系数（复本信度之一）时，两次测验相隔的时间越短，其信度值就越大；间隔时间越长，其他因素带来影响的机会就越多，因而其信度值就可能越小。

二、提高测量信度的常用方法

（1）适当增加测验的长度。

由于项目数量太少会降低测量的信度，因此，提高测量信度的一个常用方法是增加一些与原测验项目具有较好同质性的项目，增加测验长度。

这里有两点必须注意：①新增项目必须与试卷中原有的项目同质；②新增项目的数量必须适度。事实上，增加测验长度的效果遵循报酬递减规律，即测验过长有可能引起被试的疲劳和反感，降低测量信度。若已知测验的现有信度以及所要求的信度标准，则可以代入公式（4.24）求出 K 值，得到一个恰当的增加数目。

（2）使测验中所有试题的难度接近正态分布，并控制在中等水平。

当测验中所有试题的难度接近正态分布并控制在中等水平时，被试团体的得分分布也会接近正态分布，且标准差会较大，以相关为基础的信度值也必然会增大。

（3）努力提高测验试题的区分度。

区分度是测验题目的质量指标，本书稍后将有专论。测验中所有试题区分度的高低直接影响测量的信度。努力提高测验中所有试题的区分度，可望获取较高的测量信度。

（4）选取恰当的被试团体，提高测量在各同质性较强的亚团体上的信度。

由于被试团体的平均水平和内部差异情况均会影响测量信度，因此在检验测量的信度时，一定要根据测验的使用目的来选择被试。也就是说，在编制和使用测验时，一定要弄清楚常模团体的年龄、性别、文化程度、职业、爱好等因素。一个特别异质的团体所获得的信度值并不等于其中某些较同质的亚团体所获得的信度值。只有各亚团体所获得的信度值都合乎要求的测验，才具有广泛的应用性。

（5）主试者要严格执行施测规程，评分者要严格按标准给分，施测场地要按测验手册的要求进行布置，减少无关因素的干扰。

三、几点说明

（1）提高测量信度的方法还有很多，以上只是几种常用方法。

（2）本章所讨论的各种信度计算方法仅适用于常模参照测验。其中，分半信度、$K-R_{20}$、$K-R_{21}$ 和 α 也称为内部一致性系数。

（3）目标参照测验的信度问题必须以测量的概化理论（Generalizability Theory，GT）为基础才能进行较好的处理，所以本章未对此进行讨论。

（4）在估计速度测验的信度时，建议使用重测信度或决策一致性系数等方法，不使用分半信度或分层 α 系数。限于篇幅，本节不作详细讨论。

（5）目前，基于项目反应理论（Item Response Theory，IRT）的条件测量信度（conditional reliability）已经逐步应用于大型测验项目之中。如著名的托福（TOEFL iBT）考试、GRE 考试等就同时报告了 CTT 和 IRT 理论框架下的测量信度和条件测量信度，有兴趣的读者可以参阅 IRT 方面的文献。

（6）关于测量的信度要达到多高才被认为可靠，是一个比较复杂的问题。一般来说，标准化能力或学绩测验的信度应在 0.90 以上，人格测验的信度应在 0.80 以上，教师自编学绩测验的信度应在 0.60 以上。

【练习与思考】

1. 指出各种信度系数所对应的误差来源。

2. 已知 16 人参加一次测验后在奇数题和偶数题上的得分情况，试用两种以上的方法估计测量信度。

被试	1	2	3	4	5	6	7	8	9	10	11	12	13	14	15	16
奇数题	32	40	42	28	35	30	41	28	32	34	26	34	36	25	40	41
偶数题	31	39	45	30	40	29	39	30	32	30	30	40	26	40	42

3. 已知某态度量表有 6 道题，被试在各题上得分的方差分别是 0.80、0.81、0.79、0.78、0.80、0.82，测验总分的方差为 16.00，求 α 值。

4. 某次满分为 60 分的作文考试，由两个老师进行评分，所评分数如下，试估计评分者信度。

考生	1	2	3	4	5	6	7	8	9	10	11	12	13	14	15	16
老师1	40	45	46	35	47	52	45	43	50	47	40	54	39	50	52	43
老师2	36	38	40	32	40	50	44	46	48	50	32	43	35	40	48	45

5. 如何估计速度测验的测量信度？

6. 不同能力水平的人在接受同一测验时，为什么会出现测量误差？

7. 试证信度三个定义的等价性。

8. 怎样提高测量信度？

9. 某专家计划命制一套包含不同类型试题的语文测试，其中 0/1 计分题 30 道，0/4 计分题 10 道，0/1/2/…/40 计分题 1 道。这样的测试数据该如何估计测量信度？请编写数据收集方案，并自编数据（样本量 $n > 100$），估计测量信度。

10. 某综合试卷包含 30 道语文试题（0/2 计分题 20 道，0/6 计分题 10 道），25 道数学试题（0/4 计分），以及 60 道英文试题（0/0.5 计分题 20 道，0/1 计分题 30 道，0/6 计分题 10 道）。这种数据该如何估计测量信度？请自编数据收集方案、自编数据（样本量 $n > 100$），然后分别计算语文部分、数学部分、英语部分和总分的测量信度。

第五章 测量效度

【本章提要】

● 效度的概念及其与信度的关系
● 效度的种类及效度获取的方法
● 提高测量效度的方法

在测量活动中，如测量者对所使用的测量工具非常信任，便会采取复测行为来判断测量有无误差；如测量者对所使用的测量工具产生怀疑，往往会去找一个被公认为非常准确的测量工具来对先前的测量值进行检验。这种在原测量工具之外寻求新的证据来肯定或否定某一测量工具准确性的做法就是在研究测量的效度问题。心理测量是一种间接测量，更重视测量的效度研究。

第一节 效度概述

一、什么是效度

效度（validity）是指一个测验或量表实际能测出其所要测的心理特质的程度。例如，一个小学生数学测验的成绩若同时受到其数学和语文能力的影响（如看不懂题意等情况），则认为实际测到其所要测的特质（数学能力）的程度不高，因而它是个效度不高的数学测验。关于效度的概念，要特别注意以下三点：

（一）效度是一个相对的概念

这种相对性表现在两个方面：①效度是相对于一定的测量目的而言的。因为效度是指实测结果与所要测查的特质之间的吻合一致性程度，因此，一个测验或量表是否有效，主要看它是否达到了测量目的。测量某一特质有效的量表，若用来测量另一种特质，则必然会无效或效度极低。例如，测量身高很有效的钢尺，若用来测量体重，则必定是无效的。

又如，一个测量智力很有效的量表，若用来测量性格，则必定是效度不高的。②心理特质是较隐蔽的特性，只能通过受测者的行为表现来进行推测，因此，心理测量不可能达到百分之百准确，只能达到某种程度上的准确。不过，由于任何一个量表的编制都有其目的，因此在正常情况下，一个量表的效度也不会为零。例如，一个数学测验，无论其文字表达如何艰深，它总能测到一定的数学能力，即总会有一定的效度，而不会效度为零。

（二）效度是测量的随机误差和系统误差的综合反映

当一个测验随机误差较大时，实测结果当然会偏离真值，造成结果不准确。如果测量中还存在系统误差，则系统误差会加大测量误差。无论出现哪种情况，也无论是否两种误差都存在，只要出现测量误差，测量的效度必受影响。

（三）判断一个测量是否有效要从多方面搜集证据

表面看来，测量的效度就是实际测量的结果与我们所要测量的心理特质的一致性程度，获取效度的办法也就是拿实测结果与心理特质来比较。然而，心理特质是我们要测的东西，是未知的，通常也是比较抽象和隐蔽的。因此，不能把它直接拿来与结果比较，而必须先从多种角度把这种特质描述清楚。由于描述心理特质的角度可以是理论上的，也可以是实践上的，途径很多，因此，获取测量效度的途径也是多样的。例如，智力测验是否测得了人的智力，我们就可以从理论上作逻辑分析，也可以从受测者在工作、学习中的实际表现等许多方面加以证实。

前一章曾讲到，一组测验分数的总变异包括三部分：真实的（稳定的）、与测量目的有关的变异，真实的但出自无关来源的变异，随机误差的变异。

在测量理论中，效度被定义为：在一列测量中，与测量目的有关的真实变异数（由所要测量的变因引起的有效变异数）与总变异数（实得变异数）的比率，通常用 r_{xy}^2 表示，其定义为：

$$r_{xy}^2 = \frac{S_V^2}{S_x^2} \qquad (5.1)$$

式中，r_{xy} 代表效度系数，S_V^2 代表有效变异数，S_x^2 代表总变异数。

一个测验的效度表明，在一组测验分数中，有多大比例的变异是由测验所要测量的变因引起的。同信度一样，效度也是指一列测量的特性，也是一个构想的概念。

二、效度与信度的关系

根据公式 $S_x^2 = S_V^2 + S_I^2 + S_E^2$，可以得到信度与效度的关系，具体如下：

（一）信度高是效度高的必要而非充分条件

当随机误差的变异数（S_E^2）减小时，真分数的变异数（S_T^2）增加，测验信度（S_T^2/S_x^2）随之提高。信度的提高只给有效变异数（S_V^2）的增加提供了可能，至于是否能提高效度，还要看系统误差变异数（S_I^2）的大小。可见，信度高不一定效度高。但一个测验要想效度高，真分数的变异数必须占较大的比重，即测验的信度必须高。

信度和效度的这种关系，从日常经验中也可以得到。一个测量工具具有一定的信度，但对于某一个目的并不一定是有效的；而一个测量工具如果对于某一个目的是有效的，那么它一定是可信的。譬如，用标准米尺来量身高是有效的，也是可信的。若用英文来考一批母语为中文孩子的数学，虽然多次量得的结果可能是很一致的（信度可能很高），但它的测量效度未必很高，因为考生的英文水平会严重影响其数学水平的发挥。

信度与效度的关系还可以用下图进行解释。

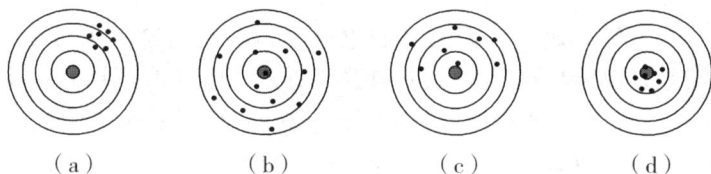

（a）　　　　（b）　　　　（c）　　　　（d）

图 5-1　信度与效度关系示意图

图 5-1 中，a 表示多次测量结果很稳定，但所有结果都出现了系统偏差（信度高，但效度低）；b 表示由于多次测量的结果极不稳定，因此大部分结果都没有命中目标中心（受信度低的影响，效度不可能高）；c 表示多次测量的结果既不稳定（信度低）又不准确（效度也低）；d 表示多次测量的结果既稳定又准确（信度和效度都高）。

（二）测验的效度受它的信度制约

根据效度和信度的定义有：

$$r_{xy}^2 = S_V^2/S_x^2$$
$$r_{xx} = S_T^2/S_x^2$$

再由公式

$$S_T^2 = S_V^2 + S_I^2$$

可得：

$$r_{xy}^2 = (S_T^2 - S_I^2)/S_x^2 = r_{xx} - S_I^2/S_x^2$$

由于 $S_I^2 > 0$，所以 $r_{xy}^2 < r_{xx}$。

这就是说，一个测验的效度总是受它的信度所制约。

第二节　效度的评估

由于测量效度是就测量结果所达到测量目的的程度而言的，因此测量效度的评估在很大程度上取决于人们对测量目的的解释。目前，比较常见的解释角度主要有三种：一是用测量的内容来说明目的；二是用心理学上的某种理论结构来说明目的；三是用工作实效来说明目的。这就是传统上广泛使用的内容效度（content validity）、结构效度（construct validity）和实证效度（criterion–related validity）的概念。随着测验理论和实践的发展，效度已经被看作一个综合体，效度证据的来源也已经远远超出这三个方面。比如，在1999年出版的《心理与教育测验标准》中，美国教育研究学会（American Educational Research Association，AERA）、美国心理学会（American Psychological Association，APA）和全美教育测验协会（National Council on Measurement in Education，NCME）就联合提出了整合效度（integrating the validity evidence）的概念，并列举出效度证据的来源为测验内容（content）、答题反应过程（response processes）、内部结构（internal construct）、测验与其他变量之间的关系（relations to other variables）、相容和区分证据（convergent and discriminate evidence）、测验与效标之间的关系（test criterion relationship）、推广范围（validity generalization）和实测后果（consequences of testing）共八个方面。在2006年出版的权威教科书《教育测量》（第四版）中，专家们又提出了立论效度（validity as argument）的概念，认为效度检验乃是一个自己提出论点，然后通过收集大量论据来证明自己论点的过程。因此，测量实施者和使用者必须提供多方面的证据来证明自我宣称的测验功能和分数的意义，并对结果推论的正当性和恰当性做出恰当的评价。限于篇幅，本节不详细讨论这些新观念，只着重介绍内容效度、结构效度和实证效度的含义与评估方法。

一、内容效度

（一）内容效度的含义及应用范围

内容效度是指一个测验实际测到的内容与所要测量的内容之间的吻合程度。估计一个测验的内容效度就是确定该测验在多大程度上代表了所要测量的行为领域。这里，所要测量的内容或行为领域是依据测量目的而定的，它通常包括欲测的知识范围和该范围内各知识点所要求掌握的程度两个方面。例如，在判断一份高中物理试卷是否有较高的内容效度时，首先我们必须分析考题是否有效地覆盖了中学物理所包括的力学、电学、光学、热学和原子物理五个方面。内容效度高的物理测验应当是由这五个方面最有代表性的试题样本组成的。其次，我们还必须分析题目的难度等指标是否较好地反映了考试大纲对这五个方面能力水平的要求，等等。

显然，内容效度主要应用于成就测验，因为成就测验主要是测量被试掌握某种技能或学习某门课程所达到的程度。在这种测验中，题目取样的代表性问题是内容效度的主要考查方面。内容效度高，则可以把被试在该测验上的分数推论到相应的知识总体上去，说明他在某个方面处在一个什么样的位置。反之，内容效度低，则这种推论将是无效的。

内容效度也适合于某些用于选拔和分类的职业测验。这种测验所要测的内容就是实际工作所需的知识和技能，编制这种测验应首先对实际工作作较细的分析，否则，题目取样的代表性就难以令人满意。

应该指出的是，内容效度不适用于能力倾向测验和人格测验。

此外，在使用内容效度时，要避免与表面效度（face validity 或 surface validity）相混淆。其实，表面效度不能算是一种效度，它不反映测验实际测量的东西。它是外行人对某个测验从表面上看好像是测某种心理特质的一种现象。当外行人认为某个测验能有效地测得某种心理特质时，该测验就被认为有较高的表面效度。一般来说，最佳行为测验往往表面效度高，其他测验则希望表面效度低。

（二）内容效度的确定方法

内容效度的确定方法主要是逻辑分析法，其工作思路是请有关专家对测验题目与原定内容范围的吻合程度做出判断。其具体步骤如下：

（1）明确欲测内容的范围，包括知识范围和能力要求两个方面。这种范围的确定必须具体、详细，并要根据一定目的规定好各纲目的比例。

（2）确定每个题目所要测的内容，并与测验编制者所列的双向细目表（考试蓝图）对照，逐题比较自己的分类与制卷者的分类，并做好记录。

（3）制定评定量表，考查题目对所定义内容范围的覆盖率、判断题目难度和能力要求之间的差异，还要考查各种题目数量和分数的比例以及题目形式相对内容的适当性等，对整个测验的有效性做出总的评价。

此外，克隆巴赫（Cronbach）还提出过内容效度的统计分析方法。其具体方法是：从同一个教学内容总体中抽取两套独立的平行测验，用这两个测验来测同一批被试，求其相关。若相关低，则两个测验中至少有一个缺乏内容效度；若相关高，则测验可能有较高的内容效度（除非两个测验取样偏向同一个方面）。

还有一种判断内容效度的方法是再测法。这种方法的操作过程是：在被试学习某种知识之前做一次测验（如在学习电学之前考电学知识），在学过该知识后再做同样的测验。这时，若后测成绩显著地优于前测成绩，则说明所测内容正是被试新近所学内容，进而证明该测验对这部分内容而言具有较高的内容效度。

二、结构效度

（一）结构效度的含义、特点与应用范围

结构效度是指一个测验实际测到所要测量的理论结构和特质的程度，或者说测验分数能够说明心理学理论的某种结构或特质的程度。这里，构想或结构是指心理学理论所涉及的抽象而属假设性的概念或特质，如智力、焦虑、外向、动机等，它们通常用某种操作来定义，并用测验来测量。例如，吉尔福特（Guilford）认为创造力是发散性思维的外部表

现，是人对一定刺激产生大量的、变化的、独创性的反应能力。根据这一理论，他认为创造力测验应重点测量人的思维的流畅性、灵活性和创造性。测验编好后，若有足够的证据来证明它确实可以测到这些特性，则认为它是个结构效度较高的创造力测验。

根据定义，我们可知结构效度的研究具有如下一些特点：

（1）结构效度的大小首先取决于事先假定的心理特质理论。一旦人们对同一种心理特质有着不同的定义或假设，就会使得关于该特质测验的结构效度的研究结果无法比较。例如，同样是智力测验，由于当今理论界对智力持有不同的定义，因此，有些智力测验的结构效度的研究结果是不宜进行比较的。

（2）当实际测量的资料无法证实我们的理论假设时，并不一定表明该测验结构效度不高，因为还有可能出现理论假设不成立，或者该实验设计不能对该假设进行适当的检验等情况。这就使得结构效度的获取更为困难。

（3）结构效度是通过测量什么、不测量什么的证据累积起来加以确定的，因而不可能有单一的数量指标来描述结构效度。与内容效度不同，结构效度主要用于智力测验和人格测验等一些心理测验。

（二）结构效度的确定方法

总的来说，结构效度的确定一般包括三个步骤：

（1）提出理论假设，并把这一假设分解成一些细小的纲目，以解释被试在测验上的表现。

（2）依据理论框架，推演出有关测验成绩的假设。

（3）用逻辑的和实证的方法来验证假设。例如，韦氏智力测验就是根据这三步来确定结构效度的。韦克斯勒（Wechsler）首先假定"智力是一个人去理解和应付他的周围世界的总的才能"，而不仅仅是推理能力或其他一些具体的技能。然后，他依据这一定义，编制了 11 个分测验（WAIS－R）或 12 个分测验（WISC－R），从十几个方面来说明智力，并声明这些分测验并不是测量不同类型的智力，而是测量总的智力的各个方面。测验编好以后，许多研究者便从众多角度研究了它的效度。其中，用因素分析方法得出的结论是，该测验实质上测量了 A 因素（言语理解因素）、B 因素（知觉组织因素）和 C 因素（记忆和注意力集中因素）三类共同因素。

具体来说，结构效度的估计有以下一些方法：

1. 测验内部寻找证据法

首先，我们可以考查该测验的内容效度，因为有些测验对所测内容或行为范围的定义或解释类似于理论构想的解释，所以，内容效度高实质上也说明结构效度高。例如，在编制语文能力测验时，许多编制者给内容的定义等同于"语文能力"的解释。其次，我们可以分析被试的答题过程。若有证据表明其对某一题目的作答除了反映所要测量的特质以外，还反映其他因素的影响，则说明该题没有较好地体现理论构想，其存在会降低结构效度。例如，有些表面上是测人的性格的题目，实质上还涉及较多的道德观念，则认为该题会降低性格测验的结构效度。再次，我们可以通过计算测验的同质性信度的方法来检测结构效度。若有证据表明该测验不同质，则可以断定该测验结构效度不高。当然，测验同质只是结构效度高的必要条件。

2. 测验之间寻找证据法

首先，我们可以考查新编测验与某个已知的能有效测量相同特质的旧测验之间的相关。若两者相关较高，则说明新测验有较高的效度。这种方法叫作相容效度（convergent validity）法。其次，我们也可以考查新编测验与某个已知的能有效测量不同特质的旧测验间的相关。若两者相关较高，则说明新测验效度不高，因为它也测到了其他心理特质。值得说明的是，两测验间相关不高只是新测验效度较高的必要条件，并不是充分条件。这种方法也叫作区分效度（discriminate validity）法。最后，我们还可以通过因素分析的方法来了解测验的结构效度。其原理是，通过对一组测验进行因素分析，找出影响测验的共同因素。每个测验在共同因素上的负荷量（即测验与各因素的相关）就是测验的因素效度，测验分数总变异中来自有关因素的比例就是该测验结构效度的指标。例如，一些研究者对 WISC－R 和 WISC－CR 作因素分析后，发现公共因子有三个，并且其中 A 因子的主要负荷测验为词汇、分类、知识和领悟，B 因子的主要负荷测验为图片排列、木块图、填图和图形拼凑，C 因子的主要负荷测验为算术、数字广度和编码。

3. 考查测验的实证效度法

如果一个测验有实证效度，则可以将该测验所预测的效标的性质与种类作为该测验的结构效度指标，至少可以从效标的性质与种类来推论测量的结构效度。这里有两种做法：其一是根据效标把人分成两类，考查其得分的差异。例如，一组被公认为性格外向的人在测验中得分较高，另一组被公认为性格内向的人在测验中得分较低，则说明该测验能区分人的内向与外向特征，进而说明该测验在测量人的性格内外向方面有较高的结构效度。其二是根据测验得分把人分成高分组和低分组，考查这两组人在所测特质方面是否确有差异。若两组人在所测特质方面差异显著，则说明该测验有效，具有较高的结构效度。此外，对于一些被认为是较稳定的特质，若在短期内两次施测的结果差异不太大，则说明该测验符合理论构想。

4. 多种特质—多种方法矩阵法（Multi Trait-Multi Method，MTMM）

该方法是由坎贝尔（Campbell）和菲斯克（Fiske）于 1959 年首先提出来的，它是相容效度和区分效度方法的一种综合运用。其原理是，若用多种极不相同的方法测量同一种特质所得的相关系数很高，则说明该测量的相容效度较高；若用多种极为相似的方法测量不同特质所得的相关系数很低，则说明该测验的区分效度较高。另外，若用多种极为相似的方法测量极为相似的（或同一种）特质所得的相关系数很高，则说明该测验的信度较高。比如，假设有多种特质（如 A、B、C）都接受了多种方法（如 1、2、3、4）的测查，则可以分别计算出用任意两种方法测量同一特质和不同特质的相关系数，以及任意两种特质接受同一方法和不同方法测量的相关系数。接着，以这些相关系数为元素，构造出一个如表 5－1 所示的 MTMM 矩阵。

表5-1　多种特质—多种方法矩阵法示例

特质	方法1 A_1	B_1	C_1	方法2 A_2	B_2	C_2	方法3 A_3	B_3	C_3	方法4 A_4	B_4	C_4
方法1 A_1	.90											
B_1	.50	.89										
C_1	.35	.41	.81									
方法2 A_2	.58	.25	.10	.95								
B_2	.21	.59	.09	.63	.91							
C_2	.14	.13	.50	.57	.53	.85						
方法3 A_3	.55	.20	.13	.69	.32	.30	.93					
B_3	.11	.60	.19	.20	.68	.29	.50	.96				
C_3	.15	.20	.70	.21	.19	.67	.53	.51	.92			
方法4 A_4	.58	.21	.11	.66	.11	.19	.70	.13	.14	.89		
B_4	.18	.61	.09	.30	.68	.18	.22	.68	.20	.51	.90	
C_4	.20	.15	.71	.22	.18	.70	.23	.19	.71	.52	.50	.91

在表5-1中，位于主对角线上的数值，是用同样的方法测量相同特质所得的相关，是信度指标；在实线三角形内的数值，是用同样的方法测量不同特质所得的相关，此相关若高，则说明方法间共同点较多；在虚线三角形内的数值，是用不同方法测量不同特质所得的相关，它一般较低，是特质与方法间交互影响的反映；在虚线三角形之间的两条对角线上的数值，是用不同方法测量相同特质的相关，它是测验效度的指标。

5. 因素分析法

因素分析法是探索测验结构效度或验证测验结构效度的一种十分有效的方法。通常，在测验研发之前，研究者大多已经根据理论或实验研究，对所测验的结构有了较为详细的设计方案。在实测之后，可以分别采用探索性因素分析（Exploratory Factor Analysis，EFA）和验证性因素分析（Confirmatory Factor Analysis，CFA）两种方法研究测验的结构效度。比如，在《韦氏儿童智力测验第四版（WISC－Ⅳ）》的研发过程中，就分别使用EFA和CFA两种因素分析方法研究过其结构效度，从而大大提高了该测验的结构效度。

至于因素分析的方法，可以参考相关的统计书目以及LISREL、AMOS或SAS等统计软件，此处不作详细讨论。不过，在进行因素分析时，建议使用标准分数进行处理，以免出现受年龄因素或测验难度因素影响之结果。此外，也可以使用经过垂直等值（vertical scaling）技术处理之后的量表分数进行因素分析。

三、实证效度

（一）实证效度的含义、种类及作用

实证效度是指一个测验对处于特定情境中的个体的行为进行估计的有效性。也就是说，一个测验是否有效，应该以实践的效果作为检验标准。例如，当我们用机械能力倾向测验测查了一大批机械工人之后，若有证据表明测验高分组的实际工作成绩确实优于低分组的实际工作成绩，则可以认为该测验具有较高的实证效度。又如，在军队选拔汽车驾驶兵时，若用测验选出来的人员在学习驾驶技术以及日后驾驶过程中的表现都大大优于以前未用测验随意指派的汽车驾驶兵，则表明该测验也具有较高的实证效度。在这里，被估计的行为是检验测验效度的标准，简称为效标。实证效度主要重视那些独立于测验的效标行为，而不太注重测验内容或结构。实证效度也称效标关联效度。

根据效标资料搜集的时间差异，实证效度可以分成同时效度（concurrent validity）和预测效度（predictive validity）两种。例如前文所说的机械能力倾向测验，其效标资料是与测验分数同时搜集的，所以它是同时效度；前文所说的汽车驾驶兵选拔测验，其效标资料是在测验之后根据实际工作成绩来确定的，所以它是预测效度。

同时效度主要用于诊断现状，在于用更简单、更省时、更廉价和更有效的测验分数来取代不易搜集的效标资料。预测效度的作用在于预测某个个体将来的行为。无论是同时效度还是预测效度，其目的都是想在一个有代表性的样本上，用实证的方法来证明测验有效，于是在今后就可以用简便的测验去预测类似该样本的其他团体或个体的行为。因此，有人把这两种效度都称作预测效度，并把测验称作预测源。

（二）效标

估计测验的实证效度的首要条件是必须具有效标。那么，什么是效标？效标如何表达呢？

简单地说，效标就是衡量一个测验是否有效的外在标准，它独立于测验并可以从实践中直接获得我们所感兴趣的行为。

不过，我们所感兴趣的行为往往是一个观念上的东西（观念效标），它必须用一个数字或等级来表达（效标测量）。例如，大学入学考试的观念效标通常是"大学学习成功"，它的一种常用的效标测量便是大学头两年或一年相关学科的平均成绩。

显然，同一个观念效标可以有多个效标测量（多样性），而且每一种效标行为往往都是由多种特质构成的，因此，效标测量是件极为复杂的事（复杂性）。又因为效标测量多种多样，所以有些效标测量只可以反映测验在某一特殊方面的有效性程度，即在一种情况下有效的测量，在另一种情况下未必有效（特殊性和时间性）。这就要求测验的编制者和使用者特别小心。一般来说，如果效标测量要想较好地体现观念效标，效标测量本身就必须是有效的和可靠的，而且必须客观和实用。

在心理与教育测量工作中，常用的效标主要有学业成就、等级评定、临床诊断、专门的训练成绩、实际的工作表现、对团体的区分能力以及其他现成的有效测验。这些效标可

以是连续变量，也可以是离散型变量；可以是自然的现成指标，也可以是人为设计的指标；可以是主观判断，也可以是客观测量；可以是自我评定，也可以是他人评定，等等。

（三）实证效度的确定方法

实证效度的确定方法大体上可以分为以下三个步骤：①明确观念效标；②确定效标测量；③考查测验分数与效标测量的关系。从效度估计的方法上看，实证效度可以用以下方法进行估计：

1. 相关法

实证效度的一种常用估计方法是计算测验分数与效标测量的相关系数（积差相关法、等级相关法、二列相关法、四分相关法等）。例如，张厚粲教授在主持修订瑞文标准推理测验（SPM）时，报告的同时效度就是北京一所普通中学 45 名 12 ~ 15 岁的学生同时接受SPM 和韦克斯勒儿童智力测验（WISC - RC）得分的积差相关系数，预测效度则是对北京市两所中学 69 名高三学生先施测 SPM，再搜集这批学生三个月后的高考成绩，最后计算SPM 成绩与高考语文、数学成绩和总分的积差相关。

2. 区分法

区分法的思路是，被试接受测验后，让他们工作一段时间，再根据工作成绩（效标测量）的好坏分成两组。这时再回过头来分析这两组被试原先接受测验的分数差异，若这两组人的测验分数差异显著，则说明该测验有较高的效度。

3. 命中率

当用测验作取舍决策时，命中率常被作为测验有效性的重要指标。这里，命中率包括正命中率（Positive Predictive Power，PPP）、负命中率（Negative Predictive Power，NPP）和总命中率（Hit Rate or Classification Accuracy）三种。其中，正命中率是指被测验选出来的人中真正被选对了的人数的比率；负命中率是指被测验所淘汰的人中真正应该被淘汰的人数的比率；总命中率是指被测验选对了的人数和被淘汰对了的人数之和与总人数之比。为说明计算方法，假设在拥有 1 万名儿童的总体中，真正的弱智者有 300 人，并有心理学工作者用智力测验得到了如下分类结果（见表 5 - 2）。

表 5 - 2　用某智力测验对 1 万名儿童进行鉴定的结果

	测量鉴定为弱智	测量确认为正常	合计
真正弱智	240	60	300
真正正常	70	9 630	9 700
合计	310	9 690	10 000

由于这次测量的目的是选出弱智者而不是挑选正常者，因此，该测量的正命中率为被智力测验鉴定为弱智者的人群中真正的弱智者所占的比率（PPP = 240/310 = 0.774 2）；负命中率为被智力测验鉴定为非弱智者的人群中真正的非弱智者所占的比率（NPP = 963 0/969 0 = 0.993 8）；总命中率为被鉴定对了的弱智者人数与被鉴定对了的非弱智者人数之和与总人数之比 [Hit Rate = （240 + 9 630）/10 000 = 0.987 0]。

若测验的使用者同时在意被选对了和被淘汰对了的人数的比率，则应当以测量的总命中率作为效度指标。总命中率高，测量的效度就高。比如，若我们既要尽可能多地选对弱智儿童，以便实施有效的早期干预，又要尽可能少地使正常儿童参加特殊教育，以免浪费教育资源，则要使用总命中率高的智力测量工具。若测验使用者只关心被选者是否全部符合要求，而不关心被淘汰者中是否有符合要求的人，如在招聘少量高级经理时，则应选用正命中率高的测量工具。正命中率越高，测量的效度就越高。

4. 基础率（base-rate）、灵敏度（sensitivity）和确认度（specificity）

测量目的和基础率不同，测量的效度或效用是不一样的，这种不一样主要体现在测量的灵敏度和确认度方面。这里，基础率是指符合筛选要求的群体在整个人群总体中所占的比率；灵敏度是指所有真正符合要求的人中能被测验鉴别出来的人数的比率；确认度是指所有不合要求的人中能被测验正确淘汰的人数的比率。例如，在表 5-2 所进行的智力调查工作中，根据定义容易得知该地区弱智儿童的基础率约为 3%（300/10 000）。同时，因为真正弱智的 300 人中只有 240 人被测验选对了，所以该测验的灵敏度为 0.80（240/300）。另外，在真正正常的 9 700 人中，有 9 630 人被智力测验所确认，于是，该测量的确认度为 0.992 8（9 630/9 700）。

有了基础率信息以及测量的灵敏度和确认度，便比较容易评价测量效度。比如，当基础率较低时，选用灵敏度高的测验才能比较有效；当基础率很高时，则选用确认度高的测量工具才能比较有效。有些时候，如在"优中选优"，或"绝不放走一个坏人"时，测量的灵敏度要求就应该比较高；而在另一些时候，如在淘汰"无可救药"的员工，或"尽量不要冤枉一个好人"时，就应该选用确认度高的测量。

另外，在评价一个测验的效度时，还要注意测验使用的功利率。一般来说，使用测验所带来的好处应大大高于使用测验所耗费的时间、精力和经费。若使用测验与不使用测验的效益之差不大，则没有使用测验之必要。

四、效度验证的举证模式

由于内容效度、结构效度以及实证效度的概念和估计方法存在许多问题，比如，某些证据或事实是否支持效度还取决于如何解读或使用考试分数等，所以在美国 2006 年出版的权威教科书《教育测量》（第四版）当中，效度验证的举证模式（argument-based approach）把效度概念和验证方法提升到了一种类似"法庭辩论"的新范式。

这种"法庭辩论"范式以非形式逻辑的图尔敏（Toulmin）论证模式为理论基础。其基本思想是，效度验证是从数据（datum）出发，通过"收集证据和理论阐述"（warrant）来支持或反驳关于"分数含义和作用的所有说辞（claim）"的一个辩论过程。其中，支持分数"说辞"的辩者（qualifier）负责提供有利证据并进行合理解读（backing），反对分数"说辞"的辩者负责举出"反例"（exceptions）以挑战其中的某些"说辞"。

根据上述范式，效度验证就是一个建立分数解读论点（arguments）的过程。这种解读的好坏主要取决于以下三个标准。其一，分数解读是否明确（clarity of the argument）。任何含糊解读都会损害测量效度。其二，逻辑论证是否完整（coherence of the argument），即考试表现与结果解读之间必须有真正合理的逻辑关系，而且这种逻辑链条必须是完整的，任何环节的遗漏都会影响测量效度。其三，推论和假定是否合情合理（plausibility of inferences and assumptions），即关于分数含义和作用的解读或假设必须是合情合理的。这种合情合理的分数解读或许被认为是理所应当的，或许是得益于一系列的观察和分析，也可能是来自某种严格的实证研究。

值得说明的是，效度证据可能仅仅支持分数解读中的部分观点，因此，实际工作中可能需要提出分数解读的若干备选方案，以便使得每种解读都具有某种程度的"合情合理"性质。

第三节　提高测量效度的方法

一、影响测量效度的因素

严格地说，凡是与测量目的无关的、稳定的和不稳定的变异来源都会影响测量的效度。这就是说，测验本身的构成、受测被试的特点、施测的过程、阅卷评分、分数的转换和解释等一切与测量有关的环节都可能影响测量的效度。现择其主要方面予以说明。

（一）测验的构成

当组成测验的试题样本没有较好地代表欲测内容或结构时，测量的内容效度或结构效度必然会不高。同时，若题目语义不清、指导语不明、题目太难或太易、题目太少或安排不当等，都会降低测量效度。一般而言，增加测验的长度可以提高测量信度，进而为提高测量效度提供可能。

（二）测验的实施过程

一个测验在实施过程中，如不遵从指导语的要求，或出现意外干扰，或评分、计分出现差错等，都会降低测量效度。

（三）接受测验的被试

一般情况下，被试的应试动机、情绪、态度和身体状态等都会影响测量信度，造成较大的随机误差，进而影响测量的效度。就整个被试团体而言，如果缺乏必要的同质性，则很可能会得到不恰当的效度资料。有时候，同样一个测验，对年龄、性别、文化程度和职业等方面不同的被试团体，常常表现出不同的预测能力，即具有不同的测量效度。事实上，被试团体的年龄、性别、文化程度和职业等方面的特征常常成为干涉变量。我们在考查效度时，要特别注意测验对不同团体的效果，避免出现测验偏倚（test bias）。

（四）所选效标的性质

由于同一个测验可以有不同的效标，同一个观念效标也可以有不同的效标测量，因此在评价测量效度时，所选效标的性质是很重要的考虑因素。有学者指出，智力测验分数与教师对学生等级评定之间的效度系数只要在 0.30 ~ 0.50 之间就可以了，因为教师的评价会受到与智力无关的其他因素的影响。与此类似，相同科目的标准化测验成绩与教师评价之间的相关应达到0.60 ~ 0.70，两种不同智力测验或标准化测验之间的相关应达到 0.60 ~ 0.80，等等。所有这些不同的要求，主要是针对所用效标的不同而提出来的。在考虑效标与分数的相关时，有一个因素是必须重视的，即测验分数与效标之间是否符合线性关系的问题。因为皮尔逊积差相关的前提之一是两变量间具有线性关系，否则会得出错误的效度结论。这就要求我们在选用相关系数的计算公式时，注意各公式的使用条件。

（五）测量的信度

前文已经论及，测量信度是测量随机误差的反映，而任何误差的增加都会降低测量的效度，所以在考查测量效度时，一定要注意测量信度。信度不高的测验不可能具有很高的测量效度。

二、提高测量效度的方法

要想提高测量效度，就必须设法控制随机误差、减小系统误差，同时，还要选择特别恰当的效标，把效度系数准确地计算出来。具体来说，下述方法能提高测量效度。

（1）精心编制测验量表，避免出现较大的系统误差。

这就要求题目样本能较好地代表欲测内容或结构，避免出现题目偏倚（item bias）。同时，题目的难易程度、区分度要恰当，题目的数量也要适中。太难、太易、太多、太少都是有损测量效度的。此外，测验试卷的印制、题目作答的要求、评分计分的标准、题目意思的表述等都必须严格检查，避免一切可避免的误差。

（2）妥善组织测验，控制随机误差。

在测验实施过程中，系统误差一般不太明显，但随机误差却有可能失控。这就要求测验实施者严格按手册指导语进行操作，要尽量减少无关因素的干扰。

（3）创设标准的应试情境，让每个被试都能发挥正常的水平。

在各种测验中，有些被试往往因种种原因而发挥不出应有水平（比如过分焦虑致使水平失常等），因此，我们应让被试调整好应试心态，让他们从生理、心理和学识等方面做好应有的准备。否则，焦虑因素和其他无关因素影响过大，必然会降低测量效度，导致测不到欲测的内容或结构。

（4）选好正确的效标，定好恰当的效标测量，正确使用有关公式。

在评价一个测验是否有效时，效标的选择是一个重要方面。假若所选效标不当，或所选效标无法量化，则很难正确地估计测量的实证效度。如果效标及效标测量都合乎要求，则公式的选择是影响效度估计的另一个重要方面。

【练习与思考】

1. 什么是测量效度？它与信度的关系怎样？

2. 什么是内容效度？测验编制者和使用者应分别从哪几个方面来把握内容效度？

3. 什么是结构效度？测验编制者和使用者分别应怎样把握结构效度？

4. 什么是实证效度？它与内容效度和结构效度有何异同？

5. 什么是效标和效标测量？效标测量有何不足？

6. 已知 $r_{xx} = 0.31$，$r_{xy} = 0.42$，若希望把效度系数提高到 0.65 和 0.70，则测验长度要增加几倍？

7. 复习有关教育与心理统计知识，弄清各种相关系数的计算方法与使用条件。

8. 假设某学者自编了一套神经类型测验，并且在几十万人中进行了试用。试问：该测验是否一定有效？

9. 假设需要编制一套小学高年级学生的阅读能力测验，试设计一个效度验证方案。

10. 以高中学业水平考试为例，试运用效度验证的举证模式，阐述关于分数含义和作用的各种论点，并收集各种支持或反对这些论点的证据、理论等。

第六章　测验的项目分析

【本章提要】

- 测验项目难度的意义、难度指标的计算及项目难度对测验的影响
- 测验项目区分度的意义、区分度的求法、区分度对测验质量的影响
- 测验猜测问题的纷争
- 多重选择题的项目分析方法
- 项目功能差异分析简介

在测验编制过程中，对初步组成测验的项目，需要经过试测以获得被试对项目反应的资料，以此为基础对测验项目逐题进行分析，明确每道题目的品质，该项工作即为项目分析。项目分析是对测试结果做出正确评价的前提。只有试题质量符合要求的测试结果，才能作为评价的依据。因此，对试题质量进行分析，能为进一步修改试题提供依据，提高测验的信度和效度，合理解释测验分数，有助于建立试题库，还可以帮助我们发现试题编制过程中有哪些成功的经验和失败的教训，从而有助于我们提高命题的技能和技巧。通过项目分析，既可以发现被试在学习上的共同不足，也可以诊断个别被试的缺陷所在，为改进教育教学提供依据。

项目分析工作主要包括项目难度分析和项目区分度分析。

第一节　测验项目的难度

一、难度的意义

测验项目的难度是指被试完成测验项目任务时所遇到困难的程度。一个测验项目，如果大部分被试都能答对，该项目的难度就小；如果大部分被试都不能答对，该项目的难度就大。在心理与教育测量中，通常以难度 P 来定量刻画某项目的难易程度。

二、项目难度的计算

测验项目的记分方法不同，项目难度的计算方法也有所不同。

（一）二分法记分项目的难度

1. 通过率

如果不考虑被试作答正确源于猜测成功的概率，二分法记分测验项目的难度通常以通过率来表示，即以答对或通过该项目的人数的百分比来表示：

$$P = \frac{R}{N} \tag{6.1}$$

式中，P 代表项目难度，N 为全体被试数，R 为答对或通过该项目的人数。

例如，在有 200 个学生参加的测验中，答对某项目的人数为 120，则该项目的难度为 $P = 120/200 = 0.60$。

以通过率表示项目的难度时，通过人数越多，P 值越大，其难度越小，题目越容易；通过人数越少，P 值越小，其难度越大，题目越难。所以有人也称 P 值为容易度。事实上，这里的难度值 P 与我们通常所理解的难度意义正好相反。

2. 极端分组法

当被试人数较多时，则可以先将被试依照测验总分从高到低排列，分成三组，总分最高的 27% 被试称为高分组（N_H），总分最低的 27% 被试称为低分组（N_L），分别计算高分组和低分组的通过率，然后求项目的难度。

$$P = \frac{P_H + P_L}{2} \tag{6.2}$$

或

$$P = \frac{1}{2} \left(\frac{R_H}{N_H} + \frac{R_L}{N_L} \right) \tag{6.2a}$$

式中，P_H、P_L 分别表示高分组和低分组的通过率；R_H、R_L 分别表示高分组和低分组通过该项目的人数；N_H、N_L 分别表示高分组和低分组的人数。

例如，在一次有 370 名被试参加的测验中，高分组和低分组的被试各有 100 人，其中高分组有 70 人答对第一题，低分组有 40 人答对第一题，则第一题的难度为：

$$P = \frac{1}{2} \times \left(\frac{70}{100} + \frac{40}{100} \right) = \frac{1}{2} \times (0.70 + 0.40) = 0.55$$

（二） 非二分法记分项目的难度

对于论述题，每个项目不只有答对和答错两种可能结果，而是从满分至零分之间有多种可能结果。对这类项目，常常用下面的公式来计算其难度。

$$P = \frac{\bar{x}}{x_{max}} \tag{6.3}$$

式中，$\bar{x}$ 为被试在某一项目上的平均得分，x_{max} 为该项目的满分。

例如，某次数学测验的第七题满分值为 15 分，考生在该题上的平均得分为 9.6 分，则该题的难度为：

$$P = \frac{\bar{x}}{x_{max}} = \frac{9.6}{15} = 0.64$$

三、测验难度水平的确定

进行难度分析主要是为了筛选项目，项目的难度水平多高才合适，取决于测验的目的与测验的性质。

一般的标准化常模参照测验，目的在于尽可能地区分被试的个体差异，要求测验结果能够将被试水平尽可能拉开，此时，测验项目的难度值应尽量接近 0.50。如果一个测验的大多数项目的难度范围在 0.30～0.70，测验就能够最大限度地获得有关个体间差异的信息。[①] 但在标准参照测验中，测验的目的在于检测被试是否已达到教学目标规定的要求。如果教学十分有效，测验的大多数项目难度系数都会很大；反之，则可能很小。因此，在教育工作或实际工作中，若测验目的是了解被试对某方面知识技能的掌握情况，则不必过多地考虑难度，只要是教育者认为重要的内容就可以选用，甚至那些 100% 通过或通过率为零的项目都可以采用。例如，在进行某单元教学之前，要对所教内容的准备情况进行预备测验，几乎每个项目的通过率都会很低，但这些项目不应淘汰，因为它们表明了哪些内容需要学生认真学习并加以掌握。而在教完某部分知识以后，要检查学生对所学内容的掌握情况并进行测验，即使每个项目都有很高的通过率，这些项目仍然是可用的，它们表明学生对所学知识的掌握程度。如果测验的目的是选拔和录用人员，就应该将项目的难度控制在接近录取率，即较多地采用那些难度值接近录取率的项目。例如，要从高中生中选拔 15% 的人参加全市的数学竞赛，就应提高项目的难度，使 P 值接近 0.15；如果测验的目的在于选出 20% 的差生进行特别辅导，就应该选择难度值在 0.80 左右的项目。

另外，测验的性质不同，测验项目的难度值要求也不一样。一般来说，速度测验的难度不宜太高，并且每个项目的难度值都应该基本相等；难度测验则要求难度值在 0.50 左

---

① 罗伯特·M.卡普兰、丹尼斯·P.萨库佐著，赵国祥等译：《心理测验》（第 5 版），西安：陕西师范大学出版社 2005 年版，第 113 页。

右。无论是速度测验还是难度测验，都应该防止被试得满分，因为在这种情况下，我们无法了解被试的最高水平。

四、难度的等距变换

以项目的通过率来表示项目的难度，虽然计算方便，易于理解，但这类难度指标属于顺序变量，不具有相等的单位，所指出的仅仅是项目的相对难度。例如，三个测题的难度值分别为 0.60、0.70、0.80，我们只能说，第一题最难，第二题次之，第三题最容易。虽然三题难度分别相差 10%，但我们并不能说第一题与第二题的难度之差等于第二题与第三题的难度之差。通过率 P 无法指出难度之间的差异大小，可见，顺序性这一点为我们作进一步的难度分析带来了困难，必须设法将它转换成等距量表。当样本容量很大时，测验分数将接近正态分布。此时，我们可以根据正态分布表，将试题的难度 P 作为正态曲线下的面积，转换成具有相等单位的等距量数，即 Z 分数。我们知道，在正态分布中，平均数之上或之下一个标准差的距离约占全体人数的 34%。因此，如果在一个测验中项目 A 的通过率为 84%（$P=0.84$），那么从图 6 - 1 可以看出，该项目的难度就在平均数以下的一个标准差位置，即难度为 -1σ；如果项目 B 的通过人数只有 16%（$P=0.16$），则这个项目的难度为 $+1\sigma$；若项目 C 恰好有 50% 的人通过（$P=0.50$），则该项目的难度为 0。使用此方法，任何一个与通过率相当的难度值都可以通过查正态分布表得到。显然较难的项目难度为正值，较易的项目难度为负值。由于标准分数具有相等的单位，属于等距量表，因此，用标准分数作为项目难度的指标，为进一步作难度分析带来了极大的方便。

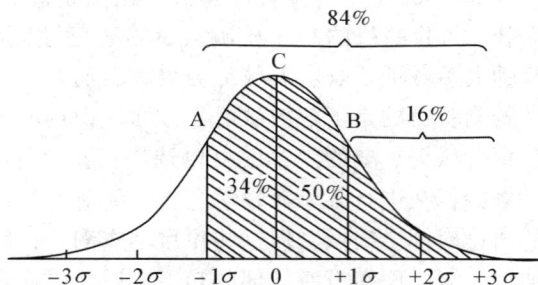

图 6 - 1 正态分布下通过率与 Z 值的关系

但是，因为 Z 分数有小数点和负值，所以表示难度有不便之处，通常需要转换成另一种单位的等距量表。其中较为常用的是美国教育测验服务中心采用的难度指标：

$$\Delta = 13 + 4 \cdot Z \tag{6.4}$$

式中，Δ 表示题目难度，Z 表示由 P 值转换得来的标准分数。

例如，上面所举的例子中，其 Δ（难度值）为：

项目 A：通过率 $P = 0.84$，$Z = -1$，$\Delta = 13 + 4 \times (-1) = 9$

项目 B：通过率 $P = 0.16$，$Z = 1$，$\Delta = 13 + 4 \times 1 = 17$

项目 C：通过率 $P = 0.50$，$Z = 0$，$\Delta = 13 + 4 \times 0 = 13$

根据统计计算的 3σ 原则，标准正态分布的 Z 值一般在 -3 到 $+3$ 之间。由公式（6.4）可以知道，等距难度指数 Δ 以 25 为上限、1 为下限，平均数为 13，标准差为 4。Δ 值愈大，难度愈高；Δ 值愈小，难度越低。

对一般教师来说，只要计算出 P 值即可。但如果要作更精确的统计分析，就需要计算出具有等距量表性质的 Δ 值。

五、难度对测验的影响

（一）测验难度影响测验分数的分布形态

测验的难度直接依赖于组成测验项目的难度。通过考查测验分数的分布，可以对测验的难度做出直观分析。

测验项目难度值过大或过小，都会导致测验分数偏离正态分布。若测验项目的难度普遍较大，被试的得分普遍较低，则测验分数集中在低分端，分数分布呈现正偏态；如果测验项目的难度普遍较小，被试的得分普遍较高，则测验分数集中在高分端，分数分布呈现负偏态。

但是，因为人的大多数心理特质都服从正态分布，我们目前所采用的统计分析方法（例如前面介绍的难度的等距变换）大都以正态分布为前提，所以大多数测验在设计时都希望分数呈现正态分布模式。因此，当测验的分数分布呈现明显偏态时，可通过改变项目难度的比例来加以调整。通常，若被试的取样具有代表性，则中等难度的测验分数呈现正态分布。

（二）测验难度影响测验分数的离散程度

过难或过易的测验，会使测验分数相对集中在低分端或高分端，从而使得分数的全距缩小。1965 年艾伯尔（R. L. Ebel）用三套各包含几个项目的测验进行研究，各套测验的分数分布如图 6 - 2 所示。[①] 从图形可见，当难度集中在 0.50 附近时，分数的分布范围较广，方差较大（$\sigma = 2.67$）；而当难度集中在两端，即不是太难就是太易时，分数分布范围最小（$\sigma = 1.60$）。根据信度公式 $r_{xx} = 1 - \dfrac{\sigma_E^2}{\sigma_x^2}$ 可知，分数分布范围较广，测验信度值较高；反之，则信度值较低。可见，项目的难度以集中在 0.50 左右为最佳，以集中在两极端为最差。

---

① 罗伯特·L. 艾伯尔著，漆书青、邱仰霖、钟文菘译：《教育测量纲要》，南昌：江西师范大学高等教育研究室 1984 年版，第 274 页。

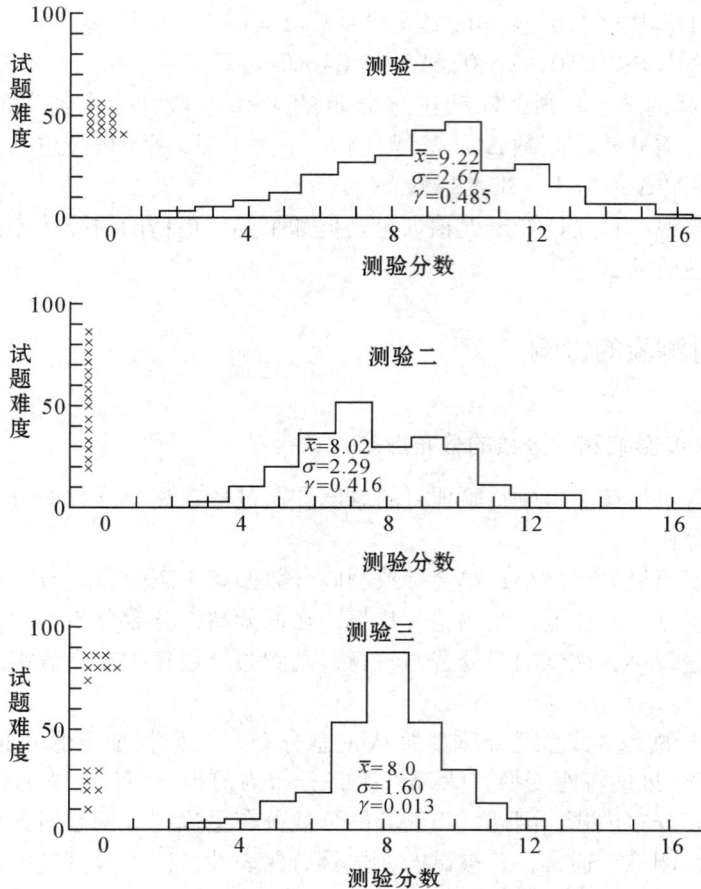

图 6-2　试题难度与测验分数分布的关系

此外，项目的难度与项目的鉴别能力有一定的联系，这一点将在本章第二节中讨论。

第二节　测验项目的区分度

一、项目区分度的意义

区分度是指测验项目对被试心理品质水平差异的区分能力。通常，由于一个测验多少带有将被试的水平加以区分的意图，因此构成测验的每一个项目应该为这一目标做出贡献，区分度就是描述项目的这种功能的质量指标。具有良好区分度的项目，能将不同水平的被试区分开来，也就是说，在该项目上水平高的被试得高分，水平低的被试得低分。反之，区分度低的项目则不能很好地鉴别不同水平的被试，水平高与水平低的被试，所得分数差不多，甚至正好相反。所以，测量专家把试题的区分度称为测验是否具有效度的"指示器"，并作为评价项目质量、筛选项目的主要指标与依据。我们必须指出，评价测验项目区分度的高低依赖于对被试水平的准确测量，只有被试的水平高低已很清楚，才能判定测验项目对被试水平的区分是否正确。因此，必须寻找一个能够准确反映被试水平的客观标准，即通常所说的效标分数。效标本来应该在测验的外部寻找，但是测验项目区分度的"效标"分数使用的是测验总分，故作为内部效标。

区分度（D）的取值范围介于 $-1.00 \sim +1.00$。D 为正值，称作积极区分；D 为负值，称作消极区分；D 为 0，称作无区分作用。具有积极区分作用的项目，其 D 值越大，区分的效果越好。

二、区分度的计算

项目区分度的计算方法很多，各种方法在含义上略有差别。在使用时，我们可以根据测验的目的，以及项目记分和测验总分两个变量的不同性质而选择不同的计算方法。当然，有时可以同时用几种计算方法相互验证。

（一）项目鉴别指数法

这种方法较适合二分法记分的测验项目。

1. 鉴别指数的计算

当测验总分是连续变量时，可以从分数分布的两端各选择 27% 的被试，分别称为高分组和低分组，计算出高分组和低分组各自在项目上的通过率，两者之差就是鉴别指数（D），即

$$D = P_H - P_L \tag{6.5}$$

式中，P_H 与 P_L 分别为高分组与低分组在该项目上的通过率。

例如，在某一项目上，高分组的通过率为 0.75，低分组的通过率为 0.35，则该项目的鉴别指数为 $D = P_H - P_L = 0.75 - 0.35 = 0.40$。当 $D = 1.00$ 时，高分组被试全部通过，低分组被试全部失败。相反，如果低分组的被试全部通过，高分组的被试全部失败，则 $D = -1.00$。如果两组的通过率相等，则 $D = 0$。

D 值是鉴别项目测量有效性的指标，D 值越高，项目越有效。1965 年，美国测验专家艾伯尔根据长期经验提出用鉴别指数评价题目性能的标准，如表 6 - 1 所示。

表 6 - 1 题目鉴别指数评鉴[1]

鉴别指数 D	题目评价
0.40 及以上	很好
0.30 ~ 0.39	良好，修改会更好

---

[1] 王孝玲编著：《教育测量》（修订版），上海：华东师范大学出版社 2005 年版，第 122 页。

（续上表）

鉴别指数 D	题目评价
0.20 ~ 0.29	尚可，仍需修改
0.20 以下	差，必须淘汰

由于编制测验不容易，一般情况下人们宁愿修改项目，也不愿轻易舍弃项目。当然上述标准也不是绝对的，还必须根据测验的目的、性质和要求来决定项目的取舍。

D 值计算简捷，简明易懂。但使用 D 值的最大缺点就是该统计量没有人们熟悉的样本分布，无法进行进一步的统计处理。如对"具有多大的 D 值才可认为显著大于零，两个项目的 D 值差异达到多少才具有显著性差异"等问题均无法做出有效回答。尽管如此，D 值仍然是进行项目区分度分析的常用指标。

2. 极端组的划分

在项目难度和鉴别指数分析中多次提到划分高分组与低分组。一般情况下，是根据效标成绩或测验总分将被试排队，取 27% 的高分端被试组成高分组，另外 27% 的低分端被试组成低分组，其余 46% 的被试可以不作分析。有人（Kelley，1939）曾证明，当分数是正态分布时，这种分配方法很有效，它既可以使两个对比组间的差异尽可能大，又可以使两组人数尽可能多。当效标分数较正态分布平坦时，高分组与低分组各占的比率应略高于 27%，在 33% 左右。一般情况下，其比率介于 25% ~ 33% 即可。但是，如果是标准化测验，习惯上仍采用 27%。如果比率太小，如 10%，则所选出来的两组过于极端，两者之间的差异非常明显，人为夸大了题目的区分程度。当样本团体人数过少时（$n < 100$），则不宜用 27% 的规则，而可以用 50% 作为分界点，即把上、下两半被试作为高分组与低分组。使用极端分组法主要是为了计算方便，但是这种方法只利用了一部分资料，浪费了很多信息，所以统计结果比用全部资料计算的准确性差一些。当项目与效标之间是直线关系时，这种分组法对结果的准确性来说影响不大；但是当项目与效标之间并非直线关系时，使用极端分组法会丧失许多有价值的信息，甚至可能得出错误的结论。

（二）相关法

用鉴别指数分析项目区分度虽然易于理解，计算方便，但结果不精确。在大规模或标准化的测验中，多采用相关法，即以项目分数与效标分数或测验总分的相关作为项目区分度的指标。相关越高，项目区分度就越高。

1. 点二列相关

点二列相关适用项目是 0、1 记分（或二分变量），而效标分数或测验总分是连续变量的数量资料。其计算公式为：

$$r_{pb} = \frac{\bar{x}_p - \bar{x}_q}{S_t} \sqrt{pq} \tag{6.6}$$

式中，r_{pb} 为点二列相关系数，$\bar{x}_p$ 为通过该项目被试的平均效标分数，$\bar{x}_q$ 为未通过该项目被试的平均效标分数，p 为通过该项目被试人数的百分比，q 为未通过该项目被试人数的百分比，S_t 为全体被试的效标分数的标准差。

（6.6）式也可以写作：

$$r_{pb} = \frac{\bar{x}_p - \bar{x}_t}{S_t} \sqrt{\frac{p}{q}} \qquad (6.6a)$$

式中，$\bar{x}_t$ 为全体被试的平均效标分数，其余同（6.6）式说明。

【例 6 - 1】15 名被试在某测验第一题上的作答情况（通过记 1 分，未通过记 0 分）与效标分数如表 6 - 2 所示。

表 6 - 2 15 名被试的效标分数与第一题作答情况

学生序号	1	2	3	4	5	6	7	8	9	10	11	12	13	14	15
效标分数	65	70	31	49	80	50	35	16	81	69	78	55	77	90	42
第一题得分	0	1	0	1	1	0	1	0	0	1	1	0	1	1	0

试计算该测验第一题的区分度。

由表 6 - 2 可以求出：

$$p = \frac{8}{15} = 0.533\ 3$$

$$q = \frac{7}{15} = 0.466\ 7$$

$$\bar{x}_p = \frac{548}{8} = 68.5$$

$$\bar{x}_q = \frac{340}{7} = 48.57$$

$$S_t = \sqrt{\frac{\sum x^2}{N} - \left(\frac{\sum x}{N}\right)^2} = \sqrt{\frac{59\ 092}{15} - \left(\frac{888}{15}\right)^2} = 20.85$$

$$\bar{x}_t = \frac{\sum x}{N} = \frac{888}{15} = 59.2$$

将上述数据代入公式（6.6）或（6.6a）得到：

$$r_{pb} = \frac{\bar{x}_p - \bar{x}_q}{S_t} \sqrt{pq} = \frac{68.5 - 48.57}{20.85} \times \sqrt{0.533\ 3 \times 0.466\ 7} = 0.48$$

或

$$r_{pb} = \frac{\bar{x}_p - \bar{x}_t}{S_t} \sqrt{\frac{p}{q}} = \frac{68.5 - 59.2}{20.85} \times \sqrt{\frac{0.533\ 3}{0.466\ 7}} = 0.48$$

对用点二列相关计算出来的数值需进行显著性检验，才能确定其意义。要检验 r_{pb} 是否达到显著水平，常用的检验方法有两种：一是采用对积差相关系数检验的方法进行检验（可参阅有关统计学教科书）；二是采用 t 检验的方法比较二分变量对应的两组连续变量的平均数的差异是否显著，如果平均数（$\bar{x}_p$ 与 $\bar{x}_q$）的差异显著，则相关系数也显著。本例若运用第一种方法，可知 r_{pb} 未达到 0.05 的显著性水平，所以该项目的区分度值得怀疑。

2. 二列相关

二列相关适用于连续的测量变量，但其中一个变量因为某种原因被人为地分成两类。例如，当一个测验的项目分数是连续的，而效标或测验总分被分为高、低或及格、不及格两个类别时，可以采用二列相关法；当效标或测验总分是连续的，而项目分数被人为地分成对、错或通过、未通过两类时，也可以采用此方法。其计算公式为：

$$r_b = \frac{\bar{x}_p - \bar{x}_q}{S_t} \cdot \frac{pq}{y} \quad\quad\quad (6.7)$$

或

$$r_b = \frac{\bar{x}_p - \bar{x}_t}{S_t} \cdot \frac{p}{y} \quad\quad\quad (6.7a)$$

式中，r_b 为二列相关系数；$\bar{x}_p$、$\bar{x}_q$、p、q、S_t 的意义同点二列相关系数公式（6.6）的说明；y 为正态分布下 p 与 q 分割点正态曲线的高度。

【例 6-2】承前述例 6-1 与表 6-2 的资料，假设该项目得分是连续的且被人为分成通过与不通过两类，试以二列相关法计算区分指数 r_b。

因为：$p = 0.533\ 3$，在 p、q 分割点正态曲线的高度为 $y = 0.397\ 5$（可通过查正态分布表获得），则

$$r_b = \frac{\bar{x}_p - \bar{x}_q}{S_t} \cdot \frac{pq}{y} = \frac{68.5 - 48.57}{20.85} \times \frac{0.533\ 3 \times 0.466\ 7}{0.397\ 5} = 0.599$$

当运用二列相关法求项目区分度时，要求二分变量在人为二分前的测量必须是正态分布，如果样本分布不是正态，总体分布就应该是正态的。对于连续变量的分布，虽不要求是正态的，但必须是单峰且呈现对称分布形态。

【例 6-3】150 名学生参加某个测验，测验总分分组数据和在某道问答题上的得分依一定标准分为对、错两类后的数据如表 6-3 所示，试求该问答题的区分度。

表 6-3　150 名学生的测验总分与对某题的回答情况

测验总分	对某题的回答情况	
	对	错
90~100	3	0

（续上表）

测验总分	对某题的回答情况	
	对	错
80～90	9	1
70～80	18	5
60～70	20	8
50～60	28	19
40～50	11	12
30～40	4	7
20～30	0	4
10～20	0	1
合计	93	57

$p = \dfrac{93}{150} = 0.62$，$q = 0.38$，

$\bar{x}_p = \dfrac{5\,875}{93} = 63.17$，$\bar{x}_q = \dfrac{2\,925}{57} = 51.32$

$S_t = 15.42$，$y = 0.380\,23$

$r_b = \dfrac{63.17 - 51.32}{15.42} \times \dfrac{0.62 \times 0.38}{0.380\,23} = 0.48$

二列相关系数 r_b 的显著性可以用下列公式检验。

$$Z = \frac{r_b}{\dfrac{1}{y}\sqrt{\dfrac{pq}{N}}} \tag{6.8}$$

式中，r_b、y、p、q 的意义同前，N 为被试总人数。对于例 6 - 2，

$$Z = \frac{r_b}{\dfrac{1}{y}\sqrt{\dfrac{pq}{N}}} = \frac{0.599}{\dfrac{1}{0.397\,5} \times \sqrt{\dfrac{0.533\,3 \times 0.466\,7}{15}}} = 1.85$$

$Z = 1.85 < Z_{0.05} = 1.96$，未达到 0.05 的显著性水平，可见，计算所得的 r_b 没有达到应有的显著性水平。

而对于例 6 - 3，

$$Z = \frac{r_b}{\frac{1}{y}\sqrt{\frac{pq}{N}}} = \frac{0.48}{\frac{1}{0.380\ 23} \times \sqrt{\frac{0.62 \times 0.38}{150}}} = 4.605$$

$Z = 4.605 > Z_{0.01}$。虽然 $r_b = 0.48$，但由于 N 较大，计算所得的 r_b 仍达到极其显著水平。需要注意的是，r_b 统计检验结果显著，只具有统计学意义，关联程度或区分程度的高低还需要视具体数值的大小。其他运用相关方法求出的区分度其意义也是如此。

3. φ 相关

φ 相关的统计方法适用于两个变量是二点分配的资料，即两个变量都是二分名义变量。在有些情况下，一些连续变量也可以用此方法计算相关程度。φ 相关不要求变量呈正态分布，所求指标为 φ 系数。

在用 φ 系数作为区分度指标时，要求项目反应与效标变量都是二分状态。一般它是根据效标成绩或测验总分的高分组与低分组，通过与未通过某一项目的人数列成的四格表来计算的。计算公式为：

$$r_\varphi = \frac{ad - bc}{\sqrt{(a+b)\ (a+c)(b+d)(c+d)}} \qquad (6.9)$$

式中，r_φ 为 φ 相关系数，a、b、c、d 分别为四格表中四项所包含的人数。

【例 6 - 4】以表 6 - 2 中的数据为资料，测验总分 60 分以上为升级、60 分以下为留级，就可以归类为下列的 2×2 表。假设以升学情况作为效标，此题对于学生的区分度为多少？

表 6 - 4　升学与第一题得分情况

	升级	留级	合计
通过	6 (a)	2 (b)	8 ($a+b$)
未通过	2 (c)	5 (d)	7 ($c+d$)
合计	8 ($a+c$)	7 ($b+d$)	15 (N)

$$r_\varphi = \frac{ad - bc}{\sqrt{(a+b)(a+c)(b+d)(c+d)}} = \frac{6 \times 5 - 2 \times 2}{\sqrt{8 \times 8 \times 7 \times 7}} = \frac{26}{56} = 0.464\ 3$$

φ 相关的显著性检验可以用 r_φ 与 χ^2 的关系式求出，并作 χ^2 检验。

$$\chi^2 = N \cdot r_\varphi^2 \qquad (6.10)$$

对于例 6 - 4，$\chi^2 = 15 \times 0.464\ 3^2 = 3.234 < \chi^2_{0.05}\ (df = 1) = 3.841$，所求得的 r_φ 值未达到 0.05 的显著性水平。

4. 积差相关

对于论文式测验题目，因得分具有连续性，在被试团体较大时，可以认为项目分数服从正态分布。可用项目得分与效标分数求积差相关系数，以得到项目的区分度。但使用这种计算所得的区分度，如果效标采用的是测验总分，则区分度值的大小受该项目分值大小的影响，因为项目得分本身就是测验总分的一部分，项目分值越大，其区分度值就越高。

以上介绍了四种相关法，在实际项目分析中，究竟采用哪一种，要依照变量的性质而定。实际上，虽然所得的数值各不相同（$r_{pb} = 0.477\ 5$，$r_b = 0.599$，$r_\varphi = 0.464\ 3$），但经显著性检验，它们均未达到 0.05 的显著性水平。因此，分析所得的结果是一致的。

三、区分度与难度的关系

在讨论难度指标时，曾提到测验项目的难度对测验项目的鉴别力有一定的影响，也就是说，难度与区分度有着密切的联系。以鉴别指数 D 为例。假如，某项目的通过率为 1.00 或 0，则说明高分组与低分组全部通过或者没有人通过。此时，两组的通过率没有差异。因此，$D = 0$。假如题目的通过率为 0.50，则有可能是高分组的所有被试都通过了，而低分组却无人通过，这样 D 的最大值可能达到 1.00。假如项目通过率为 0.70，则有可能高分组通过率为 1.00，低分组通过率为 0.40，就可使得区分度的值为 $D = 0.60$。根据同样方法可求出不同难度的项目可能达到的最大 D 值，如表 6 – 5 所示。

表 6 – 5　D 的最大值与项目难度的关系

项目通过率（P）	D 的最大值
1.00	0.00
0.90	0.20
0.70	0.60
0.60	0.80
0.50	1.00
0.40	0.80
0.30	0.60
0.10	0.20
0.00	0.00

从表 6 – 5 中可以看出，难度 P 越接近 0.50，项目的潜在区分度越大，而难度 P 越接近 1.00 或 0，项目的潜在区分度越小。这也就是人们在常模参照测验中，要求项目保持中等难度的原因之一。

为了使项目具有较高的区分能力，似乎使所有的项目都保持在 0.50 的难度最为理想，但是在实际编制测验时，我们却不能这么做。因为一个测验中的项目大多趋向于与有关的内容或技能具有某种程度的相关。假若所有的题目都完全相关（$r = 1$），并且都是 0.50 的难度水平，在一个项目上通过的人，在其他各项目上也会通过；在一个项目上失败的人，在其他项目上也将失败，那么一半被试将通过每一个项目，另一半被试将全通不过。在这种情况下，测验将只有两种分数，即满分与零分，呈 V 形分布。这样，从整体上来说，测验所提供的信息便相对减少。事实上，如果测验的所有项目都是中等难度，只有在项目的内在相关为 0 时，整个测验分数才产生正态分布。在实际测验中，一般各项目之间都具有某种程度的相关。考虑到这一点，我们在利用项目分析选择试题时，应使项目的难度分布广一些，梯度大一些，使整个测验的难度分布呈正态分布，且平均水平保持在 0.50 左右，让一部分较难的项目对高水平的被试具有较高区分度，一部分较容易的项目对低水平的被试具有较高区分度，而中等难度的项目对中等水平被试区分度较高。这样就能把各种水平的人都区分开来，并且区分得比较细。

四、区分度的相对性

一般来说，难度是相对而言的，它与测验编制者的技术经验、测验内容、被试团体和统计计算方法等有关。同样，项目的区分度也是相对的。计算项目的区分度，关键在于选好效标，效标本身不可靠，所得的区分度也就没有什么意义。在将效标选定为测验总分的情况下，区分度的具体数值通常与以下几个方面有关。

（一）不同的计算方法，所得区分度值不同

从前面所举的例 6 - 1、6 - 2、6 - 4 可以看出，同样是运用相关法，采用不同的计算公式，所得数值不尽相同（$r_{pb} = 0.4775$，$r_b = 0.599$，$r_\varphi = 0.4643$）。鉴于此，在分析同一个测验时，各个项目的区分度值要采用同一种指标，否则不便于分析比较。

（二）样本容量大小影响相关法区分度值的大小

一般来说，样本容量越小，其统计值越不可靠。所以在运用相关法计算出 r 值后，不能仅从数值大小判断试题的优劣，而应运用统计显著性检验法，检验区分度值是否显著。例如，例 6 - 2 求出的相关系数值 $r_b = 0.599$，统计检验的结果是相关未达到显著性水平，而例 6 - 3 求出的 $r_b = 0.48$，统计检验的结果是相关达到极其显著的水平，究其原因，在于两者的样本容量有着显著的差别。

（三）分组标准影响鉴别指数值

极端组划分的标准不同，求得的区分度值也不同。分组越极端，其 D 值越大。通常取 27% 作为极端组划分的标准。

（四）被试样本的同质性程度影响区分度值的大小

被试团体越具有同质性，即个体之间水平越接近，其测题的区分度值就越小。反之，对另外一同质团体来说区分度很小的项目，若将其施测于具有较大异质性的被试团体，也可能具有很高的区分度。另外，区分度也是相对于不同水平的被试团体而言的。例如，用于测量初二年级教学水平的试题，对于小学生或大学生来说，均不可能有较高的区分度。

所以，项目的区分度值大小是针对特定团体而言的。

根据以上四点讨论，我们在评价项目的有效性时，应考虑到测验的目的、功能以及被试团体的总体水平，不能将区分度值作为筛选试题的绝对标准。表 6 - 1 所提供的标准只不过是在编制测验时的一个参考标准而已。

第三节 猜测问题与猜测率

一、客观测验题中的猜测问题与猜测率

在客观题中有一个重要问题是：测验分数确实反映了被试的真实状况，还是因为猜测而获得成功？因为在客观题中，猜测会提高被试的分数，在是非题、配对题及选项较少的选择题中，这种影响格外明显。当被试确实不知道正确答案，而每个选项又具有同样的吸引力时，被试凭猜测选择正确答案的机会是 $\frac{1}{K}$（K 是每题中选项的数目）。这样对于是非题（$K=2$），猜测就能获得 50% 的成功机会；而对于四重选择题，其猜测正确的概率就为 25%。显然，大量的猜测会对是非题和选择题的分数产生很大的影响，从而给测量带来误差，即猜测误差。猜测误差的来源有：①猜相对于不猜引起的误差。在有 100 道四重选择题的测验中（设每题 1 分），若甲、乙两学生都能正确回答 60 道题，则说明两个人的实际水平相等。甲生不仅能回答明确有把握的 60 道题，而且对不会的 40 道题全凭猜测做出选择；而乙生只回答已掌握的 60 道题，对不会的题不作猜测。在四重选择题中，对答案猜测成功的概率为 1/4，那么甲生平均能猜对 10 道题，可获 70 分，而乙生只得 60 分。在这个假想的例子中，猜与不猜所导致的差异平均达到 10 分左右。这种观察分数的差异并不能反映甲乙两人在所测的特质上的差异，显示的只是他们猜测的倾向和运气而已。②猜测成功与否引起的误差，即猜测过程中因随机得分情况不同所引起的误差。按照概率原理，是非题猜对的概率是 1/2，四重选择题是 1/4，五重选择题是 1/5，但这是针对被试团体平均而言的，即 N 个被试参加测验，100 个四重选择题仅凭猜测就能猜对 25 道题。具体到某一个人，他实际猜对几题并不一定与概率值相等，在上面所举的例子中，甲生有可能猜对 10 道题而得 70 分，也有可能猜对 8 道题而得 68 分或猜对 12 道题得 72 分。这是由猜测本身引起的误差。

通过以上两点讨论，有人认为，由于对某些测验项目，猜测会引起项目难度的变化，因此允许猜测将使通过率或得分高于被试的实际水平。为此，鉴于猜测对测验项目难度的影响，在作试题项目分析特别是对各项目的难度进行比较时，有必要对猜测的影响进行校正。

二、项目难度受猜测影响的校正

（一）猜测校正的性质与公式

在选择题测验中，猜测的成功概率受项目备选答案数目（K）的影响（$P = 1/K$），备选答案数目越少，机遇的作用越大，被试的得分将越高于他们的真实水平，根据难度的计算公式（6.1）、（6.2），求出的难度就越不能反映出项目的真实难度。为平衡机遇对难度的影响，可采用下式来对难度进行校正：

$$CP = \frac{KP - 1}{K - 1} \qquad (6.11)$$

或

$$CP = P - \frac{Q}{K - 1} \qquad (6.11a)$$

式中，CP 为校正后的通过率，P 为实际通过率，K 为备选答案数目；$Q = 1 - P$。

如果要比较两个选项数目不同的测题难度，必须运用公式（6.11）分别将两个测题的难度进行校正，然后才能进行比较分析。

【例6-5】有 A、B 两个测题，项目 A 为四重选择题，通过率为 0.58；项目 B 为五重选择题，通过率为 0.56。试比较两题的难度。

解：采用公式（6.11）对难度进行校正，消除猜测因素的影响。

对项目 A：$CP = \dfrac{KP - 1}{K - 1} = \dfrac{4 \times 0.58 - 1}{4 - 1} = 0.44$

对项目 B：$CP = \dfrac{KP - 1}{K - 1} = \dfrac{5 \times 0.56 - 1}{5 - 1} = 0.45$

以未经校正的难度比较，A 项目比 B 项目容易（0.58 > 0.56）；以校正后的难度比较，则 B 项目比 A 项目容易（0.45 > 0.44），其结论正好与校正前相反。可见，在这种情况下，必须经过校正才能进行比较。因为选项数目不同的选择题，受猜测机遇的影响大小不同。公式（6.11）是对全体被试而言的，即根据被试团体在某项目上的通过率来计算校正难度。若被试参加由多个项目所组成的测验，同样有必要对他们的得分进行校正，以求出能反映其真实水平的校正分数，校正公式只需将公式（6.11）稍作变换即可得到：

$$S = R - \frac{W}{K - 1} \qquad (6.12)$$

式中，S 为校正后的得分，R 为被试答对的项目数，W 为被试答错的项目数，K 为项目的选项数目。

例如，某被试参加由100道四重选择题组成的测验，测验结果是答对82道题，答错

18 道题，该被试的实得分数为（每题 1 分）$S = R - \dfrac{W}{K-1} = 82 - \dfrac{18}{4-1} = 76$（分）。其理由在于四择一选择题中，每题猜对的概率为 1/4，猜错的概率为 3/4。该被试答错 18 道题，说明他猜测了 24 道题（$24 \times 3/4 = 18$），其中猜对了 6 道题（$24 \times 1/4 = 6$）。因此，该被试实际掌握的只有 76 道题。

（二）猜测校正的优缺点

公式（6.11）、（6.12）的基本假设是：当被试不知道正确答案时，完全凭猜测作答，猜测的成功与否完全由随机因素所致，即选择哪一个备选项是随机决定的。在实际测验中，这种假设很少成立，因此，学界对上述校正公式存在很大的争论。

有人认为，无论是计算难度指标值，还是计算考生的最后得分，都应该进行猜测校正。理由如下：

（1）通过猜测校正可避免降低测验的信度。因为如果不使用校正公式，被试必然会盲目猜测而影响测验的信度；如果答错题倒扣一定的分数，则被试不敢盲目猜测。

（2）校正后的得分是对测验所测量的被试特质更好的估计，可以反映被试的真正水平和能力。对每个项目来说，校正后可以反映项目的真实难度，便于在备选答案数目之间进行统计比较分析。

（3）在教育测验中，可以培养被试诚实的美德。如果鼓励尽量答题，并允许猜测，且不扣分，则会使学生心存侥幸，不利于其健全人格的培养。反之，如果采取校正猜测，则可使学生养成"知之为知之，不知为不知"的良好品德。

（4）比较公平。即使事前鼓励学生答完全部试题，但事实上总有人无法全部答完，所以使用猜测校正的方式比较公平。

但也有人认为对于大规模考试，在考试时间较为充裕的情况下，除了在不同试题间进行难度比较分析需进行校正外，对被试的得分没有必要就猜测问题进行校正。其原因有：

（1）公式的基本假设不成立，也没有具体的实验研究对公式的有效性提供支持。事实上，被试答错试题，并非都是存心投机取巧。有些学生答错，可能是观念模糊、记忆错误或粗心大意所致。在大多数情况下，均是先舍弃部分诱答，再就剩下的几个选项来猜测，而非盲目猜测。

（2）只要被试能答完全部试题，猜测校正就无实质性作用。根据统计学方法，将分数转化为相对分数后，校正前后的分数完全相同，这说明两种分数对于决定分数的高低具有相同的作用。虽然校正前后分数不同，但两者的相关系数为 1.00，所以采用校正，只是采用线性变换，降低被试的得分，增加记分的复杂性，这样不仅浪费时间，而且易发生错误。

（3）不采用猜测校正对信度并无重大影响。根据台湾学者黄国彦的研究（1977）：鼓励被试猜测，其影响只有 4% 左右，针对此项缺点可通过增加试题的数目来提高测验信度。

（4）有时会出现无法解释的现象。一个学生如果答对的题数等于或少于答错的题数，校正后便会得到零分或负分。例如，在一个有 100 道四重选择题的测验中，某被试答对 22 道题、答错 78 道题（每题 1 分），此人校正后的分数为 $S = 22 - \dfrac{78}{4-1} = -4$（分），这是难以解释的。因为按常识来说，即使一点儿都不了解测验所测的知识内容，也不过是得零分，而不至于得负分。

（5）在实际生活中，由于经常缺乏充分的证据与资料，学生必须凭借部分知识来判断，且进行合理猜测，这是值得培养的好习惯。考试时，若不准考生猜测，就与现实生活情况不符。在当前加强素质教育的情境中，特别要强调对学生创造能力的培养，应鼓励学生根据部分理论与事实材料，在不太明晰的情况下，对问题作科学合理的猜测。只有不断地猜测、验证，再猜测、再验证，才能不断地提高学生的创造能力。在考试中，也应鼓励考生根据部分已知合理猜测，从而养成不断创新的思维品质。若对不太明确的问题不敢合理猜测，则在实际工作中进行创造是难以想象的。如果对猜错作校正，则无异于扼杀考生的创造性思维与创新能力。事实上，从历史来看，许多科学上的发现也是在把握不很大的情况下，先提出猜想，而后再慢慢证实的。人的某些猜测依靠的是直觉思维，这是对事物整体的认识。虽然没有经过严密的逻辑推理，但并非完全瞎猜。仅从学习内容上看，通过合理猜测，可以加深对教材内容的认识。若猜对，可根据结果验证自己的设想；若猜错，则可找到猜错的原因，寻求正确答案，并进一步理解教材内容。所以，无论是对于目前的学习，还是对于创新素质的培养，鼓励猜测都是大有好处的。

综上所述可知，对于是否需要采用猜测校正，并无定论。但是，如果答题时间充裕，选择题的备选答案数目（K）在四个或四个以上，则没有必要进行校正记分。

第四节 多重选择题的项目分析

由于多重选择题能比较有效地控制随机猜测导致的测量误差，能测量较复杂的认知目标，能为改进教学提供更多的反馈信息，且具有易于评分、能用计算机阅卷等优点，因此在心理与教育测验中应用极其广泛。对于多重选择题，当然可以采用本章第一、二节所介绍的内容进行难度与区分度分析。为了进一步提高测验质量，充分发挥选择题的功能，除了进行难度与区分度分析之外，还应对被试在项目作答上的反应进行分析。对多重选择题作项目分析，可以解决以下问题：

（1）项目是否具有所预期的功能？对于常模参照测验，测题是否有足够的区分度？对目标参照测验来说，测题是否能充分地测量到教学结果？

（2）项目的难度是否得当？

（3）项目是否有缺陷？

（4）诱答选项是否都有效？

对于（1）（2）两点，可采用本章第一、二节所介绍的方法进行分析。本节主要就（3）（4）两点进行讨论，即利用被试对选择项反应数据来诊断项目失效的潜在原因，改进并提高测验项目的质量。

具体分析的步骤如下：

（1）按被试测验的总分，从高到低依次排列试卷；

（2）从最高分依次向下取全部试卷的27%作为高分组；

（3）从最低分依次向上取全部试卷的27%作为低分组；

（4）分别登记高分组与低分组选中各选择项的人数（亦可将人数换为人数比例）；

（5）根据登记结果进行选择项的质量分析。

对选择项的反应模式应从以下几个方面进行分析：

（1）如果正确的备选答案被所有的受测者所选择，就说明该项目太容易或者可能是项目中提供了某种暗示，使正确答案过于明显。

（2）如果某个错误答案没有任何被试选择，就说明该选项不具有迷惑性，错得过于明显，除增加阅读时间外，不起任何作用。一般来说，除非有2%以上的人选择，否则该备选答案应该予以修改或删除。

（3）如果所有被试都选择了同一个错误答案，就可能是编制测验时把正确答案搞错了，也可能是在教学中出现了错误。

（4）如果高分组被试的选择集中在两个答案上，两者选择率相近，就说明该题可能本来就有两种正确答案，或者在某种意义上另一个选择项也有一定的道理。

（5）如果高分组对正确答案的选择率与低分组相等或低于后者，就说明该题所考查的内容与被试水平无关，即不具有鉴别力，应删除此题或对其作大的修改。

（6）如果对于一个题目，被试未作答的人数较多（速度性测验除外），或选择各个备选答案的人数相等，就说明该项目可能过难，或项目所涉及的是被试不熟悉的内容，或题干用词含糊导致题意不清，使得被试无法作答或凭猜测作答。

在进行实际分析时，可以将多重选择题的选答情况登记在一张选择分析表上，以便进行分析评价，举例如下。

【例6-6】表6-6为一个由370人参加的测验中四道题的项目统计结果，据此表对此四题作分析评价。

表6-6　项目质量分析表

题号	组别	选答人数					正确答案	难度 P	区分度	
		A	B	C	D	未答			r_{pb}	D
1	高分组	5	92	1	2	0	B	0.71	0.52	0.42
	低分组	22	50	12	16	0				
2	高分组	58	10	15	16	1	A	0.42	0.33	0.32
	低分组	26	21	15	36	2				
3	高分组	17	25	28	28	2	D	0.31	-0.04	-0.06
	低分组	25	11	19	34	11				
4	高分组	1	44	14	36	5	C	0.12	0.08	0.04
	低分组	1	56	10	28	5				

该表中的高分组与低分组是按测验总分的高低，从370人中按27%的比例分别选取的。

（1）难度。第一题难度较小，第二题难度适中，第三、第四两题难度较大。

（2）区分度。第一、第二两题的区分度符合要求，具备良好测题的首要条件，第三、第四两题的区分度不够，第四题区分度太小，第三题则是负向的，此两题均为不良试题。

（3）各题的选项分析。第一题：正误答案配比较好。第二题：除选项 C 缺乏鉴别能力外，其余都不错。但值得注意的是为什么在选项 C 上，高分组与低分组的选答人数相同？第三题：未答的人数比例过大，且选项 B、C、D 均是负向的，高分组选 C 的人数较多，等于选正确答案 D 的人数，这些均要研究。第四题：选 A 的人数较少，是否因为该选项错得太明显而缺乏似真性？另外，选项 D 也有负向性，须找出原因并加以适当修改。

在运用项目分析的有关指标对测验试题进行修改、筛选时应注意到，我们在计算区分度指标时，是以内部效标即以测验的总分作为参照标准的，这个标准有时不一定十分准确可靠，未必就能准确反映测验的效度。因此，据此内部效标所求得的区分度也就未必准确，由此计算出的区分度低的项目不一定就有缺点。对区分度低的项目，要检验是否具有模糊不清、受到暗示或其他编制技术上的缺点，如果没有这些问题，并且这些项目确实能够测试被试的某种特质，就应该保留下来，以备日后使用。

第五节　项目功能差异分析

一、项目功能差异的概念

测验作为评价被试、选拔人才的重要工具，必须保证对所有的被试都是公平的。要保证测验的公平性，就必须保证每个测验项目都是无偏的。通常，一个测验项目如果是无偏的，就应该满足以下两个要求：第一，项目在不同群体中受到相同变异的影响；第二，在测验所欲测量的结构上水平相同的受测者，无关变异来源的分布对不同群体而言是相同的。[1] 但是，测验分数除了受测验想要测量的结构的影响外，还不可避免地受到各种变异来源的影响。由于无关的变异来源无法避免，所以它们会倾向于对某一受测者群体有利，对另一受测者群体不利。如果在一个受测者群体中，所有受测者在测验所测量的结构上的位置是相同的，但变异的无关来源在两个子群体上的分布却是不同的，则这种不公平的现象就会存在。例如，同一个语言推理方面的测验项目，对一个群体而言，可能测量的是言语推理，但对另一个群体来说，由于该项目中包含这个群体中许多成员都不熟悉的一个关键词汇，因而可能测量的是词汇知识。类似的，某一个数学问题，对一个群体测量的是数学能力，而对另一个群体来说，测量的也许是理解复杂的言语陈述的能力。此时，对某个群体来说，所缺乏的知识同整个测验所测量的结构并不相干，这些测验项目对该群体是不公平的，其测验结果自然会产生偏差。为保证测验对于所有团体的公平性，有必要对测验

---

① L. 克罗克、J. 阿尔吉纳著，金瑜等译：《经典和现代测验理论导论》，上海：华东师范大学出版社 2004 年版，第 428 页。

项目偏差予以研究。

项目偏差现象在 20 世纪初开展智力测验时就已经引起了人们的注意。人们发现某民族儿童，如果其本民族语言不是测验所用语言，其智商分数往往由于语言障碍而受到影响。

由于"偏差"具有主观判断和评价的含义，人们想通过单纯客观的统计分析探查项目偏差是不可能的。在测量实践中，对项目偏差的探查，首先是通过统计的方法计算出各组被试在某一项目上的表现是否存在差异，然后由专家分析该项目是否真的对某一组被试不公平。但是，即使某两组被试在某个项目上的表现存在差异，也不一定就能确定该项目对其中一组被试不公平，因为有可能该组被试水平与另一组被试水平之间确实存在差异。鉴于此，在统计学中，人们用"项目功能差异"（Differential Item Functioning，DIF）来表示两组被试在某项目上的表现差异，以此代替易于引起误解的"项目偏差"。项目功能差异仅仅指项目对于不同被试有着不同的统计特性，并不含有是否公平等评价的含义。根据前述有关项目无偏差应满足的两个要求，如果来自具有相同能力的不同团体被试对某题的正确作答概率不同，该项目就有偏差。在实际操作中的通常做法是，对于同一项目，若来自不同群体且测验总分相同的被试，在该项目上答对的概率不同，则该项目就存在偏差。

二、项目功能差异分析的基本步骤

项目功能差异分析的主要目的是检查测验分数是否在不同群体中受到不同变异来源的影响，如果能够确定所有群体的测验分数都受到同一变异来源的影响，就需要确定任何无关来源是否偏向于某个群体。项目功能差异分析就是试图鉴别出，不同群体中具有相同能力的个体具有不同成功概率的项目。这里相同的能力意味着测验所要评定的结构相同，或测验所要预测的效标行为相同。[1] 根据上述目的，项目功能差异分析的基本步骤如下：[2]

1. 分析数据的准备

根据项目功能差异分析的需要，在一次测验实际完成后，从被试作答反应矩阵中随机抽取两个样本数据。一般而言，要使分析取得较好的效果，所抽取的样本容量应略多于1 000。例如研究者欲分析测验项目是否存在性别差异，就需从被试作答反应矩阵中随机抽取略多于 1 000 人的男性样本和女性样本各一个。如果认为该测验可能对女性有利，就可以将女性样本作为参照组，男性样本作为目标组。

2. 准备性分析

以测验总分作为匹配变量，选取适当的项目功能差异检测方法进行分析，找出可能存在功能差异的项目并予以剔除，重新组成一个子测验。再以该子测验的测验总分作为匹配变量，对该子测验进行项目功能差异分析。如果又找出一些可能存在功能差异的项目，再次剔除，按上述要求再进行项目功能差异分析。如此反复，直至找到一个不含功能差异项

① 安妮·安娜斯塔西、苏珊娜·厄比纳著，缪小春、竺培梁译：《心理测验》，杭州：浙江教育出版社 2001 年版，第 257 页。

② 漆书青：《现代测量理论在考试中的应用》，武汉：华中师范大学出版社 2003 年版，第 375－377 页。

目的子测验的总分作为匹配变量。

3. 探索性分析

在上述分析的基础上，用剔除了可能存在功能差异的项目的测验总分作为匹配变量，对组成测验的所有项目进行正式的项目功能差异分析。

4. 差异根源分析

无论使用什么方法，一旦鉴别出 DIF 项目，接下来则是探索差异的性质与来源，以决定对项目的处理。差异根源探索可以采用专家判断和统计分析相结合的方法。专家判断主要是选择有关专家或工作人员作项目的初步检查，以鉴别出包含因某种局限性而对特定的测验被试群体来说不熟悉的测验内容的有关项目。通常，不正常项目的一个可能原因是，项目没有测量不同群体被试的相同结构。如前所述，同一个语言方面的项目，对一个群体而言，可能测量的是言语推理，但对另一个群体来说，由于项目中包含这个群体中的许多成员都不熟悉的一个关键词汇，因而可能测量的是词汇知识。类似的，某一数学问题，对甲群体测量的是数学能力，而对乙群体来说测量的也许是理解复杂的言语陈述的能力。以上两种情况，对某群体而言，所缺乏的知识同整个测验所测量的结构并不相干。

在统计上鉴别出 DIF 项目后，可通过进一步统计分析，如上一节介绍的多项选择题选项分析，部分阐明差异来源。根据这些补充分析，再结合判断检查，为项目的适当处理提供依据。对可能存在功能差异的项目，或淘汰，或修改，并对测验指导语作补充说明等。

三、项目功能差异检测方法简介

（一）方差分析法

运用方差分析法进行 DIF 分析的前提是不同团体在欲测量的某潜在特质水平上是相同的。此时，如果项目对不同团体的难度差异超过了预先估计的随机抽样引起的难度差异，就认为该项目是存在 DIF 的。

方差分析的具体方法是运用单因素方差分析的方法，对测验总分水平基本相同的不同群体在某项目上的得分进行统计比较检验，以判断 DIF 是否存在。如果方差分析结果发现不同群体在该项目上的得分具有显著性差异，就认为该项目存在 DIF。这种分析方法可适用于多级计分题或主观测验题。

（二）项目难度比较法

项目难度比较法是按项目通过率求出项目难度值 P，在假定被试特质水平呈正态分布的条件下，可按照公式（6.4），将难度值 P 转化成 Δ 值，即 $\Delta = 13 + 4 \cdot Z$。同一项目在两个子群体上可分别求出各自的 Δ 值，将测验所含项目的成对 Δ 值作为一个点在直角坐标系上描出，即可得到项目难度散点图。将一条直线对散点图进行拟合，以拟合直线作为散点图的主轴，当项目难度值点偏离主轴过大时，即可视该项目存在 DIF。

该方法的局限性在于，只有当两个子群体特质水平分布相同或相近，且项目区分能力大体一致的条件下，才可能检测出真正的 DIF 项目。

项目难度比较法适合于二分法记分（即 0、1 记分）项目。

（三）χ^2 检验法

肖伊纳曼（Scheuneman，1979）和卡米里（Camili，1979）指出，就同一测验的项目而言，如果得分属于相同测验分数区间的被试中，来自不同群体的被试答对该项目的受测者比例相同，则该项目实质上就是无偏差的。反之，如果来自不同群体的被试，其测验总分相同，而在该项目上的答对概率不同，则该项目就存在 DIF。

χ^2 检验（卡方检验）的具体技术是，先将测验总分划分为若干区间段（假设分为 K 个区间），在每个区间段内，对不同子群体在某个测验项目上回答的状况（如答对的人数或比例）进行比较，检验不同子群体的答对比例是否具有显著差异，以此判断该项目是否存在 DIF。例如在第 j 个区间段上，子群体 1 与子群体 2 在第 i 个项目上的作答情况如表 6 - 7 所示：

表 6 - 7   第 j 个区间段上子群体 1 与子群体 2 对第 i 个项目作答情况

		子群体 1	子群体 2	Σ
项目 i	答对	N_{11j}	N_{12j}	
	答错	N_{21j}	N_{22j}	
	Σ			

对表 6 - 7 资料，计算出 χ^2_{ij} 值（可运用 2×2 表统计检验方法求出），将所有区间段上的 χ^2_{ij} 相加，即 $\chi^2_i = \sum_{j=1}^{K} \chi^2_{ij}$，$\chi^2_i$ 渐近服从于 $df = K$ 的 χ^2 分布。如果统计检验结果显著，则可以认为第 i 个项目可能存在 DIF。

（四）项目反应理论方法

使用项目反应理论考察项目是否存在 DIF 的基本思想是，对于具有相同潜在特质分数的被试，没有测量偏差的项目对两个子群体的所有成员具有相同的难度，于是变异的无关来源就以同样方式影响这两个子群体。此时对每组被试来说，测量的是相同的潜在特质，两个子群体的项目特征曲线就应该是相同的。如果不同的子群体在每个项目上的项目特征曲线存在显著差异，则可以判定该项目是有偏差的，即认为存在 DIF。

因为一组无偏差项目的项目特征曲线在不同的子群体中是不变的，所以基于项目反应理论的大多数指标都可用于测量项目特征曲线在这些不同群体中变化的程度。具体可以通过估计不同群体的项目参数，据此计算每一个项目的项目偏差指数，进而进行分析。详细内容可以参考有关著作。

目前关于项目功能差异的检测技术正在不断发展与改进，具体操作中可以根据实际需要选择恰当的方法。但必须注意的是，运用项目功能差异检测技术检测出项目存在 DIF，只是分析的一个环节（前述基本步骤第三步），接下来还需要对产生差异的原因进行探讨，并对提出的原因进行检验，从而确定项目是否真正存在 DIF。

值得注意的是，项目功能差异分析是试图鉴别出那些对特定群体明显带有偏见的项目，但经验研究表明，将群体间存在差异的项目剔除后，重新计算的测验总分对于群体间差异的消除作用很小，主要因素是群体间存在 DIF 的项目往往是测验中最容易的项目。当这些项目被剔除后，测验对每个人来说都显得更难了。[1] 如果获得必要的教育机会以及富有启发性生活经历的不平等是导致测验分数差异的原因，则采取必要的教育改进措施或改善社区环境要比对测验争论不休更为有用。为一个并不是测验所造成的问题而批评它似乎是不恰当的。[2]

【练习与思考】

1. 什么是测验项目的难度与区分度？项目难度与区分度对测验各有什么影响？
2. 测验的难度水平对测验分数分布具有什么影响？
3. 试述确定测验难度水平的注意事项。
4. 简述测验难度与测验区分度的关系。
5. 对测验的具体区分度数值的解释应关注哪些？
6. 测验项目分析的作用是什么？
7. 简述对选择题猜测校正的优缺点。
8. 你认为对选择题猜测是否应予以校正，为什么？
9. 对多项选择题进行项目分析具有什么作用？
10. 对选择题反应模式进行分析，应重点考察哪些方面？
11. 某测验对 11 名被试施测，结果数据如下表所示，试计算各题的难度与区分度。

题号	满分值	考生										
		A	B	C	D	E	F	G	H	I	J	K
1	3	3	3	0	3	3	0	3	0	0	3	3
2	5	5	0	5	5	0	0	5	5	5	0	0
3	10	8	8	5	9	10	3	7	10	10	5	7
4	12	10	12	7	8	5	5	9	8	7	6	7
5	20	15	10	12	17	15	10	15	17	18	15	10
6	50	45	30	20	42	35	25	38	38	44	40	23
合计	100	86	63	49	84	68	43	77	78	84	69	50

12. 试述项目功能差异分析的意义。
13. 对项目功能差异进行分析时，如何选择恰当的匹配变量？说明缘由。
14. 运用 χ^2 检验法进行项目功能差异分析，对测验总分作区间划分应注意哪些事项？

---

① 罗伯特·M. 卡普兰、丹尼斯·P. 萨库佐著，陈国鹏、席居哲等译校：《心理测验：原理，应用和争论》（第 6 版），上海：上海人民出版社 2010 年版，第 414 页。

② 罗伯特·M. 卡普兰、丹尼斯·P. 萨库佐著，陈国鹏、席居哲等译校：《心理测验：原理，应用和争论》（第 6 版），上海：上海人民出版社 2010 年版，第 432 页。

第七章　心理与教育测验的编制与实施

【本章提要】

- 编制测验的基本程序
- 测验的实施过程及注意事项
- 解释测验分数的类型与基本原则
- 向受测者报告测验分数的基本原则

　　任何测量都有测量工具，心理测量的工具通常叫测验（test）。进行心理测量的第一步是编制测验，编制出一个好的测验，是实现心理测量科学性的基本前提。同时，只有正确地使用测验，才能实现一个好的测验的科学功能。因此，本章将讨论在编制和使用心理测验中的一些基本问题，即编制心理测验的基本程序与使用心理测验的若干基本原则。至于编制各种测验（如能力测验和人格测验）的具体技术和方法，以及特定测验的实施技术，则将在后面分别加以详细讨论。

第一节　编制心理与教育测验的基本程序

　　不同性质的心理与教育测验，其编制方法有所不同。学绩测验与能力测验的编制应有所不同，能力测验与人格测验的编制也会有所差异。但不管编制测验的具体技术、过程和方法有多大差异，其基本程序是一致的。总的来说，编制一个可供使用的标准化的心理测验，一般要经过以下几个步骤：①确定测验目的；②制订编题计划；③编辑测验项目；④预测与项目分析；⑤合成测验；⑥测验标准化；⑦鉴定测验；⑧编写测验说明书。

一、确定测验目的

这一步主要解决三个问题：

（一）明确测量对象

明确测量对象（object），也就是明确测量哪些个人或团体。通常以年龄、性别、职业、受教育程度、经济状况、民族和文化背景等指标来区分测量对象。

（二） 明确测量目标

明确测量目标（target），也就是明确测量什么心理功能，是测能力、人格，还是测学业成就等。不仅如此，还要进一步把目标具体化。例如，若要测量人的态度，必须按照态度的定义分为认知方式、情感表达和行为倾向三个层面，并给出这三个层面的操作性定义，然后按照操作性定义编制测题。若要测量智力（一般能力），就必须把智力分解为若干因素，并具体规定各种因素的意义。例如，美国心理学家瑟斯顿通过因素分析，将智力分解为七个基本因素：

（1）语文理解——阅读时了解文意的能力；
（2）词语流畅——正确迅速拼词与敏捷联想词义的能力；
（3）数学运算——正确迅速运用数字解答数学问题的能力；
（4）空间关系——正确迅速判断空间方向与空间位置关系的能力；
（5）机械记忆——对事物进行强记的能力；
（6）知觉速度——正确迅速观察和识别事物的能力；
（7）一般推理——根据经验做出归纳推理的能力。

瑟斯顿根据上述定义和分析编制了基本心理能力测验（1941）。把目标具体化，这是保证测量可靠性的基本条件。

（三） 明确测量用途

明确测量用途（purpose），也就是明确编制的测验是干什么用的，是用于描述受测者的心理特质，还是用于诊断心理是否异常，是用于选拔人员，还是用于验证某个理论假设。用途不同，编制测验时的取材范围以及测题的难度也不尽相同。

二、制订编题计划

编题计划是对编制测验的总体构思。编题计划要涵盖的信息主要有两个方面：一是全面而具代表性的测验内容，不致使测题偏离应测的范围；二是对各个内容点的相对重视程度，通常用百分比来标明。

编题计划主要有两个用途：一是指明了应该编哪些方面的测验项目以及编多少个项目，因此，测题编制结束后，可对照计划核对测验项目是否反映了所要测量的领域；二是在记分时可按计划中百分比确定每类测验项目的分数标准。各种测验编题计划的编制原理参见学绩测验（第十一章）、能力测验（第十二章和第十三章）和人格测量（第十四章）等章节。

三、编辑测验项目

在编辑测验项目时需要解决以下三个问题：

（一）收集测验资料

一个测验是否有效，取决于该测验能否测得研究者所要测得的东西。为此，需要收集适当的测验资料。尽管不同性质的测验所依据的资料内容各异，但都必须遵循以下三个共同的原则。

（1）资料要丰富。资料愈齐全，编题工作愈顺利。无论是能力，还是人格，均是十分复杂的复合性心理结构，不能仅凭一两种简单的项目去推断一个人的智力或人格特征，必须包含许多不同类型的材料。例如，编制人格测验，需要收集描述人格特征的大量词汇、临床观察的资料、已有的人格测验量表中的测题等。

（2）资料要有普遍性。它有两层意思：一是编制智力测验时，所收集的资料对于不同文化背景、不同经济地位、不同地区的个人或团体应当是公平的，应尽可能避免特殊知识经验对测验结果的影响；二是编制人格测验时，所收集的资料应当能够全面反映某一文化背景中团体的基本人格特征。

（3）资料要有趣味性。资料的趣味性可以减少受测者因缺乏足够的动机而引起的测量误差。

（二）选择项目形式

在心理测量中，必须将测验项目以某种形式呈现给受测者，而测验项目呈现的形式取决于受测者的年龄、人数的多少、测验的目的、测验项目的性质等因素。因此，在选择测验项目形式时，应当注意将这些因素考虑进去。例如，在学绩测验中，如果要考查对概念和原理的记忆，宜采用简答题；要考查综合运用知识的能力，则宜采用论述题。再如，在智力测验中，对于幼儿、文盲或识字不多的人，宜采用口头测验；对聋哑人，则宜采用操作测验；当受测人数过多，且时间、财力有限时，宜采用团体测验；而在受测人数较少时，可采用个别测验。

关于测验项目的确定，我国心理学家廖世承、陈鹤琴早在几十年前就曾提出几条原则，可供参考：①使受测者容易明了测验方法；②使受测者在完成测验时不会因测验项目的形式不当而做错；③测验过程省时；④计分省时省力；⑤经济。

（三）编写测验项目

编写测验项目（item）是一个反复的过程。在这个过程中，测验项目编制者需要对测验项目进行反复修改，其中包括订正意思不明确的词语、删改一些重复和不适当的题目、增加有用的题目等。

在编写测验项目时，应注意以下几方面：

（1）测验项目的取样应当对欲测心理特质具有代表性。只有当测验项目真正反映测量对象的特征时，才能保证测验结果的有效性。

（2）测验项目的取材范围要同编题计划所列项目一致。

（3）测验项目的难度应有一定的分布范围。如果是能力测验或学业成就测验，就应当包括各种不同难度的测验项目，以鉴别各种不同能力或不同知识水平的人员；如果是人格测验，就应当选编那些在不同方向的备选答案上都有一定人数分布的项目，以鉴别具有不同人格特征的人员。

（4）编写测验项目时用语要力求精练简短，浅显明了。

（5）初编题目的数量要多于最终所需要的数量，以便筛选或编制复本。

（6）测验项目的说明必须简明。

四、预测与项目分析

初编的测验项目是否具有适当的难度和区分度，必须通过预测进行测验项目分析，以便进一步修改。

（一）预测

预测（pretest）的目的在于获得被试对测验项目作何反应的资料。它既能提供诸如哪些题目意义不清、容易引起误解等质的信息，又能提供检验测验项目优劣的量的指标。

预测应注意的问题有：

（1）预测对象应取自将来正式测验时准备应用的群体，人数不必太多，但必须具有代表性。

（2）预测的情境应力求同正式测验的情境一致。

（3）预测的时限可以适当延长，以便每一位受测者都能将题目做完。

（4）施测者应对受测者的反应加以记录，如在同一时限内受测者所完成的题数、题意不清之处等，以便修改项目时参考。

（二）项目分析

项目分析（item analysis）就是对预测结果进行统计分析，确定项目的难度和区分度。由于预测的受测者样本小，可能会有取样误差，因此获得的项目分析结果未必完全可靠。所以，需要对来自同一总体的两个样本施测，然后分别进行测验项目分析，看对两个样本的分析结果是否一致。关于项目分析的具体原理与技术问题，请参见第六章。

五、合成测验

合成测验就是把经过预测以后证明有价值的项目编排成有组织的测验。它要解决的问题有两个：一是测验项目的选择；二是测验项目的编排。如要编制复本，还需懂得怎样编制复本。

（一）测验项目的选择

选择测验项目的指标有三个：一是测验的性质。即要选择那些能够测量出所要测量的东西的项目。假若要测量的是语言推理能力，就不能选择测定阅读能力或运算能力的项目。二是项目的难度。选择多大难度的项目并无固定的标准，选拔性测验要求难度大些，考查性测验要求难度不可太高，人格测验则不要求难度。三是项目的区分度。一般来说，项目的区分度越高越好，对于选拔性测验尤为如此，但有时也可以保留若干区分度不高的项目，这要视项目的重要性而定。

（二）测验项目的编排

测验项目选出之后，需要加以合理安排。在测验开头应该有一两个较容易的项目，以使受测者熟悉作答程序，缓解紧张情绪，建立信心，进入测量情境。对测验项目的总的编排要由易到难，这样可以避免受测者在难题上耽搁时间太多而影响对后面问题的解答。在测验最后可有少数难度较大的题目，以便测出受测者的最高水平。

对于认知性测验（如能力测验和学业成就测验），下面是两种常见的测验项目编排方式：

（1）并列直进式：此种方式是将整个测验按测验项目材料的性质归为若干分测验，在同一分测验的测验项目中，则依其难度由易到难排列。

（2）混合螺旋式：此种方式是先将各类测验项目依难度分成若干不同的层次，再将不同性质的测验项目予以组合，作交叉式的排列，其难度则渐次升进。此种排列的优点是，受测者对各类测验项目循序作答，从而维持作答的兴趣。

对于非认知性测验（如自陈人格测验和态度测验），由于成瘾项目不存在难度问题，无法采用上述方式编排测验项目。但是，为了避免受测者形成反应定式，此类测验通常根据随机化原则编排测验项目，例如卡特尔16种人格因素测验和艾森克人格问卷的测验项目均是将各分测验的项目顺序打乱，随机组合这些项目。

（三）编制复本

为加强实际的效用，一种测验至少要有等值的两份，份数越多，使用起来越方便。这里，所谓等值需符合下列条件：

（1）各份测验测量的是同一种心理特质。

（2）各份测验具有相同的内容和形式。

（3）各份测验不含有重复的项目。

（4）各份测验项目数量相等，并且有大体相同的难度和区分度。

只要有足够数量的测验项目，编制复本的手续就是很简单的，先将所有可用的项目按难度排列，其次序为1、2、3、4、5、6、…，如果要分成两个等值的测验本，则可采用下面的分法：

A本：1、4、5、8、9、12、13、16、17、20、…

B本：2、3、6、7、10、11、14、15、18、19、…

如果要分成三个等值的测验本，可采用下面的分法：

A本：1、6、7、12、13、18、19、24、…

B本：2、5、8、11、14、17、20、23、…

C本：3、4、9、10、15、16、21、22、…

采用上面的分法可使各复本之间在难度上基本相等，从而获得大体相同的分数分布。复本编好后，应该再预测一次，以确定各份测验究竟是否等值。

六、测验标准化

一个测验的好坏，取决于该测验的标准化水平。所谓标准化是指测验的编制、施测、评分以及解释测验分数的程序的一致性。具体地说，测验标准化包括下列内容：

（一）测验内容

标准化的首要前提，是对所有受测者施测相同的或等值的题目，测验内容不同，所测得的结果就无法进行比较。

（二）施测过程

标准化的第二个条件是所有受测者必须在相同的条件下施测。其中包括：

（1）相同的测验情境。如统一的采光条件、统一的桌椅高度、统一的桌面面积、统一的房间布置等。

（2）相同的指导语。指导语一般包括两部分：一是向受测者说明测验的目的，以便解除受测者的顾虑；二是向受测者说明如何对测验项目做出反应。指导语必须事先拟好，印在测验项目的前面，并且力求清晰、简单、明了，不致引起误解。如果受测者对测验不熟悉，应当有一至两个例题。

（3）相同的测验时限。测验的时间限制是测验程序中的重要方面，不过，不同的测验对时限要求也不相同。一般来说，人格测验对时限的要求不太严格，甚至不要求时间限制；但能力测验和学绩测验必须考虑时限问题。确定时限一般采用尝试法，即通过预测来决定。通常的时限定为大约90%的受测者在预定的时间内完成全部测验项目即可。

（三）测验评分

评分的客观性是标准化测验的第三个条件，评分的客观性意味着两个或两个以上的评分者对同一份测验试卷的评定是一致的。只有当评分客观的时候，才能将分数的差异归于受测者本身的差异。但要做到完全客观（一致）地评分是困难的。一般来说，不同评分者之间的一致性在90%以上，便可认为评分是客观的。客观性评分要求：

（1）对反应要及时清楚地记录，以免由于记忆丧失造成混乱，在口头测验和操作测验中尤为如此。

（2）要有一张记录标准答案或正确反应的表格，即记分键。选择题的记分键包括每一测验项目正确反应的号码或字母；问答题的记分键包括一系列的正确答案和容许变化的范围；论文题的记分键包括一致可接受答案的要点；人格测验没有正确答案，记分键上指明的是具有或缺少某种人格特征者的典型反应。

（3）将受测者的反应与记分键比较，确定受测者反应应得的分数。

（四）测验分数的解释

一个标准化的测验，不仅要求测验内容、施测过程和评分程序标准化，而且要求对测验结果的解释标准化。如果对同一测验结果（分数）可做出不同的解释，那么测验便失去了客观性。

某一测验分数只有与一定的参照标准相比较，才能显现出它所代表的意义。在心理测验中，建立参照标准的过程也就是建立常模的过程。建立常模的方法，是在将来要施测的全体受测者中选择有代表性的一部分受测者（称为标准化样本）进行测验。将所得结果加以统计分析，得出这个标准化样本的平均数，即为常模。对某一受测者分数的解释要与这一受测者所属团体的常模作比较，才能说明该受测者分数所代表的意义。

七、鉴定测验

测验编好后，必须对其可靠性和有效性进行鉴定，以便确定该测验是否可用。对测验的鉴定，主要是确定其信度系数和效度系数。

（一）信度

信度是指测验的可靠性，即用同一测验多次测量同一团体，所得测验结果之间具有一致性。我们用钢片卷尺去测量一木杆的长度，所得结果是可靠的，因为无论是由一个人数次测量，还是由数个人分别去测量，所测得的结果都是一致的。如果改用橡皮软尺去测量木杆，多次或多人测得的结果就难以一致。也就是说，这一测量工具是缺乏信度的。由此可见，信度是衡量测验的最基本的指标，因而测验编好后首先要鉴定该测验的信度（详见第四章）。

（二）效度

效度是指测验的有效性，即一个测验在多大程度上能够测得它所要检测的内容。如果一个测验的效度很低，那么说明该测验所检测的不是它所要检测的内容。例如，智力测验所要测的内容应是智力，假如它测得的是知识或人格，那么说明这个智力测验对于测量智力是无效的。因此，测验编好后，还必须鉴定该测验的效度（详见第五章）。

（三）测验量表与常模

任何测量都是以数量化的形式来表达测量结果的。心理测量是以心理测验为测量工具的，它必须采用一定的量表作为标准化的记分制度来实现测验结果的数量化。所以，测验编制者为了说明和解释测验结果，必须根据测验的性质、用途以及所要达到的测量量表的水平，按照统计学的原理，把某一标准化样本的测验分数转化为具有一定参照点、等值单位的导出分数，这就是所谓的测量量表。在心理测验中，常见的测验量表有百分等级量表、标准分数量表、T量表、发展量表、智力商数量表等。如果将标准化样本的测验分数与相应的某个或几个测验量表分数一起用表格的形式呈现出来，就是测验的常模表，标准化的心理测验都在测验手册中提供可供解释测验分数的常模表（详见第八章）。

八、编写测验说明书

测验说明书向测验使用者说明如何使用该测验，以保证测验的信度和效度。说明书应包括下列内容：

（1）本测验的目的与功用。

（2）本测验的理论依据。

（3）实施测验的方法，包括：①何种测验；②内分几部分；③每部分有多少个测验项目；④答案如何做，等等。

（4）测验的标准答案和评分方法。

（5）关于测验的信度、效度资料的说明。

（6）常模表，即如何依据常模解释测验结果。

第二节　测验的实施

一个经过信度和效度检验证明可用的，并已获得常模资料的测验，便可正式交付使用了。测验的使用主要涉及两个问题：①如何实施测验才能保证测验分数尽可能少受施测过程的影响；②如何解释测验分数才能保证受测者的心理不受伤害。本节将围绕上述两个问题讨论使用心理测验的一些技术性问题。

一、测验的实施过程

心理与教育测验的基本原理在于，通过观测受测者在测验情境中的行为样本，可以推断他平日的一般行为特征。换句话说，根据测验分数，可以预测受测者可能会产生什么样的心理症状，或可能做出哪方面的工作成绩，等等。但实际测验分数不仅包含了与测验目的有关的变量引起的分数，而且可能包含了与测验目的无关的变量引起的分数。换言之，测验分数不仅决定于测量工具本身，也受测验过程的影响。因此，在施测过程中，施测者应当了解哪些因素会影响测验分数，并进一步对这些因素进行适当的控制。

（一）施测前的准备工作

安排一个好的施测程序，最重要的就是预先做好准备。

（1）准备好测验材料。施测者必须把施测中所要用的材料按一定顺序放置在适当的位置，使受测者易于看到和找到。例如在操作测验里，要求受测者拼一个马图，施测者必须将马图的几个碎片按规定的顺序和位置放在受测者面前，如果不事先熟记放置的顺序，到时必定会手忙脚乱，安放不合规定，从而导致有的受测者可能因碎片的位置引起对马的某一部位的联想而易于得分，而另一些受测者则可能相反，丧失了不应该丧失的分数。大部分智力测验表都有操作测验，操作材料的放置都有相应的规定，因此，都必须事先做好准备。

（2）熟练掌握施测手续。为了掌握施测手续，必须对施测者进行必要的训练。训练的内容包括：①熟悉测验内容；②掌握施测步骤；③掌握记分方法；④掌握解释分数的技术。

（3）熟练使用测验指导语。施测者应熟记测验指导语并能用口语清楚而流利地说出来，凡是要求念读的指导语都不应念错、停顿、重复或结结巴巴，否则会影响测验分数。

（二）指导语

心理测验的指导语通常包括对测验目的的说明和对题目反应方式的解释。指导语直接影响受测者反应的态度和方法。有人曾以三种不同的指导语对三组受测者实施同一智力测验，结果将该测验说成"智力测验"的一组成绩最高，而将它说成"日常测验"的一组成绩最低。人格测验常涉及受测者敏感的一些问题，因此，指导语不适当，会造成很多不利的影响。

指导语的主要作用是使受测者按正确形式对题目做出反应。确定指导语时，要注意不要暗示受测者应该选择什么样的答案。当指导语中包含对测验目的的说明时更应注意这一点，一般要求测验的主持者和指导语都保持中立的态度，不倾向于答案中的任何一种方向。

一般的能力测验和成就测验都要求有标准时间限制，因为速度是能力测量中的一个重要因素，而人格测验和态度测验一般不要求有时间限制。

（三）测验情境

测验情境包括测验场地（通风、光线、噪音）、座位、答案纸型以及施测者的特征（行为、年龄、性别、表情）等。这些因素都会影响测验分数，因而需要加以必要的控制，使之对每一个受测者都保持相同。标准化测验一般都对测验条件做出严格的规定，其中包括采光条件、桌椅高度、桌面面积，测验采用的试卷都用同一种纸张按同一规格印刷，受测者答题时所用的铅笔一般也是由施测者统一发给。

这里尤其要强调的是，进行心理测验时，务必不能有外界干扰。为此，测验室的门前应挂上一个牌子，示意测验正在进行，旁人不许进入。进行团体测验时，可以把房门锁上或派一名助手在门外守候，阻止晚来者入场。

施测者的态度对测验分数也有影响，施测者的微笑、点头，或说暗示的语言都要严格控制。

（四）测验焦虑

测验焦虑是指被试因接受测验而产生的一种忧虑和紧张情绪，它会影响测验结果的真实性。例如，进行操作性测验时，由于过度紧张，手眼会失去良好的协调性；又如考试之前要求学生订出得分指标为90分，如果有一题或两题做不出（每题10分），一个上进心很强的学生就会产生不安情绪。因此，在测验时，应注意稳定被试的情绪。主试有时可以利用保证测验结果绝对保密或鼓励被试等方法来消除测验焦虑。心理学的研究证实：①能力与测验焦虑呈负相关，亦即能力愈高的人，测验焦虑愈低；②抱负水平与焦虑呈正相关。也即愈渴望得高分，测验焦虑愈高；③竞争性测验的测验焦虑高，经常接受测验的人焦虑低一些；④轻微的测验焦虑会增强测验效果，但焦虑太高或毫无测验焦虑，则会降低测验效果。

在实施测验时，主试的以下四种态度容易使被试产生过度的焦虑，应尽可能避免：

①以测验来威胁被试，以使被试循规蹈矩；②警告被试一定要尽力，因为"这项测验很重要"；③告诉被试答题要快，只有这样才能在规定的时间内答完所有题；④恐吓被试说："如果测验失败，会有严重的不良后果。"

（五） 与受测者建立良好的协调关系

在心理测量学中，良好的协调关系是指施测者努力设法引起受测者对测验的兴趣，取得他的合作，以保证他能按照标准测验指导语行事。在做能力测验时，应要求受测者集中注意力于当前的任务，并要求他尽最大的努力来完成它；在填写人格问卷表时，应要求他坦率而忠实地回答问题；在做投射性测验时，则要求他将由刺激唤起的联想充分报告出来，如此等等。总之，施测者要力图使受测者尽量有意识地按照指导语去做。

根据测验性质的不同，受测者的年龄以及其他特点的不同，建立良好协调关系的专门技巧也有所不同。在测试学龄前儿童时，就要考虑到儿童面对生人羞怯、注意力易分散等特点，施测者友好、愉快、放松的自然态度可以使儿童对之充满信任。那些害羞、胆小的儿童需要较多的时间来熟悉环境，因此，施测者不能操之过急、匆忙示范，宁可等待儿童到他愿意接触时再开始。测验要像玩游戏一样呈现给儿童。这个年龄段的儿童，有时会拒绝测验，有时又会对测验失去兴趣，因此针对他们的测验手续就要相对灵活一些。对小学一、二年级甚至三年级的小学生，测验也要像做游戏似的才容易引起他们的兴趣。对再大一些的学生则可通过竞赛方式激发他们去做好测验。

在测验学校儿童或成人时必须记住，每个测验都暗含有暴露某个人弱点的威胁。例如，这道题目答不出来，那个拼图不成功，都会使人感到丢面子。因此，测验一开始就可以说清楚，没有人能够正确答出所有这些题目。这样交代几句是很有好处的，否则他们在遇到困难题目时就会体验一种失败的挫折感，甚至导致其不能在规定的时间内完成其他测验。

鼓励受测者努力完成测验，争取他的合作，使他表现出真实水平或实际情况，这并不是说在受测者不会做题时可以给他提示、暗示或者任何方式的帮助，这样做同样会使测验分数失去检测的作用。

（六） 评分技术

在标准化的心理测验中，测验与答卷通常是分开的。被试将测验项目的答案直接记录在专用答卷上。另外备有一个标准答案卡，此为记分键，评分时只要将被试的答案逐一与标准答案相比较，即可评定被试应得的分数。有时候为了节省评分的时间，采用记分板来记分。所谓记分板是把一张空白答案纸上的正确答案打上圆形或方形的洞，评分时只要将记分板套在每一张答案纸上，然后统计从洞中出现的正确答案数目即可。凡洞中未出现任何记号者，需以红笔画上斜线，这样可让被试知道答错了哪些题。

二、测验分数的解释

测验分数的解释涉及两个问题：一是如何看待测验分数的意义；二是如何向受测者报告测验分数。

（一）如何看待测验分数的意义

解释测验结果须做到以下几点：首先，对所做的具体测验（包括它的常模的代表性、信度、效度、难度等）要熟悉了解；其次，对受测者的情况（文化程度、职业、是否可能接触测验中的有关问题等）也要有所了解；最后，还必须结合测验时的具体情况，如是否有干扰，受测者当时有无情绪波动或身体不适等。同一个分数可能是由于不同原因造成的，合格的施测者会结合以上三方面的因素对测验分数进行解释，对同一分数可做出不同解释。例如，用平均初中文化程度的标准化样本的智力测验来测量一个不够小学文化程度的受测者，如果测得 IQ 为 85，就可以认为他基本上是中等智力水平；如果受测者文化程度是大学毕业，也测得 IQ 为 85，就可解释为受测者可能因疾病等而智力有所减退，属于中下水平。

关于测验分数的解释，高德曼（Goldman）曾提出一个含有三个向度的解释模型，可作为解释测验分数的参考。他提出解释测验分数的类型有四种：叙述的解释、溯因的解释、预测的解释及评价的解释；资料的处理方法有两种：机械的处理与非机械的处理；资料的来源有两种：测验资料与非测验资料。将此三个向度加以组合，可有 $4 \times 2 \times 2 = 16$ 种不同的解释方式。

就资料的来源而言，有测验资料和非测验资料。前者是指由各种标准化测验得到的分数；后者则包括学校成绩、家庭背景、晤谈和观察所得资料。就资料的处理方法而言，有机械的处理与非机械的处理。前者又可称为统计的处理，包括常模对照表、预期表、侧面图分析及回归预测等；后者又可称为临床诊断的处理，采用归纳与演绎的推理方法，综合评判资料的意义，此种方法比较主观、直觉与模糊。

就解释的类型而言，上述四种解释类型代表了四种不同层次的解释方式。每种解释类型的含义如下：

1. 叙述的解释

叙述的解释是指描述个人的心理特征状态。例如，这个学生是一位怎样的学生？聪明的？中等的？愚笨的？他的语文推理是否优于非语文推理？他喜欢做些什么？有什么样的性格特点？

2. 溯因的解释

溯因的解释是指追溯过去，以解释个人目前的发展情况。例如，他为什么会这样？他的阅读困难是否是情绪困扰的结果？或缺乏基本的阅读技能？或缺乏学习的兴趣？他拒绝机械的学习活动是否由于父母的压力？或过去的失败？或兴趣太广泛所致？

3. 预测的解释

预测的解释是指推估个人未来的可能发展情形。例如，他上高中的成绩会怎样？他升入大学的可能性有多大？他在数理科方面的发展是否比在文科方面的发展更能成功？他是否可能成为一个问题青年？

4. 评价的解释

评价的解释是指作价值的判断或作决定。此种解释是依据上述几种解释而作的判断。例如，准许入高中或大学、雇用人员、编班等均属于此种解释。他应该学习什么样的课程？进什么样的大学？他应该成为工程师还是商务经理？

在解释测验分数的意义时，应遵循以下几个基本原则：

（1）主试应充分了解测验的性质与功能。测验使用者必须具备心理测验的基本知识与概念，方能了解测验的性质与限制。任何一个测验都有其编制的特定目的和独特功能，使用者在解释之前必须从其编制手册中详加了解编制过程的标准化，以及测验的信度、效度及常模等是否适当。更重要的是，应知道测验能测量什么，不能测量什么，分数在使用上有何限制。有时两个测验的名称虽然相同，但测量的功能却不同。例如，韦克斯勒智力量表和瑞文标准推理测验都是智力测验，但内部结构有很大的不同，所能发挥的作用也有所区别；再如，卡特尔16种人格因素测验与明尼苏达多相人格调查表都是人格测验，但后者更多地发挥临床诊断的功能，前者则更多地针对正常人。在教育测验里，也是这样。同是算术测验，有的偏重于简单的计算技能，有的偏重于推理能力；同是科学能力测验，有的注重测量科学术语等基本知识的掌握，有的却注重测量科学原理的应用。对以上内容有了正确的认识，方能作客观的解释。

（2）对导致测验结果的原因的解释应慎重，谨防片面极端。一个人在任何一个测验上的分数，都是他的遗传特征、测验前的学习与经验以及测验情境的函数，这三个方面对测验成绩都有影响。所以，我们应该把测验分数看成是对受测者目前状况的测量，至于他是如何达到这一状况的，则受许多因素影响。

为了能对分数做出有意义的解释，必须将个人在测验前的经历或背景因素考虑在内。譬如，在词汇上得到相同的分数，对于大城市的孩子与边远山区的孩子具有不同的意义，惠勒曾于1932年测量了美国某山区儿童的智力，发现6岁以前的儿童，其智力与常模相近；6岁以后与常模的差距随年龄递增，这是受环境影响而得不到平等学习机会的结果。

测验情境也是一个需要考虑的因素。譬如，一个学生因为身体不适，情绪不佳，不明了施测者的说明或受意外干扰，可能会产生测验焦虑。如果对这些因素控制得不好，分数就会受到影响，在这种情况下，应当找出造成分数反常的原因，而不要单纯地以分数武断地下结论。

（3）必须充分估计测验的常模和效度的局限性。为了对测验分数做出确切的解释，只有常模资料是不够的，还必须有效度资料。没有效度证据的常模资料，只告诉我们一个人在一个常模团体中的相对等级，不能作预测或更多的解释。在解释分数时人们最常犯的错误就是仅根据测验的标题和常模数据去推论测验分数的意义，从而忽略效度的不足或缺乏。假若一个测验的名称是内外向量表，并有可利用的常模资料，就很容易把得高分的人说成是内向性格，即把它当作有效度资料来解释。

即使有了效度资料，在对测验分数作解释时也要十分谨慎，因为测验效度的概化能力是有限的，采用不同的常模团体和不同的施测条件，往往会使同样的测验分数得到不同的解释。在解释分数时，一定要从最相近的团体、最相匹配的情境中获得资料。

（4）解释分数应参考其他有关资料。测验分数不是了解学生的唯一资料，为正确了解其心理特质，尚需参考其他有关资料。只凭学生的单一测验分数解释其心理状态，容易造成错误的解释。例如，某学生在智力测验上得到的 IQ 为 80，在不考虑其他资料的情况下，只能解释："该生的智力属于中等偏下。"但是，若考虑他的在校成绩，则解释可能大不相同。如果他的在校成绩经常保持在年级前五名，则不可能做出如上解释，可能需要进一步探讨他在做测验时的动机、态度、情绪与健康状况等。有了这些资料作为佐证，才能正确判断其智力是否全部发挥，测验结果是否可靠。

同样，解释时亦须参考其他的测验资料，只凭单一的测验分数加以解释，也可能全然不同于综合考虑几个测验分数时的解释。例如，根据自陈量表测验的分数，某生的性压抑分数高于平均数两个标准差，但在投射测验中有关性的反应，却高于平均数一个标准差。如仅依自陈量表的分数解释，则只能解释说："某生的性压抑倾向甚强。"但如果参照投射测验的分数综合解释时，则可解释说："某生的性兴趣强于一般人（投射测验），但他却将性兴趣加以严重的压抑（自陈量表）。"

总之，测验分数的解释应尽可能参考其他资料，如受教育经历、文化背景、面谈内容、习惯、态度、兴趣、动机、健康状况、语文程度及其他测验资料。唯有如此，解释才能更客观且更深入。

（5）对测验分数应以"一段分数"来解释，而不应以"特定的数值"来解释。由于每一个测验均会受到测量误差的影响，因此在解释测验分数时也应允许此种测量误差的存在。测量误差的大小与信度的高低有关。信度越高，则误差越小，但永远不可能完全消除误差。因此，应该永远把测验分数视为一个范围而不是一些确定的点，也就是要对测验分数提供带状的解释。倘若使用确切的分数，则应说明这些分数不是精确的指标，而是我们对某人真实分数的大致估计。

（6）对来自不同测验的分数不能直接加以比较。即使两个测验名称相同，但由于所包含的具体内容不同（因而所测量的特质不完全相同），建立标准化样本的组成不同，量表的单位（如标准差）不同，因此其分数并不具备可比性。如来自两个智力测验的分数，在没有其他信息的情况下，我们无法判断谁高谁低。

为了使不同测验分数可以比较，必须将二者放在统一的量表上。当两种测验取样于相同范围时，人们常用等值百分位法将两种测验分数等值化。具体做法是：将两个测验都对同一个样本施测，并把两种测验的原始分数都转换成百分等级，然后用该百分等级作为中转点，就可以做出一个等值的原始分数表。如果某人在测验 A 中原始分数 55 是 90 百分等级，而测验 B 中原始分数 36 是 90 百分等级，那么他在测验 A 中获得的 55 分就与在测验 B 中获得的 36 分等值（详见第十章）。

（二）如何向受测者报告测验分数

如何向当事人及与当事人有关的人员（如家长、教师、雇主等）报告测验分数，使他们更好地理解分数的意义，是一件非常重要的事。下面所列举的一些原则，可作为报告测验分数的依据。

（1）使用当事人所理解的语言。

测验像其他特殊领域一样，具有自己的词汇，因此你所理解的词并不意味着当事人也一定能理解。例如，你懂得标准差和标准分数，当事人则可能不懂。因此，你必须用非技术性的用语来解释标准分数，可以把它解释成相对位置（即百分等级）。必要时，可以问问当事人是否听懂，让他说说你的解释是什么意思。

（2）保证当事人知道这个测验测量或预测什么。

这里并不需要对之作详细的技术性解释。例如，你并不需要向当事人解释职业兴趣，且与从事各种职业的人加以比较。如果他在某一方面得了高分，就意味着一旦他参加了这个工作，就会长期干下去。但也不能过于简单，只告诉当事人某个量表的题目或测量什么是不够的，这在具有情绪色彩的人格特征方面特别重要。例如，对人格测验中的男性化、女性化量表就要加以解释，以免受测者误解。

（3）告诉当事人分数解释的参照体。

如果分数是以常模为参考的，就要使当事人知道他是和什么团体在进行比较。例如，同一个百分等级对于普通学校和重点学校，其意义是不同的。

（4）告诉当事人分数不是一个精确的值。

要使当事人认识到分数只是一个"最好"的估计，由于测验的信度、效度不足，分数可能有误差，而且对于一个团体总体来说有效的测验，不一定对每个人都同样有效，但也不能让受测者感到分数是毫不足信的。

（5）分数只是决策的依据，而不是决策本身。

要使当事人知道如何运用他的分数，当测验用于人员选拔和安置事宜时，这点是特别重要的。要向当事人讲清测验分数在决定过程中起什么作用，是完全由分数决定取舍，还是只把分数作为参考，有没有规定最低分数线，测验上的低分数能否从其他方面得到补偿，等等。

（6）充分估计分数可能给当事人造成的影响。

要考虑测验分数将会给受测者造成什么影响，由于对分数的解释会影响受测者的自我认识、自我体验和自我评价，因此在解释分数时要把对分数意义的解释和必要的咨询工作结合起来，以免受测者因分数不理想而产生自卑心理。

（7）测验结果应向无关的人员保密。

当事人的测验分数不应让其他无关的人员知道，以免对当事人造成不良的影响。因此，分数的报告应采用个人解释为宜，不宜采用团体解释或公告通知的方式。

（8）对低分者的解释应谨慎小心。

在测验上获得低分数者或分数不理想者易产生自卑或自我贬低的心理。因此，在对这些当事人报告测验分数时，态度要诚恳，措辞要委婉，避免作直截了当的解释。例如，对智力测验得到 IQ 65 者，勿作这样的解释："你属于智力缺陷者。"较理想的解释应是："这个分数表明你的学习能力比一般人低了一点儿，但是有些像你这样能力的人，由于刻苦努力而有了很不错的表现。"

（9）提供适当的引导和咨询服务。

报告测验分数时应设法了解当事人的心理感受，并采取适当的措施加以引导。报告测验分数时，宜先让当事人充分表达测验当时的心理感受，如当事人的动机、态度、情绪、注意、健康状况等，以便知道其测验分数是否代表在最佳情况下所做的反应。例如，某学生表示他在做智力测验时情绪很烦躁、心不在焉；而另一位学生则表示他在做测验时动机强烈，注意力集中。虽然两位学生得到相同的 IQ，但代表的意义可能迥然相异。

同样，解释完分数后，宜鼓励当事人表达对测验结果的感受，如发现当事人对分数有误解或表现出不良的态度，则应立即配合采用咨询技术予以适当的引导，以免当事人产生自卑心理或造成其他不良影响。

【练习与思考】

1. 结合一个测验实例，简述编制一个心理测验的基本程序。

2. 收集测验资料是编辑测验项目的第一步，其目的在于为编辑正式的测验项目提供基本素材，请说明收集测验资料需要遵循哪些基本原则。

3. 测验项目的编写是一个反复的过程，如何根据测验目的编写一组好的测验项目？

4. 测验项目编辑好后，为什么还要进行预测？预测旨在获得哪些方面的信息？

5. 经过预测被筛选出来的项目需要进行一定的编排才能构成一个测验，对于不同类型测验，项目编排方式有何不同？

6. 什么是测验的标准化？

7. 实施心理测验应注意哪些问题？

8. 测验的指导语直接影响受测者反应的态度和方式，一些测验因测验指导语不当，而误导了被试的反应模式或作答方向，从而降低了测验分数的信度和效度。假设需要编制一个自陈式"性别态度"问卷，请你根据本章相关内容，为这个问卷拟定一个指导语。

9. 如何正确解释测验分数的意义？

10. 论述向当事人报告测验分数的基本原则。

第八章　常模参照测验

【本章提要】

- ●常模参照测验与常模团体
- ●常用的导出分数与常模的编制
- ●各种测验分数合成的方法
- ●常模参照测验分数的解释

第一节　常模参照测验概述

一、常模参照测验简介

从测验中直接获得的分数，称为原始分数。它是通过将被试的反应与标准答案相比较而获得的。但是原始分数本身并不具有多大意义，这种数值的意义只有与一定的参照体系作比较才能确定。在实际应用中，我们要想正确地解释、评价和使用测验分数，必须借助于某项参照标准。就像在物理测量中测得的山的高度，总要说明是对照海平面还是相对于某个指定的物体的高度；水温的测量也是如此，必须先明确所谓冰点是水的"冰点"还是其他液体的"冰点"，才能真正解释清楚其含义。在心理与教育测量中，测验分数也必须与一定的参照物和参照体系比较，才能对测验分数做出明确解释。如果解释测验分数的参照体系是社会在所测特征上的客观要求或某个指定的外在标准，该参照体系就称作"标准"，参照着外在的客观标准来解释测验分数意义的测验称作"标准参照测验"；如果解释测验分数的参照体系是被试所属团体被测特征的一般水平或水平分布状态，该参照体系就称作"常模"，参照某个特定被试群体的常模来解释测验分数的测验称作"常模参照测验"。

常模参照测验首先是一种测验，即对行为样本所进行的客观而标准化的测量，这种测量的操作是规范的，其施测过程、指导语、所使用的工具、测验的环境条件、分数的评定与解释等都完全正规、统一、符合要求。其次，在这种客观而标准化的操作条件下，直接测量的对象是被试的行为样本，即由特定测量操作所导引的被试的外部表现，这种外部表现是由被试内部应予考察的心理特征、结构、状态、水平所决定的，能够实际而经常地显现成一种可观察的行为活动。

但对于常模参照测验来说，最重要的是把不同水平被试的得分拉开距离、分出档次，所以，测验应具有较高的区分度。为方便解释分数，希望被试的测验分数呈正态分布或接近正态分布，以利于有效划分出等距的分数等级。

二、常模与常模团体

（一）测验的常模

在常模参照测验中，解释测验分数的关键在于测验的常模。如前所述，常模就是测验所应该测量的被试群体在所测特质上的一般水平或水平分布状态，但这种所测的心理特质，应该是某特定群体在一定时段内普遍地、稳定地存在着的心理特质，如人的智力和人格等。要准确把握某一普遍稳定的基本心理特质在某特定群体中的一般水平或水平分布状态，就必须坚持客观性原则，运用严格科学的方法来获取。首先，对被试进行科学抽样，即选择常模样组。事实上，被试群体在所测特质上的一般水平，就是常模样组的一般水平予以代表的。其次，科学编制和实施测验，将常模样组被试的应予考察的行为样本引导出来，获取实测数据资料。再次，进行合理的统计分析，按实测资料将一般水平分布的具体数值形式确定下来，从而建立测验的常模。所以，测验的常模是指一个具有代表性的样组在某种测验上的表现情况，或者说，是一个与被试同类的团体在相同测验上得分的分布状况与结构模式。① 这种分布与结构具体表现为由原始分数的分布转换过来的具有参照点和单位的测验量表。所建立的常模是为解释测验分数服务的，将附有常模资料的测验测试任一被试，该被试在测验上的得分，就可以和常模资料进行比较，从而明确该被试的水平优劣状况。参照常模对测验的分数进行解释和评价，实质上是通过考察个体的心理特质在某一群体所有成员中的相对位置来衡量和评价该个体的心理特质的。因此，常模参照测验解释分数的意义，就是根据测验的常模去说明所测个体水平在所参照团体中的相对位置。常模参照测验分数是一种相对评分分数，所测被试分数的意义是由与其他被试水平相互比较的关系予以确定的，测验所突出的是所测被试间的差异状况。

（二）常模团体

常模团体是由具有某种共同特征的人所组成的一个群体，或是该群体的一个样本。这个某种共同特征就是测验所欲测量的心理特征。

由于个人相对等级随着用作比较的常模团体的不同而有很大的变化，因此任何一个测验都可能有许多常模团体。故在制定常模时，首先要确定常模团体；在进行常模参照分数的解释时，必须首先考虑到常模团体的组成。

从测验的编制者来说，确定常模团体，就要考虑并确定所编制的测验将来用于什么总

---

① 黄光扬主编：《教育测量与评价》，上海：华东师范大学出版社 2002 年版，第 143 页。

体，所选定的常模团体必须能够代表该总体。例如，如果测验是设计用来评价某省高中毕业生的学业成就的，则常模团体就应包括该省全体高中毕业生，或是能够代表该总体的一个样本。由于大部分的测验要用于各种不同团体，因此大部分测验都不止一个常模团体。如瑞文标准推理测验，常模团体就有儿童、成人、城市、农村等多个。测验的使用者要从不同角度来选定常模。首先要考虑的问题是现有的常模团体哪一个最适合，因为标准化测验通常提供许多原始分数与各种常模团体的比较转换表，被试的分数必须与最合适的常模比较。

无论是测验编制者还是测验使用者，所关心的主要问题仍然是常模团体的成员结构。对于成就测验和能力倾向测验，适当的常模团体通常包括目前与潜在的竞争者；比较广泛的能力与性格测验，常模团体通常包括具有同样年龄或教育水平的人。当然，在一些特殊情况下，还有许多方面可用来定义常模团体，如性别、年龄、年级或教育水平、职业、社会经济地位和民族等。

（三）确定常模团体的注意事项

1. 群体构成的界限必须明确

在确定常模团体时，必须清楚地说明所要测量群体的性质与特征。虽然有关常模团体的一般规定取决于测验的目的与使用，且可能有多个常模团体，但对每个常模团体的性质和特征必须有一个简短而明确的描述。若群体过大，则群体内部也许会有许多小团体，它们在一个测验上的表现也时常有差异，假如这种差异较为显著，就必须对每个小团体分别建立常模。例如，艾森克个性预测（EPQ）就是分性别、以不同年龄组而建立常模的。

2. 常模团体必须是所测群体的一个代表性样本

当所要测量的群体较小时，通常将所有的被试逐个测量以得到常模。当群体较大时，常模是通过对作为群体代表的一部分被试进行测验而建立的，此时就存在取样是否具有代表性的问题。常模总是代表总体的，任何抽样都必须真实地反映总体的行为。如果常模团体缺乏代表性，将会使常模资料产生偏差，从而影响测验结果解释的准确性。为了克服取样偏差，保证其具有代表性，一般在抽样时应遵循随机化原则，采用统计学的方法抽取样本。关于具体抽样方法，可参阅有关统计学著作中的抽样技术部分。

3. 取样过程必须明确且有详尽的描述

为了使测验的使用者避免误用测验和错误地解释测验结果，在一般的测验手册中，都有相当的篇幅详细介绍常模团体的大小、取样策略、取样时间以及其他有关情况。这些说明和描述越明确、详尽越好。

4. 样本大小要适当

所谓大小适当并没有明确的指标。根据统计学原理，取样误差与样本大小成反比。所以，在其他条件相同时，样本越大越好。但是，取样还应考虑到人力、物力等方面的因素，通常在决定样本大小时应注意：①总体的数目。总体数目小，样本相应可小一些，但不应过小。若总体过小，则可将全部被试入选；当总体较大时，相应的样本也大。②群体的性质。如果群体性质单一，则样本不必太大，只要可以反映群体性质即可；若群体性质复杂，则样本容量（n）就应大一些。③测验结果的精确度。根据统计学原理，抽样误差的大小与样本容量成反比；若要提高精确度，即减低抽样误差，就必须加大样本容量。

5. 常模团体必须是近时的

心理测验的常模从来都不是绝对的、通用的和一成不变的。常模样本都是相对于一个时期而言的。当今社会发展迅速，因此建立的常模必须是与当时的社会状况相接近的，过时的常模是不能作为参照标准的。例如对智力测验来说，几年以前修订的常模现今可能就不再适用，否则所得智商将产生普遍偏高的趋势。

6. 注意一般常模与特殊常模的结合

测验手册上所列的常模通常为一般常模，它的适用范围比较广，但对于某些特殊的群体不一定完全适用。因此，测验希望使用更为具体、适合特殊情况的常模，即特殊常模。将特殊常模与一般常模结合起来，可使被试与最接近的群体进行比较。因为各个具体群体在某些方面是独特的，所以它的成员会与测验手册所列的常模团体成员不符。因此，依据一般常模解释所得的结论可能不够恰当，如果将两者结合使用，对分数的解释便会更加准确。但特殊常模只提供有关特殊信息，适用范围较窄，所得结论不能在广泛的背景下用于解释。

第二节　常模的编制

一、常模编制的基本步骤

在本章第一节就已经指出，常模是根据标准化样本的测验分数经过统计处理而建立起来的具有参照点和单位的测验量表。在这个量表上，被试可根据自己的测验分数找到自己在团体中所处的地位。编制常模通常需要解决三个主要问题：确定有关的比较团体，获得该团体成员的测验分数，把原始分数转化为量表分数。具体需经历以下基本步骤：

（1）确定测验将来所要运用的总体。如果群体的成员身份没有明确界限，则由该群体得出的常模是不可靠的。

（2）根据测验群体，选定最基本的统计量，如平均数、标准差、百分等级等。

（3）决定抽样误差的允许界限，如平均数的抽样误差等。

（4）设计具体的抽样方法。同时，为保证将抽样误差控制在特定的范围内，根据选定的抽样方法，估计出所需的最小样本容量。在此基础上对该群体进行抽样，得到常模团体。

（5）对常模团体施测，获得团体成员的测验分数及分数分布，并计算样本统计量及其标准误等。

（6）确定常模分数类型，制作常模分数转换表，即常模量表。

（7）编写常模化过程和常模分数的书面指导材料。重点包括抽取常模团体的书面说明，以及常模分数的解释指南等。

介绍常模研究结果应重点说明以下几点：[1]

首先，必须对测验所欲测量的总体作具体说明；其次，必须写明常模样本抽取的具体方法，包括详细的抽样计划，抽样过程中原先抽样单元中拒绝或没有反应的人数比例，并解释这种拒绝对结果从样本到总体的概化力可能产生的影响。再次，详细介绍常模样本的样本统计量，如平均数、标准差等，同时报告这些样本估计值的精确度，如平均数的标准误，以及不同置信水平下平均数的置信区间等。最后，必须对各种分数的意义作详细解释，对由转换表得到的各种常模分数予以适当说明。

如前所述，常模是特定而具体的，是应测被试群体（常模团体）在所测特质上的一般水平或水平分布状态。当被测被试群体发生了变化，其常模量表就相应地要发生变化。如农村常模与城市常模，全国常模与地方常模均存在一定的差异。另外，常模资料的获取是针对被试的具体行为样本而进行的，即使常模样本不变，施测的具体测验不同，所建立的常模也不相同；即使是同一名称的测验，由于构成测验的具体项目不同，实际导引出的行为样本不同，其常模的实际含义也有相应的区别。最后需要注意的是，常模应具有时代性，被试群体的心理特征会随着时代的发展而发生变化，各种有关人格、智力、学业成就等的测验，在使用一定的时间后要及时修订，不断更新资料，编制新的常模。

另外，在为测验编制常模之前，首先要对测验的质量进行分析，以保证测验具有较高的质量。因为要保证为测验所建立的常模是科学的，其先决条件是测验本身是高质量的。测验本身质量不高，无论常模团体的选择多么合理，施测过程如何规范，资料的统计处理怎样科学，仍然无法编制出能够客观准确反映被试在所测特质上的实际一般水平和水平分布状态的常模量表。

二、分数转换

（一）原始分数与导出分数

被试在接受测验后，根据测验的记分标准，对照被试的反应所计算出来的测验分数称作原始分数。原始分数反映了被试答对题目的个数或作答正确的程度。但是原始分数一般不能直接反映出被试之间的差异状况，不能体现出被试相互比较后所处的地位，也不能说明被试在其他等值测验上应获得什么样的分值。为科学合理解释测验分数，就需要为测验建立常模，将测验分数与常模表相对照，以使原始分数具有明确的意义。建立常模表的一项重要工作就是将原始分数转换为导出分数。导出分数就是在原始分数转换的基础上，按照一定的规则，经过统计处理后获得的具有一定参考点和单位，且可以相互比较的分数量表或符号系统。这种按某种规则将原始分数转化为导出分数的过程称作分数的转换。常用的导出分数有百分等级分数、标准分数和 T 分数等。

---

① L. 克罗克、J. 阿尔吉纳著，金瑜等译：《经典和现代测验理论导论》，上海：华东师范大学出版社 2004 年版，第 496 页。

（二）百分等级分数

1. 百分等级分数的概念

百分等级分数是应用最广的导出分数。一个原始分数的百分等级是指在一个群体的测验分数中，得分低于这个分数的人数的百分比。也就是说，如果将某一被试群体分为一百个等级，则每位被试所占的等级数就是百分等级。例如，某一被试在一项测验中得82分，经过换算，百分等级分数为75，就表示参加该项测验的群体中得分低于82分的占全体被试的75%，并说明超过他的成绩（82分）的人仅占25%，我们通常用P_R来表示百分等级。显然，百分等级取值越大，说明成绩越优秀。

2. 百分等级分数的计算

（1）未分组分数资料。

对于未分组分数资料，求一个原始分数的百分等级，可先将被试团体的全体原始分数从大到小排序，然后采用下列公式计算：

$$P_R = 100 - \frac{100R - 50}{N} \tag{8.1}$$

式中，P_R为百分等级，R为排名顺序的序号，N为被试总人数。

例如，某被试在一次由50人参加的成绩测验中得80分，排名第九，则该生成绩（80分）的百分等级为：

$$P_R = 100 - \frac{100R - 50}{N} = 100 - \frac{100 \times 9 - 50}{50} = 83$$

其百分等级为83，也就是说比80分低的原始分数占全体被试的83%，比其高的只占17%。

（2）分组分数资料。

如果被试团体较大，往往已对分数作过初步整理，分数资料通常以次数分布表的形式呈现，此时，可采用下列公式求得百分等级：

$$P_R = \frac{100}{N} \cdot \left[\frac{(X - L)f}{i} + F_b \right] \tag{8.2}$$

式中，X为被试原始分数，L为X所在组的下限，f为X所在组的次数，F_b为X所在组以下各组次数之和，i为组距，N与P_R同公式（8.1）中的解释。

【例8-1】一次由250人参加的数学测验，分数经整理，分布情况如表8-1所示，某被试得分为78分，试求其百分等级。

表 8 – 1   250 名学生数学测验原始分数次数分布

分数（X）	次数（f）	累积次数（F）
95～100	3	250
90～95	11	247
85～90	18	236
80～85	27	218
75～80	49	191
70～75	65	142
65～70	38	77
60～65	25	39
55～60	13	14
50～55	1	1
合计	250	

解：先求向上累积次数（列于表中第三列）。由表 8 – 1 可知：$X = 78$，$N = 250$，$i = 5$，$L = 75$，$F_b = 142$，代入公式（8.2）得：

$$P_R = \frac{100}{N} \cdot \left[\frac{(X-L)\,f}{i} + F_b \right] = \frac{100}{250} \times \left[\frac{(78-75)\ \times 49}{5} + 142 \right] = 68.56$$

百分等级往往按四舍五入的原则取为整数，故该被试的百分等级为 69。

3. 对百分等级分数的评价

百分等级是一种相对位置量数，具有可比性，且具有易于计算、解释方便等优点，一般教师、学生和家长均能了解百分等级的意义，它较适用于不同的对象和性质不同的测验，在能力测验与学业测验中得到广泛的应用，许多心理测量工具的手册中都列有原始测验分数与所对应的百分等级的对照表（即本章第三节介绍的百分等级常模表）。百分等级不仅可用于解释被试在一个测验中的表现，了解该被试的某种心理特征在所属团体中的相对位置，而且对于同时施测的若干个不同的测验来说，利用各自的百分等级常模，可以比较被试在不同测验特质方面的发展状况，从而克服原始分数不能直接比较的缺陷。另外，百分等级不受原始分数分布状态的影响，即使分数分配不是正态的，也不会改变百分等级常模的解释能力。

百分等级是一种顺序量数，它在统计分析中不具有可加性。在实际应用中，它有以下两个缺点：

（1）单位不等，尤其在分配的两个极端。如果原始分数的分配是正态或近似正态分布，就将出现百分等级单位在中间比较密集而在两端比较分散的状况，导致很难解释这些转换分数间的变化与差异。当靠近中央（平均数或中位数附近）的原始分数转换成百分等级时，分数之间的差异便夸大了，虽然原始分数比较靠近，但转换成百分等级后，却显示出很大的差异性；对接近两极端的原始分数，百分等级反应迟钝，即使原始分数发生较大的变化，也不能引起百分等级的相应变化，使其差异被缩小。例如表 8－1 中，原始分数 60~65 和 70~75 两对数据，虽然原始分数之差均为 5 分，但转换成百分等级后，其差异就会有很大的区别，前者只差 10.4 个百分等级（5.2%~15.6%），而后者则相差 26 个百分等级（30.8%~56.8%），两者有明显的区别。

（2）百分等级只具有顺序性，无法用它来说明不同被试之间分数差异的数量，也无法对同一被试在多项测验上的百分等级进行合成汇总。例如，某被试甲在一个成就测验中的百分等级为 10，被试乙为 20，被试丙为 30，我们只能说丙优于乙，乙优于甲，而不能推断他们之间差异的程度相等。又如同一个被试，在甲、乙、丙三个测验上得分的百分等级分别为 60、75 和 80，他在三个测验上总的表现如何就不太清楚。因此，百分等级不适合计算平均数、相关系数及其他统计量数。

另外，在运用百分等级时应注意到，百分等级是相对于特定的被试团体而言的，所以解释时不能离开特定的参照团体。如果参照团体改变了，即使被试的得分不变，百分等级值也可能发生变化。例如，某被试测试成绩为 80 分，以他所在班为参照团体，其百分等级值可能处在 75 以上，但若以全年级为参照团体，其百分等级值就不一定是 75 了。如果本次测验他所在班在全年级中是优秀班，则他的百分等级值可能会高于 75；反之，若是差班，则会低于 75。所以在报告百分等级时，一定要说明是相对于什么参照团体来说的。

（三）标准分数

1. 标准分数的概念

标准分数是一种具有相等单位的量数（又称作 Z 分数，以 Z 表示），它是将原始分数与团体的平均数之差除以标准差所得的商数，是以标准差为单位度量原始分数在其平均数的分数之上多少个标准差，或是在平均数之下多少个标准差。它是一个抽象值，不受原始测量单位的影响，并可接受进一步的统计处理。

2. 标准分数的计算

标准分数的计算公式为：

$$Z = \frac{X - \bar{X}}{S} \tag{8.3}$$

式中，Z 为标准分数，X 为原始分数，$\bar{X}$ 为团体所有被试的原始分数的平均数，S 为团体原始分数的标准差。

3. 对 Z 分数的评估

Z 分数是以一批分数的平均数为参照点，以标准差为单位的等距量表。Z 分数由符号与绝对值两部分构成，不仅具有可比性，而且具有可加性。正负符号表示原始分数在平均数之上或之下，绝对值表示原始分数与平均数之间的距离。除此之外，Z 分数还具有以下两个重要性质：

（1）运用公式（8.3）所求得的 Z 分数，实际上只是对原始分数 X 所作的一个线性变换，所以 Z 分数不改变原始分数的分布形态，与原始分数 X 的分布形态相同。若原始分数不服从正态分布，转换成 Z 分数后，仍然是非正态分布。

（2）任何一组原始分数转换成 Z 分数以后均有 $\bar{X}=0$，$S_z=1$，所以可以利用 Z 分数对不同测验分数进行比较。如果原始分数属正态分布或近似正态分布，则 Z 分数的范围大致在 -3.00 到 $+3.00$（约占全体的 99.73%）。但是，Z 分数在计算中经常出现负数和小数，且单位过大（一个标准差单位），因此使用起来不够方便。另外，标准分数是一种相对位置量数，它实际上掩盖了原始分数的真实情况，从标准分数中无法看到全体被试整体水平的高低，以及是否达到了目标要求。例如，某次测验所有被试得分都比较低，某一被试尽管得分不高，但由于高出平均水平，其标准分仍然较高。

4. 正态化的标准分数

将原始分数转换成标准分数的原因之一，是为了对不同测验中的分数进行比较。虽然标准分数具有等距单位以及计算方便等优越性，但它的使用是基于测验数据服从正态分布的假设，只有在正态分布之下使用标准分数，才能充分体现标准分数的优越性与内涵。但是在实际测试过程中，很难保证测试结果服从正态分布。如果两个原始分数分布形态不完全相同或相近，将无法运用标准分数直接进行比较分析。比如说，若两个分布的偏斜方向不同，或一个正态、一个偏态，则相同的 Z 分数可能代表不同的百分等级，对于这两个测验分数，仍然无法准确比较。为了能够使用标准分数对来源于不同分布的分数进行比较，充分发挥标准分数的优越性，可使用非线性变换，将非正态分布的分数强制性地扭转成正态分布。具体做法为：首先将每个原始分数转换为百分等级，然后使用正态分布表，将对应的百分等级直接看成正态分布曲线下的面积值，找出所对应的 Z 值（偏差值），通过这种方式得到的分数叫作正态化的标准分数。图 8-1 即为负偏态分布转换为正态分布的示意图。

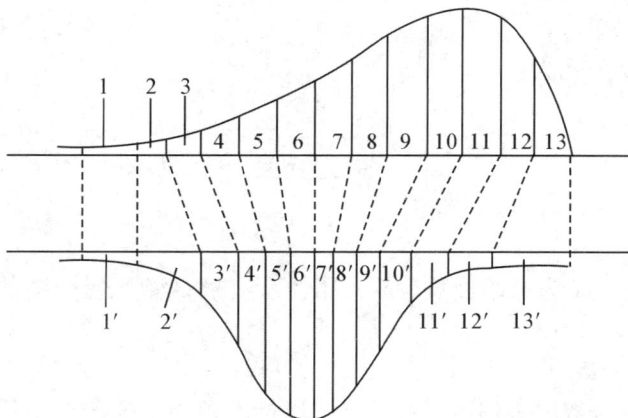

图 8-1 负偏态分布正态化图

值得注意的是，虽然对于大多数测验目的来说，正态化标准分数的效果令人满意，但对所有分布都例行正态化，在技术上存在某些异议。只有样本容量较大且具有代表性，并且有理由认为造成测验分数偏态的原因只是测验本身的缺陷，而不是由于样本的特性以及对所测行为有影响的其他因素，才能进行正态化转换。[1]

（四）标准分数的变式

1. T 分数

（1）T 分数的意义。

由于 Z 分数常常带有小数和出现负值，使用起来不便也容易出错，并且与日常生活中的评分形式不一致、不直观，因此，产生了多种将 Z 分数作线性变换，使负号与小数消失，全部变为正数的转换方法。美国测量学家麦柯尔（W. A. McCall）最早建议（1939）将 Z 分数扩大 10 倍（以消除小数）再加上 50（消除负号）。为纪念推孟（L. M. Terman）与桑代克（E. L. Thorndike），这种转换后的分数命名为 T 分数。所以 T 分数实际上是由标准分数直接转换而来的。后来，人们在麦柯尔思想的基础上，又衍生出多种导出分数。

（2）T 分数的计算。

最初，麦柯尔所采用的 T 分数为：

$$T = 10 \cdot Z + 50 \tag{8.4}$$

式中，T 为 T 分数，Z 为标准分数。

麦柯尔的 T 分数是对单科标准分数的变换，T 在 $[0,100]$ 之间，T 分数的平均数为 50，标准差为 10，T 分数避免了小数与负号。但如果原始分数服从正态分布，转换为 T 分数后，就有一半的人在 50 分以下，若不加区别地当成百分制分数使用，并简单地以通常采用的 60 分为及格线，势必会有 83% 以上的被试不及格，这就与日常教育测验中分数的解释相悖了。

2. 其他形式

按建立 T 分数的思想，在 Z 分数的基础上进行线性变换，导出了多种适合不同需要的标准分数形式。其通式为：

$$Z' = A \cdot Z + B \tag{8.5}$$

式中，Z' 为由 Z 变换成的导出分数，A、B 为常数。

常见的变化形式有：

（1）美国大学入学考试委员会使用的标准分数，即 CEEB 分数，公式为：

$$CEEB \ 分数 = 100 \cdot Z + 500 \tag{8.6}$$

平均分数为 500，标准差为 100。

---

[1] 安妮·安娜斯塔西、苏珊娜·厄比纳著，缪小春、竺培梁译：《心理测验》，杭州：浙江教育出版社 2001 年版，第 83 页。

（2）韦氏智力测验采用的离差智商，转换公式为：

$$IQ = 15 \cdot Z + 100 \tag{8.7}$$

IQ 平均为 100，标准差为 15。

（3）我国一种出国人员英语水平考试即 EPT 所使用的分数转换公式为：

$$EPT 分数 = 20 \cdot Z + 90 \tag{8.8}$$

平均分数为 90，标准差为 20。

3. 标准分数变式的评价

以上介绍了几种常见的标准分数变化形式，它们都是以 Z 分数为基础进行线性变换而来的。它们具有以下优点：

（1）具有等单位特点，便于进一步进行统计分析工作。

（2）在正态分布下，可以利用正态分布表将各种导出分数与百分等级分数作换算。

（3）在正态分布下，运用某种变式分数可以将几个测验上的分数作直接比较。即使是非正态分布，也可运用由正态化的 Z 分数转换而得的变式分数进行直接比较分析。

关于变式分数的缺陷，主要归纳为以下两点：

（1）分数过于抽象，不易理解，正如麦柯尔的 T 分数那样不为一般人所熟悉。

（2）在非正态分布下，分布形态不同的变式分数，仍然不可以作相互比较，也不能相加求和。

（五）标准九分数

标准九分数是将原始分数分成几个部分的标准分数系统。若原始分数服从正态分布，则它是以 0.5 个标准差为单位，将正态曲线下的横轴分为九段，最高一端为 9 分，最低一端为 1 分，中间一段为 5 分，除两端（1 分，9 分）外，每段均有半个标准差宽。在正态分布下，每个标准九分数所占的位置与包含的百分比以及百分等级的对应关系如表 8 – 2 所示。

表 8 – 2　正态分布下标准九分数与标准分、百分等级的对应关系

标准九分数	所对应的 Z 分数范围	本段所占百分比	百分等级范围
9	+1.75 以上	4%	96 ~ 100
8	+1.25 ~ +1.75	7%	89 ~ 95
7	+0.75 ~ +1.25	12%	77 ~ 88
6	+0.25 ~ +0.75	17%	60 ~ 76
5	-0.25 ~ +0.25	20%	41 ~ 59

（续上表）

标准九分数	所对应的 Z 分数范围	本段所占百分比	百分等级范围
4	$-0.75 \sim -0.25$	17%	24~40
3	$-1.25 \sim -0.75$	12%	12~23
2	$-1.75 \sim -1.25$	7%	5~11
1	-1.75 以下	4%	1~4

如果原始分数分布不是正态的，只要将原始分数转换成百分等级，就可以很容易地从表8-2中求得被试的标准九分数。譬如，某被试的原始分数在团体中处于第75百分等级，则由表8-2可推知该被试的标准九分数为6分。

（六）几种导出分数间的相互关系

在心理与教育测量中，由于被试群体较大，所测特质的得分分布形态一般都能保持正态或近似正态。在正态分布下，各种导出分数之间的关系如图8-2所示。

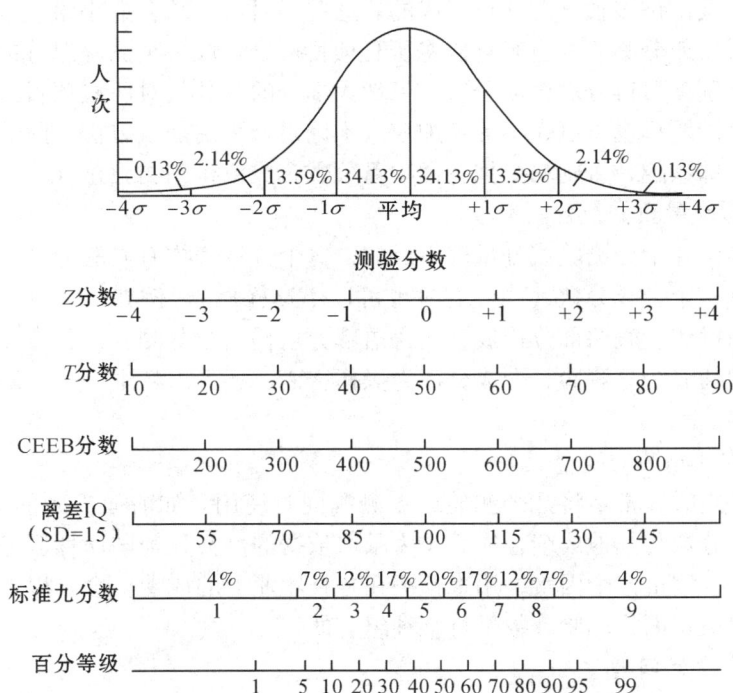

图8-2 常用导出分数的对应关系

三、分数合成

（一）分数合成的意义

1. 分数合成的种类

前面介绍的分数转换，通常都是对一个测验分数而言的。实践中只处理单一测验分数的情况很少，常常需要将几个分数或几个预测源组合起来，以获得一个合成分数或作总的预测。例如，高等学校录取新生，不仅需根据多科学业成绩的得分情况，还要将思想表现与体检结果等多方面测验结果进行整合，择优录取。择优的标准事实上就是将多方面结果合成后所得的结果。心理测验中一个测验也常常由几个部分构成，如韦氏儿童智力测验就由言语和操作两个分测验组成，且每个分测验又分成若干个分测验。我们需要将各个分测验的得分予以合成，得出一个综合性的得分。在心理与教育测量中，常遇到的组合有三种类型：由基本测验项目组成一个分测验或一个测验；由几个分测验的得分组成合成分数；将几个测验的得分组合，获得合成分数或合成预测。

（1）项目的组合。

每个测验都是由许多独立的项目组成的。这些项目可以结合成小组，各小组的项目可以独立组合成量表或分测验，也有直接将所有项目得分合成一个测验总分的。在这种情况下，总分均为个别项目得分的合成分数。虽然大部分的分数是对所有项目等量加权而得到的合成体，但个别题目也可以作不等量加权。不论是否采用加权方法，除非测验使用者对个别项目具有特殊兴趣，否则均要把各个项目分数合成以得到测验总分。

（2）分测验或量表的组合。

有些测验是由几个分测验或分量表组成的，每个分量表均有测验分数，这些分数可以组合到一起得到一个合成分数（当然有时也可以不这样做）。例如，韦克斯勒成人智力量表由言语量表与操作量表两部分构成，而言语部分包括六个分测验，其合成分数为言语智商，操作部分包括五个分测验，合成分数为操作智商，还可以将十一个分测验的分数总合成而得到总智商。

（3）测验或预测源的组合。

在作实际决定时，常常将几个测验或预测源同时使用。如前面提到的大学录取新生，就是将各科测验分数与其他成绩合成后作为录取依据的。又如美国雇佣服务中心，对申请者实施几个测验，测量九个因素，用来预测在各种职业上的成功机会。以上两例均是测验使用者为了做出决定而将测验分数进行某种组合的。

2. 分数合成中的问题

将测验分数组合时，必须考虑以下三个问题：

（1）采用什么方法来合成分数？该问题主要取决于组成测验分数的目的与要作何种决定。如果分数合成后根本不能为实现测验目的服务，就没有合成的价值。另外，测验所测特质间能否彼此替代，测验所获资料的性质以及整个工作的效率与效益如何，都对测验分数合成方法有一定的影响，我们需考虑到这些因素，以便选用科学、有效、经济的方法。

（2）什么形式是最适当的分数组合？这个问题基本上是效度问题。一般而言，我们只对能产生最高效标效度的测验组合感兴趣，所以可用效标效度来评价合成分数。但是，如果效标效度不是我们最关心的问题，也可用其他标准来评价。

（3）需要多少及何种测验分数作最适当的组合分数？当组合分数时，使用的测验分数的种数即测验的个数并不是越多越好。假如使用三个测验组合成的分数与使用六个测验组合成的分数的效果大体相当，我们自然只使用三个测验。通常当测验组合用来预测一个效标时，以最好的一个预测源开始，然后再添加预测源，直到组合分数的效度不再增加为止。若一个测验加入测验组合体而没有使效度增加，则表示该测验并没有提供任何新的信息，因此不必增加。

（二）分数合成的方法

在讨论各种分数合成方法时，将不区分是组合各个项目分数、分测验分数还是测验分数，因为不论以何种单位分析，其原理都是一致的。由于测量目的和所用资料不同，组合方法既可以是统计的，也可以是推理或直觉的。

1. 临床诊断——直觉合成

在实际工作中，最常用的组合测验分数的方法是根据经验对测验分数作直觉的组合，这就好比临床医生，把各种化验、检验所获得的资料与实际观察所得的结果结合起来，根据经验做出诊断。与此相似，一个教师或家长在指导学生填报高考志愿、选择大学和学业时，往往会根据该生的平时成绩、高考各科得分（或估分）、兴趣爱好、专长性格及招生情况等各种因素，全面分析并做出判断。像这种根据直觉经验主观地将各种因素加权而获得结论或预测的方法叫作临床诊断。

临床诊断法的优点是：①具有高度的综合性。它允许我们从整体上来考虑问题，充分考虑各测验所测特质间的交互影响、各测验所得分数的对比关系与组合类型的结构特点、测验分数与实际反应表现中的生动关系等。②具有灵活的针对性，能就特定的个人作具体的结论。而一般的统计方法具有常模性，常模性的统计模式难以适应每个个体所具有的独特性，更难以适应非典型的新颖形式。

临床诊断法的缺点是：①主观加权易受决策者的偏见影响，不够客观。②缺乏精确的数量分析，没有精确的数量指标。分数的直觉合成需要研究者（或操作者）受过专门的训练，并且具有丰富的经验。

2. 加权求和合成

如果各个测验所测特质间有相互代偿作用，这些测验的分数又是连续性资料，并能大体同时获得（如学生的各种考试成绩），那么可以采用加权求和的方法对分数进行合成。最简单的加权方法为单位加权，就是将各个测验分数直接相加而获得合成分数。即

$$X_C = X_1 + X_2 + \cdots + X_n \tag{8.9}$$

式中，X_C 为合成分数，X_1，X_2，$\cdots$，X_n 为各分测验分数，以往高考总分就是采用这种方法将各科分数作单位加权而获得的。

虽然公式（8.9）看起来好像对所有变量作了等量加权，事实上，这种方法是根据每个变数与它的标准差成比例的加权，即将变异量最大的测验作最重的加权。假如想将变量作等量加权，可以将所有测验分数转换为标准分数，然后采用下式加权组合。

$$Z_C = Z_1 + Z_2 + \cdots + Z_n \tag{8.10}$$

式中，Z_C为合成的标准分数，Z_1，Z_2，$\cdots$，Z_n为各分测验的标准分数。公式（8.10）适合于各测验对预测效标具有同等重要性的场合。但在通常情况下，各个变数对预测效标的作用是不同的。因此，需要根据各个变数与效标之间的经验关系作差异加权。其通式为：

$$Z_C = W_1 Z_1 + W_2 Z_2 + \cdots + W_n Z_n \tag{8.11}$$

式中，Z_C，Z_1，Z_2，$\cdots$，Z_n同公式（8.10），W_1，W_2，$\cdots$，W_n是加权系数。

加权系数的确定比较复杂，通常采用的方法有：①抽象推理，从某些理论要求出发加以推定。②使用统计学方法，常用主成分分析的第一主成分作权数，可参考有关统计学著作。

3. 多重回归

采用加权合成得到的分数，是各个分测验分数的综合值，但在很多情况下，需要利用测验结果对预测效标做出估计。例如，根据高考各科成绩预测在大学一年级末的学业成绩等。此时，需对测验结果和效标测量作多重回归分析，求出效标估计与预测变量之间的数量关系式。多重回归就是研究一种事物或现象与其他多种事物或现象在数量上相互联系和相互制约的统计方法，基本方程式为：

$$\hat{Y} = a + b_1 X_1 + b_2 X_2 + \cdots + b_n X_n \tag{8.12}$$

式中，$\hat{Y}$为预测效标分数，X_1，X_2，$\cdots$，X_n为各个预测源分数；b_1，b_2，$\cdots$，b_n为每个预测源的加权数；a为常数，用来校正预测源与效标平均数的差异。

多重回归分析的输入资料为预测源与效标的平均数和标准差，以及所有变量间的相关矩阵。分析过程包括解一系列的联立方程组。通过对预测源作适当的加权而使这些加权的测验分数的合成能以最小的误差来预测效标分数。输出的结果主要有两项：①回归方程式。用以指出各个预测源的加权量。②复相关系数 R_1，表示预测源（当作一个合成体）与效标测量间的相关；R_2为决定系数，表示效标中的变异数可由预测源来解释的比例。有关多重回归的计算原理与方法，可参考有关统计学以及 SPSS 统计分析著作。

从理论上说，可以用任何数目的变量作为预测源。但在实际分析时，首先用最佳的预测源，即选出与效标相关最高的变量，然后加入另一预测源组合起来，以使 R 的数值增至最大，下一个要加入的预测源应该是与前两个预测源组合起来能使 R 值增大最多的。以此类推，当加入额外的预测源不再显著地使相关系数 R 值增加时，则终止分析。在实际应用中，一般二至四个预测源就足以达到最高的预测正确性。但是在具体应用时，应注意到多重回归方法所采用的是统计线性模型，所以只有当预测源与效标间存在线性关系时才是适合的。此外还要求预测源分数跟效标分数能够同时取得，并且都是连续性资料，若这些条件不能满足，就不宜采用多重回归分析，而应采用其他方法。

4. 多重划分

用多元回归分析组合分数，适合所测特质具有某种程度的互偿性的测验。例如高考，某人某门功课较差，但可以通过其他几门功课获得高分而弥补缺失，使之可以被录取。但在实际生活中，有些所测特质之间是不能互相补偿的，例如招收飞行员的筛选，其中任何一项检测不合格都不能被录取。多重划分就是在各个特质上都确定一个标准，从而把成绩划分为合格与不合格两类。在一个测验上合格了，不能保证总要求一定能合格。只有每个测验都合格，总要求才算合格。如果有个人几乎在前面所有的测验中都得出奇的高分，但在接下来的一次测验中得分却低于规定的分数线，他同样要被淘汰。所以在整个测验实施时，是把所有组成这一测验的分测验按一定顺序排列起来逐一实施。只有通过了前一次测验，才能继续实施后一个测验。当有一个测验的成绩被断定为不合格时，测验即停止，被试被视为不合格而遭淘汰。所以被试要想得到完全合格的结果，就必须使各个测验的分数均达到规定分数。由于成功的被试必须越过一连串测验的栅栏，因此这种方法也叫作"连续栅栏"。

采用多重划分的方法组合分数时，应该将最有效的预测源或测验放在前面，紧接着是第二个有效的测验，以此类推。这样就能保证整个逐步淘汰的过程具有最优良的选择效率。采用多重划分方法，只决定接受或拒绝，每个被试只可放在其中一类别：达到最低标准与没有达到最低标准。因此，通过连续栅栏的被试相互之间没有优劣之分，他们之间的差异被忽视了，若想区分他们之间水平的差异，就必须采用其他方法。

以上介绍了几种常用的分数组合方法，在实际运用时，应注意合成方法的适用范围，合理使用。必要时，应将几种方法结合起来，并考虑到有关实际情况，寻求效果最佳且经济实惠的合成方案。

第三节 常模参照测验分数的解释与应用

测验的常模一般可分为两类：一类是发展常模量表，另一类是组内常模量表。发展常模就是某类个体正常发展过程中各个阶段的一般水平。通常可以运用该常模将某被试的发展程度与该类群体的正常发展水平进行比较。组内常模是某个被试群体在某种测验所测特征上的一般表现水平的常模资料，可以反映每一个被试在其同类群体中的相对位置。组内常模主要有百分等级常模与标准分数常模两种。

（一）发展量表

人的许多心理特质，如智力、技能等，是随时间而发展的，所以可以将个人的成绩与各种发展水平的人的平均成绩相比较，制定出发展量表。这种量表能明确指出个人按正常途径发展的心理特征处在什么样的发展水平。

1. 年龄常模

比内在 20 世纪初认为，测量儿童心理成长，可以将一个儿童的行为与各年龄水平的儿童比较，以获得该儿童的心理发展水平。在此设想的基础上，他首先寻找并设计出可区分各年龄儿童智力的题目，因为儿童在这些题目上的反应随着年龄的变化而有系统地改变。每个题目放在大部分儿童都能成功完成的那个年龄水平阶段。例如，大部分 8 岁的儿童都能通过，且有大部分 7 岁的儿童不会的题目，就代表 8 岁儿童的智力水平，将该题放在 8 岁的水平内。就每个年龄水平制定适当的题目，可以得到一个可评价儿童智力发展水平的年龄量表。此时，测验分数的解释是通过和同年龄段的标准化样本进行比较而得到的，一个儿童在年龄量表上所得的分数，就是最能代表他的智力水平的年龄，这样的分数就称作智力年龄，简称智龄。所有的年龄量表基本上都是利用相同的推理与步骤制定的，年龄量表将个人的行为与各年龄组的一般儿童比较而给予一个年龄分数。例如，一个儿童能正确回答一般 10 岁儿童能通过的题目，但对 11 岁的大部分题目回答不出，则该儿童的智龄为 10 岁。

有些测验（如团体智力测验）没有把题目分到各个年龄组。此时，必须首先计算原始分数，即被试在整个测验中正确通过的题数或完成测验所需的时间，标准化样本中每个年龄组的平均原始分数就作为年龄常模。将被试的原始分数与年龄常模对比，便可求得他（她）的智力年龄。如果某个儿童的原始分数等于 8 岁的平均分数，其智龄便是 8 岁。

因为年龄量表最基本的假设是所测量的特质随年龄作系统的改变，所以，年龄量表的基本要素是：①一组可区分不同年龄组的题目。②一个常模团体。该团体是由各个年龄的被试组成的具有代表性的样本。③常模对照表，即一个表明答对哪些题目或得多少分就该归入哪个年龄的对照表。常模对照表中，年龄的跨度视具体情况而定，可以是一个月也可以是一年，主要取决于所测量的心理特征随时间变化的程度。

年龄常模最大的优点是易于理解与解释，并可以与同年龄团体作直接比较，常运用于一些发展心理学研究。但必须注意年龄常模的单位不是等单位的，而是随着年龄的增长而缩小的。例如，3 岁和 4 岁之间的差异，就不等于 15 岁与 16 岁之间的差异，因为人在很多方面发展的速率是先快后慢，并随着年龄增长而逐渐减慢，当长到青春期或成年期便逐渐停止，所以对于这部分被试，年龄常模便不再有任何意义。

2. 年级常模

在教育心理学研究或教育成就测验中，分数的解释通常也采用年级常模。所谓年级常模，就是不同年级的学生在某种测验上的正常的一般表现水平。通过将被试的测验成绩与某一年级的学生的正常水平（平均分数）作比较，从而判断该被试的表现相当于哪一年级的水平。这种年级常模选择题目与指定分数的方法和步骤与年龄常模类似，所不同的是用年级水平代替了年龄水平。例如，一个学生如果能解答六年级的题目，或他（她）在测验上的得分与六年级的平均分数相同，则他（她）在该测验上的年级当量便是 6。在标准化样本中，如果四年级学生在算术测验上正确解答的平均题数是 25，则原始分数为 25 的年级当量便是 4。

年级常模的单位通常为 10 个月间隔。在一学年中，假设有两个月的假期，在所测量目标上的发展是不重要的。所以，年级当量是 5.0，便表示是五年级的初始水平，5.5 则表示五年级中期的平均成绩。

年级常模使用普遍，但它也有一些缺点：①教育的内容在各个年级上是不相同的。因此，年级常模只适用于一般课程，而且必须在各年级间有系统地发生改变，不适合于某些只学 1~2 年的课程；并且各年级的内容、教学速度都不一样，所以以年级单位是不相等的。②年级当量的解释比较困难。例如，一个受教育程度较高而又聪明的五年级学生在标准化的教学测验中获得的分数相当于七年级获得的分数，这并不意味着他已掌握了七年级的教学内容，而只是说他在五年级是相当优秀的，也并不说明他已具备进入八年级的条件；而另一个八年级的学生获 7.9 分，则说明他在班里是中等水平，前后两个学生实际掌握的知识并不相等。③年级常模经常被误用为标准。例如，一位六年级的教师就经常希望他班上所有学生的成绩接近或达到六年级常模团体的成绩。这种情况，个别学生可能会达到，但并不是大部分学生都能达到的。我们必须清楚，常模与标准是不同的，标准常指希望达到的标准，常模则代表群体的次数分布。

（二）商数

过去曾有许多人企图用两个分数的比率来制定量表，最有名的就是智商。智商最初就被定义为：儿童的智力商数等于智力年龄与实际年龄的比率。在教育测验中，有时也采用商数来表明教育发展或成就的速率，常见的有教育商数与成就商数。

1. 教育商数

教育商数（EQ）与智商类似，它是教育年龄（EA）与实际年龄（CA）之比。其公式如下：

$$EQ = \frac{教育年龄}{实际年龄} \times 100 = \frac{EA}{CA} \times 100 \tag{8.13}$$

所谓教育年龄是指某岁儿童所取得的平均教育成就。譬如某儿童的教育年龄为 10 岁，就说明该儿童的教育成就与一般 10 岁儿童的教育成就相当。不管年龄大小，只要测验上所得的分数与某年龄平均分数相等，教育年龄就为该年龄。

教育年龄可以由年级当量间接地得到。例如，一个学生测验时所得的分数相当于四年级的得分，而四年级学生的众数年龄为 10 岁，则该被试的教育年龄便是 10 岁。

教育年龄与教育商数和智龄与智商的解释类似，都是表示发展的水平与速率。但以教育年龄作单位，有时意义不明确。例如某人的某科教育年龄是零岁，很可能是他未曾学过，也可能是已忘记了。再则有些学科到高年级才开设，而低年级并不开设，此时使用教育年龄作为单位会发生混乱。

2. 成就商数

成就商数（AQ）是将一个学生的教育成就与其智力作比较，即教育年龄与智力年龄（MA）之比：

$$AQ = \frac{教育年龄}{智力年龄} \times 100 = \frac{\dfrac{教育年龄}{实际年龄}}{\dfrac{智力年龄}{实际年龄}} = \frac{教育商数（EQ）}{智力商数（IQ）} \times 100 \qquad (8.14)$$

因为成就商数是将一个学生的教育成就或学业成就与同等智力的学生作比较，所以它不仅可以用来评价学生的努力程度，也可以用来评价教师的教学效果与质量。前者是因为智力与学业成就两者不等价，智力不够理想，若努力刻苦，仍可获得好的学业成就，此时他的成就商数就较高；反之，成就商数较低，说明该生不够努力，所获得的成就与他的智力不相称。对于后者，如果学生的教育年龄龄低于智力年龄，则说明教学存在问题，未取得应有的效果。

但是，使用成就商数来评价学生与教师也存在一些问题。首先，智力与学业成就只是中等程度的相关，智力较好，且刻苦努力，并不一定能获得高成就，因为学绩测验与智力测验所测量的并不完全是相同的内容；其次，到目前为止，任何一种智力测量都不能保证百分之百可靠，教育测验同样如此，使用两个不可靠的分数的比率则更不可靠。

虽然有这两点缺陷，但在实际教育工作中，成就商数还是有一定用途的，因为无论如何，低的成就商数是学生与教学不相适应的表现，应该寻找原因，予以补救。

（三）百分等级常模

在心理测量领域使用得更多的常模参照分数还是百分等级分数和标准分数及其转化形式。百分等级常模是基于某个常模团体，为某种测验的原始分数与百分等级之间建立起对应关系的组内常模。它由原始分数、相对应的百分等级和对常模团体的有关具体描述三个要素构成，通常以转换表的形式出现。根据转换表，使用者便可以将被试的原始分数转换为相应的百分等级，或从所给的百分等级中找到相应的原始分数。

百分等级常模表有简单转换表与复杂转换表两种。

1. 简单转换表

简单转换表是将单项测验的原始分数转换成百分等级分数，如表 8 - 3 所示。

表 8 - 3　ACT 原始分数与百分等级对照表

原始分数（X）	百分等级（P）
32	99
31	96
30	89
29	78
28	67
27	54
26	42
25	31

（续上表）

原始分数（X）	百分等级（P）
24	21
23	13
22	6
21	1
20	1

表 8-3 是某校文学院女新生在 ACT 的合成分数（原始分数）与百分等级的对照表。假若一个学生的原始分数为 27 分，则所对应的百分等级为 54。分数的意义和解释与本章第一节中的说明完全一致。

利用转换表解释分数时应注意：①只能将分数与表中所描述的常模团体作比较，要和其他常模团体比较，则需其他的常模表。②在没有效度资料时，转换表只能将原始分数转换为百分等级，而不能作任何推论，即使有效度资料，效标行为也只是从常模资料推论而来的。

2. 复杂转换表

复杂转换表是将包括几个分测验，或几种常模的原始分数与百分等级的对应关系呈现在一张转换表上，如表 8-4 所示。表 8-4 为几个分测验的常模转换表。从表中可以看出，相同的原始分数在不同的分测验上的百分等级不同，为了得到各分测验上相同的百分等级，则需要有不同的原始分数。利用此表，可以直接比较一个人在各种分测验上的成绩，但要注意各分测验的资料必须来自同一个常模团体，否则就不能直接比较。

表 8-4　大学生戈登人格问卷的百分等级

男　　性					女　　性				
分数	谨慎性	独创性	人际关系	活力	分数	谨慎性	独创性	人际关系	活力
38					38			99	
37		99			37		99	98	
36	99	98		99	36	99	98	97	
35	98	97	99	98	35	98	97	96	99
34	97	95	98	97	34	97	96	95	98
33	96	92	97	95	33	96	94	93	97
32	94	89	95	93	32	94	92	91	95
31	91	85	93	90	31	91	89	89	92
30	88	81	90	86	30	87	86	86	89
29	84	76	86	82	29	82	82	82	85
28	79	70	82	77	28	77	77	77	80

（续上表）

男　　性					女　　性				
分数	谨慎性	独创性	人际关系	活力	分数	谨慎性	独创性	人际关系	活力
27	74	64	77	72	27	72	71	72	75
26	68	58	71	66	26	67	65	66	69
25	62	51	65	59	25	61	58	59	62
24	56	44	58	52	24	55	51	52	56
23	50	37	51	46	23	49	44	45	50
22	44	34	44	40	22	43	37	40	44
21	38	25	38	34	21	37	31	33	38
20	33	20	33	29	20	32	25	27	32
19	29	15	28	24	19	28	20	22	27
18	25	11	23	18	18	24	17	18	22
17	21	8	19	15	17	20	14	15	18
16	18	6	15	12	16	17	12	12	15
15	15	4	12	9	15	14	10	9	12
14	12	3	9	7	14	11	8	7	10
13	10	2	7	5	13	9	6	5	8
12	8	2	5	4	12	7	4	4	6
11	6	1	4	3	11	6	3	3	4
10	5		3	2	10	5	2	2	3
9	4		2	1	9	4	1	2	3
8	3		1		8	3		1	2
7	2				7	2			1
6	1				6	1			

表 8-5 反映的是不同的被试团体在同一个测验中的原始分数与百分等级的对应关系。

表 8-5　不同团体的戈登问卷"谨慎性"分测验常模转换表（百分等级）

原始分数	大学生	中学生	工人	干部
38				99
37			99	98
36	99		98	97
35	98		96	95
34	97	99	93	91

（续上表）

原始分数	大学生	中学生	工人	干部
33	96	98	89	86
32	94	97	84	81
31	91	95	78	75
30	88	93	71	69
29	84	90	63	62
28	79	86	55	55
27	74	82	48	47
26	68	78	41	39
25	62	73	34	31
24	56	67	28	24
23	50	61	23	18
22	44	55	18	13
21	38	49	14	9
20	33	42	11	6
19	29	36	9	4
18	25	31	7	3
17	21	26	6	2
16	18	22	5	1
15	15	18	4	
14	12	14	3	
13	10	11	2	
12	8	9	1	
11	6	7		
10	5	5		
9	4	4		
8	3	3		
7	2	2		
6	1	1		

利用这种转换表解释分数，可以提供两方面的信息：一方面，它表示出不同团体的百分等级，测验使用者可以将一个人的分数与几个有关常模团体进行比较；另一方面，它允许对不同团体作比较。但在解释时要保证各个团体的测验分数必须是在同样的情况下，即条件一致时获得，否则不便比较。

PSYCHOLOGICAL & EDUCATIONAL MEASUREMENT

（四）标准分数常模

标准分数常模是以常模团体在某一测验上的实际分数为依据，将原始分数转换成标准分数 Z 或导出分数 T 量表，从而反映测验的每个原始分数在常模团体中相对位置的一种组内常模。建立标准分数常模实际上就是将原始分数 X 转换为标准分数 Z，在原始分数 X 与标准分数 Z 之间建立对应关系，以形成测验分数的标准分数常模。如同百分等级常模一样，标准分数常模通常也是以转换表的形式呈现，并且有简单转换表与复合转换表两种形式。简单转换表是将某一单个测验的原始分数与相应的标准分数呈现在对照表中，表 8 - 6 即为简单转换表。

表 8 - 6　ACT 原始分数与标准分数对照表

原始分数（X）	标准分数（T）
32	70
31	66
30	62
29	59
28	55
27	52
26	48
25	44
24	41
23	39
22	34
21	30
20	26

注：$T = 50 + 10Z$。

复合转换表的类型与百分等级常模类似，通常是将几个分测验安排在同一个常模表上，将各个测验的原始分数转换成标准分数，如表 8 - 7 所示。

表 8 - 7　韦氏智力测验得分转换表

分测验原始分数（X）					T 分数
常识	词汇	算术	类同	理解	
0 ~ 3	0 ~ 2	0 ~ 3	0 ~ 1	0 ~ 2	1
4 ~ 5	3	4 ~ 5	2 ~ 3	3 ~ 6	2
6 ~ 7	4 ~ 5	6 ~ 8	4	7 ~ 8	3
8	6	9	5 ~ 6	9	4

（续上表）

分测验原始分数（X）					T 分数
常识	词汇	算术	类同	理解	
9	7 ~ 8	10	7	10	5
10	9 ~ 10	11	8 ~ 9	11	6
11	11 ~ 12	12	10	12 ~ 13	7
12	13 ~ 14	13	11	14 ~ 15	8
13	15 ~ 16	14	12	16	9
14	17	15	13	17	10
	18 ~ 19	16	14 ~ 15	18	11
15	20 ~ 24		16	19	12
16	25 ~ 26	17	17	20	13
17	27	18	18	21	14
18	28 ~ 29		19	22	15
	30	19	20	23	16
19	31 ~ 32			24 ~ 25	17
20	33 ~ 35	20	21	26	18
21 ~ 23	36 ~ 44		22	27 ~ 30	19

注：$T = 10 + 3Z$，其中 $Z \in [-3, 3]$。

（五）剖析图

剖析图是把一套测验中几个分测验的分数用图表（图形）表示出来。从剖析图上可以很直观地看出被试在各个分测验中的表现及其相对应的位置。图 8-3 即为一个学生在韦氏儿童智力量表上的剖析图。从图中可以看出，该生总的智商在平均智商以上，言语测验智商较高，操作测验一般，其中词汇、算术、背数、积木构图等较好。

使用剖析图作解释，要求各个分测验所使用的必须是同一个常模团体，否则无法进行比较。

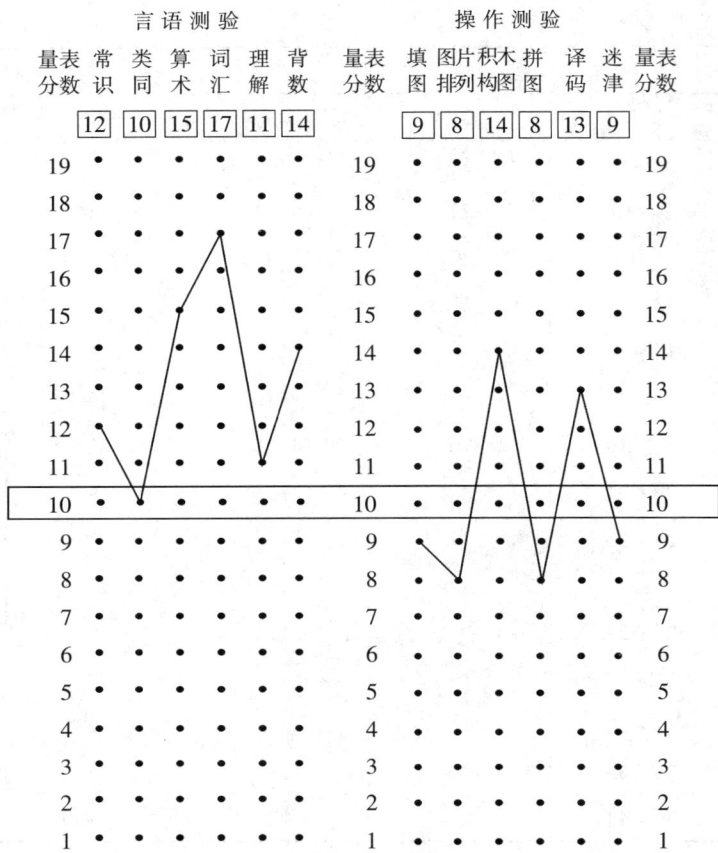

图 8－3 韦氏儿童智力量表剖析图示例

【练习与思考】

1. 为什么要将测验的原始分数转换为导出分数？

2. 试述常模参照测验的一般特征。

3. 试述编制测验常模的基本步骤。

4. 介绍测验常模研究结果应注意哪些事项？

5. 试比较各种导出分数的优缺点。

6. 列举你所了解的各种测验分数合成方法，并评价它们的合理性。

7. 选择常模团体与制定常模有什么关系？如何选择好常模团体？

8. 离差智商与比率智商的本质差异是什么？

9. 某被试在一个平均数为 50，标准差为 10 的数学测验上得了 65 分，而在一个平均数为 75，标准差为 15 的阅读测验上获得 80 分，试计算该被试在两科测验中的 Z 分数，并判断该被试在两个测验中哪一科成绩更优。

10. 试述百分等级常模与标准分数常模的关系。

11. 百分等级常模由哪几个部分构成？运用百分等级常模对测验分数进行解释应注意哪些事项？

12. 以下是一个由 8 个项目组成的类比测验分数分布，分数的取值范围为 0~16，试计算每一个原始分数的百分等级、Z 分数。

原始分数	频数（f）	百分等级（P_R）	Z
16	8		
15	26		
14	71		
13	140		
12	171		
11	223		
10	272		
9	250		
8	257		
7	209		
6	183		
5	124		
4	89		
3	79		
2	51		
1	23		
0	25		

第九章　目标参照测验

【本章提要】

- ●目标参照测验的特殊意义
- ●目标参照测验的项目分析
- ●目标参照测验的信度与效度分析
- ●目标参照测验合格分数分界点的确定

第一节　目标参照测验概述

一、目标参照测验的产生

20 世纪初期，科学的测量方法被引入心理学和教育学的研究领域。出于解释测验原始分数含义的需要，西方早期的心理与教育测量学专家们提出"相对能力"的测量，即将测验的原始分数转换为百分等级或标准分数等相对位置量数，从而指出个体在其相应团体中相对于其他个体而言的能力水平。此后，心理与教育测量的一个基本出发点就是度量与比较个体间的差异，以被试在团体中的相对位置来评定和解释测量结果。在这一基础上逐渐发展起来的一个比较固定的测验模式就是常模参照测验，它广泛应用于能力、能力倾向、成就、人格、态度等多种特质的测量之中，并发展成一套比较成熟的统计分析方法，用于项目分析、质量控制（测验信度、效度分析）以及分数解释。

然而，从 20 世纪中期开始，人们逐渐发现常模参照测验模式存在一定的局限性，并不是所有的测验都只关心个体间的差异，有些测验目的在于了解和界定个体在测验内容上所达到的绝对水平。比较典型的例子是用于评价教学活动结果的测验，其目的是了解在某一特定的教学领域内，被试是否掌握了该领域必要的知识或技能，以及被试在这一领域的困难与缺陷所在，以便有目的地对其加以教学辅导与补救。常模参照测验则只能描述被试在团体中的相对位置，无法说明他对测验内容所达到的绝对水平，因而这种测验模式在此便显得不适用了。

鉴于常模参照测验的这种局限性，测量学家们开始考虑另一种可供选择的模式：目标参照测验（亦称标准参照测验）。1962 年戈莱塞（R. Glaser）和克劳斯（D. Klaus）首先提出目标参照测验的概念，并于次年详细论述了这一测验模式在成就测验上的功用，从而使得目标参照测验引起测量学家的极大关注，并逐渐发展成与常模参照测验并列的一种测验模式。

二、目标参照测验的定义

目标参照测验的主要目的在于了解个体在所规定的测量内容上的行为水平，因此其出发点是个体本身的绝对水平，而不再是个体间的水平差异。对于这样一种不同于常模参照测验的新的测验模式，测量学家们从不同角度给它下了许多不同的定义，至今还没有一个统一的、为众人公认的结论。但就一般意义而言，戈莱塞 1971 年对目标参照测验的描述与界定是比较广泛地为人们所接受的："所谓目标参照测验，是根据某一明确界定的内容范围而缜密编制的测验，并且，被试在测验中所得结果，也是根据某一明确界定的行为标准直接进行解释的。"

在这一定义中，"内容范围"的概念是首要的，在编制测验之前，必须对所欲测量的内容范围做出清晰的界定，并给予它严格的操作定义。测验题目的选择限制在这样的内容范围之内，并且，构成测验的所有题目，必须是所依据的内容范围的一个代表性样本。这样一来，被试在测验中的成绩，便有理由被推论到测验所欲测的内容范围中去，从而可以对被试在所测内容范围内所达到的水平做出评价。

"行为标准"是上述定义中的另一个重要概念。目标参照测验的目的一般在于了解被试在某一行为领域的绝对水平，从而判定他是否达到了从事此项行为的最低标准，比如中学会考的目的在于判断考生是否达到了中学毕业所要求的最基本的知识技能水平，各种专业化的资格考试目的在于考查考生是否具备从事这一专业所要求的最低水平，等等。因此，目标参照测验的分数一般是依据某一绝对的标准进行解释的，这一标准一般称为"分界点"；并且，目标参照测验的分界点的确定，是建立在内容范围的明确界定基础之上的（详见本章第四节）。

因此，从一般意义上说，当一个测验是以某一明确界定的内容范围为基础编制而成，并且其分数是参照该内容范围所要求的绝对标准进行解释的，我们便称这一测验为一个目标参照测验。

三、目标参照测验的应用

目标参照测验旨在考查考生是否达到了预先规定的标准，如驾驶执照考试。这种测验只关注考生是否达到了应该达到的水平，而不去管别的考生怎么样。在目标参照测验中，确定合格标准是重要环节。我们可以把"听写错误率不超过 2%"看作合格，也可以把"做对 85% 的应用题"当作掌握了应用题的知识。由此可见，确定"合格"或"掌握"的标准是目标参照测验取得成功的关键。目标参照测验往往是针对某几个特殊的知识点而设计的，题目覆盖面广，尽可能地把所学的重要知识都反映出来。为了全面了解学生的掌握情况，目标参照测验不去刻意拉开学生间的距离，题目该难就难，该易就易，完全随知识点的要求而定。严格地说，如果学生掌握得都很好，都是 100 分也没问题。反之，如果学生都掌握得不好，那么大家都不及格也无不当。

目标参照测验和常模参照测验的区别是：前者关心学生有没有达到预定的学习目标，后者着重于学生之间的比较。常模参照测验适用于选拔性考试和总结性评定；而目标参照测验适用于诊断和发现学生的不足，从而为改进教学提供反馈信息。在实际运用中，常模参照测验和目标参照测验并非完全对立。对某一份试卷，既可以按成绩的好坏将学生分成不同的等级，也可以考查是否达到了教学目标。

目标参照测验在国外很受推崇，这种测验已成为评价学校教学和学生学习情况的重要手段，从平时教学的单元测试到不同水平的毕业考试，几乎无不属于目标参照测验。自从第一次世界大战以来，标准化测验得到了广泛的应用，但所有的测验几乎都是常模参照的，在这种测验中，一个人的分数是通过与其他人的比较来进行解释的，并可以直接或间接地表示为在某个比较团体内的相对等级。20 世纪 50 年代后，特别是 60 年代早期，人们对这种测验的不满日益增加。教育界对这种常模参照测验的批评主要有三点：第一，鼓励"竞争"会带来副作用；第二，用测验选人对某些团体可能不公平；第三，此种测验与教学联系不紧密。而目标参照测验可以克服上述缺点，这就使目标参照测验的出现和发展成为可能。另外，20 世纪 50 年代在美国发起的程序教学运动大大促进了教育界对目标参照测验的重视。程序教学运动是以斯金纳（Skinner）发表的题为"学习的科学和教学的艺术"的文章开始的。对于其基本方法，以前的理论家也提出过，即任何一门科目的学习，不论其有多复杂，如果把它分成最小的成分并以最佳方式排出来，这门科目就可以据此进行很好的教学。斯金纳提出的新思想在于他认为从动物实验中得来的关于动物学习的知识可以系统地用于人类学习，而这可以通过教学机器来便利地完成。程序教学的一个显著特点是，它要求教学目标用明确的语言加以陈述，否则不可能进行机器教学。这使得人们对目标参照测验日益重视，因为用这种测验可以知道学生对具体教学目标的掌握情况，从而有效地进行教学。

利用目标参照测验，我们可以及时了解到学生对教学目标的掌握情况，诊断学生学习上的缺陷，从而有效地组织教学。同时，目标参照测验只关心教学目标是否掌握，而不关心学生的学习成绩及与他人相比的高低，避免由于竞争给学生带来的心理压力。事实上，只要给予足够的时间和适当的教学方法，每个学生最终都能掌握教学目标，这样个体的差异仅在于学习时间的多少，而不再关乎成绩的好坏。此外，目标参照测验还广泛应用于学生的各种基础水平测试及各种证书考试中。

第二节 目标参照测验的信度与效度

一、信度及其估计

信度是指测量结果的一致性或稳定性。任何类型的测验，都应该保证测验结果的信度，即对同一施测对象施测多次后的结果之间应该具备高度的一致性，从而可以将测验结果归于个体真实水平而非随机误差的影响，对目标参照测验的质量评估同样应该重视信度这一指标。

在常模参照测验的信度评估中，通常以相关系数作为信度指标，相关程度越高，信度就越高，测验就越可靠。然而，由于以相关系数表示的测验信度的高低在很大程度上受到受测者团体异质性的影响，即被试异质性越高，测验分数分布就越广，从而相关系数越高，测验信度相应也就越高，这些信度指标在目标参照测验上的应用价值就不免受到怀疑：目标参照测验的目的一般不在于鉴别个体差异，而在于了解个体在所测内容上的掌握水平。因而在大多数情况下，被试团体在目标参照测验上的分数分布比较集中，如高中毕业会考，一般来说，绝大多数考生都能达到所要求的水平。这样一来，若用相关系数作信度指标，由于其受到分数分布的影响，那么即使测验本身具有较高的稳定性和一致性，所得的信度系数也会很低。可见，通常以相关系数表示的信度指标在目标参照测验上是不太适用的。

对于目标参照测验的信度估计，测量学家们正在不断探索适宜的统计方法，有些人也提出了一些统计指标，不过还不够成熟。现介绍如下两种方法。

（一）分类一致性信度

目标参照测验在其分数解释上最常见的做法就是将被试分类，一般是根据某一分数分界点将被试分为掌握者和未掌握者两类，称作"达标—未达标"或者"及格—未及格"。因此，分类的一致性在此就显得非常重要。

对测验的分类一致性的度量指标，称作分类一致性信度。其最简单易行也最常用的估计方法是考查被试在同一测验的两次施测中或两个复本的施测中是否被分在同一类中。具体做法类似于常模参照测验中的再测法和复本法，但统计方法和所用指标不同。在此采用同一被试团体在两次测验结果中均被分为及格或不及格类别中的人数百分比例作为分类一致性信度的指标。

设两次测验记为 A 和 B，测验结果如表 9 - 1 所示：

表 9 – 1　两次测验结果分类表

		测验 A	
		及格	不及格
测验 B	及格	a	b
	不及格	c	d

据表 9 – 1，测验的分类一致性信度为两次施测中均及格和均不及格人数占总人数的比例，即

$$p_0 = (a + d) / N \tag{9.1}$$

式中，$N = a + b + c + d$。

若有一个 60 人的团体，在某测验的两次施测中有 21 人及格、12 人不及格，那么，该测验的分类一致性信度为 $p_0 = (21 + 12) / 60 = 0.55$。

分类一致性信度 p_0 的最大值为 1，说明两次施测结果对被试的分类完全一致，测验结果完全一致。p_0 越接近 1，说明测验结果的一致性或稳定性越高，测验越可靠。

分类一致性信度的优点在于计算简单，意义直观易懂。但由于其所采用的方法类同于常模参照测验信度评估中的再测法和复本法，因而再测法和复本法的缺点在此同样存在。此外，分类一致性信度也受到测验长度和被试分数分布的影响。不过，在分类一致性信度的影响因素中，最重要也最独特的一个因素是测验分数分界点的确定问题。分界点不同，意味着被划分为及格和不及格的标准改变，人数比例必然也会发生变化。因此，分数分界点的科学确定是评估测验分类一致性的前提（分界点的确定详见本章第四节）。在报告目标参照测验的分类一致性信度时，必须同时提供测验的分数分界点，以及测验长度等资料。

在目标参照测验的分类一致性研究中，还有人提出其他一些指标，但它们或者计算过分复杂，或者解释不够直观，在应用上一直不如 p_0 广泛。

（二）方差分析方法——荷伊特信度

在经典测量理论的真分数模型中，信度被定义为真分数的变异在实得分数变异中所占的比例。常模参照测验的信度评估方法中所介绍的荷伊特信度，正是从信度定义出发，利用方差分析的方法，找出个体水平的真正变异在总变异中的比例，以此作为信度的估计值。此法不受测验目的或被试异质性的影响，因而同样适用于目标参照测验的信度评估。此法的具体计算与解释前面已有叙述，在此不再赘述。由于荷伊特信度不会随测验分数分界点而变化，因而更具普遍性。

二、效度及其估计

测验的效度是评价一个测验质量好坏的最重要的指标，因而效度分析在目标参照测验

的质量评估中同样占据重要地位。

（一）内容效度

目标参照测验注重被试在其所测内容范围内的掌握程度，因而测验本身的题目组成对其欲测之内容范围的覆盖程度或代表性程度，亦即测验的内容效度在此显得尤为重要。评估任一测验的内容效度，都依赖于两个条件：一是测验有明确界定的内容范围；二是对测验每一道题的内容效度的分析。一般来说，目标参照测验有相对比较确定的内容范围，可以用命题细目表表示，也可以采用专家评定的方法对题目效度进行分析，从而保留有效题目，删除无效题目。下一步的问题便在于所有保留下来的有效题目对整个内容范围的覆盖程度如何。对此，常模参照测验中所介绍的内容效度分析方法基本上可以照搬到目标参照测验中来，在此不再赘述。

（二）效标关联效度

目标参照测验一般倾向于根据被试在测验中的所得分数将其划分到掌握者或者未掌握者之中，从而可以对被试在未来的学习或工作上可能成功的程度做出预测，为教学决策或一些人事方面的决策提供依据。因此，效标关联效度（也称实证效度）的分析对目标参照测验来说也是重要的。

目标参照测验的效标关联效度分析方法与常模参照测验中所介绍的方法在具体实施中没有太大差异，其不同之处主要在于统计指标上。常模参照测验一般用测验与效标间的相关系数作为测验效标关联效度的指标，而我们已经知道，相关系数的大小受到分数分布的影响，不适用于目标参照测验，因而有人提出以"决策效度"（decision validity）来评估目标参照测验的效标关联效度。

以教学情境中某目标参照测验为例：测验结果依据某分数分界点分为及格和不及格两类；选用"是否接受过相应教学活动"或者教师评定结果为效标，将参加测验的被试分为"掌握组"和"未掌握组"；计算掌握组被试在测验中及格人数占参加测验总人数的比例和未掌握组在测验中不及格人数占参加测验总人数的比例；两个比例相加所得结果即为决策效度。

决策效度的计算方法也可以用类似表9-1的形式来表示，只不过在分类一致性信度的计算中，表9-1中的测验A和B是指同一测验的两次施测或等值的两个复本，而在决策效度计算中测验A和B一是指预测源测验，另一是指效标测验，而所谓决策效度是指在预测源测验和效标测验中均通过和均不通过的被试人数百分比。

由于目标参照测验在多数情况下是对被试在特定教学或训练内容上的掌握情况的检查，因而人们较少关注测验目的所蕴含的理论构想问题。况且，常模参照测验的结构效度评估大多以相关系数为基础，不适用于目标参照测验。所以目标参照测验的结构效度目前尚未得到较大关注。

第三节　目标参照测验的项目分析

一、内容范围的确定

任何一种测验的编制，其前期工作不外乎测验目的的确定、测验内容的界定以及测验编制计划的设计。从目标参照测验的定义来看，构成测验的各个项目是否合适，测验是否有效，测验的分数是否能得到有意义而准确的解释，这一切的前提都在于测验有没有明确的目的以及与之相应的严格界定的内容范围。因此，对于目标参照测验而言，测验编制的前期过程尤为重要。

一个测验的内容范围包括所欲测量特质中蕴含的全部行为，它可以非常大，如数学能力；也可以非常小，如10以内的整数加法运算能力。不过，任何一个内容范围都具有一些共同的特点。首先，内容范围具有边界。当其边界得到明确界定时，我们就可以判定什么行为属于这一内容范围，什么行为又超出了这一范围。其次，每一内容范围的内容均可分为几类，每一类中又可分出更细更小的类，当每一类的内容及其在此内容范围内的相对重要性确定以后，内容范围就有了明确的结构。而当一个内容范围具有了明确的边界和结构时，我们便认为此内容范围得到了明确界定。

特定测验目的的确定常为内容范围的界定提供依据。若测验目的在于检验某类专业化工作的资格水平，那么通过工作分析便可界定测验的内容范围；若测验目的在于检验教学或训练的效果，那么可以通过与特定课程或训练有关的教材、大纲以及学科专家的意见来界定内容范围。界定的结果常常以双向细目表（或称测验蓝图）形式表现出来。

表9-2是广东省化学高考标准化试验中使用的命题细目表（1986—1990年）。

表9-2　命题细目表举例

考查内容	考查目标					
	识记	理解	应用	分析综合	评价	合计
基本概念与理论	1	13	9	7	2	32
元素化合物	3	5	6	5	2	21
有机化合物	1	5	3	4	2	15
化学计算	0	3	4	8	0	15
化学实验	1	6	2	6	2	17
合计	6	32	24	30	8	100

如表9-2所示，命题细目表由三个要素构成：一是考查目标，本表中列有识记、理解、应用、分析综合和评价五个方面；二是考查内容，一般可参照本学科的教学大纲和教材来确定；三是在整个内容范围中每一类内容和每一种目标相结合后所占的比重（相对重

要性），上表中的数字即为比重值。这一要素主要通过专家评定获得。在该命题细目表中，化学高考的内容范围已具备明确的边界和结构，试卷的编制工作便可在这一框架中进行。

二、测验项目的内容效度分析

目标参照测验的项目分析，首先要对构成测验的每一道题目是否合适以及是否有效进行分析，即检验题目与测验内容范围所要求的内容与目标的一致性。这一过程一般缺乏客观的统计分析手段，通常采用专家评定的方法。

专家评定可以采取不同方式，其中比较直观和常用的一种方式是请有关内容领域的专家填写项目内容评定表，在五级量表上对每道题目所测内容与项目编制者所欲测量的目标内容之间的一致性做出评定，表9-3是一个测验项目内容评定表的样例。

表9-3　项目内容评定表（样例）

```
                    项目内容评定表
    评定者姓名：      日期：     内容范围：

    首先，请仔细阅读已界定的内容范围和测验项目。
    然后，请判断：你认为每一项目在多大程度上反映了其在被编
制时所欲测的目标内容。判断赖以产生的唯一基础是项目内容与其
欲测量的目标内容之间的匹配程度。请采用下面的五级量表：
    较差匹配　一般匹配　较好匹配　很好匹配　完美匹配
      1          2         3        4        5
    在测验项目的题号所对应的项目评定栏中你认为合适的等级数
目上画圈。

    目标内容　测验题号            项目评定
      1          2          1   2   3   4   5
                 7          1   2   3   4   5
                14          1   2   3   4   5
      2          1          1   2   3   4   5
                 3          1   2   3   4   5
                 8          1   2   3   4   5
                13          1   2   3   4   5
      3          4          1   2   3   4   5
                 6          1   2   3   4   5
                12          1   2   3   4   5
      4          5          1   2   3   4   5
                 9          1   2   3   4   5
                10          1   2   3   4   5
                11          1   2   3   4   5
```

注：此表引自 Ronald A. Berk 所著的《目标参照测验导论》。

147

对于测验中每一项目的内容与其目标内容之间一致性的等级评定，通常需要邀请多位专家共同进行，这样可以得到多位专家的评定结果，表9-4是9位专家在表9-3所示评定表中的等级评定结果以及对此结果的一些统计数据。

表9-4　9位专家对14道题目的等级评定结果

目标内容	测验题号	专家评定结果									统计数据	
		1	2	3	4	5	6	7	8	9	平均数	中数
1	2	4	3	5	5	4	5	5	5	4	4.4	5
	7	4	2	5	5	5	5	5	4	5	4.4	5
	14	4	5	5	5	4	5	5	5	5	4.8	5
2	1	3	5	3	2	1	4	5	2	4	3.2	3
	3	3	1	4	4	3	4	3	3	2	3.2	3
	8	1	3	1	2	1	1	1	1	1	1.3	1
	13	3	3	2	1	2	1	2	3	3	1.8	2
3	4	4	5	5	4	5	5	5	5	5	4.8	5
	6	4	2	4	4	4	4	4	4	4	3.8	4
	12	5	5	5	5	5	5	5	5	5	4.8	5
4	5	4	3	5	5	4	5	5	5	4	4.4	5
	9	2	2	4	1	2	4	2	4	4	3.0	4
	10	1	3	1	2	1	1	1	1	1	1.3	1
	11	4	2	4	4	5	5	5	5	5	4.6	5
专家判断与中数的差异		9	24	2	10	6	4	4	3	3		

注：此表引自 Ronald A. Berk 所著的《目标参照测验导论》。

表9-4不仅列出9位专家对14道测验题目分别做出的等级评定结果，而且给出了9位专家在每道题目上的等级评定均值和中数，以及每位专家对14道题目所评等级与中数的差异之和。

根据表9-4中的结果，我们可以直接分析每一道题目的内容效度并进而决定题目的取舍。若以中数为基础进行分析，表中第2、7、14题均是针对目标内容1而编制的，经专家评定，这三题所测内容均与其目标内容具有完美的匹配（等级评定中数均为5）；同理，第4、12、5、11题的内容效度亦得到很高的评价。因此，这七道题目无疑可以原封不动地保留下来。再看，第1、3、6、9题所测内容与其目标内容的匹配程度分别被评定为较好（中数为3）或很好（中数为4），说明这四题也还是可取的，只需根据专家意见略作修改即可。最后，第8、13、10题的内容效度一般（中数为2）或较差（中数为1），说明这三题没有很好地反映出其欲测的目标内容，内容效度很低或根本不具备内容效度，对此一般需作较大的修改或删除。

若以均值为基础进行分析，得到的结果与上述以中数为基础进行分析的结果是十分相似的。有时，为了使参加评定的专家们的意见取得一致性，也可根据每位专家在所有题目上的所评等级与中数间的差异量来决定专家的取舍。如表9-4所示，第二位专家在所有题目上的所评等级与各中数间的差异之和为24，说明该专家的评定结果与其他8位专家之间具有较大的差异，因此可以不考虑这位专家的意见，只保留8位专家的评定结果，在此基础上得到均值和中数等统计数据并进一步决定题目的取舍。

三、测验项目的难度和区分度分析

（一）测验的预测

测验编制完成后，须选取一定数量的被试进行预测，由此获得预测数据，然后才能在此数据的基础上对项目的难度和区分度进行量化分析。

目标参照测验的预测方法主要有以下三种：

1. 前测—后测方法

选取一组被试，在其接受与测验目标内容有关的教学过程前后各施测一次，取得前测和后测的结果，前者表示未掌握者在测验中的水平，后者表示已掌握者在测验中的水平。

2. 已接受教学组—未接受教学组方法

选取两组被试，其中一组已经接受了有关测验目标内容的教学，而另一组从未接受过，若将测验同时施测于这两组被试，亦可获得与第一种方法含义相似的两组结果。

3. 对照组方法

方法一和方法二都假设凡接受了有关教学活动的被试均已掌握了教学内容，则视之为掌握组。然而，在实际当中，很可能在已接受有关教学的被试中依然存在个别未掌握者，而在从未接受有关教学的被试中却存在个别掌握者，因而方法一和方法二在这一点上是值得质疑的。对照组方法的提出可以说是对此缺陷的弥补：选取两组被试，其中一组被试被教师评定为掌握组，而另一组被教师评定为未掌握组。将测验同时施测于这两组被试，便可获得与上述两种方法相似的结果。

（二）测验项目的难度分析

目标参照测验的项目难度计算与常模参照测验相同，一般以通过率来表示。但是，有些学者认为，目标参照测验的项目难度分析并不重要，有时甚至并无必要。纯粹的目标参照测验一般注重的是所测内容范围以及被试在所测内容范围上的掌握程度，因而，若某项目所测为内容范围内不可或缺的重要内容，那么无论该项目是难是易，均应保留。目标参照测验的项目难度分析，大多数情况下只是作为项目区分度分析的基础。

（三）测验项目的区分度分析

目标参照测验应该能将在其内容范围上的已掌握和未掌握者做出最大限度的区分，因而，每一测验项目的区分度如何便成为一个值得关心的问题。测验项目的区分度一般采取两类指标：难度差值和相关系数。

1. 难度差值

（1）掌握组—未掌握组鉴别指数（D）。

通过上述三种预测方法中的任何一种，均可得到两组数据，一组代表掌握者的水平，另一组代表未掌握者的水平。分别计算这两组在某项目上的平均通过率，记为 P_A 和 P_B，则该项目的鉴别指数为：

$$K = P_A - P_B \qquad\qquad (9.2)$$

鉴别指数 D 的大小，可以直观反映出该项目在多大程度上对掌握者和未掌握者做出了区分。D 值在 -1.00 到 $+1.00$ 之间变化，越接近 $+1.00$，则题目区分度越高，说明题目越有效。以表 9-5 中的数据为例，可对表中五个项目的区分度进行分析。

表 9-5 前后测得的项目得分表

被试	项目									
	1		2		3		4		5	
	前测	后测	前测	后测	前测	后测	前测	后测	前测	后测
1	0	1	1	0	1	1	1	1	1	1
2	0	1	1	0	1	1	0	1	1	1
3	0	1	1	0	0	1	1	1	1	1
4	0	1	1	0	0	0	1	1	1	1
5	0	1	1	0	1	0	0	1	1	1
6	0	1	1	0	1	0	0	0	1	1
7	0	1	1	0	1	0	1	1	1	1
8	0	1	1	0	1	1	0	0	1	1
9	0	1	1	0	1	1	1	1	1	1
10	0	1	1	0	1	0	0	1	1	1

表中后测分数表示掌握者的分数，前测分数则表示未掌握者的分数，则对于项目 1，$D_1 = 1 - 0 = 1$。

同理，$D_2 = 0 - 1 = -1$

$$D_3 = \frac{5}{10} - \frac{6}{10} = -0.1$$

$$D_4 = \frac{8}{10} - \frac{4}{10} = 0.4$$

$$D_5 = 1 - 1 = 0$$

分析这五个项目的区分度值，D_1 为 $+1.00$，说明项目 1 可以对掌握者和未掌握者做出最准确的区分；$D_2 = -1.00$，说明项目 2 虽然也将掌握者和未掌握者作了最大区分，但问题在于掌握者无人通过该题，而未掌握者却全部通过，可见该项目存在错误，或者是出题错误，或者是正确答案弄错，此时应仔细查找该题出错的原因，予以修改或删除；项目 3

的鉴别指数亦为负值，即未掌握者的通过率高于掌握者，说明出现与项目2相似的问题，因此应对此项目做出类似项目2的处理；$D_4 = 0.4$，说明项目4已具有一定的区分度，可以保留；$D_5 = 0$，说明项目5对掌握者和未掌握者具有同样的难度，亦即不具备区分力，在纯粹目标参照测验中，若该项目所测内容非常重要，那么仍可考虑保留该题。

（2）个人获得指数（DIG）。

采取前测—后测方法，可获得在前测中错误回答某项目而在后测中能够正确回答的被试人数比例，即该项目的个人获得指数，其值在0至+1.00之间变化，其大小直接反映了经过教学活动之后受益的被试比例。以表9-5中的数据为例，可以得到五个项目的个人获得指数分别为1、0、0.2、0.4、0，说明项目1最有效，项目2和5没有区分力。

由于个人获得指数只考虑到前测失败而后测通过的被试，而没有考虑到在前测中通过而在后测中反而失败的被试，因而其值不会出现负值，这使它所能反映的问题少于一般的区分度指标，因此其应用也受到限制。

2. 相关系数

项目得分和测验总分之间的一致性程度常被用作项目区分度的指标，这在常模参照测验的区分度计算中已有详细介绍，这些方法在目标参照测验中同样适用。

以相关系数为指标的区分度在-1.00至+1.00之间变化，当其为负值时，应检查题目的问题所在，予以修改或删除；当其为正值时，越接近1，题目越有效；当其值为0时，题目不具区分力，一般不予保留，但在纯粹目标参照测验中应视该题所测内容在内容范围中的重要性而决定其取舍。

目标参照测验的项目区分度还可以用其他许多指标进行计算和分析，但由于这些指标所需计算比较复杂，因而在实际中并不常用，在此不作介绍。

第四节 常用标准设定方法

一、行为标准制定

回顾目标参照测验的定义，其测验结果是参照某一明确界定的行为标准进行解释的，这一标准就是测验分数的分界点，亦称切割分数线，或称及格线。根据分数分界点，可以将被试进行分类，通常分为"及格"和"不及格"两类。在这样的分类过程中，分界点的确定是至关重要的。

事实上，就目标参照测验本身而言，分数分界点并非必需。我们可以用"被试掌握了测验的内容范围的百分之多少"来解释被试的分数，而不必在测验分数这一连续体上寻找某个切割点，进而将被试断然分为掌握者和未掌握者两类。一般来说，人们倾向于认为知识的学习是一个连续的过程，知识的掌握也只是一个程度的问题，因而从理论上说并不存在可以清晰辨别的掌握者和未掌握者。这使得分数分界点的确定成为测量学家们争议最大、存疑最多的问题。

然而，在目标参照测验的实际应用中，分数分界点的确定却是无法避免的问题。在教育领域，我们常常需要根据测验结果来判断"某学生是否达到了升一个年级（或小学、初中、高中、大学毕业等）所要求掌握的最低知识技能水平"，从而对该学生"升级"或"留级"、"毕业"或"肄业"等做出决策；在专业领域，也常需要根据资格或水平考试结果来判断考生是否达到从事特定专业工作所需的最低水平，从而做出是否给予颁发合格证书的决策。在这些实际需要中，我们不得不去寻找一个最低标准、一个分数分界点或及格线，将考生分为及格和不及格两类。而且，这一分界点的确定科学与否，直接决定了我们最终决策的正确与否。因此，探索分数分界点的确定方法是必要且重要的。

二、分数分界点的确定

迄今为止，测量学家已经提出了许多分数分界点的确定方法，这些方法各有利弊。现介绍几种比较常用的方法如下：

（一）专家判定法

这种方法是在测验的内容范围明确界定的基础上，由专家来判断处于临界水平的被试在每一题目上正确回答的可能性，进一步以此为标准确定分数分界点。所谓处于临界水平的被试，是指那些由未掌握水平转入掌握水平的被试，这些被试实际上是在专家的想象中虚拟出来的。具体评定方法主要有以下三种：

1. Nedelsky 法

此法由 Nedelsky（1954）提出，针对由多重选择题组成的测验而言，由专家来判断处于临界水平的被试在每一题上有能力排除的错误选择项，从而计算其正确回答的可能性，再求出每一题上正确回答的可能性之和，即为测验分数分界点。例如，某测验由四择一选择题组成，某题 A、B、C、D 四个答案中 A 是唯一正确的答案。若专家判定处于临界水平的被试可以正确排除 B 和 D 两个选项，那么在该题上正确回答的可能性为 $1/（4-2）=0.5$。最后再对每一题求和，可得及格线，若请若干专家同时评定，则可以将这些专家所评定的及格线的平均值作为最终及格线。

2. Angoff 法

此法由 Angoff（1971）提出，由专家直接判断处于临界水平的被试在某测验中对每一题目正确作答的可能性（记为 P_i），设每一题的满分为 F_i，则该测验的分数分界点（记为 λ）为：

$$\lambda = \sum F_i P_i \tag{9.3}$$

表 9-6 是利用 Angoff 方法确定测验分数分界点的实例，此例中假设测验欲测五个目标内容，记为①~⑤，且测验共由 10 道题目组成。

表9-6 Angoff 方法示例

题号	目标内容	题目满分（F_i）	临界水平（P_i）	F_iP_i
1	①	2	0.9	1.8
2	②	6	0.7	4.2
3	②	6	0.75	4.5
4	③	10	0.8	8.0
5	②	6	0.7	4.2
6	④	12	0.65	7.8
7	④	12	0.6	7.2
8	⑤	18	0.55	9.9
9	③	10	0.6	6.0
10	⑤	18	0.5	9.0
		$\sum F_i = 100$	$\lambda = \sum F_iP_i = 62.6$	

此例及格线为 62.6 分，即在测验中得分在 62.6 分以上的被试被评定为掌握者，反之则为未掌握者。同样，如果有多位专家同时评定，则以这些专家评定的平均及格线为测验最终及格线。

比较 Nedelsky 法和 Angoff 法，前者显然使专家的评定受到限制，若针对四择一选择题，专家评定的 P_i 值只可能为 0.25、0.33、0.50 和 1.00，而 Angoff 法中的 P_i 则可在 0 ~ 1.00 之间任意取值，而且适合各种题型。因而 Angoff 法在实际运用中更受欢迎。

3. Bookmark 法

为弥补 Nedelsky 法和 Angoff 法的不足，Lewis，Mitzet 和 Green 三位学者于 1996 年提出了 Bookmark 法，它是基于项目反应理论（IRT）、以 Angoff 法为基础的专家评定法，通过邀请有关学科专家以测验材料的能力参数值为基础，按照由易到难的顺序讨论每道题目，判断"基本掌握该领域知识的考生"能否做对所讨论的题目，在考生不能通过的题目上做出标记，以此作为设置划界分数的依据。

Bookmark 法能够实现的理论依据是由于 IRT 的题目难度跟被试特质水平被定义在同一度量系统上（即特质水平 θ），题目难度跟被试水平可直接比较；更重要的是，IRT 明确建立了掌握百分比分数 $\pi = 1/n$ 跟被试特质水平 θ 间的定量联系。当某测验确能恰当代表某一特质领域时，被试在该领域的掌握百分比就是他在该测验全部题目上期望分数的平均数，即 $\pi \frac{1}{n} \sum_{i=1}^{n} P_i (\theta)$。所以，我们可以在知道测验各题目的参数时，按需要确定掌握百分比分数 π 作为划界分数。由于 Bookmark 法融合了 IRT 与 Angoff 法原理，因此 Lewis，Green，Mitzet，Baum 和 Patz（1998）等学者又将其称为修正的 IRT - Angoff 法。

Bookmark 法的训练流程与 Angoff 法相似，但 Bookmark 法向学科专家呈现的是题目的难度值，其结果包括所有考生正确作答每道题目的比例和累积百分比。简单步骤如下：

第一步，学科专家分组，题目由易到难排序。

第二步，第一次放置书签，将书签放置在最低能力的考生无法正确作答的题目处，求书签位置代号平均数。

第三步，反馈并讨论第一次书签放置结果，再次放置书签。

第四步，再次求书签位置代号平均数，以及该平均数占整个测验题目数的百分比 π 值，结束书签放置（也可再进行第三轮、第四轮讨论）。

此外，若加以延伸，还可按相同流程设置多重分数线，如图 9 - 1 所示（B：Basic，基本合格；P：Proficient，良好；A：Advanced，优秀）。

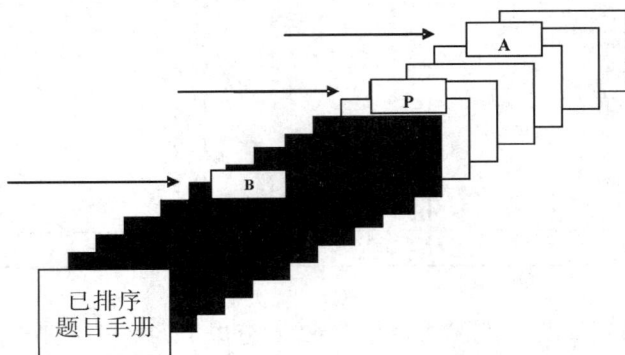

图 9 - 1　Bookmark 法中已排序的题目手册

（二）效标组预测法

1. 临界组法

此法由专家判定和选择一组处于临界水平的被试，将测验施测于该组被试，计算他们在测验上的平均成绩，以体现测验的内容范围所要求的临界水平，因而可以视之为测验分数分界点的估计值。

采用这种方法的困难在于临界水平被试的选择与评定，一来要选出一定数目的临界水平被试必须先随机选取大量被试作为候选；二来对被试是否正处于临界水平很难找到客观而统一的标准，非常抽象而主观。因而，此法的应用在实际中受到一定限制。

2. 对照组法

此法同样先采取专家判定的方法来选择被试，只是这里要事先确定两组被试，一组被明确判定为掌握组，另一组则被明确判定为未掌握组，那些不太容易被判定为"掌握"或"未掌握"的被试一概剔除。对这两组被试施测，可得到如图 9 - 2 所示的原始分数分布图。图中两条分布曲线的交叉点即为测验分数分界点（此图 60 分为测验分数分界点）。

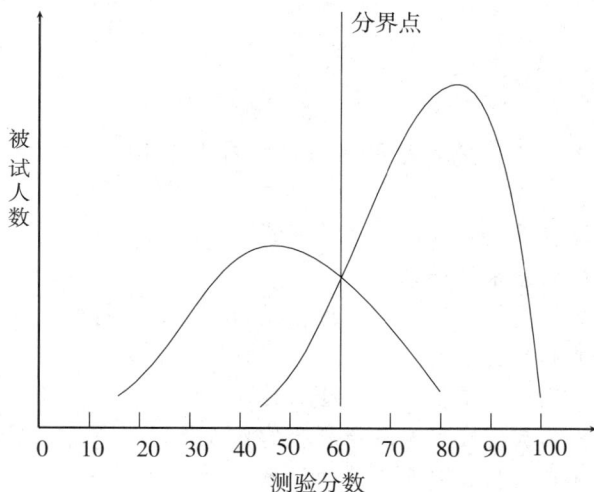

图 9 - 2 对照组分数分界点标定法示意图

由于采用此法所标定的分数分界点在很大程度上会受到所取被试团体的影响，因此更合理的做法是选取若干对照组，取每对对照组交叉点分数的平均值作为测验分数分界点。

判定被试为"掌握"或"未掌握"比判定其是否处于临界水平要容易很多，因此对照组法应用更广。也有人提出对照组的被试不用经过专家判断，可直接取"已接受相应教学组"和"未接受相应教学组"，再用同样方法获得分界点值。这种方法虽然克服了专家判断所带来的主观性，但似乎带来更多的问题：如何确定"已接受相应教学组"里的被试是否都已掌握了所教内容？又如何确定"未接受相应教学组"里的被试是否的确没有一个人掌握了相应内容？这些问题的存在使由此得到的分界点的可靠程度反而招致更多的怀疑。

总之，在上述各种测验分数分界点的确定过程中，专家评定始终占据一定的位置，这就使得分界点带有一定的主观色彩，这也是人们对分界点的确定争论不休的主要原因之一。对此，一般应采取多位专家评定的方法，综合多位专家的意见，使分界点尽可能合理与有效。

关于目标参照测验的分数解释，我们注重的是被试在所测内容领域的绝对掌握水平，并常根据实际需要而将被试在分数分界点上分为"合格"和"不合格"两类。但是，值得注意的是，对于目标参照测验的分数解释，有时并不排除同时采用一些常模参照测验的分数解释方法。目标参照测验和常模参照测验虽然是两种不同的测验模式，但它们并非互不相容，当我们既对被试在测验中的绝对水平感兴趣，又想了解被试的成绩在其所处团体中的相对位置时，该测验便兼具了目标参照测验和常模参照测验的性质，对其测验分数，则既可采取上述方法来解释，又可采取常模参照测验的方法给出其百分等级等有关相对位置的信息。

【练习与思考】

1. 请根据表 9 - 4 中专家评定结果的平均数对表中 14 道题目的内容效度进行评定，并决定题目取舍。

2. 简述目标参照测验及其特点，并试举一例。

3. 目标参照测验的误差来源是什么？

4. 目标参照测验的信度与效度为何不适宜以相关系数为指标？

5. 目标参照测验的题目区分度可以通过哪些方法来确定？

6. 试比较目标参照测验与常模参照测验的异同。

7. 试分析内容范围的界定在目标参照测验的标准化过程中的重要性。

8. 试分析分数分界点在目标参照测验的质量评估中的作用。

9. 试分析题目内容效度与目标参照测验的内容效度间的联系。

10. 试简要描述目标参照测验研究展望。

第十章 测验等值

【本章提要】

● 测验等值的实质
● 测验等值的条件
● 测验等值的基本计算方法
● 常用等值设计
● 测验等值误差及其估计

第一节 测验等值概述

一、测验等值来源于测量实践的需要

在心理与教育测量实践中，经常遇到一个测验需要配备多个测验形式的情况，特别是那些测验内容易受记忆或针对性训练影响的测验，在测验之前需严格保密，测验之后不能再用，必须配备多个不同形式供不同次施测所用。对于这种情况，测验编制者显然希望这些不同形式的测验结果分数应该是"相等"的，也就是说，如果是对同一个被试施测，通过各个不同形式的测验所测得的结果应该是完全一样的。为达此目的，测验编制者在测验编制技术上作了许多努力，但在实际施测后，不同形式之间分数的差异依然存在，这就会引起评价上的不公正，在需要对参加不同形式施测的被试作统一评价时，就会造成一些明显的失误。比如我国的高等教育自学考试，同一专业、同一学科年年施测，对考生的评价主要是区分及格还是不及格，其形式就是上不上 60 分。如果各年所用测验形式难度不相等，却使用统一的 60 分标准，就可能出现许多误判，或者把及格学生判成不及格，或者把不及格学生判成及格。这对考生来说是不公正的，对社会来说是无信誉的。避免这种失误的一条途径是寻找到不同测验形式之间分数的转换关系，把所有不同形式测验的分数都转换到同一个分数系统上。测量学上把为达到这一目的而发展起来的一套专门技术称为测验等值（test equating）。测验等值在国外已经有了许多成功的应用，在国内，在诸如高考

这一类大规模正式考试中的研究与应用也已有成功先例。

二、测验等值的实质

从本质上来说，测验等值就是通过对考核同一种心理品质的多个测验形式做出测量分数系统的转换，进而使这些不同形式的测验分数之间具有可比性。在实际操作中，测验等值可使各个不同形式的测验分数均一一对应起来，测验主持者可以任意指定其中一个分数形式作为基准，而使所有其他形式的分数都转换为这个基准形式。比如，经过等值计算，B 测验形式的 85 分对应 A 测验形式的 82 分，C 测验形式的 80 分也对应 A 测验形式的 82 分，A、B、C 三种形式的施测结果均可以 A 形式分数报告，即参加 A 测验形式得 82 分、参加 B 测验形式得 85 分、参加 C 测验形式得 80 分的三个被试，均可报告为在该测验上得 82 分。因为所测三个被试的水平是一样的，而在不同形式上施测分数的差异，仅是由于对命题难度把握不稳而引起的表现形式的差异。也可以认为，如果一个被试在 A 测验形式上得 82 分，则参加 B 测验形式将得 85 分，参加 C 测验形式将得 80 分。

测验等值中所说的测量分数系统的转换与测验原始分数和导出分数之间的转换是不相同的。等值转换的目的是比较两个不同测验形式之间的实测分数，而导出分数转换是为了将一个实测分数转换到一个可评价个体相对位置的分数系统上去。等值转换是两个或多个不同测验形式分数系统的转换，导出分数转换是同一个测验形式不同分数系统的转换，两者之间是有本质差异的。寻找测验等值关系与寻找两测验之间预测关系也是不相同的。测验等值关系是测量同一种心理品质的多个不同测验形式的测验分数之间的转换关系，各个形式之间处于平等的地位。而预测关系的两测验可以是测同种心理品质，也可以是测相近的甚至是不同的心理品质，预测源与预测目标之间的关系是不平等的，两者之间不是分数转换关系，它只能从预测源的测试出发来预估预测目标的水平。

三、测验等值的条件

在两个不同形式的测验之间进行测验等值是必须具备一定条件的。测量学提出的测验等值的条件主要有以下几个方面：

（1）同质性。被等值的不同测验形式所测的必须是同一种心理品质，测验的内容与范围也应该基本相同。不是测同一种心理品质的测验是不能被等值的。

（2）等信度。被等值的不同测验形式必须有相等的测验信度。信度不等的两测验是不能被等值的。更不能指望一个低信度的测验通过与一个高信度的测验等值而提高自身的可靠性。

（3）公平性。公平性是指考生参加被等值的不同测验形式中的任何一个，等值后的结果都是一样的，不能出现参加不同形式的测验经等值后结果有高有低的现象。

（4）可递推性。如果测验 x 与测验 y 之间有等值转换关系 $f(x) = y$，测验 y 与测验 z 之间有等值转换关系 $g(y) = z$，那么一定有测验 x 与测验 z 之间的关系 h 存在，$h(x) = g[f(x)] = z$。这种递推关系还可以推至更多的已等值的测验形式。如果这种递推关系不存在，或者以不同途径递推的结果不相同，那么这些测验形式中必有与其他形式不等值的形式存在。

（5）对称性。对两个待等值的测验形式 x 与 y，无论等值转换从哪个测验出发，所获得的等值对应关系都是相同的，即如果从形式 x 出发，获得等值关系 $f(x)=y$；从形式 y 出发，获得等值关系 $g(y)=x$，则一定有 $f=g^{-1}$，也就是说，f 与 g 一定是互逆的关系。

（6）样本不变性。测验 x 与测验 y 的等值关系是由 x 与 y 本身的内在性质决定的，与为寻找这种等值关系而采集数据时所使用的样本没有关系，也与采集数据时测验的情境没有关系。如果测验等值关系会因受到测试样本的影响而发生变化，则所寻获的测验等值关系是虚假的。

上述测验等值的六个条件，也有学者将前四条合称为公平性。在测验等值处理中，如果待等值测验能完全符合上述六个条件，则等值的结果将令人满意。但在实际研究中，可能会有个别的条件得不到满足，但并不能因此完全否定等值的结果。比如，当测验形式不能满足相等信度的条件时，在有些研究测验等值技术的专门文献中往往会给出另外一些补救的计算方法。但严格地讲，这种方法已不能称为测验等值，而被称为"测验校准"（test calibration）。

四、测验等值的一些基本概念

测验等值是一项综合性的测验统计分析技术，涉及测验理论的许多方面，也形成了许多专用基本概念，有些概念还常常成对出现，为便于准确理解和应用，在此作一些介绍。

（一）经典理论等值与项目反应理论等值

两种等值的区别在于等值时以何种测验理论作指导。本章所介绍的等值方法均是在经典测验理论指导下的等值方法，这与本书的整体体系是一致的。但有研究者指出，应用经典理论等值，不满足等值条件的情况要更多一些，而应用项目反应理论等值，对等值条件的要求会有较大的放宽，从而使得等值的结果更为准确。

（二）测验分数等值与项目参数等值

这是根据测验等值的直接操作对象不同而区分的一对概念。如果等值的直接操作对象是测验的原始分数，结果是直接找到两测验分数的转换关系，就称其为"测验分数等值"；如果等值的直接操作对象是测验项目参数，找到的等值转换关系是两测验项目参数之间的转换关系，则称其为"项目参数等值"。项目参数等值可以是终极目的，比如建设大型题库，但更多的是中间目的，是为了在项目参数等值的基础上进一步找到两待等值测验分数的转换关系。项目参数等值看上去似乎多了一道手续，实际上却很有用，特别是用于大型题库建设。利用项目参数等值可以把不同批次采集计算的项目参数标定在一个统一的度量系统中，将所有项目合并成一个大型题库。从这样的题库中抽题组成不同试卷进行测试，可获得一致的评价结果，不必再进行等值计算。借助于项目参数等值而实现分数等值，其精度不比原始分数直接等值低。但必须指出的是，项目参数等值只有在项目反应理论的指导下才能进行。另外提醒一句，国外学者称"项目参数等值"为"项目参数转换"。

（三）水平等值与垂直等值

这是根据测验试卷的难度和被试的能力分布是否有差异而区分的一对概念。如果被等值的两测验形式有大体相同的难度水平，接受测验的两考生的团体能力分布也类似，这样两个测验形式之间的等值称为水平等值；如果两测验形式的难度水平有明显差异，考生团体的能力水平也不相同，则两个测验形式的等值称为垂直等值。显然，垂直等值的情况更为复杂一些，本书主要介绍的是水平等值的情况。

五、测验等值中的一些专用技术名词

（一）测验等值设计

为了寻找不同测验形式之间的等值关系而预先对数据的采集方法、等值实现的途径、等值的计算方法进行周密的设计，这称为测验等值设计。在实际工作中，并不是任何两个测验形式的原始数据都能用来进行等值计算，两个测验形式分别施用于两个无关群体所获得的测验数据，就无法寻找到两形式之间的等值关系，因此在等值开始之时，就必须做好等值设计工作。在做等值设计时需要统筹考虑的问题包括：采用什么测验理论作指导，是直接进行原始分数等值还是进行项目参数等值，被试如何抽取，等值数据如何采集，两测验形式之间以什么方法相关联，用什么方法计算所采集数据的等值关系，等等。等值设计做得越科学，等值的效果就越好。

（二）锚（anchor）测验

在测验等值设计中，有时会采用同一组测验试题来关联两个待等值的测验形式，以便寻找两形式的等值关系，这些测验试题被称为锚测验。锚测验在采集等值数据时，必须分别伴同两个待等值的测验形式向不同被试群体施测。锚测验既可以嵌入原测验试卷中施测，也可以单独成卷与原测验分开施测。锚测验是嵌入试卷还是独立成卷要视数据采集的条件而决定，但不管施测形式如何，所起的作用是一样的。对于锚测验也是有一定要求的：锚测验应与原测验测同种心理品质；锚测验应与原测验有相同的测验质量；锚测验的长度一般不应短于原测验的 1/4，理论上锚测验是越长越好，但不应造成被试的疲劳和厌倦。

（三）数据平滑法

测验等值采集的数据来自对样本群体的实测。由于条件限制，样本不可能很大，因此数据的稳定性不可能很理想，表现在分数分布中就是分布曲线的光滑性很差，特别是在分布的两端，由于被试的量少而曲线波动较大［见图 10 - 1（a）］。这对于使用分数分布进行等值的计算影响很大，因此有必要对这种样本分布作一些技术处理，使得分布曲线趋向于光滑，统计学上把这种技术称为数据平滑法。数据平滑的方法很多，测验等值中所用的数据平滑法有两种比较实用：一种叫对数线性平滑模式，另一种叫 β 二项式平滑模式。这两种方法的应用均要涉及一些较复杂的数学知识，我们在这里不作介绍，有兴趣的读者可以参阅相关文献。图 10 – 1（b）是图 10 – 1（a）经过平滑处理后的分布曲线。

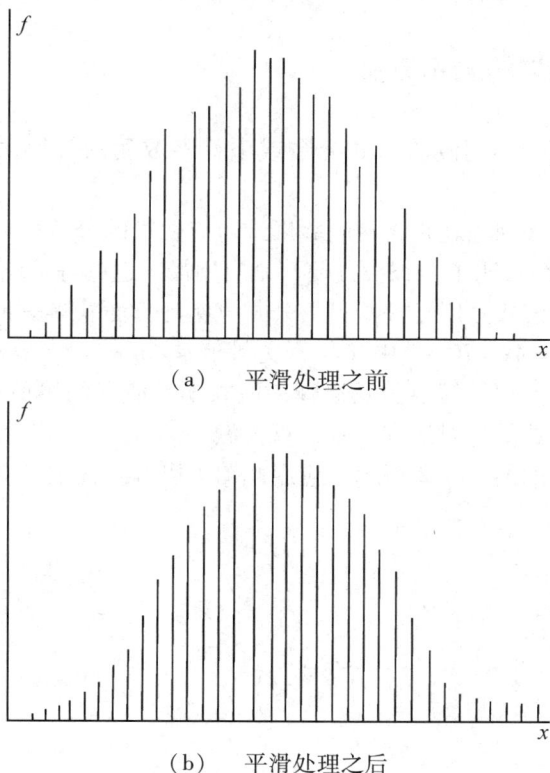

（a）　平滑处理之前

（b）　平滑处理之后

图 10 – 1　数据平滑示意图

（四）等值标准误差

测验等值的任何方法都要通过采集样本数据来完成计算，等值的结果肯定会受到抽样的影响而产生误差，测量学上把由抽样引起的等值误差称为等值随机误差，评价等值随机误差大小的指标称为等值标准误差。等值标准误差可以用一定的方法估计，常用的方法有Bootstrap 法和 Delta 法。Bootstrap 法是一种反复抽样的实验法，Delta 法是根据 Taylor 级数推导出的理论公式法。各种不同的等值方法有不同的等值标准误差的估计公式。测验等值标准误差是一个变量，随等值分数的不同而改变。等值标准误差与各分数点上的被试量有关，其总趋势是等值分数越趋于分布的两端，等值标准误差就越大。

（五）等值偏差（bias）

在测验等值中除了抽样引起的等值随机误差之外，等值处理方法不当也会引起等值误差，测量学上把这种等值误差称为等值的系统误差，也称等值偏差。比如说，参加两测验的被试群体是两个能力有差异的独立群体，若被当成随机分组或等组处理，等值结果就会产生偏差。在测验等值中，抽样引起的等值标准误差与处理方法不当引起的等值偏差常常是共存于一体的，有时还会形成矛盾。比如在刚才所举的例子中，若要防止两被试群体能力不等而引起等值偏差，就必须增加锚测验以估计能力差异大小，从而纠正等值偏差。但是，增加了锚测验又会增大抽样测试造成的误差，故需要研究者统筹考虑。

六、测验等值结果的表示方法

测验等值结果是两个不同测验形式分数或项目参数间的转换关系，它的表示方法有三种。

第一种是表列法。表列法就是将两测验形式对应相等的分数排列成表，如本章第二节中的表10-2。表列法简单明了，查找方便，是应用最普遍的等值结果表示方法。

第二种是公式法。公式法用于一些可由公式直接计算而获得等值结果的情况。常见的等值结果公式形式为 $y = Ax + B$，其中 A 与 B 为等值常数，x 与 y 是处于平等地位的。用公式表示等值结果简明、方便，等值关系清晰，但并不是所有的等值结果都能用公式表示，而且公式法对于具体分数的配对还有一步计算要做。

第三种是图示法。如图10-2所示，应用此图可以查找任意一对等值的 x 与 y。

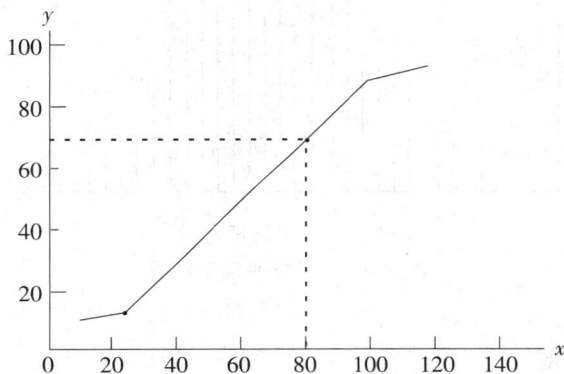

图10-2 x 与 y 等值对应图

等值分数的图示法形象生动地揭示了两测验分数间的等值转换关系，不受等值计算方法的限制。但是，由于图示法表示的对应关系精确度有限，因此多用于对等值关系的整体分析。

七、测验等值的一般步骤

揭示两测验形式的等值关系、实现测验等值，一般按以下步骤进行：

（1）确定等值目标。即确定两待等值的测验形式 x 与 y。

（2）进行等值设计。等值设计就是选择一种采集数据的方法，将那些能提供两测验形式在统计方面相异信息的数据收集起来。等值设计是测验等值中最重要的步骤。

（3）施测并采集测验数据。施测和数据采集均按设计方案进行。

（4）选择一个等值的操作性定义，比如是线性等值还是等百分位等值。

（5）在第四步基础上，选择一种等值关系计算方法进行等值计算，获取等值结果。

（6）评价等值结果。等值完成之后必须对等值结果进行评价。等值评价的目的是对所估等值关系的可靠性和准确性进行论证。

第二节　测验等值关系计算的基本方法

在经典测验理论的指导下，求取测验等值关系的计算方法主要分为两大类：一类叫等百分位等值法，另一类叫线性等值法。同一种等值数据采集模式既可以用等百分位等值方法计算，也可以用线性等值方法计算。无论是等百分位等值计算方法，还是线性等值计算方法，由于数据采集模式的不同，具体的计算途径和公式也会有所不同。总的趋势是，数据采集模式越复杂，计算途径和公式也就越复杂。但无论计算的具体途径和公式有什么不同，凡属于等百分位等值计算方法或线性等值计算方法的，其基本原理都是一样的。为让读者有所了解，本节将等百分位等值和线性等值两类计算方法的计算原理简单介绍如下。

一、等百分位等值（equipercentile equating）

等百分位等值依据的原理是：两个分数，一个在测验形式 x 上，另一个在测验形式 y 上，如果这两个分数在各自测验中所处的百分等级相等，这两个分数就被认为是等值的。按照这个原理，寻找与 x 分数等值的 y 分数，只要找到与 x 分数有相等百分等级的 y 分数就可以了。

等百分位等值的关系寻找，可以通过将两测验各自的累积百分位曲线描绘在同一直角坐标系中获得（见图 10-3）。图中的 x_1 与 y_1，x_2 与 y_2 就是成对的等值分数。这种方法称为作图法，显然作图法相对要粗糙一些。如果需要比较精确的结果，则可以在测验分数分布中应用百分等级计算公式求出与 x 分数对应的等值分数 y。我们用例子来说明整个计算过程。

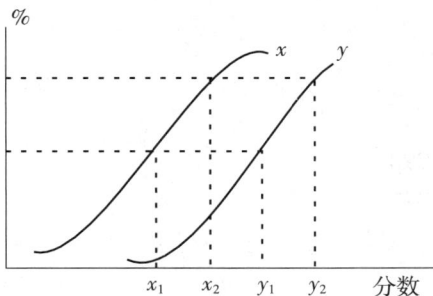

图 10-3　等百分位等值

【例 10-1】依某种等值设计采集两测验的分数，并编制成次数分布表，分列于表

163

10 - 1（a）与表 10 - 1（b）中，求这两个测验的等值分数对应表。

| 表 10 - 1（a） x 测验分布 | | | | 表 10 - 1（b） y 测验分布 | | |
分组	f	F		分组	f	F
90 ~ 94	7	302		85 ~ 89	8	290
85 ~ 89	19	295		80 ~ 84	11	282
80 ~ 84	27	276		75 ~ 79	18	271
75 ~ 79	33	249		70 ~ 74	24	253
70 ~ 74	42	216		65 ~ 69	32	229
65 ~ 69	45	174		60 ~ 64	40	197
60 ~ 64	39	129		55 ~ 59	45	157
55 ~ 59	31	90		50 ~ 54	39	112
50 ~ 54	24	59		45 ~ 49	28	73
45 ~ 49	18	35		40 ~ 44	23	45
40 ~ 44	13	17		35 ~ 39	16	22
35 ~ 39	4	4		30 ~ 34	6	6
合计	302			合计	290	

解：第一步，先分别求出两测验分数的向上累积次数分布，分列于两次数分布表的末列。

第二步，设 $x = 60$，在表 10 - 1（a）中求其百分等级。

$$PR = \frac{F_b + \left[(x - L_b) \cdot f/i \right]}{N} \times 100$$

$$= \frac{90 + \left[(60 - 59.5) \times 39 \div 5 \right]}{302} \times 100$$

$$= 31.092\ 7$$

第三步，对已求 PR，在表 10 - 1（b）中求 y 分数。

$$y = L_b + \frac{\frac{PR}{100} \times N - F_b}{f} \times i$$

$$= 49.5 + \frac{\frac{31.092\ 7}{100} \times 290 - 73}{39} \times 5$$

$$= 51.70$$

重复第二、三两步，对所给出的任意 x 分数，都可以求出与之等值的 y 分数，我们将部分等值对应分数列于表 10 - 2 中。

表 10 - 2　等百分位等值对应表

x	45	50	55	60	65	70	75	80	85
y	38. 27	42. 52	47. 11	51. 70	56. 30	61. 26	66. 62	72. 15	78. 35
PR	6. 225 2	12. 384 1	20. 562 9	31. 092 7	44. 205 3	59. 006 6	72. 615 9	83. 344 4	92. 019 9

（解毕）

二、线性等值（linear equating）

线性等值依据的原理是：两个分数，一个在测验形式 x 上，另一个在测验形式 y 上，如果这两个分数在各自测验中的标准分数相等，这两个分数就被认为是等值的。线性等值原理如果用数学公式表示，则所谓测验分数 x 等值于测验分数 y，即有下式成立：

$$\frac{x - \bar{x}}{S_x} = \frac{y - \bar{y}}{S_y} \qquad (10.1)$$

改写式（10.1），成

$$y = Ax + B \qquad (10.2)$$

其中

$$A = S_y / S_x$$
$$B = \bar{y} - A\bar{x}$$

如果能求出参数 A 与 B，则对于测验 x 的任一分数均可利用式（10.2）求出与之等值的 y 分数。这里的 A 和 B 被称为等值常数。在线性等值中，两测验的等值关系为一直线，A 是直线斜率，B 是直线截距。所有线性等值的最终形式都是式（10.2）的形式，只是在不同的等值设计下 A 与 B 的求法不同而已，此处列出的是最简单的计算 A 与 B 的方法。

我们用线性等值法来求例 10 - 1 提供的两测验分数分布的等值对应关系。

解：第一步，求出 x 测验分布的平均数与标准差。

$$\bar{x} = 66.44 \qquad S_x = 12.98$$

第二步，求出 y 测验分布的平均数与标准差。

$$\bar{y} = 58.60 \qquad S_y = 13.05$$

第三步，求出等值常数 A 与 B。

$$A = S_y/S_x = \frac{13.05}{12.98} = 1.005\ 4$$

$$\begin{aligned} B &= \bar{y} - A \cdot \bar{x} \\ &= 58.60 - 1.005\ 4 \times 66.44 \\ &= -8.198\ 8 \end{aligned}$$

第四步，写出等值转换公式。

$$y = 1.005\ 4x - 8.198\ 8$$

对于给定的 x，可用转换公式求出与之等值的 y 分数，我们将部分 x 的对应值求出，列于表 10 – 3 中。

表 10 – 3　线性等值对应表

x	45	50	55	60	65	70	75	80	85
y	37.04	42.07	47.10	52.13	57.15	62.18	67.21	72.23	77.26

（解毕）

等百分位等值和线性等值是两种主要的等值计算方法，本节所介绍的都是两种计算方法中最简单的情况。在等百分位等值计算中，如果两个测验分数的分布形态相同，那么两测验形式的分数等值关系形成一条直线，此时的等值结果与线性等值的结果是一致的。但在大多数情况下，两测验分数用等百分位等值求得的等值关系是非线性的。在实际应用中，等百分位等值与线性等值的效果哪个更好要视具体的等值环境而论，很难得出绝对的结论。

第三节　常用测验等值设计方案

在本章第一节介绍测验等值步骤时曾说到进行测验等值最重要的是做等值设计。下面我们介绍几种常见的等值设计方案。

一、随机分组——每组实施一个测验

对于两个待等值的测验形式 x 与 y（x 与 y 应测量同一种心理特质，否则不能等值），从测验对象总体中选择一个充分异质的被试群体 t，将其随机分成两个被试样组 α 和 β，$t = \alpha \cup \beta$，将测验 x 施测于被试组 α，将测验 y 施测于被试组 β，采集测试后的所有数据。这种采集等值数据的方法称为"随机分组——每组实施一个测验"的设计。这一设计在两测验信度相等的条件下有两种等值计算方法。

（一）线性等值法

根据标准分数相等、两原始分数等值的原理，可导出以下等值转换公式：

$$\left. \begin{array}{l} y^* = Ax + B \\ A = S_{y\beta} / S_{x\alpha} \\ B = M_{y\beta} - AM_{x\alpha} \end{array} \right\} \tag{10.3}$$

式中，$M_{x\alpha}$、$S_{x\alpha}$ 为测验 x 施测于被试组 α 的平均数与标准差，$M_{y\beta}$、$S_{y\beta}$ 为测验 y 施测于被试组 β 的平均数与标准差，转换关系为一条直线，A 为直线斜率，B 为截距。

对于一个 x 通过式（10.3）转换而得的 y 值常记为 y^*，以便与实测值相区别。转换值 y^* 的等值标准误差记为 SEy^*，标准误差的平方可由下式近似计算：

$$SE_{y^*}^2 = S_{y\beta}^2 \cdot \left(\frac{1}{N_\alpha} + \frac{1}{N_\beta} \right) \left(1 + \frac{1}{2} Z_{x\alpha}^2 \right) \tag{10.4}$$

其中

$$Z_{x\alpha} = \frac{x - M_{x\alpha}}{S_{x\alpha}}$$

（二）等百分位等值法

对于测验 x 的每一个分数，可据式（10.5）在 x 测验分布中求出与其对应的百分等级 PR。

$$PR = \frac{F_b + \dfrac{(x - L_b)\ f}{i}}{N} \times 100 \tag{10.5}$$

然后，根据所求 PR 在 y 测验分布中用式（10.6）求出对应的 y^*：

$$y^* = L_b + \frac{\dfrac{PR}{100} \times N - F_b}{f} \cdot i \tag{10.6}$$

当然，也可以用前节所说的描图法求出各对等值分数，但两累积次数曲线应尽量修匀。

在本设计中等百分位等值的等值标准误差的近似计算公式为：

$$SE_{y^*} = \frac{\left[p \cdot q \left(\dfrac{1}{N_\alpha} + \dfrac{1}{N_\beta} \right) \right]^{\frac{1}{2}}}{f\,(y)} \tag{10.7}$$

其中 $p = PR/100$，$q = 1 - p$，$f(y)$ 为 β 群体中得分为 y 者的次数比。

二、随机分组——各测验对每组都实施

对于待等值的两个测验形式 x 和 y（所测的应是同一种心理特质），假定对被试来说，形式 x 先测对 y 后测的影响与形式 y 先测对 x 后测的影响是相同的，选择一个尽量异质的被试团体 t，将其随机分成两个被试样组 α 与 β，对被试组 α 先施测 x 再施测 y，对被试组 β 先施测 y 再施测 x，如此采集数据称为"随机分组——各测验对每组都实施"设计。如果两测验信度相等，则有两种方法可进行测验等值计算。

（一）线性等值法

根据标准分数相等的两个测验原始分数等值的原理，可导出以下线性等值公式：

$$\left.\begin{aligned}
y^* &= Ax + B \\
A &= \sqrt{(S_{y\alpha}^2 + S_{y\beta}^2) \;/\; (S_{x\alpha}^2 + S_{x\beta}^2)} \\
B &= \frac{1}{2}(M_{y\alpha} + M_{y\beta}) - \frac{1}{2}A(M_{x\alpha} + M_{x\beta})
\end{aligned}\right\} \tag{10.8}$$

此处所用各个符号的意义与式（10.3）中的完全一样。对于 x 测验的每一个分数，可用式（10.8）求出与之等值的 y 分数。在这一转换下，y^* 的等值标准误差的平方值为：

$$SE_{y^*}^2 = S_{yt}^2(1 - r_{xy})\frac{Z_{xt}^2(1 + r_{xy}) + 2}{N_t} \tag{10.9}$$

式中，r_{xy} 为两测验的积差相关，$Z_{xt} = (x - M_{xt})/S_{xt}$，$N_t = N_\alpha + N_\beta$。

从式（10.9）可以看到，此设计的等值标准误差受两测验的相关的影响较显著，从总体来看，此设计的误差比设计一要小得多。

（二）等百分位等值法

本设计采集的实际资料是 x 与 y 两测验分别对整个被试群体 t 的测验资料。分组的目的仅仅是将两测验施测顺序的影响加以平衡。实施的结果是分别得到了 x 测验和 y 测验对全体被试施测的次数分布。注意，这里的两个次数分布完全是同一批被试，因而有理由认为，两百分等级相同的测验分数是等值的。计算过程与设计一的计算过程也是完全一样的。等值标准误差的计算随着被试量的扩大而变小，感兴趣的读者可以自行推算出等值标准误差的负增量。

三、随机分组——每组各实施一个测验，锚测验向每组实施

设计三与设计一相比，增加了一个锚测验向每个被试组实施，其目的是进一步控制两组被试的等价性，调整随机抽样后两组被试之间可能存在的差异。若锚测验记为 v，在 x 与 y 两测验信度相等的条件下，此设计可用线性等值法来完成等值计算。公式如下：

$$\left.\begin{aligned} y^* &= Ax + B \\ A &= \hat{S}_{yt} / \hat{S}_{xt} \\ B &= \hat{M}_{yt} - A \cdot \hat{M}_{xt} \end{aligned}\right\} \tag{10.10}$$

式中，$\hat{M}_{xt}$、$\hat{S}_{xt}$ 是 x 测验向全体被试施测时的平均数与标准差的估计值，$\hat{M}_{yt}$、$\hat{S}_{yt}$ 是 y 测验向全体被试施测时的平均数与标准差的估计值。因为 x 与 y 都未真正向全体被试施测过，所以这四项只是估计值。估计公式如下：

$$\left.\begin{aligned} \hat{M}_{xt} &= M_{x\alpha} + b_{xv\alpha} \cdot (M_{vt} - M_{v\alpha}) \\ \hat{S}_{xt}^2 &= S_{x\alpha}^2 + b_{xv\alpha}^2 \cdot (S_{vt}^2 - S_{v\alpha}^2) \\ \hat{M}_{yt} &= M_{y\beta} + b_{yv\beta} \cdot (M_{vt} - M_{v\beta}) \\ \hat{S}_{yt}^2 &= S_{y\beta}^2 + b_{yv\beta}^2 \cdot (S_{vt}^2 - S_{v\beta}^2) \end{aligned}\right\} \tag{10.11}$$

式中，$b_{xv\alpha}$ 为在群体 α 中测验 x 对测验 v 的回归系数，$b_{yv\beta}$ 为在群体 β 中测验 y 对测验 v 的回归系数。由式（10.10）估出与 x 对应的等值分数 y^*，其等值标准误差的平方值为：

$$SE_{y^*}^2 = 2\hat{S}_{yt}^2 (1 - \hat{r}^2) \frac{Z_x^2 \cdot (1 + \hat{r}^2) + 2}{N_t} \tag{10.12}$$

$\hat{r}$ 理论上可以是测验 x 与 v 或测验 y 与 v 的任意一个相关系数，实际应用中常取两者之均值。

四、非随机分组——每组各实施一个测验，锚测验向每组实施

在许多高度保密的测验中，采用两随机分组分别接受两个测验的设计会有许多实施上的困难。因而设计四将其修改为非随机分组，即允许两分组之间不是随机相等的。这样，即使两被式组的能力有差异，采用本设计同样可以寻找到两测验的等值关系。当然，下面的介绍是基于两测验信度相等的条件进行的。

（一）线性等值法

在两被试组能力差异不大的情况下，线性等值的计算方法与设计三中所使用的方法完全相同。若两被试组在能力上有差异，则式（10.11）中的 $\hat{M}_{xt}$、$\hat{S}_{xt}$、$\hat{M}_{yt}$、$\hat{S}_{yt}$ 改由下式估计：

$$\left.\begin{aligned}
\hat{M}_{xt} &= M_{x\alpha} + \frac{S_{x\alpha} \cdot \sqrt{r_{xx\alpha}}}{S_{v\alpha} \cdot \sqrt{r_{vv\alpha}}} \cdot \left(M_{vt} - M_{v\alpha}\right) \\[2mm]
\hat{S}_{xt}^2 &= S_{x\alpha}^2 + \frac{S_{x\alpha}^2 \cdot r_{xx\alpha}}{S_{v\alpha}^2 \cdot r_{vv\alpha}} \cdot \left(S_{vt}^2 - S_{v\alpha}^2\right) \\[2mm]
\hat{M}_{yt} &= M_{y\beta} + \frac{S_{y\beta} \cdot \sqrt{r_{yy\beta}}}{S_{v\beta} \cdot \sqrt{r_{vv\beta}}} \cdot \left(M_{vt} - M_{v\beta}\right) \\[2mm]
\hat{S}_{yt}^2 &= S_{y\alpha}^2 + \frac{S_{y\alpha}^2 \cdot r_{yy\beta}}{S_{v\beta}^2 \cdot r_{vv\beta}} \cdot \left(S_{vt}^2 - S_{v\beta}^2\right)
\end{aligned}\right\} \qquad (10.13)$$

式中，$r_{xx\alpha}$、$r_{vv\alpha}$、$r_{yy\beta}$ 与 $r_{vv\beta}$ 均为测验的信度。估出上述四值之后，代入式（10.10）中可求得两测验的等值关系式。

（二）频数估计法

频数估计法（frequency estimation method）是等百分位等值的一种，用于有锚测验的等值设计。频数估计法的关键是要利用锚测验数据分别估出测验 x 和测验 y 在合成被试群体 t 上的次数分布。获得了两测验的次数分布就可用设计一所提供的等百分位等值方法求出测验 x 与测验 y 的等值对应关系了。

估计 x 测验和 y 测验在合成总体 t 上的次数分布的方法是一样的，我们以估计合成总体在 x 测验上的次数分布为例来演示这一方法。

频数估计示例如表 10-4（a）、表 10-4（b）所示：

表 10-4（a）　　α 被试组在 x 与 v 上的联合分布（f）

v	x						合计
	0	1	2	3	4	5	
0	0	1	0	0	0	0	1
1	0	0	1	1	0	0	2
2	0	0	1	2	1	0	4
3	0	0	0	2	4	2	8
合计	0	1	2	5	5	2	15

表 10−4（b）　　β 被试组在 x 与 v 上的联合分布（估计）（g）

v	x						合计
	0	1	2	3	4	5	
0	0	2	0	0	0	0	2
1	0	0	2	2	0	0	4
2	0	0	1.5	3	1.5	0	6
3	0	0	0	1	2	1	4
合计	0	2	3.5	6	3.5	1	16

　　估计合成总体在 x 测验上的次数分布的工作分两步完成，第一步是估计没有实际参加 x 测验的 β 被试组在 x 测验上的次数分布，第二步是将两个被试组的次数分布合并成总体在 x 测验上的次数分布。设 α 被试组参加了测验 x 和锚测验 v，其在两测验上的联合次数分布如表 10−4（a）所列。β 被试组只参加了 v 测验而没有参加 x 测验。因此，只有在 v 测验上的次数分布是已知的［见表 10−4（b）中的最右列］，我们的第一步任务是完成表 10−4（b）中联合分布的估计。估计的思路是：若 α 组在 v 测验上有 f_i 人得 i 分，β 组在 v 测验上有 g_i 人得 i 分，由于这两部分人在 v 测验上得分相等，因此认为这两部分人在 x 测验上也应有相同的得分分布。即若 α 组在 v 测验上得 i 分的 f_i 人中有 f_{ij} 人在 x 测验上得了 j 分，就认为 β 组在 v 测验上得 i 分的 g_i 人中应有 $g_{ij} = g_i \cdot f_{ij}/f_i$ 人在 x 测验上得 j 分。比如，β 组在 v 测验上得 2 分，在 x 测验上得 4 分的被试人数估计值 $g_{24} = g_2 \cdot f_{24} / f_2 = 6 \times 1 \div 4 = 1.5$。根据这一思路，我们可估出表 10−4（b）中的所有 g_{ij}，进而纵向累计成 β 组被试在 x 测验上的次数分布［见表 10−4（b）末行］。第二步任务就是把 α 组在 x 测验上的分布（实测）与 β 组在 x 测验上的分布（估计）合成总体 t 在 x 测验上的分布。其分布列在表 10−5中。

表 10−5　　合成总体在 x 测验上的分布

x	0	1	2	3	4	5	合计
f	0	3	5.5	11	8.5	3	31

　　按照同样的办法，我们可以估出合成总体在 y 测验上的得分分布。这样我们就可以用设计一所提供的等百分位等值法求得 x 与 y 两测验的等值关系了。

（三）链等值法

　　链等值法（chained equipercentile equating method）采取的是一种链接传递的等值计算策略。在本设计中，先利用 α 被试组既参加了 x 测验又参加了 v 测验的数据，应用等百分位等值法将测验 x 分数与测验 v 分数等值对应，再利用 β 被试组既参加了 y 测验又参加了 v 测验的数据，应用等百分位等值法将测验 y 分数与测验 v 分数等值对应，那么通过两次等值，又通过锚测验 v 的链接，测验 x 与测验 y 也就有了等值对应关系。在操作上可以遵循以下途径：对于测验 x 的某个分数 x_c，在 α 被试组的 x 测验次数分布中求出对应的百分等级 PR_α（x_c），其值应该与 α 被试组在 v 测验上某个 v_c 分数的百分等级 PR_α（v_c）相等。据已知的 PR_α（v_c）在次数分布表中可求得与 x_c 等值的 v 测验分数 v_c，据此分数，根据 β 被试组在 v 测验上的分布，可求出相应的百分等级 PR_β（v_c），其值应该与 β 被试组在 y 测验上某个 y_c 分数的百分等级 PR_β（y_c）相等。据已知的 PR_β（v_c），由 β 组在 y 测验上的次数分布求得与 v_c 等值的 y 测验分数 y_c，故而有 x_c 与 y_c 对应等值。整个过程如图 10 - 4 所示。

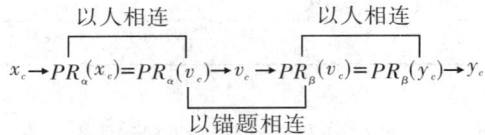

图 10 - 4　链等值示意图

通过图 10 - 4 可知，测验等值关系的寻找一定要通过某种等值媒体。这个等值媒体，或者是同一批被试（或认为能力分布相等的两批被试），或者是同一批测题（锚题或锚测验）。在等值设计中设置等值媒体是一个必须提供的条件。另外必须指出的是，应用等百分位等值进行等值计算最好是先对样本次数的分布作平滑处理，以获取最佳等值效果。

【练习与思考】

1. 应用例 10 - 1 中的数据，采取等百分位等值法完成下面的等值对应表。

x	35			90
f		50	70	

2. 若例 10 - 1 中的数据是设计一之下采集获得的，请分别求取与 $x=65$ 等值的 y 测验分数的两种等值标准误（等百分位等值与线性等值两种）。

3. 求取两平行测验之间的回归方程，可以建立两测验分数之间的对应关系。这种对应关系能不能称为等值关系，为什么？

4. 实际采集一批数据对两个测验进行等值计算。

5. 为什么要发展测验等值技术？

6. 进行测验等值必须具备哪些条件？

7. 等值随机误差产生的原因是什么？如何控制？

8. 等值系统误差产生的原因是什么？如何控制？

9. 试述测验等值的一般步骤。

10. 什么情况之下需要使用锚测验等值设计？

第十一章　学绩测验

【本章提要】

● 学绩测验的性质、作用与分类
● 标准化学绩测验的性能与编制
● 题库与题库建设
● 斯坦福成就测验与关键数学算术诊断测验
● 教师自编课堂测验

第一节　学绩测验概述

前面各章我们详细介绍了心理与教育测量的一系列基本原理和各种计量分析技术。从本章起，我们将根据所测心理品质的不同具体介绍几种重要的心理与教育测验。

首先介绍学绩测验。学绩测验是心理与教育测验中发展比较早的一种测验。据史书记载：早在我国西周就初步建立了学校教育制度，那时的国学中就已设置了定期的学业考试。学校考试沿袭至汉朝时，太学中已经定有严格的考试制度，武帝时规定一年考一次，到东汉恒帝时改为"二岁一试"。太学考试的方法有"口试""策试""射策"三种，通过考试者毕业时按成绩授予不同的官职。我国历史上沿袭了 1 300 年之久的科举考试是当时世界上规模最大、影响也最大的，由国家组织的学绩测验。在西方，古代有名的教育家、哲学家苏格拉底在授课时就采用了口试方法；中世纪的欧洲，各大学均以口试作为毕业成绩考核的方法；18 世纪末 19 世纪初，欧美各国也开始实行用学绩测验考核官吏的文官考试制度。

学绩测验源远流长，它基本上是与学校教育同步产生的。学绩测验应教育的需要而产生，是服务于教育的一种重要手段，也是教育过程中的一个重要环节。学绩测验在当今世界上应该是应用最为广泛、最为频繁的心理与教育测验，各级各类学校的各种学科测验、招生考试，各级各类行政企事业单位的招干、招工考试，各行各业的上岗、晋职考试，其中大部分都是学绩测验。在当今社会，一个人从求学到退休，恐怕都要经历数百次乃至上千次学绩测验。有的人今天当主试，明天又成了被试，后天可能又是主试了。因此，学绩测验也是人们最为熟悉的一种心理与教育测验。测量学者历来就非常重视对学绩测验的研究，在学绩测验的原理和编制技术的研究上都取得了很大的成功。由于学绩测验的内容和形式都非常丰富，社会对于学绩测验的需求也各种各样，因此，我们更应该重视对学绩测验理论的研究。

一、学绩测验的性质

"学绩"一词通常是指个体经过学习或训练某种知识或技术之后所取得的"成绩"，一般表现为个体心理品质在知识、技能或某种能力方面的增加和提高，是个体认知性心理品质的发展。无论个体学习的知识或技术的内容是什么，也无论个体采取的学习或训练形式是什么，我们都会对个体的知识增长量和技能增长量感兴趣，都希望能对个体的知识、技能增长量或是当前的知识、技能发展水平进行数量化的测定，这就是学绩测验的目的。

学绩测验是对个体在一个阶段的学习或训练之后所掌握的知识和技能的发展水平的测定。学绩测验与一般的心理测验不同。一般的心理测验所测的往往是个体自然成熟和各种经验积累以后的一般心理发展水平，有的甚至要排除那些"专门"的学习或训练的影响而测个体"稳定不变"的心理品质。学绩测验则相反，它更希望所测量个体通过一次或一个时期的学习训练之后，这种专门的知识和技能的发展水平能得以提高。理论上甚至认为，学绩测验所测之内容不经过专门的学习和训练，其测值应该几乎为零，否则所编制的学绩测验是低质量的、不成功的。

学绩测验与能力测验一样，在测量学中属于最佳行为测验。最佳行为测验施测时要求被试调动他所学的一切知识、所具备的一切技术和能力，对所有试题给出最佳答案或最佳操作。从这个角度看，主试与被试的目的是完全一致的，都是为了测出被试的最高发展水平。因此，编制学绩测验对于主试来说就是要设计出与被试认知特质紧密相关的试题并组拼成试卷，通过施测、评阅将被试的认知发展水平与一个数字系统中的某个确定值相对应，以便区别被试的水平差异。与典型行为测验不一样，学绩测验不用担心被试在测验上故意掩盖自己的行为水平，相反，应担心所编测验达不到激发被试发挥出最高水平的目的。当然，学绩测验也要防止被试用猜题、押题等"针对性"的学习和训练获取"好"成绩的现象。

学绩测验所测为认知性心理品质。认知性心理品质的优劣表现在两个方面：一方面是认知内容的多寡，另一方面是认知能力的高低，也就是我们通常所说的知识与能力两个方面。学绩测验发展至今，已经比较重视开发测知识与测能力并重的测验，纯测知识的测验已不受人们的欢迎。但是学绩测验与一般的能力测验又不相同。能力测验往往更强调所测为"一般能力"，而排除知识特别是"专门"知识的影响。尽管能力测验实际上也要通过测对知识的理解、应用等操作行为来实现，但其重心是在能力。而学绩测验更关注知识与能力并重，即使测能力，也是测对所学专门知识的理解、应用等能力。我们不能把学绩测验编制成一般能力测验。

学绩测验通常用于对个体经学习、训练之后的成绩进行鉴定和诊断，有时也用来预测被试在今后的学习或工作中的成就，但是它与一般的性向测验又有所不同。学绩测验是针对经过一项有计划的学习或训练之后被试所取得的成绩的测定而设计的，所测认知能力较具特殊性。即使用学绩测验来预测，也是由于所预测的学习或工作与这种特殊的学习或训练紧密相关。一般性向测验往往开始于某种专门的学习或训练之前，希望测试被试在以往的生活经验中获得了多少与这项专门的学习或训练有关的能力，以预测被试在即将开始的学习或训练中的成就。性向测验所测认知能力较具广泛性，有时还带有情感因素，其根本目的是为被试能否参加这种专门的学习或训练提供依据。

二、学绩测验的作用

学绩测验的作用非常明显，学校使用学绩测验鉴定学生的学业成绩。学生经过一个阶段的学习，到底获得了多少学科知识，提高了多少学科能力，可以通过学绩测验进行测定。将学绩测验的结果反馈给学生，学生可以总结学习经验，纠正错误，弥补不足，以利于学生进一步学习；将学绩测验结果反馈给教师，教师可以总结教学经验和教训，以利于教师进一步改进教学。学校还可以使用学绩测验甄别学习困难的学生，诊断学生学习困难的原因，以便及时制定和采取补救措施，帮助学生全面掌握所学知识，全面提高专业能力。学校还应用学绩测验辅助教学管理。在教学管理中，学生的升学、毕业、升级、留级、划分班级组别都需要学绩测验的信息。现代社会的人事管理也应用学绩测验。人员录取、提职晋级都可以利用学绩测验，以测验成绩作为重要的取舍依据。没有学绩测验提供准确的信息，教育管理会陷入混乱，人才使用会陷于盲目和造成浪费，人力资源则难以得到合理配置。教育科学研究也需要学绩测验。教育科研工作者利用学绩测验信息评价教育决策、优选教育方案，为教育的改革和发展做出独特的贡献。

三、学绩测验的分类

（一）按测验的编制方法分

按测验的编制方法，可以把学绩测验分为教师自编课堂测验和标准化学绩测验两大类。教师自编课堂测验由教师根据自己所理解的教学目标和教学要求、自己的教学内容和进度，凭着自身经验编制，所测内容可多可少，时间可短可长，主要施用于自己的学生，紧密结合教材和教学实际，形式活泼多变，可用来考查学生的学习情况，也可用来检查教师的教学质量，甚至可以用来预测学生的未来成就。但由于多数教师只有学科专业知识而缺少测量学专业知识，仅凭个人经验命题，随意性大，所编测验的效果往往不理想，测验出现偏差时要靠教师平时对学生的了解作解释和修正。因此，教师自编课堂测验只能在教师自己的课堂中应用，不能在大范围内对学生进行比较。标准化学绩测验由测量学专家与学科教师按测量学基本原理编制，有一定的质量指标作保证，能提供常模作比较，客观性强，可用于大规模正规测试。但是标准化学绩测验编制费时费力，灵活性和针对性均不强。因此，学校教育中使用更多的还是教师自编课堂测验。

（二）按测验的内容分

按测验的内容对学绩测验进行分类，通常是以测验试题所涉及的学科分。有单科测验如语文测验、数学测验、生物测验等，也有多科测验。多科测验常以一份测验组合多个学科试题的形式出现，比如某一个综合测验同时包括几个学科的测验试题。有些多科测验也尝试编制一道同时测量两个甚至两个以上学科知识和学科能力的题目，但实践发现，这种试题要编得好确实很难。按测验内容分类也有以内容量的多寡分的，如单元测验、总测验等。

（三）按测验的用途分

按测验的用途可把学绩测验分为考查性测验和诊断性测验两大类。考查性测验主要用于对学生的学习结果进行鉴定。学校的单元测验、期中测验、学科结业测验，社会的招生考试、招工考试、提职晋级考试都是考查性学绩测验。诊断测验主要用来测查学生在各个具体教学内容、教学目标上的长处和不足，分析学生学习困难的原因，并提出相应的补救措施。诊断测验多以单科内容为测验材料，编制时要从非常细微的地方入手，以获取学生掌握了什么、未掌握什么的详细信息。诊断测验在对学习障碍儿童和学习缓慢儿童的鉴别评定上也具有较高的实用价值。

（四）按测验评分系统的参照系分

按所编测验评分系统的参照系不同可把学绩测验分成常模参照测验和目标参照测验两大类。常模参照测验以学生伙伴总体为参照系，以学生在伙伴中的相对位置评价学生的学习成就。目标参照测验以教材和大纲为参照系，以学生是否达到教材与教学大纲规定的教学目标来评价学生的学习成就。常模参照测验易于横向比较，常用于选拔目的的测量；目标参照测验以教学目标为准，常用于鉴定学生合格与否。

（五）按测验的题型分

学绩测验可使用的试题大致可分为定向反应型和自由反应型两大类，习惯上又称为客观型试题和论文式试题，因此也有把学绩测验分为客观测验和论文式测验两类。应该说，学绩测验中所使用的两大类题型的性质是各有优劣的，功能是相互补偿的。表 11 – 1 将两大类题型的性质与功能作了一个简单比较。

表 11 – 1   两大类题型性质与功能比较

功能	题型	
	自由反应型试题	定向反应型试题
考核功能	有利于考核较高层次能力	适应面广，但较难考核高层次能力
作答过程与方法	作答方式复杂，除了思考，要用大量时间书写	作答方式简单，大部分时间可用以阅读和思考
题量与知识覆盖面	题量小，试题综合性强，全卷知识覆盖面小	题量大，全卷知识覆盖面大，但单个题的深度、容量均有限

（续上表）

功能	题型	
	自由反应型试题	定向反应型试题
评分	评分标准不易制定，评分易受阅卷者主观因素影响	答案唯一，评分客观，可用机器批阅
试题编写	相对容易	相对困难
作伪可能	考生的书写风格可能影响得分	考生随机作答也能得分

因此我们建议，除非有特殊需要，不宜使用单一型的试题组成学绩测验，还是以两大类题型配合使用为佳，至于测验中两大类题型之比，可根据所测对象、能力、学科性质等特点作适当调整，通常在 6:4 到 4:6 之间变动。

学绩测验还可根据一次施测的被试人数分为团体测验与个别测验两种，根据被试反应的行为方式分为口试、笔试和实验操作三种。操作测验在技术、技能测验中应用较多。特别值得提及的是一种新的测验形式，即在计算机上进行的测验。这种测验不是对被试的计算机知识或操作水平进行测定，而是利用计算机进行其他学科的测验，故称其为计算机化测验。计算机化测验在形式上甚至可以把命题、组卷、出示试题、考生作答、评分等一系列的测验工作集中在一起交由计算机管理实施，可节省大量的人力、物力，而且评分客观、公正，保密性能好。若配以辅助设备，有些操作性测验也可以在计算机管理下完成。计算机化测验还可以分为基于计算机的测验、计算机化自适应测验（第十七章有简单介绍）和基于网络的计算机测验三种类型。计算机化测验是测验科学与计算机技术相结合的产物，表现出众多优良性能，受到社会的欢迎。

第二节　标准化学绩测验

在心理与教育测量学原理指导下，遵循一定的程序而编制的、各方面质量都达到规定标准的学绩测验，称为标准化学绩测验。长期以来，人们对于仅凭主观经验编制的各种学绩测验的批评一直都是比较强烈的。人们认为这类测验目标不明确、内容不统一、标准不一致、结果不精确。人们希望能编制出目标明确、内容统一、标准一致、精确度高的新测验。标准化测验就是应这一要求而产生的。标准化测验在许多国家应用比较广泛，在我国也越来越受到重视，我国高考的标准化试验研究就是国内影响最大的编制标准化学绩测验的尝试。本节重点对标准化学绩测验作一深入的介绍。

一、标准化学绩测验的基本要求

一份测验能称为标准化测验，最起码要符合以下几方面的要求：

第一是命题组卷标准化。标准化试卷的所有试题都是经过精心编制的，试题测量目标明确，语词意义清晰，试题难度、区分度达到规定标准。标准化试卷全卷结构与测量的目标系统一致，知识覆盖面宽，题型比例恰当，题量适度，试题难度分布符合规定要求，试卷的信度、效度都达到规定标准。标准化测验通常还要备有等值复本。命题组卷标准化的目的是提供一份高质量的测验试卷。

第二是施测标准化。标准化测验必须在统一标准的环境下施测。统一标准的环境包括测验场所的标准统一、测验时长甚至时间统一、测验的指导语统一、提供给考生的测验材料统一、材料出示的顺序统一。有的标准化测验还包括考前给考生提供统一的考试大纲，考后提供统一的标准答案。测验场所的标准统一既包括场所外环境又包括场所内环境。外环境包括噪音指数、温度指数、湿度指数等；内环境包括空间、面积大小，主试被试人数，主试被试位置及被试与被试的位置间隔等。施测标准化的目的是给被试提供一个公平、优良的施测环境。

第三是评分标准化。标准化测验在编制的同时就要制定好标准答案和评分规则。标准答案要正确、规范，最好是唯一的。评分规则应尽量细致、客观，最好是没有伸缩性的。如果人工阅卷，要求阅卷者有高度的责任心，有较高的专业水平和较强的评判能力，要能够尽量维护评分标准的一致性。大规模阅卷还必须先进行阅卷培训，统一认识，统一标准。阅卷时采用流水作业法，并加强自查和复查。标准化测验能够应用计算机阅卷或者计算机辅助阅卷的应尽量采用，以便提高工作效率，降低阅卷误差。评分标准化的目的是提高测验评分的准确性。

第四是测验分数解释标准化。对于常模参照测验，其意是编制测验时必须搜集常模样本，编制好测验常模。标准化测验可以向被试提供常模，以供被试准确评价自己的测验成绩，也可直接向被试提供常模分数。对于目标参照测验，其意是在编制测验时要认真研究教材和教学大纲，分析合格标准的确切含义，通过科学方法准确划定合格分数线，测验后按被试卷面得分准确判断其是否达到规定的教学要求。

要编制出符合要求的标准化学绩测验，必须由测量学者和各学科专家共同合作，根据心理与教育测量学的基本原理，结合学科特点，遵循一定的编制程序，应用计量分析手段，精心设计、精心命题、科学组拼并经过反复测试，才能获得成功。

二、标准化学绩测验的编制

在前述各章，我们已对测验编制的基本原理及各种计量分析技术逐一作了介绍。编制标准化学绩测验只要在附加若干标准化条件的情况下，将这些原理和技术应用于学绩测验即可。下面我们结合学绩测验的特点将标准化学绩测验编制方法分步骤介绍如下：

（一）确定测验目的，选定测验编制方法

编制标准化学绩测验的首要问题是确定测验目的，即要解决为什么而测、测什么和测谁的问题。首先要明确为什么而测。如果是为了考查学生的学习情况，则要编制考查性学绩测验；如果是为了诊断学生的学习困难，就要编制诊断性测验。同是考查性测验，还需分清是以比较考生优劣为目的还是以鉴别考生在学科学习上是否达到规定标准为目的。若

是前者，则要编制常模参照测验，若是后者，则要编制目标参照测验。测验的目的不同，测验的性质也不同，所依据的测验编制原理也不相同，编制的方法也就不同，这是不能混淆的。确定测验编制的目的还要明确测什么的问题。测什么的问题包括所测的是什么学科，是单科还是多科，是部分还是全部。是哪门学科的测验就应该有哪门学科的专家参与，所编测验也应有哪门学科的特色。明确测谁的问题也很重要。测谁的问题包括年龄年级特征、文化背景特征等问题。施测于不同对象的测验应该有不同的编制特征，具体可表现在题型选择、难度层次、教学目标层次等多方面的不同，甚至还会有城乡差异、民族差异、宗教差异、语言文字差异的表现。只有把以上问题一一明确了，才能够说测验的目的明确了，才能准确选择试卷编制的方法。

（二）分析测量目标，拟订测验编制计划

分析测量目标是制订测验编制计划最重要也是最困难的一项工作。分析测量目标要应用到学科专业知识、心理学与教育学理论知识，还要有较丰富的教学实践经验。通常编制测验有一个总的测验目标，但是总目标往往太抽象、太笼统。因此，要根据认知理论将总目标分解成系统的认知目标体系。这项分解工作既要符合总目标的原则，又要尽量细致、明确，并且要尽量可操作化，只有这样才能供实际编题使用。这个认知目标体系也就是通常所说的教学目标分类体系，在学绩测验中也被熟称为"认知能力层次"。由于它是供编制测验使用的，因此测量要专业化一些。美国教育心理学家布鲁姆的教学目标分类体系在国际上比较受推崇，也常常用来作为各学科测量目标分类的指导理论。但是不顾及具体情况而全套照搬布鲁姆的教学目标分类体系是不恰当的，使用时应针对不同对象、不同学科做出适当的调整。一旦确定了针对具体测验的测验目标分类，就可以着手具体制订测验编制计划了。制订测验编制计划主要应该考虑以下几方面的内容：其一，确定全测验所测内容的分布比例；其二，确定全测验所测教学目标的分布比例；其三，确定全测验所测试题题型的分布比例；其四，确定全测验所测试题难度的分布比例。各分项比例确定之后最好能把全卷的结构统筹划分，定稿成正式的测验编制计划。

（三）编题、征题与选题组卷

试题是测验的主要组成部分，是测验质量高低的主要体现。试题的来源可以是组织学科命题教师自己编写，也可以是向社会征集。无论是自己编写还是向社会征集，单一试题必须是测验编制计划所列的试题，试题各方面特征的分布整体上必须符合测验编制计划所定的测验结构。组织命题时还应该要求命题者同时提供包括试题内容、测量目标在内的各方面的特征参数，还包括参考答案和评分标准，以供审题时参考。有了试题只是完成了第一步，接下来要进行试题筛选。试题筛选有两方面的工作要做：首先要对试题的文字内容品质进行审查，内容是否科学、逻辑是否严谨、文字表述是否准确清楚、各方面的特征参数是否准确、是否在征题范围之内等，都是要审查的项目。其次要进行测试分析。通过试测获取试题的难度、区分度指标，对那些区分度偏低或难度不合要求的试题进行修改，或干脆淘汰，经过筛选留下一批高质量的试题供组卷使用。组卷时应严格按测验编制计划进行，内容分类比、目标分类比、题型比、难度比都要符合预定要求。对于入选试题还要进行编排，编排顺序通常是全卷按题型分类，题型顺序按先简后繁排列，同题型按先易后难

顺序编排。试卷编排完毕还应写好测验指导语，对于新异题型要编写解题范例。特别要注意的是，标准化测验应同时编制测验的等值复本，等值复本的编制要求与原测验编制完全一样，特别是在难度上应该力求相等，即要求不管用哪一份测验施测，同一被试的得分应该是一样的。所以理论上，两份测验应该同时编制、同样要求，编完后再随机确定哪个是正本、哪个是复本。

（四）调查测验质量参数，编制测验常模

标准化测验要得以发行使用，必须提供测验质量参数，包括测验的信度、效度等指标。若是目标参照测验，还必须提供合格分数线，有的还要提供误判概率。常模参照测验还必须提供测验常模。测验质量参数和测验常模都要通过取样测试。选择测试样本（包括前面试题测试求取试题参数的样本）要注意保证样本对总体有充分的代表性，这就需要样本有一定的容量。如果被试总体层次结构复杂，还必须采用分层随机抽样方法获取测试样本。样本有充分的代表性就能保证所获参数真正反映试卷的质量，也使得编制的常模准确反映被试的总体状况。参数计算方法和常模编制方法前面章节已有介绍，此处不再赘述。如果所编测验质量参数达不到要求，说明试卷质量还不符合要求，编制人员必须仔细分析原因：若是试题质量不高，如区分度不高、难度不合要求、所测教学目标不准确等，则应撤换试题；若是试卷结构不合测验编制计划要求，则应调整试卷结构。当进行常模编制时，若被试层次结构太复杂，层间差异很大，则可能还要考虑编制分常模，以供不同层次对象使用。

（五）编写测验指导书，正式出版发行

测验质量达到规定要求，常模也已编好，测验的编制进入最后阶段——编写测验指导书，连同编排好的试卷（包括答题纸）一起正式印刷。测验指导书内容包括测验目的、测验编制原理和方法简单介绍、测验适用对象和范围、测验操作要求、测验质量参数、标准答案、评分规则等项目。测验常模可以附印在指导书后，也可以单独印刷。当然，正式出版发行还须经负责机构的批准。

三、国外常用标准化学绩测验简介

（一）斯坦福成就测验

斯坦福成就测验（Stanford Achievement Test）属于综合性学绩考查测验，也是一种供团体使用的常模参照测验，使用历史比较久，初版发行于 1923 年，中间经过多次修订，颇受社会好评。该学绩测验是一种组合式测验，纵向可分成 6 个不同的级别水平，适用于一至九年级的学生。具体级别划分如表 11 - 2 所示。横向包括 11 个方面的科目内容，分别为词汇、阅读理解、拼字、听理解、词汇学习技能、语言、数学概念、数学计算、数学应用、社会科学常识和自然科学常识，基本覆盖了美国中小学生所有的学习内容。这些科目内容又分别组合成不同的分测验供实际使用。但是在不同级别上，科目和分测验数又有所不同。初级 1 有 5 个分测验，初级 2 也有 5 个分测验，但增加了部分科目。其他级别均有 7 个分测验，其中社会科学常识和自然科学常识分测验在中高年级中是通用的。

表 11 - 2 级别划分表

级别名称	适用年级
初级 1	1.5~2.9
初级 2	2.5~3.9
初级 3	3.5~4.9
中级 1	4.5~5.9
中级 2	5.5~7.9
高级	7.0~9.9

斯坦福成就测验还有两个配套测验，一个叫斯坦福早期学校成就测验，另一个叫斯坦福学业技能测验。前者适用于幼儿园和小学一年级学生，后者适用于八至十三年级的学生（初中二年级到大学一年级）。当然，它们各自包括的科目是不同的。斯坦福成就测验还配有练习测验。练习测验提前两天提供给被试练习，协助被试熟悉测验特点。正式测验各级别所用时间在 3 小时 35 分钟到 5 小时 15 分钟不等，因而往往分在几天内完成。

该测验现行版本提供两套常模：学年初常模和学年末常模。常模样本分别包括来自 300 多个学区的 25 万名秋季测试学生和 20 万名春季测试学生，采用分层随机抽样方法获得。该测验使用的导出分数有五种形式：百分等级、标准九分数、年级当量、量表分数和正态曲线当量。据报告，斯坦福成就测验各分测验的信度均在 0.80 以上，总测验的信度高于分测验的信度，高级别测验信度高于低级别测验信度，同级别分测验间的相关均在中等程度以上。测验的内容效度和结构效度均得到符合要求的有力证明。

2003 年，斯坦福成就测验推出了该测验的第 10 版。第 10 版在提供学生考试成绩的同时还会附上一个简单的评语，告诉教师和家长孩子成绩与往年相比有些什么变化。这样，教师和家长就可以根据这些内容，给予孩子更多个性化的指导。

（二）关键数学算术诊断测验

关键数学算术诊断测验（Key Math Diagnostic Arithmetic Test）初版发行于 1971 年，适用于学龄前儿童直至六年级的学生。测验分成内容、运算和应用三大块。内容块有 3 个分测验：数学、分数、几何与符号，主要测量基本的数学概念和知识。运算块有 6 个分测验：加法、减法、乘法、除法、心算和数字推理。应用块有 5 个分测验：文字题、补充、金钱、测量和时间。这是一个个别测验，全部测完需 30~40 分钟。关键数学算术诊断测验在四个层次上对被试进行数学技能诊断：第一个层次是总体水平诊断，指出被试在同年级伙伴中的位置。第二个层次是分块水平诊断，比较被试在内容、运算和应用三块上的强弱。第三个层次是分测验水平诊断，比较被试在 14 个分测验上的高低差异。第四个层次为项目水平诊断，直接指出被试对各个项目所代表的内容和教学目标的理解程度。每个层次的分析都备有侧面图，诊断结论显得非常清楚。该测验还别具匠心，备有与各题目相关联的行为目标清单，供设计教学补救计划参考。据报告，该测验的常模样本包括了 1 222 个幼儿园到七年级的学生，来自美国 8 个州 21 个学区。该测验的总分信度的中值为 0.96。有研究者还报告该测验的部分分测验的并存效度分布在 0.38~0.63 之间。

在我国，二十世纪二三十年代曾掀起过研究和编制标准化学绩测验的热潮，后来一段时间因战乱不断，我国标准化学绩测验研究和编制相对滞后。自中华人民共和国成立后，台湾地区的学者在测验研究编制方面作了不懈的努力，有很多测验发表。大陆在这方面起步比较晚一些，现在正式出版且较有影响的标准化学绩测验还比较少。80 年代后，内地学者对标准化学绩测验研究的关注中心一度是高考标准化的有关试验，我们将在后面专门介绍这方面的情况。

四、标准化学绩测验的题库建设

一些大规模的标准化学绩测验应用范围广，施测周期短，对试卷的需要比较频繁。若每次都临时编题组卷，耗费大且效率不高，解决这个问题的一个有效办法就是建设一个题库。应用题库组拼标准化学绩测验的试卷，具有经济、高效且保密性强的特点。国外在第二次世界大战后开始研究心理与教育测验的题库建设，20 世纪 70 年代是题库建设和计算机组卷技术发展最快的时期。我国的题库建设近年来也受到了各方面的重视，报刊上常见某科某种题库建成的报告，但统观这些题库，质量和性能的差异很大，差的充其量只能视为一个"题集"而不是题库。所以有必要加强对题库建设的研究和宣传，鼓励多建高质量的题库。

通常认为，一个高质量的题库应具备以下几个方面的优良性质：

（1）植根于一种科学的测验理论。

（2）储备有一定数量的试题，所有试题品质优良，技术参数完备。

（3）题库内部结构层次清楚、分类严谨，试题检索方便。

（4）题库管理方便，可控性强，易于维护更新。

（5）保密性强。

更理想的题库还应实现计算机管理且应配备计算机自动组卷程序，充分开发题库功能。学绩测验比其他任何心理与教育测验的应用都更广泛、更频繁，也更需要保密。因此，建设一个高质量的题库是大规模学绩测验维持测验高效、质量稳定、标准一致的必要条件。下面我们就学绩测验题库的建设方法作一些介绍。

首先是选定一种指导题库建设的测验理论。没有科学的测验理论作为指导，就难以合理规划题库结构、科学制定选题原则、建成高质量的题库，也不能按测验原理从题库中有目的地选择试题组拼出质量符合要求的标准化试卷。通常可选的测验理论有经典测验理论和项目反应理论两种，经典测验理论是本教材重点介绍的内容，项目反应理论我们将在本书最后一章向读者作初步介绍。

其次是设计题库结构。题库结构应根据选定的测验理论模型进行设计，主要包括以下几方面的内容：

（1）确定题库中试题所应用参数的个数、各种参数的使用名称。通常有试题内容、教学目标、题型、难度、区分度等可选参数。实际用多少、用哪些应视建库者的目的、技术和人财物三方面的情况而定。

（2）确定全库试题的内容范围及内容层次详目。内容层次分得越细越好。

（3）确定全库试题教学目标层次详目。各目标层应尽量用操作性语言叙述。

（4）确定全库试题的题型种类数及具体题型。一个题库所使用的题型种类数不宜太少，也不必太多，一般为 4~8 种。建设题库不必刻意追求题型的新颖性，但要保证所用题型有较好的性能。

（5）确定全库试题难度等级的划分。这个划分可以粗放一点儿，用难、中、易三等也可。目的是宏观控制全库试题难度水平的比例。

（6）确定题库总题量及在各参数层次上的分题量。最理想的是定出每一参数组合的具体题量，即定出××内容、××教学目标、××题型、××难度的题量为多少，以便建库时有目的、有计划地编、征试题。

最后是编题、征题、试测、分析、筛选、编码入库等一系列具体操作。前几项具体操作与标准化学绩测验中所叙要求类似，只是题量要满足计划的要求。编码入库时除将试题本身的文字内容送入题库外，还应将试题的各项参数指标，包括区分度、难度等数值，以及试题的标准答案、评分标准一起存入题库。

完成以上工作，题库就初步建成，可供使用了。如果是计算机储存管理的题库，还可以开发各种组卷软件，自动组拼用于各种目的的学绩测验试卷。如果不是计算机化题库，则应注意题库的保密问题，应制定专门的题库保管和启用规则。

题库建成后还应不断地进行维护更新，题库不应成为固定不变的"死"库。日常的维护更新工作主要是定期复审、复测，淘汰或修改那些内容陈旧和性能退化的试题。同时补充内容新、性能好的新试题。用这种"新陈代谢"的方法，防止题库老化，延长题库的使用寿命。建设一个题库投入比较大，但题库建成后使用效率高、效果好，因此值得测量工作者一试。

五、我国高考的标准化试验

我国的高考从规模与影响上来说，在国内都是首屈一指的。每年一度的高考牵动着成百上千万学生和家长的心。国家每年都要投入大量的人力、物力和财力主办这么一次规模巨大，政策性、技术性都很强的考试，为高校选拔几十万乃至几百万大学新生。由于国家重视，也由于考试工作人员不懈的努力，高考成为国内最有信誉、最具权威的考试。但是，考试标准不稳定、考试结果误差较大、选拔线不公平等弊病一直存在，这在一定程度上影响了高考的声誉。为了维护高考的权威，提高考试质量，更准确地选拔人才，在测量学者的推动下，我国开始了高考标准化的试验研究。从根本上来说，我国高考标准化试验的目的就是应用现代心理与教育测量学的理论与技术，对传统高考进行科学化改造，努力提高考试命题和考试管理的水平，努力提高考试的信度和效度，逐步达到标准化考试的水准和要求。

我国高考的标准化试验在 20 世纪 80 年代初就开始酝酿。1981 年至 1985 年国家教委①高校学生司就多次召开过有关高考改革的研讨会。1985 年开始，受国家教委委托，广

---

① 国家教委存续时间：1985.1.18—1998.3.10。

东省开始了高考的标准化试验。广东省的任务是对考试的命题、施测、阅卷及分数解释的标准化进行试验研究。在广东省，试验从 1985 年的英语、数学两科逐步发展到 1988 年的五科。在全国，自愿加入英语科目试验的省份率先增加，1988 年发展到 17 个省市。1989年 8 月，国家教委决定将标准化考试逐步在全国推行。1992 年开始，全国普遍推行主、客观题分卷印刷，客观题实行机器阅卷两项措施。

标准化试验提出，在命题过程中命题者要严格按照考试大纲和命题计划命题，对所命试卷从整卷到每个试题的各项质量指标进行预估和控制，命题的目标是达到标准化考试的质量要求。在考后，还要采集考生数据进行统计分析，验证和通报考试实际质量。命题人员也要从中总结经验和教训，提高命题技术和命题预估与控制的准确性。

在控制阅卷评分误差方面，受国家教委委托，江西省于 1989 年首先在全国统考卷中进行作文评分改革试验。随后试验逐步扩大到河北、河南等省，1994 年分项分等评分方法已在全国大部分省份推广。控制阅卷评分误差的另一项试验是计算机网上辅助阅卷。在教育部考试中心的协调下，广西于 1999 年开始在高考英语阅卷中采用网上阅卷方式。2000年，在广西试点的基础上增加了云南省。同年广西还将网上阅卷的科目扩大到语文作文评阅。2004 年全国有 15 个省（市、区）对高考阅卷全部或部分科目实行网上阅卷。从 2005年起，全国共有 23 个省（市、区）在高考中采用网上阅卷。高考阅卷评分误差得到有效控制。

在分数的解释方面，广东省从 1985 年开始就不断试验高考的标准化分数报告方法，最高潮时全国有七个省（市、区）进入分数解释标准化试验行列，积累了丰富的经验。但终因不是全国同步，分数使用单位在面对各省考生时遇到了解释应用上的不便，从而暂停了该项试验。我们应该相信，分数标准化肯定是考试标准化不可缺少的一个重要方面。

三十多年来的高考标准化试验，为我国考试事业的发展打下了良好的基础。必须强调的是，我国高考的标准化并没有全盘照搬国外的理论，它是在坚持和继承我国传统考试的优良特色的基础上实现的，主要表现在我们坚持主客观题并用，坚持考核高层次教学目标，特别是在主观题考试的标准化上做出了努力，这是国外标准化学绩测验所不及的。

第三节　教师自编课堂测验

标准化学绩测验质量高、误差小，能在大规模测验中客观准确地完成对被试的测定和评价，是很理想的测验形式。但是标准化学绩测验的编制技术要求高、投入大，特别是要考虑全面，所以灵活性较差。学校教育对测验的要求千差万别，没有哪一种标准化学绩测验能够同时满足各种要求。因此，学校教学中使用的大多数测验还得教师自己设计和编制。从一定意义上说，学校可以没有标准化学绩测验，而不能没有教师自编课堂测验。但是我们应该看到，目前教师自编测验的质量是不能令人满意的，必须鼓励教师学习一点儿测量学的理论和技术，努力提高自编测验的质量，使自编测验更好地为教学服务。

一、教师自编课堂测验的特点

（一）测验形式灵活多变，与测验目的完全一致

教师自编课堂测验完全由教师根据测验目的，自己确定测验的时间、地点、内容和形式。测验时间短的只有几分钟、十几分钟，长的几十分钟，甚至上百分钟。测验形式可以是笔试，也可以是口试，甚至可以是实验操作，有的还可以混合使用。测验内容可以是一门课程、一册教材，也可以是一个单元、一篇课文。测验可以停课举行，也可以穿插于授课之间。测验对象可以是一个学生，也可以是一个小组、一个班级，也有几个班联考的。

（二）测验内容与教材内容高度一致

教师自编课堂测验完全依据教师自己所用教材编写，不必顾及其他教材的内容和形式。因此，教师自编测验内容与教材内容可以高度一致，可以考出所选教材的特色，特别是对于选用地区教材、乡土化教材的学校更为贴切实用。使用教师自编测验为教师自主安排教学内容和进度，以及教出特色提供了方便。

（三）测验难度切合学生的实际水平

标准化学绩测验的对象分布范围广，所编试卷只能以全体被试的平均水平作为难度的参考水平。但是，教学的地区差异、学校差异乃至班级差异都是客观存在的，用一个平均难度的测验去面向全体被试，虽然保证了被试大范围内的可比性，但在更多地方显得难度不是很恰当。对于水平偏低的地区，测验显得难了；对于水平偏高的地区，测验又显得容易了。这些都不利于调动学生的学习积极性。而教师自编课堂测验由教师自己编写，可以针对自己学生的实际水平出题，因此不会出现难度不恰当的现象。学生经过测验均能获得针对性很强的评价信息，找到自己努力的方向。

（四）测验编制简易快速

教师自编课堂测验是在教师对学生、对教材、对教学要求都非常熟悉的情况下进行的，若教师注意积累以往的教学和命题经验，那么编制一份测验是比较容易的。况且教师自编课堂测验不需要试测，不需要收集信度、效度数据，更不需要常模，因此编制花费的时间也不需要很多。大多数教师自编测验编制简易快速，堪称学绩测验中的一支轻骑兵，只要教学需要，它就能快速地实现施测，这是任何标准化学绩测验都无法做到的。

二、教师自编课堂测验的步骤与方法

历来教师自编课堂测验都是由教师自己设计、自行编制的。但是，教师的水平有高低，经验有多寡，工作态度有好坏，在编制测验时自觉防止主观化、片面化的意识有强弱，因此，所编制测验的质量有高有低。我们认为应该鼓励教师学习一点儿心理与教育测量学知识，按照测验编制的科学原理去规范自身的测验编制行为，去提高测验编制技术，

努力提高自编测验的质量。下面根据这个观点，介绍教师自编课堂测验应遵循的一般步骤与方法。

（一） 审查测验目的

教师自编测验时往往自认为对测验的目的是很清楚的，因此不会过多地审视自己的测验目的，这对测验编制是不利的。教师应该认真审查自己编制测验的目的。单知道测验对象是谁还不够，还应深入了解这些对象的学习水平和特点；单知道测验内容是什么还不够，应该明确具体的教学要求和教学目标；单确定是学绩测验还不够，应明确是什么性质的学绩测验，是常模参照测验还是目标参照测验，是考查测验还是诊断测验，是速度测验还是难度测验。只有把这些有关测验目的的细节都考虑清楚了，才可能编制出真正符合测验目的的测验。关于测验性质的区分是很重要的，学校使用的学科结业测验应该是目标参照测验，如果编成常模参照测验，就没有客观稳定的合格标准，很可能造成对学生的误判。把不合格学生误判为合格，是对学生不负责任；把合格学生误判为不合格，就会挫伤学生的学习积极性，这样都会产生不良后果。所以，教师在动手编制测验前应认真审查自己的测验目的，理清自己的思路和各种关系。

（二） 制订测验编制计划

教师自编课堂测验也应该有一个详细的测验编制计划。既要在试卷结构上全面合理安排，又要在一个个测题上进行深入细致的研究，这就要求思维既要有广度，又要有深度。人的思维毕竟有限，能做到既照顾到广度又照顾到深度的并不多。制订一个详细的测验编制计划，就是促使教师首先从整体角度认真考虑，计划完成后，则可以按计划要求在各个测试点上深入研究，这样既保证了广度又达到了深度。测验编制计划的具体内容可参考前一节有关部分，值得提醒的是对于教学目标的分类，教师应紧密结合测验实际，制定详细的分类体系，切忌生搬硬套。

（三） 命题与组卷

命题与组卷的首要问题是教师应该严格按照测验计划进行，特别是要严格按照测验计划规定的教学目标编制出符合要求的试题，这对一般教师来说是一项比较困难的工作。因为教师对于教学目标的理解往往不一致，即使理解准确了，要编出恰能测定这些目标的试题又是一个难题。所以教师应该结合专业，学习一点儿心理学、教育学以及测量学知识，并且注意积累经验，在命题中逐步提高命题技术。教师命题还有三条要求：一是提前；二是超量；三是审查。提前是指早一些把题命好。因为有些试题在编制时觉得是得意之作，隔一个阶段再来看就会发现其意义不明确，甚至模棱两可。超量是指多命一些题，然后从中选优，保证试卷质量。审查的含义有两重：一是自己认真审查，包括自己解答一遍；二是请别的老师审查一下，试做一遍。有的题自己形成思维定式，可别人一看马上就发现有歧义或有错误。关于组卷，除前面所说要严格按测验计划选用试题外，还应考虑试题的编排顺序。这方面的要求基本上可参照本章前一节的有关内容。另外，教师也应注意试卷的编辑和印刷。编印的一般要求是清晰、正确、有条理，要留足学生作答空区，要注意不要把一道试题分印在两页上，影响学生解题。

三、教师自编课堂测验应注意的问题

教师自编课堂测验在编制与应用中还有以下几个方面的问题需要注意：

（一）教师要深入研究教材，深入调查学生

由于是自己教、自己考，教师认为自己很熟悉教材，也很熟悉学生，因此不再去认真研究教材、调查学生，而是凭自己的经验命题。这样容易导致所测内容往往只涉及自己熟悉的或自己注重的内容，考试对象只以自己熟悉的或亲近的学生为代表，这样易造成所命试卷内容不全面，甚至遗漏某一个或几个重要方面的结果，或者造成不能适合大多数学生的后果。所以命题时，教师还是应该重新深入研究教材，深入调查自己的学生。深入研究教材时还应注意在命题时以测教材的基本原理、基础知识为主，内容不宜太琐碎，还要贯彻既测知识又测能力的原则，不要把课堂学绩测验变成纯知识记忆性测验。

（二）要维护准确稳定的合格标准

教师自编测验多数是目标参照测验，目标参照测验编制的一个重要原则是维护准确稳定的合格标准。所谓准确，就是要保证凡被评为合格的学生确实都是基本掌握了本门学科内容、达到教学基本要求的人；凡被评为不合格的学生确实是未达到学科基本要求的人，不能有过多的误判。所谓稳定，就是在各次测验中都维持同一个合格标准，不能忽高忽低。要做到合格标准准确稳定，首先，教师要对合格与不合格学生的知识结构、能力结构差异有非常清楚的了解，并且能够把握他们在测验试卷上行为反应的差异特征，能编制出准确区分两类学生的试题；其次，测验编制时要严格按照测验计划命题组卷，靠测验计划的稳定性来维护测验合格标准的稳定。

（三）要客观评价自己的命题技术，合理使用各种题型

定向反应型试题答案唯一、评分客观，在测验中多用定向反应型试题可有效提高测验的信度。但是定向反应型试题命题技术要求比较高，在没有一定的命题经验和技术的情况下编写定向反应型试题，有时反而会达不到预期的效果。所以学科教师要客观评价自己的命题技术，在经验不足、技术不够的情况下，不必勉强编写定向反应型试题。研究发现，由于教师熟悉教材、熟悉学生，因此只要教师精心编题、精心评阅，用自由反应型试题施测同样会收到比较好的测验效果。

（四）要注意总结命题经验，提高命题技术

学科教师不是命题专家，但是学科教师经常自编测验、命题出卷，而且都会实际施测，这就给教师提供了许多反馈信息。教师应该充分利用这些反馈信息，认真总结自己的命题经验，以便提高自己的命题技术。不能要求学科教师一开始就有很高的命题技术，但在多次命题实践之后，通过不断总结成功、反思失败，教师能逐渐掌握命题的各种技巧。总结命题经验还具体包括不断积聚优秀试题，不断充实个人的"题库"。一次未命好的试题可以经过修改后再用，不断积聚的结果使得教师拥有一个优质"题库"，使其在以后的

命题组卷中拥有一批基本试题，做到胸有成竹，不至于出大的质量问题。

（五）要尽量控制评分误差，防止简单粗糙

教师自编测验应该防止评分简单粗糙，草率行事。要防止简单地以对错判分，特别是自由反应型试题评分，教师应该详细分析学生的作答过程，评价他的思维方式和思维水平。要根据学生实际掌握的知识状况和思维能力进行综合评分。目前的测验评分中有两种不可取的方法：一种情况是，教师所命试题为高层次教学目标的测试题，学生仅根据教材、笔记或一些辅导材料中组织好的答案作一番死记硬背，考试时复述一遍，实际上并未形成自己的思维，而教师也评给一个高分，无形中降低了考试的目标层次；另一种情况是，教师出了一道问答题，学生不加思考、不加组织，把各种挨得着边和挨不着边的内容一一罗列，教师评分时也不去评价学生的思维，不认定他实际上是知识不扎实，反而在学生漫无目标的作答中选择"正确点"，按点记分，结果还能得高分，甚至得满分。这些都是评分简单粗糙的表现。另外，教师自编测验控制评分误差还要注意两点：一是要在测验前做好参考答案和评分标准，阅卷时要严格按标准评阅；二是要注意防止产生评分误差的名片效应、光环效应、对比效应、失后效应等各种心理效应的影响，还要防止因受学生的文字组织和卷面书写风格干扰而产生偏离评分标准的现象。

（六）要作一些定量分析研究

教师自编测验不要求在施测前拿出信度、效度指标，但在施测之后教师对试卷作一些定量分析研究是很有益处的。定量分析内容主要是计算试题的难度、区分度，选择题各选项的选答率，以及整份试卷的信度，有效标的话还可以计算效度。根据计算数据分析评价各试题质量，评价试卷的整体质量。作试卷定量分析是总结命题经验、提高命题技术更易见效的措施。试卷定量分析的具体方法，本书有关章节已有介绍，在此不再重复。

【练习与思考】

1. 结合实际的测验例子，试述学绩测验的性质和作用。
2. 以本书前十章所介绍理论与技术为指导，设计一份测验编制计划。
3. 标准化学绩测验的标准化要求有哪些？如何才能做到？
4. 你认为诊断测验如何才能实现它的诊断功能？
5. 你认为建设题库有什么好处？题库建设的基本要求有哪些？
6. 试比较测验中所用主客观题的各方面功能。
7. 学绩测验常用题型各有哪些优点和缺点？
8. 就你的经验谈谈教师自编课堂测验存在哪些不足？改进的途径是什么？
9. 中小学校内日常考试的性质、功能是什么？改革的目标、前途是什么？
10. 就高考标准化问题谈谈你的看法。

第十二章　能力测验（上）

【本章提要】

● 传统智力测验所依据的各种智力理论
● 传统智力测验的评价
● 传统智力测验典型量表的性能及使用：比内量表、韦氏量表、瑞文推理测验等

第一节　智力测验的一般问题

一、关于智力实质的理论研究

智力的实质究竟是什么？这是多个世纪以来智力研究者们关注的焦点。智力测验虽已有近百年的历史，但对这一问题至今仍是百家争鸣，没有定论。19 世纪末，冯特（W. Wundt）、高尔顿（F. Galton）、卡特尔（R. B. Cattell）和比内（A. Binet）等许多心理学家试图用实验或测验手段评估个体智力。但是，他们当时评估智力时对智力所下的操作定义往往与其对智力的理性理解不相符，因而他们的各种智力评估手段的结构效度很低。这种局面迫切要求对智力的实质做出明确界定，从而能够有效地评估智力的个体差异。于是，心理学家们开始致力于智力实质的研究。这样的研究几乎贯穿整个 20 世纪，各种智力理论及其评估手段层出不穷。其中，基于心理测量学、认知科学和生物学的三类研究是最富影响力和竞争力的。

（一）智力的心理测量学理论

1. 智力二因素论

英国心理学家斯皮尔曼（Spearman，1904）首先发现一系列心理能力测验之间存在普遍的正相关，并首先利用因素分析方法，将这些相关归因于一种一般因素或共同因素的作用。他称这种因素为 G 因素，并从三个方面对它定义：经验的领会、关系推断和相关推理。他认为 G 因素对于同一个体是稳定的，它渗透于所有与智力行为有关的任务之中，是

一切心智活动的主体，个体间智力的差异就取决于个体拥有的 G 因素量的多寡。

后来，由于测验间并非完全相关，出于统计上相关分析的需要，斯皮尔曼又提出还存在特殊因素（S 因素），并由此构成他的智力二因素论。但他始终强调 G 因素是智力的核心，而 S 因素只有在某些特殊情况下（特殊工作或特殊活动）才会表现出来，因而只具有偶然意义。

2. 智力多因素论

由于统计学中因素分析法的发展，美国心理学家瑟斯顿（Thurstone，1938）利用多重因素分析方法首先提出：智力的核心不是单一的 G 因素，而是许多主要的、基本的、彼此相关的能力因素群。经过多年研究，他和他的学生从 56 种不同的测验中分析出语文理解、言语流畅性、推理、空间表象、数字、记忆和知觉速度七种最主要、最基本的心理能力。

"一战"以后，吉尔福特（Guilford）通过 20 年时间孕育出一个新的智力结构模型，这通常被视为瑟斯顿理论的扩展，如图 12 - 1 所示。在此，智力包括三个维度：

（1）"内容因素"：指引起心智活动的各类刺激。包括：视觉（F）——形状、大小、颜色等；听觉（A）——声音信号；符号（S）——字母、数字等；语义（M）——词句的意义、概念等；行为（B）——各种行为模式。

（2）操作因素：指由各种刺激引起的反应方式与心理过程。包括：认知（C）、记忆（M）、发散思维（D）、聚合思维（N）、评价（E）。

（3）结果因素：指心智活动的产物，即对各类刺激的反应结果。包括：单位（U）——可以按单位计算的产物，如一个词、一句话等；类别（C）——将事物分类；关系（R）——推断两个事物间的关系；系统（S）——推断一个系统内诸事物的关系；转化（T）——对事物认识的迁移；含义（I）——解释内涵。

吉尔福特认为这三个维度的变化组合可以产生 150 种心理能力。

事实上，智力多因素论者虽然强调智力由多种能力因素构成，但他们后来也不否认 G 因素存在的可能性，只是否认其重要性罢了。

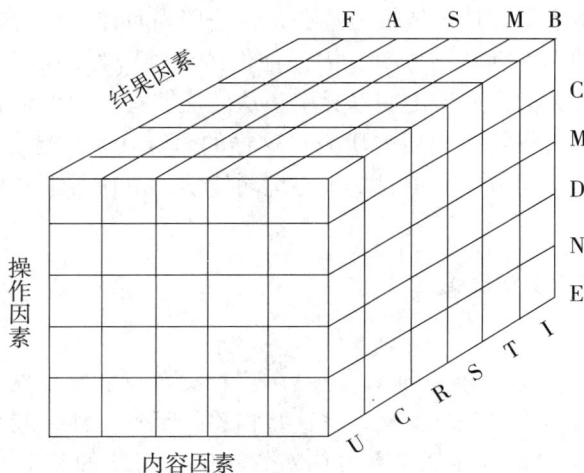

图 12 - 1　智力三维结构模型

3. 智力层次理论

英国心理学家弗农（P. A. Vernon）于1961年提出了智力层次模型，认为G因素处于智力结构最高层；第二层被称作大因素群，包括言语与教育能力和操作与机械能力两个大因素，分别控制着被称作小因素群的第三层的各种主要心理能力，如言语、数量、机械、空间、手工等；第四层为分属于第三层各小因素的种种特殊因素能力，如图12-2所示。

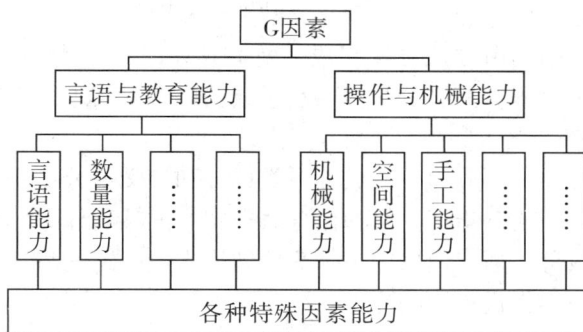

图12-2　智力层次模型

（二）智力的生物学理论

随着神经生理学和生理心理学的发展和成熟，智力的生物学研究在智力领域始终占据一席之地。高尔顿（F. Galton）、桑代克（E. L. Thorndike）、艾森克（H. J. Eysenck）和詹森（A. R. Jenson）等人皆从生物学观点出发，认为智力在人类脑的结构、生物化学、生理学、遗传学等先天因素的影响下形成和发展，它使人类区别于其他生物，同时也使人类个体差异得到反映。詹森的智力振荡理论在其中最具代表性，如图12-3所示。

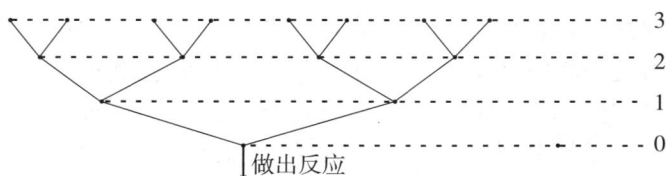

图12-3　智力振荡理论的等级双向树图

图中黑点表示大脑皮层的激活点，其数目与智力任务中的物理刺激数目相对应。图中所标数字表示神经传导链的水平数。

智力振荡理论假设每个结点的激活水平是振荡的，因此这些结点有一半时间处于不应期。对结点的刺激若超过了其激活阈限，则将沿着结点链传递下去，直至最后的反应通道。因而，对刺激做出反应的时间量，实质上依赖于两个因素：①激活传导所必须经过的链的水平数；②结点的平均振荡周期。个体在这两个因素上的差异，导致了个体的反应时差异，并最终反映了个体在智力上的差异。

可见，詹森强调速度因素在智力上的重要性。事实上，他也承认心理测量学中智力G

因素的存在，所不同的是他将 G 因素定义成了反应速度。

（三） 智力的认知心理学理论

20 世纪 60 年代，认知科学兴起。此后，由于它的影响力和渗透力，越来越多的心理学家开始在信息加工的理论框架下，试图探讨人类智力的内部信息加工机制与过程。在这一领域中具有代表性的研究成果，当属美国心理学家斯坦伯格（R. J. Sternberg, 1985）提出的智力认知成分理论，以及加拿大心理学家戴斯（J. P. Das）等人的 PASS 理论。

斯坦伯格认为智力结构由"成分"组成。所谓成分，就是对物体或符号的内部表征进行操作的基本信息加工过程。据成分的概括水平或功能可对其进行不同分类。

1. 据成分概括水平分类

据成分概括水平分类，可分为一般成分、类成分和特殊成分：一般成分指所有智力任务操作所必需的成分；类成分指至少两种任务必须解决的某类任务的成分；特殊成分只是单一任务操作所需的成分。斯坦伯格以一个等级结构来说明这三种成分之间的关系，但并未对每类成分的具体内容作进一步的诠释。

2. 据成分功能分类

据成分功能分类，可分为操作成分、元成分和知识获得成分。操作成分是智力任务完成过程中实际施行的加工过程，其中最普遍存在的信息加工成分有编码、关系推断、相关推理、应用、比较、证实、反应。元成分是指问题解决过程中使用计划、监控和决策的高级执行过程，其功能包括：审阅问题，选择信息加工成分，选择信息的一种或多种表征，选择信息加工成分的组合策略，决定注意资源的分配，问题解决过程的监控及结果的检验和评价。知识获得成分是指用于获得新知识的过程，包括学习成分、保持成分和迁移成分。三种主要功能成分相互作用，彼此激活或给予反馈（直接或间接），处于一种动态结构之中。

近年来，西方心理学界出现了一股以新的智力观"超越"或取代传统 IQ 概念的思潮。戴斯（J. P. Das）、纳格利尔里（J. A. Naglieri）、考尔比（J. R. Kirby）等人于 20 世纪 90 年代提出的 PASS 模型为其中最具代表性的理论之一。何谓 PASS 模型？即"计划—注意—同时性加工—继时性加工"（Planning-Attention-Simultaneous-Successive-Processing）这三级认知功能系统中所包含的四种认知过程的缩写。同时性加工和继时性加工是功能平行的两个认知过程，它们构成一个系统。注意系统又称注意—唤醒（arousal）系统。三个功能系统是分层级的。注意系统是基础，同时性—继时性加工系统处于中间层次，计划系统为最高层次。三个系统的协调合作保证了一切智能活动的运行。

PASS 模型是戴斯、纳格利尔里、考尔比等人在"必须把智力视作认知过程来重构智力概念"的思想指导下，经过多年的理论和实验的研究论证而提出的。最初它只是作为一种信息加工模型，随后又被描述为一种信息整合模型。时至 1988 年，它开始被肯定为认知评价模型。直到 20 世纪 90 年代初，纳格利尔里和戴斯才撰文明确指出它也是智力的模型。要重构"智力"概念吗？那就"让我们把 IQ 放在一旁，另外去与一些主要的认知过程打交道吧"！PASS 模型就是他们沿着"认知革命"开辟的研究智力的新途径，与认知过程打了多年交道的成果。他们自信地认为，它将为编制不同于 IQ 测验的新的智力测验提供一个"健全的理论基础"。

PASS 模型理论有两大基石。一是信息加工的认知心理学。特别值得一提的是布罗德本特（D. E. Broadbent）关于知觉和信息联络（communication）的研究、亨特和蓝斯曼（M. Lansman）关于注意和问题解决的研究以及西蒙（H. Simon）等人以人工智能方法对人类智力的研究。另一基石是鲁利亚（А. Р. лурия）神经心理学关于大脑机能组织化的思想，以及这种组织化与大脑的特殊部位相联系的观点。PASS 模型的三级认知功能系统直接派生于鲁利亚的大脑三级机能联合区。鲁利亚认为大脑有三个基本的机能联合区或"脑器官"，它们分处不同层次但又协同工作，构成一切智能活动的必要条件。这三个机能联合区分别是：保证调节紧张度或觉醒状态的第一联合区，接受、加工和保存来自外部世界信息的第二联合区，制定、调节和控制心理活动的第三联合区。三个机能区的三级皮质区均有相应的器官和组织。第一机能区与脑干、间脑和两半球的中央区有关；第二机能区与中央凹后的枕叶、顶叶和颞叶活动有关；第三机能区则由两半球的前方，特别是额叶等脑器官构成。显而易见，PASS 模型与鲁利亚所描述的大脑机能联合区之间存在对应关系：注意—唤醒功能系统与第一机能区相对应，同时性—继时性加工系统与第二机能区相对应，计划系统与第三机能区相对应。

二、关于智力评估的实践探索

受达尔文进化论思想的影响，英国心理学家高尔顿将智力归于遗传素质，成为智力的个别差异研究和科学测量智力的主要创始人。1884 年，高尔顿开始运用实验手段测量智力，结果以反应时表示，并且首先发现反应时与教师评定的智力等级间呈正相关。在智力的早期研究中，卡特尔、桑代克等人都沿袭了高尔顿的实验室方式，认为反应时与其他简单的感知觉辨别测验相结合可以评估智力的个体差异。

1904 年，斯皮尔曼提出了智力 G 因素的存在。这一理论观点不仅对后来关于智力实质的理论研究产生了巨大的影响，也成为智力测验产生的理论基础。1905 年，法国心理学家比内和医生西蒙在智力 G 因素论的影响下，合作制成世界上第一个智力量表，以测验的总分或平均分作为个体智力 G 因素水平的评估指标，并以此标定智力的个体差异。从此，比内—西蒙智力量表便作为智力测验的传统模式而存在。在随后的五六十年时间里，行为主义学派在心理学中占据着主导地位，心理学家们的研究兴趣更多集中于行为的结果而非其内部过程。因而，这段时期内的智力评估，几乎皆以智力的心理测量学理论为基础，并遵循着比内—西蒙智力量表的传统——只是测验内容的细节不同，并且评估指标几经改进之后，离差智商成为最广泛使用的指标。

智力测验一产生，便被迅速地应用于人类社会的各个方面，并且，作为一种度量工具，它们在对个体的分类和预测上显示出了非凡的使用价值。然而，智力测验同时也遭到来自各方面的批判。其中，最激烈的批判之一是认为智力测验过分注重个体的知识结构，而知识是教育的结果，教育又极受特定社会和文化背景的影响，因此，测验的应用受到歪曲或限制。批判者们提倡文化公平测验，这种思想集中体现在智力的生物学研究之中。

关于智力稳定的遗传力的研究、智力与大量生物学指标之间的相关研究，以及智力与反应时之间的相关研究为詹森的理论假设提供了实验证据，并表明速度对于智力 G 因素的重要性。因此，詹森认为可以设想从更为简单的信息加工现象入手，以一系列不受社会和文化背景影响的纯粹的反应时测验来取代传统的智力测验，并以个体在测验中的反应时指标来标定其智力 G 因素水平。

由于传统的智力测验和詹森所倡议的反应时测验均注重个体在测验中的行为结果，并以一个总的指标来评估智力的个体差异，而未在更为精细、严密的水平上对个体心理活动过程的内部加工机制进行分析，因此，20 世纪 60 年代以后的认知心理学家们对此提出异议，并开始寻找新的智力评估方法。

在认知心理学减法反应时法的启发下，斯坦伯格提出了智力的认知成分分析法。这种方法从复杂认知作业的操作入手，并在理论上假设任何一个复杂问题的解决都由一系列基本的认知操作成分（如编码、推断、应用等）构成，然后通过精心设计的反应时实验，分解出不同智力水平的个体解决同一复杂问题所采用的各种认知加工成分，并记录每一个体在每一加工成分上的反应时参数，最后比较个体和总体的各成分参数，这样就可以评估个体在每一加工成分上的水平高低，从而能够相当精确地诊断出个体认知过程中真正的、内在的薄弱点，并因此能对症下药，及时有效地给予补救和引导。

然而，以反应时表示的信息加工速度虽然可以有效地反映个体操作成分上的差异，但棘手的是，人们可以主动地、有意识地控制加工速度，进行合理的资源分配，平衡速度和准确性的矛盾。这正是斯坦伯格所说的智力元成分的功能。显然，信息加工速度并非元成分的主要特征，因而以反应时作为元成分的评估指标是无效的或至少是不足够的。那么应该如何评估元成分？这个问题目前仍在研究和探索之中。

事实上，以詹森为代表的生物学智力论者和以斯坦伯格为代表的认知心理学智力论者虽然从不同的角度指出了传统智力测验的不足，并在各自的理论基础上对智力评估提出了新思路和新方法，但是这些新思路和新方法往往只停留在设想或实验研究的水平之上，而未能制定出现成的、切实可信的智力测量工具，因而无法被应用于实际之中以满足社会的需要。到目前为止，在社会各界用以评估智力个体差异的测量工具中，影响最大、普及面最广、权威性最强的仍是传统的智力测验。

三、传统智力测验的若干问题

（一）传统智力测验的结构效度

由于传统的智力测验是在智力 G 因素论的基础上编制的，因此，若测验具有较好的结构效度，那么我们便认为它基本测出了个体在智力 G 因素上的水平。然而，我们可以作进一步的讨论："智力 G 因素真正存在吗？""智力 G 因素的实质究竟是什么？""智力 G 因素上的个体差异意味着智力全部的个体差异吗？"这时，我们便会遗憾地发现，对于这些问题的讨论，始于很多年以前，而至今仍无定论。若想解决这些问题，唯一有效的途径就是统一对于智力实质的看法。这就意味着我们前面所述的各种不同的智力研究方向将向一个共同点汇合。

分析智力理论的研究趋势，各种智力理论研究方向之间的结合是可能的并且势在必行。早在1957年，美国心理学家克隆巴赫（Cronbach）就提出：科学心理学应当将相关研究和实验研究有机地协调起来。以心理测量学为代表的相关研究能够揭示智力任务上各种不同智力因素间的关系，但它不能解释各种智力因素及其相互关系的内在加工实质。以认知心理学为代表的实验研究能够以相对确定的方式揭示认知活动的内在机制，但单从实验本身难以说明加工系统的各种成分对于完成智力任务是否一般有效。因而，完整、充分地认识人的智力需要将两种研究相结合。而智力的生物学研究，从辩证法的角度来看，它所强调的智力的遗传素质应该作为智力研究的生理基础而存在。

智力研究者们期望通过共同努力而最终达成对于智力实质的共识。那么，关于智力实质的一个综合的、统一的理论究竟能不能产生？若能，则什么时候可以产生？这些在目前来说均是未知数。因而，关于智力测验的结构效度，目前我们只能作狭义的解释，即以不同智力理论模型为基础的智力测验，其结构效度应具备不同的含义，并且我们最终对测验结果的解释亦相应不同。因此，在选择和使用智力测验时，这是一个必须慎重考虑的问题。

（二）传统智力测验的功能

测验的基本功能是测量个体差异，因而传统智力测验的功能便是对智力的个体差异的测量。大量的测量结果表明，在一般人群中智力高者或低者均占少数，智力中等或接近中等者约占全部人口的80%，基本上呈常态分布。

由于智力测验所依据的理论上的特性，以及智力分布的常态性，智力测验在实际中常常行使将人群分类的功能。韦克斯勒（D. Wechsler）曾按智商的高低，把智力分成七类，如表12-1所示。

表 12-1　韦克斯勒对智力的分类

IQ	类别
130 以上	极优秀（天才）
120~129	优秀
110~119	中上（聪颖）
90~109	中等
80~89	中下（迟钝）
70~79	低能边缘
70 以下	智力缺陷

此外，由于传统智力测验结果与学习成绩、教师评定等外在效标间较高正相关的存在，智力测验在实际中又常作为预测源测验行使预测的功能。

社会对智力测验的需求不仅仅是将人群分类，并预测个体未来可能的成功程度，还要求测验能进一步对个体进行诊断和采取相应且及时的补救措施。而智力的心理测量学概念强调 G 因素的存在，只从宏观上描述个体的外在行为结果，却忽视了对个体心理活动过程进行精细的分析及对内部加工机制的探讨，因此，以此为依据的传统智力测验可以对人群进行分类和预测，却无法对个体真正的内在薄弱点做出精确诊断，从而不能满足社会更为精细的需求。

（三）传统智力测验的公平性

当利用测验评估智力差异时，首要前提是客观公正。传统智力测验对任何人都是公正的吗？这是长期以来颇有争议的一个问题。对此持否定态度者主要从以下三个方面提出质疑。

1. 性别差异

对于智力的性别差异的研究，已有多年的历史。研究者们通常会发现男女两性在智力上的差别在统计上并不显著，因此，就整体而言，智力很可能并不存在性别差异。然而，具体到对智力不同能力因素上的研究，则结果一般表明存在性别差异：男性在数学推理、视觉—空间能力、躯体运动速度和协调方面优于女性，而女性在言语流畅性、言语理解和记忆等方面优于男性。这样一来，智力测验本身的内容和结构，对男女两性便未必公平了。一般测验都包括多种性质的题目，有些可能更适合于男性，有些则更适合于女性。如果测验中所包含的利于男性和利于女性的题目并不均衡，那么此测验对其中某一性别的人群便是不公正的，此时便应对测验结果所显示的性别差异做出慎重解释。传统智力测验中的"韦氏成人量表"的题目就存在这样的不平衡问题。

2. 职业差异

关于智力职业差异的研究表明，不同职业的人在智商上具有差异，从事专业工作人员（如会计师、律师、工程师）的智商最高，相对来说，诸如工人、农民这样的劳动者则智商最低。有些资产阶级学者据此得出"劳动人民天生愚笨"的结论，为其阶级剥削提供依据。显然，这是一种阶级偏见。在当代社会，职业分工日益精细，不同的职业需要不同能力的人是一个公认的事实。而传统智力测验并不能全面反映人各方面的能力，因此仅以智商高低来判断人的智愚并不合理，由此得出"天生如何"的结论更是荒谬。智力受到遗传与环境的双重影响，劳动人民及其子女的智商若相对偏低，则很可能是环境所致，而不能断言其天生如此。

3. 文化和教育差异

传统智力测验经常受到的批评是，个体在测验上的得分往往受知识经验的影响，因此测验对不同文化背景或教育水平的团体是不公平的。大量测验结果显示了显著的城乡智力差异和种族智力差异，后者曾为种族歧视者所利用，成为种族歧视的借口。

然而，智力测验结果反映的城乡差异和种族差异，并不能完全归因于城乡或种族本身由遗传引起的差异。事实上，文化和教育因素在此很可能起了主导作用：一方面是由于构成智力测验的题目本身在很大程度上是对个体受文化影响和受教育程度的测定；另一方面是由于城乡之间或不同种族之间的生存环境在文化和教育方面有很大的差异，城市儿童或白人儿童一般生活在浓厚的文化氛围之中，并且其家庭的社会经济地位普遍足以为其提供较好的教育，农村儿童或黑人儿童则不然。此外，另一些研究事实也为此提供了依据：一是现代传播媒介以及各种信息交流手段的日益丰富，使得美国农村儿童对文化的接触日益广泛，智力的城乡差异明显缩小；二是一些研究者通过人为改变某些黑人儿童的生活环境，给予他们较好的教育和一定的文化熏陶，一段时间以后发现他们的智力水平明显上升。

为了保证智力测验对不同文化背景团体的公正性，很多人试图编制排除文化影响的"超文化"测验或所包含的文化因素适宜不同团体的"文化公平"测验。现在关于这方面的研究取得了一定的效果，但到目前为止，还没有一个成功测验可以用来取代现有的传统智力测验。

（四）传统智力测验的预测效度

在用智力测验对个体未来可能成功的程度作预测时，一般都假定所测的智力是个体相当稳定的特质。而事实上，人的智力并非一成不变，它会由于某些因素的影响而发生变化。智力的可变性主要表现在以下三个方面：

1. 智力随年龄成熟而发展

一般研究表明，人类的智力随年龄而增长。绘制智力与年龄关系的曲线，可以看出：智力在童年期急速增长，在青少年期增长稍缓，在成年期达最大值，保持稳定一段时期后开始有所下降，如图 12 - 4 所示。

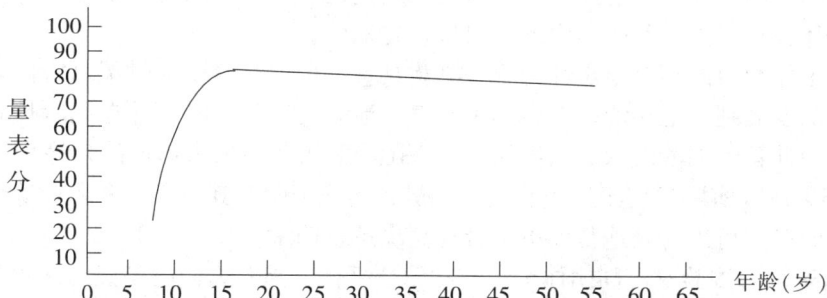

图 12 - 4　智力成长曲线（根据韦克斯勒 1958 年的研究）

虽然对于智力成长曲线的研究结果尚不尽一致，但大概可以归纳如下：

（1）智力发展在十二三岁以前呈直线上升趋势，13 岁后开始减慢。

（2）个体智力水平与其智力发展速率及停止年龄密切相关：一般智力高者发展速度快而停止年龄晚，智力低者则发展速度慢且停止年龄早。

（3）智力发展高峰期虽存在个体差异，但总的来说，早期研究认为一般人的智力在16～18 岁时到达顶峰，近期研究结果又将之推迟至 25 岁。

2. 智力随环境而变化

在遗传素质确定的情况下，环境的变动将对个体智力产生一定影响。比方说，突然从经济条件良好且教育环境良好的状态下，转到贫穷和无法接受良好教育的境况，或从文化和物质均较贫瘠的农村某地迁入文化氛围浓、教育水平高的城市中生活，都会对个体智力产生消极或积极的影响。

3. 智力随个性特质的不同而产生不同变化

个体人格特征也是影响智力发展的一个因素。例如，韩（Haan，1963）的研究结果表明，智商的改变与个人的心理防卫机制有密切关系，凡是运用退缩、否认、合理化的人，其智商有降低的趋势；反之，运用客观、建设性、面对现实的人，其智商有上升的趋势。

由于上述智力的可变性，利用智力测验来预测个体今后成功程度的效能便有被夸大的可能。一个在当前测验上 IQ 较低的个体，并不一定今后就笨且没有成就。比如，一般来说，女性无论在生理上还是智力上发育均较男性早，那么，女性早期在智力测验上表现出的优越性，并不能说明女性今后一定比男性成功。因此，当以智力测验预测个体未来成就时，一定要慎重考虑其预测效度问题。

虽然传统智力测验在理论基础和实际运用中存在这样或那样的问题，以致遭到来自各方的批判，甚至一度受到社会的抵制，但是，到目前为止，智力测验仍被作为有效的智力个体差异评估工具而得到广泛应用。究其原因，大致可以归于以下几个方面：

（1）智力本身虽具有可变性，但从另一个角度来说，也具有稳定性。其稳定性主要表现在：个体智力在其相应团体中的相对位置长时期内保持稳定。这种相对位置的稳定可以首先归因于个体的遗传素质。研究表明，血缘关系越近的人智商相关越高，可见，遗传对于智力的发展具有不可忽视的作用。虽然环境的变化对智力发展会产生很大的影响，但就普遍范围而言，多数人的环境是相对稳定的，突如其来的环境巨变相对少见。而且，后天经验是一个积累的过程，先前经验为以后的发展提供了基础，因而最初发展较快、智力水平较高的个体很有可能在其团体中继续保持领先地位。

可见，个体智力的相对稳定性为智力测验具有一定预测效度提供了可能性。另外，由于个体智力的发展到一定年龄以后会越来越慢，最终会达到顶峰，并在此后长时期内处于稳定状态，因此智力测验的预测效度便会出现随受测者年龄增大递增的趋势。

（2）智力测验实际运用于选拔和安置人员，实践证明，其对学生和职业等效标的预测具有较好的效度，可以有效地帮助决策者提高决策正确率。

（3）由于智力测验对不同团体可能存在不公平性，因此人们已经试图从改善智力测验本身来缓解这一问题，比如改善题目结构，或据亚文化群的特点为不同团体编制不同的测验，或在同一测验中为不同团体制定子常模等。但是，事实上，从另一角度来说，当智力测验被用于选拔人员时，我们更应看重的是其预测效度而非其公平性。只要一个测验确实能够在一定的录取率下相当准确地筛选出最有可能成功的人，该测验就应是可行的。至于它对各种不同团体公平与否的问题，最根本的解决办法还是建立一个政治、经济和文化等各方面高度平等的社会，从本质上消除文化、经济和教育对某些特殊团体的不公平性。

（4）虽然人们指出传统智力测验的种种不足和局限，并且从各种角度提出了更全面更完善的智力评估手段的设想，也有很多人在实践中作了诸多尝试，但至今仍未出现成熟的、超越传统智力测验的智力评估工具。因此，传统智力测验在智力评估中的地位目前仍是不可取代的。

第二节　个体智力测验

传统智力测验由于施测对象的不同可以分为个体智力测验和团体智力测验，前者一般由一位主试对一位被试进行面对面的施测，后者则可由一位主试同时对若干被试进行施测。本节将对代表性最强、影响最大的个体智力测验作一简要介绍。

一、比内量表

（一）比内—西蒙量表

1. 1905 年量表

这是比内和西蒙出于诊断异常儿童智力的需要，于 1905 年编制而成的世界上第一个智力量表。它包括 30 道测验项目，种类繁多，可以测量智力的多方面表现，比如记忆、言语、理解、手工操作等。它以通过多少项目作为区分智力的标准，并且显现出年龄量表的雏形，比内和西蒙在此已指明不同年龄的儿童所能通过的项目。

2. 1908 年量表

这是第一个年龄量表。比内和西蒙在此对 1905 年量表作了如下修订：①测验项目增至 59 个；②测验项目以年龄分组（3～13 岁，每岁一组）；③以智力年龄来评估个体智力，即儿童最后能通过哪个年龄组的项目，便说明他具有这一年龄的智力水平，而不论他的实际年龄是多少。

3. 1911 年量表

比内在 1908 年量表基础之上对其作最后一次修订，除了改变一些项目内容及其顺序之外，还将其适用范围扩大，增设了一个成人题目组。虽然如今比内—西蒙量表因简陋和非标准化不再为当代人所使用，但它在智力测验历史上的贡献是不可磨灭的，它的主导思想成为其后智力测验所遵循的传统。

（二）斯坦福—比内量表

1. 斯坦福—比内量表的发展

比内—西蒙量表发表以后，戈达德（H. Goddard，1908）第一个将其介绍到美国。此后，又有一些人对它进行了修订，其中美国斯坦福大学推孟（L. M. Terman）教授的工作最负盛名。

◆1916 年量表

推孟在 1916 年发表的斯坦福—比内量表中，对比内—西蒙量表中的项目或者保留，或者修改，或者删除，并在此基础上又增设了 39 个新项目。该量表首次引入比率智商的概念，开始以 IQ 作为个体智力水平的指标。而且，为了使测验标准化，该量表对每个项目施测规定了详细的指导语和记分标准。

◆1937 年量表

推孟在 1937 年对斯坦福—比内量表作了第一次修订，修订后的斯坦福—比内量表由 L 型和 M 型两个等值量表构成。该量表适用年龄由 1916 年的 3 ~ 13 岁扩展到 1.5 ~ 18 岁，并在修订时选取了更大的代表性样本，以获得其信度、效度资料，不过其样本仍局限于白人，且偏重于社会经济地位较高家庭的儿童，因而仍未能全面反映美国当时的人口状况。

◆1960 年量表

这个量表汇集了 1937 年量表的 L 型和 M 型中最佳项目而成 LM 型单一量表，适用于 2 岁到成人。该量表的重大改变在于舍弃了比率智商，引入了离差智商概念，以平均数为 100、标准差为 16 的离差智商作为智力评估指标。

◆1972 年量表

此量表保持 1960 年量表的测验内容不变，重新修订常模，所选常模团体包括了美国各地区、各社会阶层、各种经济状况、各民族的 2 100 名儿童，取样代表性有了很大提高。

◆1986 年量表

由桑代克等人主持，出版了第四版斯坦福—比内量表（S - B$_4$）。与前几版相比，S - B$_4$ 测验内容基本没有变化，但组织结构有了革新，并采用了新的常模团体。它由 5 000 余名 2 ~ 23 岁的个体组成，严格按照 1980 年美国人口普查中地理区域、社区大小、种族、性别的比例进行分层而得到。

◆2003 年量表

洛伊德（Gale. H. Roid）修订出版了第五版斯坦福—比内量表（S - B$_5$）。S - B$_5$ 保留了 S - B$_4$ 的一些特征，例如，继续使用例行测验来估计被试能力，以便选择最适合被试的项目进入水平（进入水平的含义将在下面谈到）。但 S - B$_5$ 还有一些不同于 S - B$_4$ 之处：S - B$_5$ 有两个例行测验（矩阵和词汇），而 S - B$_4$ 只有一个例行测验（词汇）；S - B$_5$ 智商分数和指标分数的平均数为 100，标准差不再是 16 而是 15；S - B$_5$ 与原有 S - B$_4$ 的分测验及所用的材料有些不同，比如 S - B$_5$ 采用了一些以前版本中用到过但被 S - B$_4$ 抛弃的玩具。

2. 斯坦福—比内量表的信度与效度

◆ 信度

一般来说，斯坦福—比内量表对年龄大的被试比年龄小的被试信度高，对于智商低的被试比智商高的被试信度高。计算其 L 型和 M 型量表的复本信度，在 2.5 ~ 5.5 岁之间的为 0.83 ~ 0.91，在 6 ~ 13 岁之间的为 0.91 ~ 0.97，在 14 ~ 18 岁之间的为 0.95 ~ 0.98（下限信度值来自 IQ 为 140 ~ 149 的被试，上限信度值来自 IQ 为 60 ~ 69 的被试）。再测信度与复本信度的研究结果大体一致。因此，总的来看，斯坦福—比内量表是一个高信度的测验，各种年龄和 IQ 水平的信度系数大都在 0.90 以上，这意味着在被试实得分数变异中 90% 以上来自真分数变异，而由随机误差引起的分数变异不足 10%。

◆效度

斯坦福—比内量表的效度具有以下三方面的证据：

（1）内容效度。斯坦福—比内量表中所包含的项目涉及多方面内容，如言语、类比推理、理解、记忆、空间关系、数字等，而这些内容又被公认在智力范畴之内。

（2）效标关联效度。由斯坦福—比内量表而得的智商分数与学业成绩、教师评定、受教育年限等外在效标分数间存在普遍正相关，效标关联效度系数大多介于 0.4～0.75 之间。由于斯坦福—比内量表以文字材料为主，因此它对言语方面的预测有效性较其他方面更高一些。

（3）结构效度。斯坦福—比内量表的理论构想主要基于以下两方面：①智力随年龄而发展，其成长曲线特征为先快后慢；②智力结构中存在一般因素 G，它渗透于每一智力行为之中，是智力的核心。斯坦福—比内量表对于其理论构想的测量有效性已得到一定程度的证明：一方面，斯坦福—比内量表的信度研究显示出其再测稳定性程度随年龄而提高的趋势，从而表明智力随年龄先快后慢发展的特点；另一方面，在 1960 年量表中，虽然每一项目涉及不同智力行为，但项目分析结果显示各项目与测验总分的平均相关系数为0.66，这表明各项目所测的特质同质性很高，正是由于支持了其理论假设贯穿于所有智力行为的智力 G 因素的存在。

（三）中国比内测验

从 20 世纪 20 年代起，我国心理学家陆志韦和吴天敏便开始着手斯坦福—比内量表的中国版修订工作。1924 年，陆志韦在 1916 年斯坦福—比内量表的基础上修订而成《中国比内—西蒙智力测验》。1936 年他和吴天敏合作发表第二次修订本。1978 年，吴天敏主持第三次修订，1982 年完成《中国比内测验》。

该测验共有 51 道题，从易到难排列，每题代表 4 个月的心理年龄，这样从 2～18 岁，每个年龄段有 3 道题。不过，最后的智力评定指标并非智龄，而是离差智商。

施测时，先根据被试年龄从测验手册的附表一中查到开始作答的题号，如 2～5 岁儿童从第 1 题开始作答，6～7 岁儿童从第 7 题开始作答，8 岁儿童从第 10 题开始作答，等等。然后根据指导语进行逐题测试，采用全或无的记分方法，即通过为 1 分，不通过为 0 分，连续 5 题得 0 分便停止测验。最后根据测验总分和被试实际年龄，可从指导手册的常模表中查得被试的智商，如某 4 岁零 3 个月的儿童得分为 9，则可知其智商为 108。

中国比内测验必须个别施测，并且要求主试必须受过专门训练，对量表相当熟悉且有一定经验，能够严格按照测验手册中的指导语进行施测。为了节省测验时间，吴天敏在《中国比内测验》的基础上又制定了一份《中国比内测验简编》，由 8 个项目组成，通常只需 20 分钟即可测完。

二、韦克斯勒量表

（一）韦氏成人智力量表

1. 韦氏成人智力量表英文版
◆ 韦氏成人智力量表的产生与发展
（1）韦克斯勒—贝尔韦量表。
美国心理学家韦克斯勒在临床心理工作中发觉斯坦福—比内量表在成人智力水平评估上的不足，他认为斯坦福—比内量表的内容和题目是针对儿童设置的，过分强调速度而又缺乏难度，对成人而言表面效度很低，无法引起成人的兴趣，而且斯坦福—比内量表的常模资料亦来自儿童，智龄的概念也不适用于成人。因此，他于 1934 年开始致力于智力测验的编制和研究工作，1939 年发表了韦克斯勒—贝尔韦智力量表 I 型（Wechsler-Bellevue Scale Form I，W-B I）。

W-B I 是第一个成人智力测验，它的内容是以特别适合成年人使用的眼光来选择的，并用一系列不同的子测验的形式来编制整个测验，每个子测验内的题目皆由易到难排列。由于 W-B I 在常模样本的代表性及子测验信度上的不足，韦克斯勒又于 1949 年增加了 II 型（W-B II）。W-B I 和 W-B II 主要用于测量 10 ~ 60 岁的被试，它们在内容和形式上为后来发展的各种量表奠定了基础。

（2）韦氏成人智力量表修订版。

韦克斯勒对 W-B 作了修订和重新标准化，于 1955 年编制出版韦氏成人智力量表（WAIS），1981 年又出版了再次修订和标准化后的 WAIS，称为韦氏成人智力量表修订版（WAIS-R）。WAIS-R 和 W-B 及 WAIS 一样由 11 个分测验组成，其中常识、背数、词汇、算术、理解、类同 6 个分测验又构成言语分量表，填图、图画排列、积木图案、拼图、数字符号 5 个分测验构成操作分量表。在此，每个分测验内的题目由易到难排列，且言语测验和操作测验交替施测。

WAIS-R 的每个分测验独立记分，再转化成平均数为 10、标准差为 3 的标准分数。6 个言语分测验的标准分数相加可得言语量表分，5 个操作分测验的标准分数相加可得操作量表分，所有分测验的标准分数相加可得全量表总分。最后，将这些量表分数转换成平均数为 100、标准差为 15 的离差智商分数，便可得到言语智商、操作智商和总智商。

WAIS-R 的常模团体由 1 880 人组成，男女各半，分配在 16 ~ 17、18 ~ 19、20 ~ 24、25 ~ 34、35 ~ 44、45 ~ 54、55 ~ 64、65 ~ 69、70 ~ 74 岁 9 个年龄组。韦克斯勒非常注重取样代表性，尽量使之与美国 1970 年人口统计资料中的各种比例相符。他根据常模团体的测验结果，为每个年龄组分别制定常模。因此，根据被试的原始分数查得的言语、操作和总的智商分数，表明了被试在他所属的年龄组团体中所占的相对位置。

（3）韦氏成人智力量表第三版。

韦氏成人智力量表第三版（WAIS-III，1997）是 WAIS 和 WAIS-R 的延续。WAIS-III 由 14 个分测验组成，用以计算全量表智商（Full Scale IQ）、言语智商（Verbal IQ）和操作智商（Performance IQ）。其中言语分量表包含常识、背数、词汇、算术、理解、类同、字母—数字排序这 7 个分测验；操作分量表包含填图、图画排列、积木图案、拼图、数字符号、符号搜索、矩阵推理这 7 个分测验。同前两个版本一样，每个分测验内的题目由易到难排列，且言语测验和操作测验交替施测。

（4）韦氏成人智力量表第四版。

目前韦氏成人智力量表已发展至第四版（WAIS-IV，2008），对测验结构进行了较大调整和修正，增加了评估流体智力、工作记忆和加工速度的分测验，使量表整体更符合当代认知理论的模型。WAIS-IV 由 10 个核心分测验和 5 个附属分测验组成，其中 10 个核心分测验用以计算全量表智商和一般能力指数（General Ability Index，GAI）。该测验主要有 4 个指数得分，代表智力的主要组成部分：言语理解指数（Verbal Comprehension Index，VCI）包括常识、类同、词汇；知觉推理指数（Perceptual Reasoning Index，PRI）包括拼图、积木图案、矩阵推理；工作记忆指数（Working Memory Index，WMI）包括算数、背数；加工速度指数（Processing Speed Index，PSI）包括译码、符号检索。其中全量表智商由以上 4 个指数进行加总，一般能力指数仅由 VCI 和 PRI 组成。

WAIS-Ⅳ的常模团体由 2 200 人组成，年龄分布在 16～90 岁，且按年龄、性别、文化程度、种族和地区分层，以保证最高的结果可靠性。

◆韦氏成人智力量表的信度和效度

（1）信度。WAIS-Ⅳ的手册中报告了指数得分和全量表的信度资料。结果表明，全量表的信度为 0.98，言语理解指数的信度为 0.96，知觉推理指数的信度为 0.95，工作记忆指数的信度为 0.94，加工速度指数的信度为 0.90。

（2）效度。WAIS-Ⅳ的手册中报告了该测验的验证性因子分析结果，其 10 个核心分测验从属于 4 个指数，进而从属于全量表的模型拟合良好（AGFI = 0.97，RMSEA = 0.05）。

2. 韦氏成人智力量表中国修订本

1982 年，在湖南医学院龚耀先主持之下修订出版了 WAIS 的中国修订本（简称 WAIS-RC）。

◆ WAIS-RC 的修订工作

WAIS-RC 在项目内容上变化不大，只是删除了部分完全不适合我国文化背景的题目，并根据我国常模团体的测验结果对测验项目顺序作了适当调整。其主要内容如下：

（1）言语量表。

①常识测验。共 29 题，内容取样范围极广，尽量避免涉及专业领域的内容。例如，"钟表有什么用？""我国首都在哪儿？"等，结果以"1""0"计分，用于测量被试的一般智力因素和记忆能力。

②理解测验。共 14 题，要求被试说明在某种特定情形下应做什么，或解释一些话的意思。例如，"为什么不要同坏人交朋友？"等，以"0""1""2"方式计分，用于测量被试运用实际知识解决问题的能力和社会适应能力。

③算术测验。共 14 题，内容属小学算术范围，例如，"8 个人在 6 天内可以完成的工作，若半天内必须完成，应找多少人来做？"题目限时完成，以"1""0"计分，用于测量被试的基本数理知识和数学推理能力。

④类同测验。共 13 题，要求被试说出两件事或物的相似之处，如"斧头—锯子"，依被试回答的全面程度以"0""1""2"计分，用于测量被试的抽象逻辑思维和分析概括能力。

⑤背数测验。由主试口述一串由 3～12 个数字随机排列组成的数字系列，要求被试按顺序复述，共 12 题；再由主试口述一串由 2～9 个数字随机排列组成的数字系列，要求被试倒着复述，共 10 题。结果以"0""1""2"计分，用于测量被试的注意力和短时记忆能力。

⑥词汇测验。主试将一张包括 40 个词汇的词表呈现在被试面前，要求被试指出主试所读的词，并对其意义进行解释。结果以"0""1""2"计分，用于测量被试的言语理解能力。

（2）操作量表。

①数字符号测验。呈现数字与符号的对应样例：1～9 每个数字对应一种符号。要求被试根据样例在每个数字下填上相应的符号，限时进行，以"0""1"计分，用于测量被试建立新概念的能力和知觉辨别速度。

②填图测验。共 21 张图片，每张图上都有缺失的部分，例如"人没有耳朵，动物没有尾巴"等，要求被试指出缺失的部分，以"0""1"计分，用于测量被试的视觉记忆与辨别能力。

③积木图案测验。给被试 9 块积木，每块各面分别涂有全红、全白或半红半白的颜色；同时给被试呈现 10 个图形，要求被试在限定时间内用积木拼摆出所呈现的图形。此分测验主要用于测量被试的视知觉组织、视动协调及分析综合能力。

④图片排列测验。共 8 组图片，每组图片打乱顺序后呈现给被试，要求被试重新以适当顺序排列，以组成一个连贯的故事情节，用于测量被试的分析综合和知觉组织能力。

⑤拼图测验。要求被试将一个被切割成几块的图形拼好，根据被试完成的速度来计分，用于测量被试的知觉组织及概括思维能力。

WAIS-RC 建立了农村和城市两个常模，从 16 岁至 65 岁共分 8 个年龄组，人口组成情况主要依据长沙市及其郊区的有关资料，不过实际取样来自 21 个省。

◆WAIS-RC 的信度和效度

对 WAIS-RC 的信度研究表明，各分测验的分半信度在不同年龄组的分布为 0.30～0.85 之间，各分量表和全量表的再测信度在 0.82～0.89 之间。对 WAIS-RC 的效度研究表明，在高考成绩上差异显著的被试，在 WAIS-RC 测得的智商上同样表现出显著差异，说明 WAIS-RC 具有一定的效度。

（二）韦氏儿童智力量表

1. 韦氏儿童智力量表英文版

◆韦氏儿童智力量表的产生与发展

韦氏儿童智力量表（WISC）是韦氏成人智力量表向较低年龄水平的扩展。它是 1949 年由韦克斯勒在 W-B I 的基础上修订而成的。它基本上保留了原来的测验形式，只是降低了测验难度，并且增添了一个迷津分测验，用于测量知觉的速度和准确性。它的主要特色在于放弃智龄概念，采用离差智商代替比率智商，并使得离差智商从此成为智力测验中最广泛使用的指标。

韦克斯勒于 1974 年完成对 WISC 的修订和重新标准化的工作，发表了韦氏儿童智力量表修订版（WISC-R）。WISC-R 共包括 12 个分测验，分别构成言语量表和操作量表，其中背数和迷津两个分测验是备用测验，可作为某一同类测验的替换或补充测验。WISC-R 适用于 6～16 岁的儿童，从 6 岁整到 16 岁 11 个月，每 4 个月为一个年龄组，分别建立了常模表，可直接由原始分查得言语智商、操作智商和总智商。

韦克斯勒儿童智力量表第三版（WISC-Ⅲ）也包括言语和操作两个量表，总共由 13 个分测验组成。言语量表包括 6 个分测验，它们分别为常识、领悟、算术、类同、数字广度和词汇，其中数字广度为备用测验。操作量表由 7 个分测验组成，它们分别是图画补缺、积木图案、图片排列、物体拼凑、译码、符号搜索和迷津，其中符号搜索和迷津为备用测验。对 WISC-Ⅲ进行因素分析可得到 4 个组合因素，它们分别为：①言语理解因素，包括常识、类同、词汇和领悟 4 个分测验；②知觉组织因素，包括图画补缺、图片排列、积木图案和物体拼凑 4 个分测验；③集中注意力或克服分心因素，包括算术和数字广度 2 个分测验；④加工速度因素，由译码和符号搜索 2 个因素组成。

韦氏儿童智力量表第四版（WISC-Ⅳ）是以 6 岁整到 16 岁 11 个月的儿童或青少年为对象，进行认知能力评估、个别施测的测评工具。相对于 WISC-Ⅲ，第四版韦氏儿童智力测验不仅继承了韦克斯勒关于智力的基本思想，而且吸纳了最新智力理论 CHC 及其跨系列测评方法的研究成果，使得 WISC 及其各个分测验对测量目标的定义和解释变得明确而有体系，为测验结果增大解释能力和指导实践奠定了基础。实际上，WISC-Ⅳ的解释手册提供了各个分测验对应测量的 CHC 理论的各个窄域能力（narrow ability）成分。修订后的 WISC-Ⅳ结构反映了当前对儿童认知进行评估的理论导向和实践要求，对工作记忆和加工速度给予了更多关注。新版测验共有 15 个分测验，积木、类同、数字广度、译码、词汇、理解、填图、常识、算术、符号搜索是 10 个从第三版保留下来的分测验。为了强调流体推理和工作记忆的测量，增加了图画概念（picture concepts）、字母—数字排序（letter-number sequencing）、划消（cancellation）、矩阵推理（matrix reasoning）、词语推理（word reasoning）5 个分测验。

WISC-Ⅳ之前的所有版本（WISC、WISC-R、WISC-Ⅲ）都是两因素结构，即智力由言语和操作两个主要因素构成，因此，整个量表分为言语量表和操作量表两大部分。在 WISC-Ⅳ中，量表结构变为"四指数"结构，即言语理解指数、知觉推理指数、工作记忆指数和加工速度指数，同时导出总智商（Full IQ），以便更全面地评估儿童的智力及认知结构，使得智力测验的结果可以被更细化地分类，帮助教育工作者及临床工作者更便捷地判断出儿童在特定认知功能方面的优势或者弱势。

在教育及培训咨询机构，WISC-Ⅳ可以帮助鉴别学生的整体智力发展水平，鉴别出智力超常者和智力落后者，为教师和家长有针对性地对学生进行辅导和训练提供了科学依据；通过对智力各个方面的强项和弱项的分析，提出个别教育方案，以便充分发挥学生的优势，弥补其不足，促使学生全面发展。

在临床及医疗应用方面，WISC-Ⅳ可以辅助鉴别中小学生的发展性障碍、学习障碍、多动症、言语障碍、自闭症等心理问题；辅助鉴别儿童是否有神经性损伤、外伤性脑损伤等神经生理问题。在司法领域中可用于鉴定事故导致智力损伤程度。在特殊教育领域中，韦氏儿童智力量表是我国培智学校招生及教学效果评价的主要智力鉴定工具。

对于科研及公共服务机构，WISC-Ⅳ可以帮助决策机构全面了解群体智力水平，及时了解当前儿童智力发展的情况，为公共政策的制定提供科学的决策依据。《韦克斯勒儿童智力量表》第四版（WISC-Ⅳ）是国内及国际专家学者进行儿童智力研究的首选工具，具有国际权威性。

对于学生家长而言，WISC-Ⅳ可以帮助他们了解孩子整体智力水平及具体各方面的能力特点，更好地选择适合孩子发展特点的教育计划。通过了解孩子智力的强项和弱项，进而有针对性地挖掘孩子的潜力，因材施教，进行培养和智力开发，还可以通过专家咨询设计科学的提升方案。对于医疗系统而言，则可以选派心理测验人员参加 WISC-Ⅳ 的学习和培训，引进针对儿童智力的最新测验技术和工具并推广使用。

目前，韦氏儿童智力测验的最新版本是第五版（WISC-V，2014）。韦氏儿童智力测验第五版用视觉空间（visual spatial）、流体推理（fluid reasoning）取代了第四版中的知觉推理，从而提供了言语理解、视觉空间、流体推理、工作记忆和加工速度五大分量表作为主要指数量表，各自包括 2 个子测验，总共 10 个核心子测验，具体如图 12 – 5 所示。

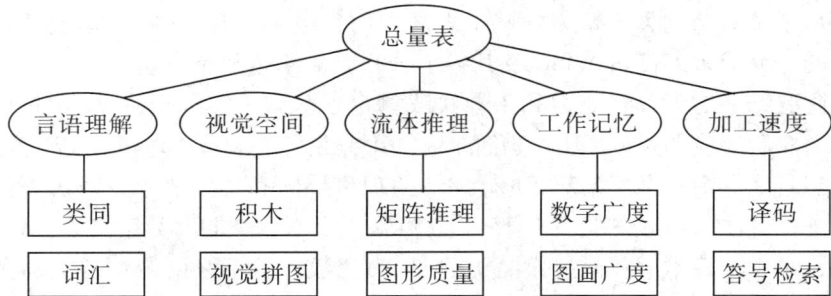

图 12 – 5　WISC-V 总量表结构

第五版还提供了辅助指数量表，以提供关于儿童认知能力的更为细化的信息，如有些分量表得分可更有效、准确地用于对学习障碍儿童的测量和评估。辅助指数包括量化推理（quantitative reasoning）、听觉工作记忆（auditory working memory）、非言语能力（nonver-bal）、一般能力（general ability）和认知流畅性（cognitive proficiency）五个部分。此外，第五版还提供了补充指数量表，包括命名速度（naming speed）、符号翻译（symbol transla-tion）、存储与提取（storage and retrieval）。辅助指数得分对于解释儿童的学习障碍（如阅读障碍、数学学习障碍）、认知处理障碍起到提供补充信息的作用。

WISC -V 的常模团体为 2 200 人，从 6 ~ 16 岁，共分成 11 组，每组 200 人、男女平均。常模的种族、文化背景的分布根据美国现有同年龄儿童的分布来取样。

◆韦氏儿童智力量表的信度和效度

（1）信度。

据 WISC-V 手册报告，其总量表在各个年龄段的得分的内部一致性信度在 0.96 或以上，除了加工速度分量表的平均内部一致性信度为 0.88，言语理解、视觉空间、流体推理、工作记忆分量表的内部一致性信度都在 0.92 或以上。相关子测验的内部一致性信度也大多数在 0.80 或以上。除了流体推理分量表，总量表得分和其他分量表得分的测验—再测验的信度都在 0.81 或以上。不同评分者之间的一致性亦达到 0.98 ~ 0.99。

（2）效度。

由韦氏团队提供的验证性因子分析数据支持其五个因素的结构，其五个分量表得分与总量表得分的相关度处于 0.51 ~ 0.99 之间。

2. 韦氏儿童智力量表中国修订本

WISC-R 的中译本于 1979 年由林传鼎、张厚粲等人提出，并于 1981 年底初步完成修订工作，当时修订的重点在于删改一些文字内容和图像，使题目尽可能地适合中国儿童的特点，并在此基础上编制中国常模。该测验的常模团体取样来自大、中城市，因而只适用于中等以上城市的儿童，其信度和效度也已在一定程度上得到某些研究结果的支持。

1981年修订版至今已经在全国各个领域广泛应用了二十多年。基于人口统计资料的标准化样本早已变化，与社会经济文化观念相关的部分题目已不太与之相符。鉴于《韦氏儿童智力量表》于2003年在北美发行和使用以来，在临床心理学、儿童心理学和学校心理学等领域都产生了空前积极的反响，在北京师范大学张厚粲教授主持下于2008年修订完成《韦氏儿童智力量表》（中文版）第四版，修订内容包括常模的取样及题目的本土化。

与美国原版一样，《韦氏儿童智力量表》（中文版）第四版增加了测量儿童对视觉刺激进行认知加工的能力的三个分测验，删除了第三版中对认知功能测量不明确的三个分测验，使得对儿童认知能力的评估和鉴定更为清晰和合理。量表中把四个分测验作为补充测验，使测量结果更为准确和精细。该量表是用于评估6～16岁儿童智力水平的智力测量工具。通过与儿童一对一互动游戏的过程，完成主体部分的分测验需要90～120分钟，完成补充的分测验需要10～15分钟。

（三）韦氏幼儿智力量表

韦氏幼儿智力量表（WPPSI）出版于1967年，适用于4～6岁半的儿童。WPPSI同样包括11个分测验，其中3个分测验（句子复述、动物房、几何图案）是为了适应幼儿特点而新编的，另外8个（常识、理解、词汇、算术、类同、填图、迷津、积木图案）则与WISC相同。

WPPSI亦给出言语智商、操作智商和总智商。其常模团体取自美国不同地区、种族和家庭的儿童，每半岁为一个年龄组，每一年龄组都建立了常模表。

WPPSI在手册中报告言语量表、操作量表和全量表的分半信度在0.84～0.94之间，再测信度在0.86～0.92之间。对WPPSI的因素分析发现了智力G因素的存在；同时，对98名5～6岁儿童的施测结果表明，WPPSI的各分量表及全量表的智商与斯坦福—比内量表的智商的相关系数在0.56～0.76之间。上述这些结果为WPPSI的信度和效度提供了支持。

韦氏的三种智力量表互相衔接，适用的年龄范围可从幼儿直到老年，成为智力评估中最广泛使用的工具。

三、戴斯的认知测验

戴斯等人根据认知的四个过程，编制了标准化的测验，即戴斯—纳格利尔里认知评估系统（Das Naglieri Cognitive Assessment System，CAS）。CAS是一种认知功能之个别衡鉴的新工具。该量表于1997年由美国Riverside Publishing House出版，由12种任务类型构成四个分测验，每一分测验有三种任务，分别对计划、注意、同时性和继时性加工进行测量。CAS系统评量的是PASS四种认知历程，而此四种历程又是智能活动最一般、最普遍的加工过程，所以它提供的有关个体智力的信息比简单的IQ分数丰富得多，也就能更确切地测量人的认知功能。另外，CAS更多的是从认知"过程"的角度进行分析和诊断，所以它对个体变化的敏感性更高。戴斯等人经过实验也证明 PASS 模型可以对许多儿童所经历的困难做出更精确、更全面的解释。比如计划过程是智力落后最严重的缺陷;注意力缺陷的个体在几个过程中会有缺陷,最显著的是注意力缺陷;而阅读障碍个体的缺陷可能体现在计划、同时性或继时性加工的一个或多个环节上,最明显的是同时性及继时性加工障碍,等等。所以,CAS 经常被用来分析阅读障碍儿童在认知历程中的个别差异及个体的内在差异。另外,其敏感性也已得到检验。有研究证明,若以四种分历程来分辨阅读障碍儿童与一般儿童,其正确率可达 77.5%。目前在美国、加拿大、芬兰、法国等国家已应用于临床心理学领域,特别是学习障碍儿童的认识性操作领域。与 IQ 对比,戴斯等人提出的 PASS 理论是一种动态评估智力测验,其结果不再只是给儿童贴上标签,更重要的是能深入了解儿童在特定认知成分上存在的缺陷并提出解决方案。

由于 CAS 具有坚实的理论和实证基础,并且经过大规模的标准化,目前,根据初步的效度显示,CAS 将会成为非常重要且具有创新性的认知状态测量工具。

第三节　团体智力测验

第一次世界大战期间,美国心理学会主席耶克斯(R. M. Yerkes)和桑代克、推孟等许多著名心理学家提出用测验来招募和选拔士兵。但面对短时间内动员数百万兵员的任务,采用个别施测的智力测验显然无法完成任务。于是,在推孟的学生奥蒂斯(A. S. Otis)编制的团体智力测验的基础上,产生了陆军甲种测验,后来又针对不识英文或有阅读障碍的人编制出陆军乙种测验。从 1917 年 9 月至 1919 年 1 月,受测者总人数达 170 多万人。陆军测验的成功,使团体智力测验的研究、编制及应用迅速发展起来。本节将简单介绍其中一些影响较大、应用较广泛的团体智力测验。

一、陆军测验

陆军甲种测验由 8 个分测验组成,包括指使测验(照令行事测验)、算术测验、常识测验、异同测验(区别同义词和反义词)、字句重组测验、填数测验、类比推理测验和理解测验。

陆军乙种测验属于非文字测验,由 7 个分测验组成,包括迷津、立方体分析、补足数列、译码、数字校对、图画补缺和几何图形分析。

陆军甲种测验的效度资料来自它与军官评定的相关(0.50~0.70),与斯坦福—比内量表的相关(0.80~0.90),与教师评定的相关(0.67~0.82),以及与学业成绩的相关(0.50~0.60)。陆军乙种测验与陆军甲种测验的相关达到 0.80。

二、瑞文推理测验

（一）瑞文推理测验的产生与发展

瑞文推理测验是由英国心理学家瑞文（J. C. Raven）编制的一种团体智力测验，又称瑞文渐进图阵。它是非文字型的图形测验，分为三种水平。

（1）瑞文标准推理测验。瑞文 1938 年编制出版该测验，它适用于 5.5 岁以上智力发展正常的人，属于中等水平的瑞文推理测验。

（2）瑞文采图推理测验。由瑞文 1947 年编制而成，适用于幼儿和智力低于平均水平的人，属于瑞文推理测验的三种水平中最低水平的测验。

（3）瑞文高级推理测验。最初编于 1941 年，经 1947 年、1962 年两次修订成为现在的形式，适用于智力高于平均水平的人，是最高水平的瑞文推理测验。

以上三种水平的瑞文推理测验均由两种题目形式组成：一种是从一个完整图形中挖掉一块，另一种是在一个图形矩阵中缺少一个图形，要求被试从提供的几个备选答案中，选择出一个能够完成图形或符合一定结构排列规律的图案。

瑞文推理测验的理论假设源于斯皮尔曼的智力一般因素理论。瑞文将智力 G 因素划分为两种相互独立的能力：一种称再生性能力，表明个体经过教育之后达到的水平；另一种称推断性能力，表明个体不受教育影响的理性判断能力。瑞文认为，词汇测验是对再生性能力的最有效测量，而非言语的图形推理测验则是对推断性能力的最佳测量，这就是瑞文推理测验的来源。

瑞文推理测验的优点在于测验对象不受文化、种族与语言等条件的限制，适用的年龄范围也很宽，从 5.5 岁直至老年，而且不排除一些生理缺陷者。测验既可个别进行，也可团体实施，使用方便，省时省力，结果以百分等级常模解释，直观易懂。因此，该测验在世界各国广泛通用。

（二）瑞文标准推理测验中国修订本

1985 年，我国张厚粲教授开始主持瑞文标准推理测验中国城市版的修订工作。

这次修订工作基本保留了原测验的项目形式及指导语。测验共由 60 道题目组成，分为 A、B、C、D、E 五个系列，每一系列包含 12 个题目。项目系列由易到难排列，每一系列内部的项目亦由易到难排列。每一项目均以"1""0"计分，最后根据总分查得常模表中相应年龄组的百分等级。

测验常模团体根据人口普查资料取自全国大、中、小城市，取样时注意到性别、文化、职业等人口比例分配，从 5 岁半到 16 岁半每半岁为一个年龄组，20 岁以上每 10 岁为一个年龄组，17 岁至 19 岁为一个年龄组，70 岁以上为一个年龄组。

瑞文标准推理测验中国城市版的分半信度为 0.95，再测信度在 0.79 ~ 0.82 之间。它与 WISC-R 的中国修订本的各分量表及全量表的相关系数在 0.54 ~ 0.71 之间，与高考总分的相关系数为 0.45，这些都为其效度提供了支持。

三、认知能力测验

认知能力测验由桑代克等美国心理学家于 1968—1972 年间编制成功。该测验由四个不同部分组成。

（1）初级型。适用于小学低年级儿童。使用图片材料和口头指导语，包含四个分测验：口头、词汇、关系概念、多重智力和数量概念。

（2）文字测验。适用于小学四年级以上。由词汇、句子填充、词语分类、词语类推四个分测验组成。

（3）数量测验。适用于小学四年级以上。由数的大小比较、数列补充和建立关系等式三个分测验组成。

（4）非文字测验。适用于小学四年级以上。由图形分类、图形推理和图形综合三个分测验组成。

所有测验的题目均由易到难排列，每个测验均有几套不同水平的题目，以便对智力成熟水平不同的人提供适当难度的测验，结果以离差智商、百分等级、标准九分数等解释。

认知能力测验具有相当详细的信度和效度资料，表明其各部分测验的再测信度系数在 0.72~0.95 之间；同时，它对学业成就、工作成就、职业类型等有相当的预测能力。

认知能力测验是一个应用相当广泛的团体智力测验，在实践中显示了较高的应用价值，只是至今未有中文修订本出现，因而在国内该测验只供研究使用。

【练习与思考】

1. 试谈智力测验的效度问题。

2. 智力测验的功能是什么？

3. 用离差智商取代比率智商最主要的原因是什么？

4. 试分析智力理论对智力测验编制的影响。

5. 以学习成绩为效标，得到某一智力测验的效标关联效度为 0.70。将此测验用于预测时，其测验结果可解释学习成绩变异的多少？

6. 为什么说"智力测验面前并非人人平等"？

7. 简述智力理论的新进展。

8. 试析智力测验存在的合理性。

9. 试析智力的形式以及发展过程中遗传与环境的关系。

10. 收集幼儿智力测验信度资料应采取何种方法？为什么？

第十三章　能力测验（下）

【本章提要】

● 能力倾向测验的性能与编制、典型能力倾向测验的性能
● 特殊能力测验的作用、典型特殊能力测验介绍
● 创造力测验的理论、典型创造力测验介绍

第一节　能力倾向测验

一、能力倾向测验的产生

（一）理论的支持

在智力的心理测量学理论研究中，由斯皮尔曼提出的一般智力因素得到了充分的重视以及普遍的认可，因而在此基础上产生了传统的智力测验并且广泛地应用于社会之中。但是，关于智力实质的理论研究和争议并未因此而停止。以瑟斯顿和吉尔福特为首的智力多因素论者虽然最后不得不承认智力 G 因素的存在，但他们始终强调构成智力的多种基本能力因素，并视其为智力结构的核心因素群，认为应从这些不同的能力因素入手评估智力。在弗农的智力层次理论中，智力被作了进一步的细分，呈树状结构，智力的一般因素被分为几个主要的能力因素，最后再细分为众多的基本能力因素。在这样的智力结构理论发展过程中，因素分析方法的发展和应用起了决定性作用，它使得智力所包含的各种不同能力因素能够被辨别、分类和定义，进而使得对这些能力因素有针对性地进行测量变为可能。

（二）实践的推动

传统的智力测验一经产生，便被迅速且广泛地应用于社会各个方面，在对个体差异的测量，尤其是对个体的分类和预测上显示出了一定的价值。但正如我们在上一章中所论述的，人们在使用智力测验的过程中，也逐渐发现其缺陷与不足之处，其中之一便是对智力测验结果的单一分数的解释问题。从智力测验所依据的理论基础来看，这一分数表明的是

个体在一般智力上的差异，但在实际实施与解释中，人们发现即使某些被试得到同样的智商分数，他们在不同的题目类型中所表现出来的成绩却是不一致的。因而，要想在更精确的意义上解释个体的能力差异，传统智力测验显然是不够的。

随着社会的发展，学校专业与工作职业的选择和咨询，以及人事工作的科学管理逐渐普及。作为心理学家和教育学家，他们所关心的实际问题之一，就是引导青年人选择和从事他们自己所喜爱的并将会有所作为的专业与工作；作为人事管理人员，他们首要的任务就是选拔出对即将担任的工作有兴趣且完全能够胜任的人，并且将每个人安置在他最有可能发挥特长的岗位上；而对于每个人来说，他们也希望在面临求学或就业选择时，能够清楚地了解自己在不同的能力因素方面的优劣程度，从而能够最有成效地决定自己的发展方向。在这种种决策的过程中，能力测验将是最主要的辅助工具之一。因此，社会需要能力测验的呼声很高，传统的智力测验在此却显得势单力薄。许多研究表明，不同性质的工作要求不同的知识和能力专长。这似乎是显而易见的事实，会计需要快捷的计算能力，律师需要领会和运用语言的能力，美术家需要空间关系的知觉和想象能力，机器修配工需要机械操作能力等等。那么，要想在人员和工作之间做出最佳匹配，使得物尽其用、人尽其才，就必须清楚每个工作所要求的主要能力因素以及每个人员所具备的主要能力素质。此时，运用传统智力测验显然不能完美地解决问题，它只能就一个单一而笼统的智商分来解释和比较个体间的差异，却不能对差异内部的一些现象作更进一步的客观判断，更无法比较具有不同能力因素的个体内差异。因此，它既不能为个体提供自身在不同能力上的水平分布状况，也不能帮助人事管理部门有效选择和安置在工作所需的特定能力上水平相对最高的人员。

由于社会迫切需要能够辨别和判断在不同能力因素上的个体间以及个体内差异，而当时现有的能力测验——智力测验又无法满足这一要求，同时，因素分析方法又使一般智力中所蕴含的各种不同能力因素的辨别分类成为可能，能力倾向测验应运而生。

1941 年，瑟斯顿在自己的智力理论支持下，编制并且发表了第一个能力倾向成套测验——基本心理能力测验（PMA），主要测量五种能力因素：言语能力、数的能力、知觉速度、推理能力和空间关系认知能力，目的是了解和预测学生在各门课程中的学习情况。由于该测验存在许多技术缺陷，因而现在较少应用，但它具有重要的历史意义，成为此后发展起来的各种能力倾向测验的先驱。

在近几十年里，能力倾向测验得到迅速发展，新测验层出不穷，并且大量地应用于社会，成为人员选拔与安置等决策的有效辅助工具。

二、能力倾向测验的特点

结合能力倾向测验产生的理论及实践背景考虑，其特点主要表现在以下三个方面。

（一）测验的目的

成就测验的目的与能力倾向测验不同。所谓成就，是指个体经过一定的教学或训练后所掌握的知识水平或所达到的能力水平，它针对特定的学习经验，强调个体目前已经达到的水平。换言之，成就测验是对个体过去学习经验的总结。

能力倾向是指个体在不同能力因素上潜在的优劣倾向。当能力倾向测验首次出现时，能力倾向被定义为不是建立在经验之上的、特殊的、天生或遗传的能力。现在看来，这一定义似乎有失偏颇。严格地说，任何能力都在一定程度上既依赖于遗传的潜能，又依赖于生活环境中所积累的经验，能力倾向同样如此。然而，能力倾向虽也依赖于个体的生活经验，但并不直接依赖于专门的教学或训练。卡洛尔（J. B. Carroll）等人的一些研究表明，具体的课程教学或知识技能训练可以显著改善成就测验的成绩，而对能力倾向测验的成绩却没有影响。因而，能力倾向测验的目的不在于总结过去，而在于预测将来，即预测个体在将来的学习或工作中可能达到的成功程度。如某人的测验结果表明他在逻辑推理能力上有明显的优势，我们可以预测此人将来在理科课程的学习中可能会取得较好的成绩。

虽然智力测验的主要目的也在于预测，但由于其所依据的理论基础与能力倾向测验不同，因此它所做出的预测比较笼统，针对性较弱。而能力倾向测验预测的目的性更强，它试图说明个体在多种能力上的潜在优势，进而和专业或工作所需结合起来。

（二）测验的编制

能力倾向测验一般同时测量几种能力因素，以分测验形式组成，每个分测验针对一种能力，每个测验应该是独立的，并且，各分测验间的相关要尽可能低。测验的内容涉及广泛，不像成就测验那样具有明确限定的内容范围，且较少涉及与学校习得知识有关的内容。

由于各分测验的结果不仅要在个体之间进行比较，还要在个体内部进行比较，因此各分测验必须使用相同的常模样本，且应具有较高的信度。

（三）测验结果的解释

被试在能力倾向测验上可以得到若干测验分数。这些分数既可表明不同被试在每个分测验所测能力上的相对位置水平，又可表明同一被试在所测各能力上的相对优劣状况。一般能力倾向测验往往会用能力剖面图来呈现个体内差异。

由于不同的工作一般需要不同的能力特长，但往往又不只需要一种能力，因此，当用能力倾向测验预测个体在某工作上的可能成功程度时，需要解决各分测验的分数组合问题，即如何确定各种能力因素（各分测验分数）的理想权重。针对不同工作，不同能力因素的权重应有变化。一般采用多重回归模式解决这一问题。

三、具体能力倾向测验介绍

（一）学术能力倾向测验（SAT）

学术能力倾向测验（Scholastic Aptitude Test，SAT）相当于我国的高考，是大学录取新生的一项主要参考依据，每年在世界各地举行多次。SAT由美国教育测验服务中心主持试题编制和试卷分析等工作，几十年来技术不断改进，如今已属于技术上最完备的测验之一，每一新试卷都达到了高度的标准化。

SAT 测量的目的不在于总结学生在中学时学到多少知识，而在于预测学生是否具备大学学习和研究的能力，以及倾向于在哪些专业领域更具优势，因此，SAT 筛选题目的主要依据是预测外在效标的有效性，测验材料一般避免过多依赖具体的知识和教学经验，而是迁移到各种广泛情境的技能和材料上，学生则必须把他的知识和能力应用到新异的情境上。

SAT 包括三部分内容：批判性阅读（前语言部分）、数学和写作。阅读部分包括反义词、句子填充、类比推理、阅读理解等内容，由不同的题组，包括句子填空题、长短段落阅读组成，考查学生词汇量、阅读理解、逻辑思维以及做出判断和结论的能力。数学部分包括算术、代数和几何等内容，由填空题、选择题组成，且新添章节包括代数Ⅱ和散布图，考查学生数学运算、推理能力以及应用数学概念与知识解决实际问题的能力。写作部分包括多重选择题和短文撰写，其中选择题包括改错、词句改进、段落改进等题型，考查学生在语法、措辞、用语等方面的写作能力与批判性思维。

除了作文和数学填空题之外，绝大多数 SAT 题型都是选择题；所有选择题都有 5 个选项，测验时限为 3 个小时，测验结果包括阅读、数学和写作三个分数，没有合成分。一般大学不会公布录取分数线，因为美国录取新生不仅参照 SAT 成绩，还要结合学生的中学成绩单，教师推荐信，所在中学的相对水平以及学生的性格、兴趣和特长等多方面的资料来综合考虑。

（二）分辨能力倾向测验（DAT）

分辨能力倾向测验（Differential Aptitude Test，DAT）是由美国心理公司于 1947 年初版，并于 1963 年和 1972 年两次修订和进一步完善，是应用最广泛的成套能力倾向测验之一，主要适用于初中和高中学生的教育咨询及就业指导。

DAT 包括 8 个分测验，单独施测并单独记分。

1. 言语推理

测验项目类型为类比推理，每题提供 5 对备选答案，内容涉及历史、地理、文学、科学等多方面知识，目的在于测量和评价个体的言语理解、抽象概括以及作建设性思考的能力，从而进一步预测个体是否适宜从事以复杂的言语关系及概念为主的学科或职业，如高深的科学研究工作等。

2. 数的能力

测验项目类型为计算题，不过题目具有一定的复杂性，并不是只反映计算的熟练程度，还需要考查对数目关系的理解能力以及处理数目概念的灵活性。测量目的在于评估个体对数目进行推理、思考数量关系以及明智地处理数量材料的能力，进而对个体在教育或职业方面的选择与发展做出预测。如教育方面，可用于预测数理化、工程等学科；职业方面，可用于预测统计工作者、工艺制作者以及与自然科学有关的各种职业。

3. 抽象推理

测验项目是非文字材料，呈现的是一组组有一定联系或按次序排列的问题图形，要求被试找出可使这种排列连续下去的图形，作答关键在于找出每组图形变化的原则或规律，这和言语推理并不相同。不过对于言语方面不能沟通的被试，本测验分数可以校正言语推理测验的得分。

4. 文书速度与准确性

测验要求被试首先在测验本上选出画了记号的一个符号组合，然后在答案纸上找出相同的一个组合。测验项目所提供的情境和一些实际的文书工作比较相近，目标在于测量对简单知觉工作的知觉速度、短时记忆和反应速度，是 DAT 中唯一以速度为主的测验，对于档案或资料整理及管理等方面的工作具有一定的预测意义。

5. 机械推理

测验项目设计一些机械装置或情境，要求被试指出哪种选择符合情境，测量对表现于熟悉情境中的机械和物理原理的理解力，但被试是否受过物理学的正式训练对测验结果影响不大。凡含有普通物理原理的课程及职业，如物理或机械技术等课程以及木工、机工、机器装配与维修等工作，都需要一定的机械推理能力。本测验的结果存在显著的性别差异，女生的分数普遍低于男生。

6. 空间关系

测验项目要求被试能在心理上操纵三维空间，即能够对所显示的平面图在想象中从不同方位进行转换和折叠，测量个体经由视觉想象处理具体材料的能力。很多专业或职业需要这种空间知觉能力，如美术、建筑、服装设计等。

7. 语言运用：拼写

测验列出了一个单词表，其中有些单词拼写错误，被试必须指出每个单词的拼写正误。

8. 语言运用：文法

测验项目由若干句子组成，每个句子被记号划分为几个部分，要求被试从语法或修辞等角度找到错误或不合理的那一部分。测验 7 和测验 8 的内容与形式更接近于成就测验，但由于它们测量了诸如速记、秘书、新闻、广告等若干专业或职业活动中所必需的基本技能，因而被纳入 DAT 中。由于这两个测验之间相关性较低，因而分别计分。

除了文书速度与准确性测验之外，DAT 的分测验基本上是能力测验，可团体施测，其时间限制在多数情况下为 30 分钟，成套测验总测时间为 5 ~ 5.5 小时，至少分两次进行。每个分测验都有年级百分常模（从八年级到十二年级），语言推理和数字能力的组合也有常模，该常模可用于评价一般的学术能力倾向。根据常模将每一个体在测验上的原始分数转化为百分位数后，可绘制个人能力倾向剖面图。

DAT 的能力倾向剖面图既可直观提供个人在八种能力倾向上的内部差异，又可表明个人在每种能力倾向上在同年级团体的相对位置。因而，该剖面图可帮助学生了解自己的长处和短板，从而进一步了解自己某些学科学得好或不好的原因，进而有效选择自己今后的教育和职业方向。另外，学生也可从自己的能力倾向剖面图中发现自己以前未曾认识到的或被低估的潜力，从而激发较强的成就动机。对于学校而言，当他们录取学生时，DAT 可为他们提供每个申请者在多方面能力因素上的表现。此时，学校可根据自身的专业及课程设置状况，建立起一组临界分数，作为录取学生的标准，也可进一步用于安排已录取学生的专业。

可见，DAT 被广泛用于教育领域中对学生将来学术成就的预测方面。这就要求 DAT

中不同测验对不同学科的预测是有效的。DAT 手册中提供了丰富的效标关联效度资料，表明了每个分测验对不同学科的预测力是有差异的，如言语推理测验的结果可以较好地预测英语、社会科学等学科成绩，但对于数学的预测效果较差；又如机械推理对自然科学学科、打字和工艺方面的成绩预测比对数学、英语、社会科学等学科的预测更为有效。这些预测上的差异说明利用 DAT 的不同分测验来预测学生将来的学术成就是有效的。同时，效度资料显示，言语推理和数学能力的合成分数对于所有学科都有较好的预测作用，因而这一分数可被看作一般学习能力倾向的体现。

最后需要说明的是，DAT 虽然为个人、学校或咨询者提供了比较丰富的能力水平资料，也为决策提供了依据，但仅仅以此为依据尚不足以做出准确决策，而应同时结合其他资料，如兴趣测验结果、学业成绩、个人志愿、家庭背景等进行综合考虑。

（三）一般能力倾向成套测验（GATB）

一般能力倾向成套测验（General Aptitude Tests Battery，GATB）是 20 世纪 40 年代由美国劳工部就业保险局设计的综合式职业性向测验。GATB 是在对早期为某些工作而准备的 50 多种测验进行因素分析的基础上编制而成的，包括 12 个分测验，可用于测量九种能力倾向因素。

1. 一般智力（G）

一般智力指掌握基本原理、原则以及做出推理、判断的能力，它常与学业成绩密切相关，可由词汇、算术推理和空间关系三个分测验相结合测量而得。

2. 言语能力（V）

言语能力指能了解文字的意义、掌握字与字之间的关系并能有效使用文字的能力，可由词汇测验来测量。该测验要求被试从四个一组的词汇中找出成对的同义词或反义词。

3. 数的能力（N）

数的能力指能正确而迅速地做加减乘除运算，并能利用算术知识解决实际问题的能力，由计算和算术推理两个测验相结合测量而得。这两个测验分别由四则运算题和应用题组成。

4. 空间关系理解力（S）

空间关系理解力指能在心理上将平面图形转换成具有三维空间关系的立体图形，并能从不同角度认识同一物体的能力。由空间关系测验进行测量，测验项目呈现一个平面图形和四个备选的三维图形，要求被试判断哪一个三维图形是由给出的平面图形折叠而成的。

5. 形状知觉能力（P）

形状知觉能力指能觉察到实物或图形的细节，能对图形的外形、明暗上的差异、线条在长宽上的细小差异作正确的比较和辨别的能力，由工具辨认测验和图形配对测验联合测量。这两个测验要求从备选项中选择出与给定工具或图形相同的答案。

6. 文书知觉能力（Q）

文书知觉能力指能觉察文字、符号、表格上的细微差异以及能快速校对文字、数目、符号，以避免抄写或计算错误的能力，可由文字校对测验来测量。此测验项目类型类似于工具辨认和图形配对测验，只是测验材料由文字取代了实物和图形。

7. 动作协调能力

动作协调能力指能使手指之间和手眼之间相互协调配合，做出快速且精确的细微动作的能力，可由画记号测验测量。该测验要求被试在一系列方格中用铅笔做出特定的记号。

8. 手指灵巧性

手指灵巧性指能灵活运用手指、以双手手指快速且精确地分解或组合小物体的能力，可由装配测验和拆卸测验相结合进行测量。这两个测验使用同一装置：一块板的两头各有50个孔，在其中一头的每一个孔中放有一个小铆钉；另外，在一个转轴里放了一叠垫圈。在装配测试中，要求被试用一只手拿起一枚铆钉，另一只手拿起一个垫圈，并把垫圈放在铆钉上，然后把它们装配到板的另一头相应的孔上，时间限制在90秒钟内。在拆卸测试中，被试要拆掉装配好的铆钉和垫圈，把它们放回原处。结果以装配或拆卸的件数计分。

9. 手部灵巧性

手部灵巧性指能灵活运用手腕、手肘，使物体做快速且精确的移动或转动的能力。该能力由两个拼板测验来评定：在第一个测验中，被试用双手把置于一块拼板各个孔内的栓子移到另一块拼板上去；在第二个测验中，被试用他认为比较灵活的那只手从拼板上拔起一个栓子，在手中旋转180度，再把这个栓子的另一端重新插到孔内。

GATB 的 12 个分测验中，既有纸笔测验，也有操作测验。因此，施测时纸笔部分可团体进行，而操作部分则必须个别施行。与 DAT 相比，GATB 纳入了 DAT 所没有的形状知觉测验及几种运动能力测验，因此比较注重实际操作，而且多个分测验更倾向于速度测验而非能力测验。尽管如此，在 DAT 和 GATB 中对应的因素之间还是密切相关，如言语、数字、空间关系、文书等因素在 DAT 和 GATB 之间的相关系数非常显著，其值在 0.57 ~ 0.74 之间。

个体完成 GATB 的 12 个分测验后，可得 9 个原始分数，分别针对上述九种能力因素。测验一般选用在职人员为常模团体建立常模，个体在测验中的原始分数根据此常模转换成平均数为 100、标准差为 20 的标准分数，然后可绘制成能力倾向剖面图。从图中既可直观地看到个体内部在九种能力因素上所表现出来的优劣倾向，又可比较和判断个体相对于一般在职人员在九种能力因素上的相对水平，因而对于个体的就业指导、决策以及人事部门的人员甄选和录用具有相当高的辅助价值。

由于不同的能力因素在不同的职业中所显示出来的重要性不同，因此在进行职业辅导或人员甄选时，除了解个人在各方面能力上的优劣之外，还必须了解各种职业最需要什么样的能力，以及在所需要的能力上水平达到什么程度才能胜任相应的工作，这样才能更准确地判断某个人是否适合某种职业。在这种考虑之下，GATB 选用了若干种职业，从相应职业的在职人员中选取代表性样本作为常模团体，建立了若干个个别职业常模。将个人的九种能力因素标准分与某一个别职业常模所要求的能力因素的切割分数相比，可能的评价为高、中、低三种。被评为"高"，表示此人的能力符合且超过该职业的合格员工，在该职业中成功的可能性很大；被评为"中"，表示此人的能力接近该职业的合格员工，可以胜任该职业；被评为"低"，表示此人从事该职业的成功可能性较小，应考虑从事其他更能发挥能力的职业。

为了更好地应用于管理和选拔工作，美国职业介绍服务机构以工作分析为基础，把各种职业进行分类，总共设置了 36 个职业群，并建立了相应的常模，每个职业群常模均规定了自己的分数线模式。据此常模，可以判断个体是否适合从事某一类职业，以及获得成功的可能性有多大。分数比较和解释的方法与个别职业常模类似。

GATB 手册提供了为数可观的不同职业工人在 GATB 测验结果上有差异的数据，以及不同分测验与不同工作之间的相关数据。这些数据资料为 GATB 的效标关联效度提供了证据。当将 GATB 的结果应用于实际的职业指导和人事工作时，同样应避免完全地和单纯地依赖此结果，因为它只是必要条件而非充分条件。

（四）行政职业能力倾向测验（AAT）

我国的行政职业能力倾向测验（Administrative Aptitude Test，AAT）是由原人事部考录司组织心理学、管理学等学科专家研制而成的。它主要用于国家行政机关招考主任科员以下非领导职务公务员；是一个专门用来测量一系列跟行政职业成功有关的心理潜能的测验。它既不同于一般的智力测验，也不同于行政职业通用基础知识或具体专业知识技能的测验；其功能是通过测量一系列心理潜能，预测考生在行政职业领域内多种职位上取得成功的可能性。

《国家公务员录用暂行规定》指出，公务员录用考试采取笔试和面试的方式，测试应试者的公共基础知识、专业知识水平以及其他适应职位要求的一般素质与能力。1988 年以来，由人事部组织的国家行政机关补充工作人员的录用考试中，对"适应职位要求的一般素质与能力"的考查，体现为在笔试阶段进行行政职业能力考试，即行政职业能力倾向测验。公务员录用考试把对行政职业能力倾向的评价作为一个重要方面，它有利于帮助人事部门了解考生从事行政工作的潜能与差异，避免选人过程中可能出现的"高分低能"现象，从而提高选人、用人的准确性。

1. 内容结构

行政职业能力倾向测验所要测量的是，与做好一般行政管理工作有关的影响面较广、稳定性较高，又是潜在的能力，这些能力决定了行政职业能力倾向测验的内容结构。根据国外公务员录用考试的经验，以及人事部组织有关专家的多年研究，在职业能力倾向方面，机关行政工作要求有知觉速度与准确性、言语理解与运用、数量关系理解与运算以及推理能力等基础层次的能力素质。只有当这些基本能力达到一定程度，并得到一定知识经验支持后，才能形成综合判断、组织与人际协调以及资料分析等较高层次的职业能力。在这些较高层次的行政职业能力中，除部分判断能力和资料分析能力外，通常都很难通过客观性的纸笔测验来考查（有些可以通过考核和面谈来考查）。行政职业能力倾向测验所要测查的，既包括基础层次的能力素质，又包括一定的较高层次的职业能力。显然，要测查这些能力与素质，仅凭一两个测验项目是难以奏效的。理想的测验项目应当涉及广泛的知识，但又不依赖于具体的知识点，同时还应充分考虑大规模选拔性考试在操作上的方便。

因此，行政职业能力倾向测验的内容分为五大部分，即数量关系、言语理解、判断推理、常识判断、资料分析。行政职业能力倾向测验的内容、项目数量和时限如表 13 - 1 所示。

表 13-1　行政职业能力倾向测验的内容、项目数量和时限

部分	内容	项目数量	时限（分钟）
一	数量关系	15	15
二	言语理解	30	30
三	判断推理	30	30
四	常识判断	40	25
五	资料分析	15	20
合计		130	120

2. 项目类型简介

数量关系部分的测验项目，主要考查应试者解决算术问题的能力。它包括数字序列推理和数学计算等，涉及的知识和所用的材料一般不超过高中范围，甚至多数是小学或初中水平的。以此为载体，考查应试者对数量关系的理解和计算能力。

例 1　2　9　16　23　30　（　）
　　　a. 35　b. 37　c. 39　d. 41

言语理解部分的测验项目，考查应试者对文字材料的理解、分析与运用的能力。它包括字词理解能力、句段意义的理解能力、语法的运用能力、字词拼写能力等。

例 2　旅游胜地名泉多，单"天下第一泉"就有四处。而《神州名泉》一书列为天下第一的名泉竟达十处。到底谁是第一，恐怕陆羽再世，也会感到_____的。
　　a. 苦恼　　　b. 怅惘　　　c. 劳神　　　d. 难断

判断推理能力是人的智力的核心成分，它的强弱往往反映一个人对事物本质及事物间联系的认知能力的高低。国家公务员担负着行政管理工作，所面临的事物间的关系和矛盾十分复杂，要处理好这些复杂的关系，必须具备较强的判断推理能力。判断推理能力的测验项目，涉及对图形、词语概念、事件关系和文字材料的认知理解、比较、组合、演绎、综合判断等能力。

例 3　自行车是靠车轮与地面的摩擦力而行驶的，两个车轮与地面摩擦力的方向是（　　）。
　　a. 前轮向后，后轮向前
　　b. 前轮向前，后轮向后
　　c. 前轮和后轮都向后
　　d. 前轮和后轮都向前

常识判断测验项目，主要测查应试者的知识面。此类项目取材广泛，从古至今，从无生物到人类，从自然到社会，因此不存在专业歧视。但考生要在短时间内提高常识判断能力的水平是很难的，重要的是在于平时的观察、思考和积累。大致范围涉及政治、经济、法律、管理、科学技术、历史、国情、国力及公文写作处理等多方面的内容。

例4　尽管我们关于太阳能的研究和议论已经相当多，但今天对太阳能的利用还是非常有限的。其主要原因是（　）。
　　a. 难以将阳光有效地聚焦
　　b. 尚未开发出有效的收集和储存太阳能的系统
　　c. 核能仍然更为有效
　　d. 太阳能系统尚不安全

资料分析部分的项目，考查应试者对图形、表格和文字形式的统计资料，进行准确理解与综合分析的能力。在现代信息社会中，大量的信息往往是以统计资料来反映的，要正确地做出决策，必须对信息进行综合分析与加工，并从中找出"关键点"。这种资料分析能力是国家公务员必须具备的。

知觉速度与准确性，在有些测验中又叫文书速度与准确性，主要考查应试者对数字、字母和汉字等视觉符号，快速而准确地觉察、比较、转换和加工的能力。它涉及感觉、知觉、短时记忆和识别、判断等心理过程，是一个典型的速度测验。这类项目极其简单，如果时间充裕，几乎所有智力正常而又认真作答的人，在这类项目上都可以得满分；但当时限很紧张时，就可从中看出人与人在速度和准确性上的个体差异了。

第二节　特殊能力测验

能力倾向测验可以从不同能力因素上来评估个体，因而被广泛应用于专业、职业指导和人事管理工作之中。但是，它们在使用过程中也逐渐显现出一些弱点：当个人已有强烈的志愿去从事某类专业或职业时，他希望能有一种测验可以针对此类专业或职业所需要的特殊能力进行测量，从而评估自己将来在此类专业或职业领域成功的可能性的大小，并据此调整或确定志愿；当某人事部门需要招收特定工作岗位的工作人员，或某专业学校需要招收学生，或某人眼前正有某一工作或某一学校的选择机会时；当特定人员与特定工作或学校之间意向性很强时，无论从个人角度，还是从校方或雇主角度来考虑，都希望能有一种适合的专业性较强的特殊能力测验，并且能根据测验结果来评估与判断是否录取某人或是否选择某工作（或学校）。成套的能力倾向测验在此便显得有些累赘。虽然也有人主张在这种情况下可以不对被试施行整套测验，而是有针对性地选择施测某几个分测验，从而简化测量程度并提高测量效率。

但是，这样的做法并不值得提倡。其原因如下：一方面，包含在成套测验中的每一个分测验尽管目的在于测量各种能力因素，但由于时间限制，每个分测验不可能编得很长，所包含的内容也不可能很多，这样一来，其题目取样便受到相当程度的限制。因此，将每个分测验作为单独的测验来使用便会显得不够充分。另一方面，成套能力倾向测验虽然包含了多种能力因素的测量，但一个测验不可能涵盖所有能力因素，其所制定的职业常模也不可能涵盖所有职业。因此，对于某些专业领域的人员选拔，能力倾向测验中若无针对相应能力的分测验，此时便无法提供任何帮助。

出于以上考虑和需要，特殊能力测验应运而生。现有的常用的特殊能力测验一般针对一种特殊能力所包含的各方面因素进行测量，测验性质介于成就测验和能力倾向测验之间，其内容与相应的专业或职业训练的重点是一致的，测量目的既是了解个体在此专业领域的既有水平，又是预测个体今后在此专业领域成功的可能性。常见的特殊能力测验主要有音乐能力测验、美术能力测验和机械能力测验。

一、音乐能力测验

当我们涉及音乐和美术这样的领域时，一般的学习能力倾向测验便显得有些不合适了，它们对这些学科的成绩是难以预测的。就音乐能力而言，它包括各种感觉辨别力，如音调辨别力、音量辨别力、音程长短的辨别力等，也包括对音乐题材中较复杂的音乐关系的理解，如音程关系、曲调类型和音的构成等，同时还包括关于曲调、节奏、格调、强弱等的艺术判断力。能力倾向测验基本上无法涉及这类能力范围。爱荷华大学的西肖尔（Carl Seashore）及其同事对音乐能力进行了开创性研究，结果产生了最早的音乐能力测验。

（一）西肖尔音乐才能测验

西肖尔音乐才能测验（the seashore measures of musical talents）是一组最充分地调查音乐才能的测验，它以一系列音乐调式或音乐符作为刺激材料，主要测定以下一些简单的感官辨别力：

（1）音调辨别力。判断两个调子哪一个较高。

（2）音量辨别力。判断两个声音哪一个较响。

（3）时间音程辨别力。判断两个音程哪一个较长。

（4）节奏判断力。判断两个节奏是否相同。

（5）音色判断力。判断两个音色哪一种较悦耳。

（6）音调记忆力。判断两首曲调是否相同。

本测验适用于小学生到成人，共需1小时左右完成。测验手册中有明确的信度分析，但效度证据还不够。

效度问题使西肖尔音乐才能测验受到批评与怀疑，并且，它所选择的刺激材料被认为远离了真正的音乐题材，因而争议很大。后期的音乐能力测验便趋向于采用更复杂的内容。

（二）音乐能力测验图

音乐能力测验图（musical aptitude profile）是由戈登（E. Gordon）1965年编制而成

221

的。它以真正的音乐题材为材料，包括 250 个原版的小提琴和大提琴选段。

测验首先包括若干个对音乐理解力的测量项目，要求被试分别以旋律、和声、速度和拍子为基础来比较和判断两小段音乐之间的异同。其后，测验提供的是三个分测验：

（1）T 测验——音调形象（旋律、和声）。在该测验的音乐表达方式上有两种演奏方法，让被试判断异同。

（2）R 测验——节奏形象（速度、节拍）。演奏有两个结尾，亦要求被试判断异同。

（3）S 测验——音乐感受（短句、平衡、风格等）。要求被试判断两段音乐哪个更有韵味。

本测验具有相当吸引人的信度资料：每个分测验的信度均在 0.80 左右，合成分的信度在 0.90 以上。测验的效度也有一定的证据：测验结果与教师评定之间的相关系数在 0.64～0.97 之间。戈登通过对 200 多名学生进行为期三年的追踪研究，发现测验成绩可对学生在专业音乐训练上的成绩做出较好的预测，并且所进行的音乐训练的时间越长，这个测验做出的预测就越准确。因此，该测验在技术上比西肖尔音乐才能测验更为完善。

二、美术能力测验

美术能力的判断标准是很难确定的，因而寻找可靠的标准并据此编制可靠的用以测量美术能力的测验也是很难的。不过，尽管如此，仍有许多有关美术能力的测验产生。

（一）梅尔美术判断力测验

梅尔美术判断力测验（Meier art test）的每一个项目都由两幅美术图组成，一幅是公认的杰作，另一幅是在某些方面（平衡、比例、明暗等）对此杰作稍有歪曲的作品。测验指导语中简要指出了两幅图的差异，要求被试从这两幅图中选出更好的一幅。测验分半信度为 0.70～0.84，但评分者信度不高。在测验上得分的高低，说明被试对于美术作品的鉴赏能力，这可以说是美术能力中最基本的部分，是从事各种与美术有关的学习或工作必备的。一个缺乏审美能力的人，最多只能成为一个普通的艺术工匠，永远不可能成为一个真正的美术家。当然，具有很高审美能力的人，也不一定就必然成为一个好的美术家。因而，本测验只是考查美术能力和预测美术成就的一个必要条件，并非充分条件。

（二）格雷福斯图案判断测验

格雷福斯图案判断测验（Graves design judgment test）的取材不再是名家杰作，而只是一些二维或三维的抽象图案，每一项目包括 2～3 个同一图案的变式，它们在整体性、平衡性和对称性等方面有所区别，要求被试判断出哪一图案最好。测验分半信度为 0.80～0.90。测验结果可表明被试对美术一般基本原理的认识和反应，从而证实其对美学知觉和判断的标准。该测验没有提供足够的效度证据。

（三）霍恩美术能力问卷

霍恩美术能力问卷（Horn art aptitude inventory）由两部分组成：第一部分要求被试画出 20 种常见的物体和几何图形；第二部分要求被试在长方形框内给定的圆点和线条基础

上作画。该测验是操作型测验，可以让被试显示一般美术记忆和技巧以及美术想象力和创造力。不过测验评分的主观性太强，多少限制了测验的应用。美术能力测验一般可以成功地将美术学生或美术工作者和其他人员区别开来。对美术学生的研究表明美术能力测验的成绩对于他们后来在美术学校所取得的成就是一个很好的预测。至于这些测验对未受过美术训练的学生能起多大作用，仍待进一步研究。

三、机械能力测验

大多数工业职业需要一定的机械能力，因此对于个人在工业职业方面的可能成就的预测就需要机械能力测验的参与。机械能力包含了许多成分，如运动能力、空间知觉能力、机械推理等。现有机械能力测验往往只就某一成分进行测量，并且主要集中对空间关系能力和机械知识、理解及推理能力两个方面加以测量。

（一）空间关系测验

明尼苏达大学的帕特森（D. G. Paterson）及其同事对机械能力作了严格的分析，并编制出三个有关的测验。

（1）明尼苏达机械拼合测验（Minnesota mechanical assembly test）。这是一个操作测验，要求被试拼排随机排放的机械物体，主要测量动作敏捷性和空间知觉。

（2）明尼苏达空间关系测验（Minnesota spatial relations test）。测验材料是四块带有各种几何形状凹陷的板、两套随机放置的具有各种几何形状的木块，要求被试尽快将木块放入相应的几何形状板中。测验主要考查被试对空间关系的知觉速度，具有较高的信度和一定的效度。

（3）明尼苏达书面形式拼板测验（Minnesota paper form board test）。测验以纸笔形式进行：采用多重选择题，每题均由被分解开来的几个几何图形组成，要求被试从备选答案中选出由这几个几何图形拼合起来的整体图形。该测验具有较高的信度，并且在预测机械操作及包装检验等工业职业的实际成就上显示出一定的价值。

（二）机械理解能力测验

机械理解能力是指理解实际生活情境中机械原理的能力，一般需要一定的机械知识。本耐特机械理解能力测验（Bennett mechanical comprehension test）是对此能力进行测量最常见的工具之一。

本耐特等人将大量的日常生活情境引入测验材料，每题都有图示，图旁附有一个简短的问题。比如图示中两个人用一长条木板抬一重物，重物距一人近而距另一人远，问"哪个人负重更大"。

由于在机械能力上存在明显的性别差异，因此测验根据性别分别建立常模，被试在测验上的得分与同性别的常模进行比较和解释。测验具有相当高的信度，并且该测验结果与若干工业职业成就的相关研究为测验提供了较好的效度证据，因而此测验在军队和企业以及一些专业学校（如工程学校）里都得到了广泛的应用。

第三节　创造力测验

文明的历史，基本上是人类创造能力的记载。创造力是推动人类社会发展的原动力，作为一种特殊而又不容忽视的能力因素，受到了心理学家们的注意，关于创造力的探讨和研究在近几十年来也成为心理学的热门话题之一。

一、发散思维研究与创造力测验

创造力研究被纳入科学研究轨道之后，在很长一段时间内，关于创造力的探讨停留在思辨阶段，高尔顿将之归结于遗传，以弗洛伊德为首的心理分析学派将之归结于无意识过程，格式塔学派又将之归结于顿悟，等等。由于研究方法和工具的不足，研究者们各执己见，众说纷纭。1950 年，吉尔福特在美国心理学年会上作了题为"创造性"的著名演讲，此后，许多创造力研究者都遵循他的思路继续研究。

吉尔福特在智力结构的研究中引入因素分析方法，由此提出了他的智力三维结构模型（见上章）。在此模型中，他发现智力操作中存在聚合与发散两种不同类型的思维：聚合思维是指利用已有的知识经验或传统方法来解决问题的一种有方向、有范围、有条理、有组织的思维方式；而发散思维则是既无一定方向又无一定范围的由已知探索未知的思维方式。

吉尔福特还认为发散思维在行为上主要表现出三种特性：

（1）流畅性。面对智力任务能在短时间内做出快速而众多的反应。

（2）变通性。思维灵活多变，触类旁通，不受传统思维或心理定式的影响，能多方位地思考与解决问题。

（3）独特性。对事物能表现出不同寻常的新颖见解。

这三种特性相互联系，变通性建立在流畅性的基础之上，独特性又建立在变通性与流畅性的基础之上，因为只有反应数量众多，反应角度才有可能多样化，进而才有可能出现新视角、新观点。

吉尔福特将发散思维的特性视为人的创造性活动的特性，并因此将创造力定义为发散思维的能力，即对规定的刺激产生大量的、变化多端而又独特的反应能力。他进而指出，现有的传统智力测验一般注重聚合思维的测量，测验项目通常要求被试从给定的若干备选答案中选出一个，评分则以固定的正确答案为标准，并不鼓励被试做出多样化的与众不同的反应，因此，被试的创造力在智力测验中无法得到充分的反映。然而，随着创造力研究的深入以及社会发展对于创造性人才的需求日益增加，关于创造力的测量已经逐渐具备了理论上的可能性和实际上的必要性，因而势在必行。

吉尔福特关于智力测验注重聚合思维而忽视发散思维的评论得到很多学者的共鸣，并且，他视发散思维为创造力之核心的观点也为很多研究者所接受。因此，目前常见的、有一定影响力的创造力测验基本上是因循吉尔福特的理论观点编制而成的。

二、吉尔福特发散思维测验

吉尔福特在长期的研究中设计出大量的测验对发散思维进行测量。这些测验将他关于创造力的定义和关于智力结构的阐述结合起来，视创造力为发散思维能力，发散思维又是智力三维结构中操作维度所包含的五个因素之一；而作为操作因素，发散思维又可以与智力结构中的五种内容因素以及六种结果因素组合出 30 种心理能力因素。如图 13－1 所示：

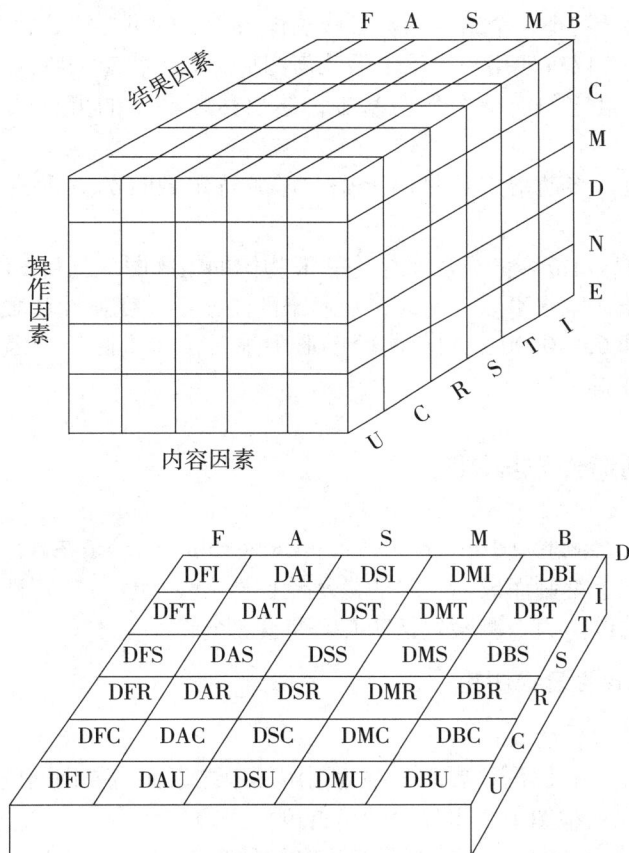

图 13－1　吉尔福特发散思维测验的理论模型

图 13－1 中上半部分为智力三维结构模型，下半部分则将发散思维部分从模型中抽取出来，并且标明与发散思维相关联的 30 种心理能力因素及其位置（图中各字母符号所代表的含义请参阅上章）。

吉尔福特力图选择合适的方法来测量图 13－1 中所示的 30 种心理能力因素，但最后只编制出 14 个分测验，针对其中 11 种心理能力因素进行了测量。

（1）词语流畅。写出包含某一指定字母的词，测量 DSU 因素。

（2）观念流畅。列举属于某一种类事物的名称，测量 DMU 因素。

（3）联想流畅。列举近义词，测量 DMR 因素。

（4）表达流畅。给定四个字母，要求写出所有可能的由四个给定字母开头的词组成的句子，测量 DMS 因素。

（5）多项用途。列举指定物体的各种不同寻常的用处，测量 DMC 因素。

（6）解释比喻。用不同方式完成一个比喻句，测量 DMS 因素。

（7）效用测验。列举某物的所有可能用途，测量 DMU、DMC 两因素。

（8）故事命题。写出一个短故事情节的所有合适标题，测量 DMU、DMT 两因素。

（9）推想结果。列举一个假设事件的所有可能结果，测量 DMU、DMT 两因素。

（10）职业象征。列举一个给定的符号或物体所象征的可能职业，测量 DMI 因素。

（11）图形组合。仅仅使用一组给定的几何图形，画出指定的物品，测量 DFS 因素。

（12）绘图。以给定的简单图形为基础，绘出尽可能多的可辨认物体的草图，测量 DFU 因素。

（13）火柴问题。移动指定数量的火柴，形成特定数目的方形或三角形，测量 DFT 因素。

（14）装饰。用尽可能多的方法来修饰一般物体的轮廓图，测量 DFI 因素。

测验一般适用于初中水平以上的人，从思维的流畅性、变通性和独特性三个方面进行评分。分半信度在 0.60～0.90 之间，测验手册中报告了每个测验的因素效度，但缺乏效标关联效度的数据资料。

三、托伦斯创造性思维测验

托伦斯创造性思维测验（Torrance test of creative thinking）是在吉尔福特的智力理论及其发散思维测验基础上编制而成的，目的是从流畅性、变通性、独特性和精确性四个方面评估个体的创造性思维能力。测验包括两套，每套都有两个复本。

（一）言语的创造性思维测验

这一套测验包括七项活动：

（1）发问。呈现一张图画，要求列举为了解图中之事而需要询问的所有问题。

（2）猜测原因。列举图中之事发生的所有可能原因。

（3）猜测结果。列举图中之事的所有可能后果。

（4）产品改进。对给定玩具提出改进意见。

（5）非凡用途。列举某物不同寻常的可能用途。

（6）不平凡的疑问。对活动（5）中所示物体提出不同寻常的疑问。

（7）推想结果。列举一种假想事件的所有可能后果。

（二）图形的创造性思维测验

此套测验包括三项活动：

（1）建构图画。以明亮的彩色曲线为起点，建构一幅故事画。

（2）完成图画。利用所给的少量不规则的线条画出物体的略图。

（3）平行线条绘图。利用成对的平行线条绘出尽可能多的不同的图形（复本中以圆代替平行线）。

测验结果得到流畅性、变通性、独特性和精确性四个分数。在判断一个人的创造性思维能力时，必须四个分数综合起来分析，而不能根据某一孤立的分数进行推断。测验的分半信度和复本信度在0.60～0.93之间，但没有充分的效度证据。

创造力测验的产生使得创造力研究更加深入，但也带来了更大的争议。一方面是理论上的争议：究竟发散思维是否是创造力的核心？有些研究者认为聚合思维对创造性活动同样重要，一个真正具有创造力的人，不仅要有变通而独特的思维，而且需要具有有效地选择、评价与综合的思维能力，这样才能将他的奇思妙想与现实情境结合起来做出成就，否则空想永远是空想。也有人认为应该将个性因素考虑到创造力中去，一个创造力强的人应该具有好奇心、独立自主性、自信心和冒险精神等个性特征，创造力测验应从这一角度入手。总之，创造力包罗万象，应从多维度进行系统而综合的研究与评估，单从发散思维角度来测量显然是不够的。

另一方面是创造力测验本身的一些弱点限制了它们的应用：①创造力测验的评分较为复杂，虽然测验手册上有详细的评分准则，但是主观性依然很强，评分者之间的一致性程度较低，尤其是在对被试答案的独特性评分上更是见仁见智，难以统一。②对测验的效度还存在怀疑。目前常见的大多数创造力测验缺乏足够的效度证据，因而，这些测验在实际对创造性成就的预测上究竟有多大效用，目前依然值得探讨。

总之，创造力测验乃至其理论依据还处于探索阶段，在实际预测的可靠性与有效性上，它们都有一定的局限性，目前这些测验仍被视为研究工具，而不能被施用于实际预测之中。

【练习与思考】

1. 能力倾向测验与智力测验、成就测验之间有何不同？
2. 能力倾向测验与特殊能力测验在应用上有何区别？
3. 能力倾向测验的结果解释需要注意些什么？
4. 能力测验能否保证公平性？如何减少测验偏向？
5. 试析社会的发展与需要在能力测验的产生与发展中的影响。
6. 谈一谈成就测验对中国教育的意义。
7. 试析创造力的实质与表现。
8. 评述创造力与智力的关系。
9. 现在流行的创造力测验依据的理论基础是什么？
10. 试比较雅思、托福考试对于中国考生的优劣势。

第十四章　人格测量

【本章提要】

- ●人格与人格测量
- ●人格测量的真实性问题
- ●自陈量表的编制及其特点
- ●几种主要人格量表的使用
- ●投射测验及其理论基础
- ●罗夏克墨迹测验简介
- ●主题统觉测验简介
- ●内隐联想测验

　　人格测量是心理测量的一个主要组成部分，它对于在较短时间内较为全面准确地了解一个人的人格特征、因材施教、诊断心理异常、选拔与任用人员等方面都具有重要的参考意义。本章首先讨论人格测量的一般问题，然后分别介绍主要的人格测量工具——自陈测验和投射测验的理论基础与使用方法，最后介绍新近被广泛应用的内隐联想测验。

第一节　人格测量概述

一、人格与人格测量

　　人格（personality）是一个具有多重含义的概念，在不同学科有非常不同的意义，用在不同场合表达不同的意思。哲学上的人格通常指人的本质属性，即人区别于动物的那些方面。其中有的哲学家强调人的理性，有的哲学家强调人的自我意识，有的哲学家强调人的理想品质。伦理学上的人格是指人的优秀品质和善良品德，类似于通常所说的道德品质。人格在法学上是指人的权利和尊严，而在社会学上却指一个人在社会舞台上所扮演的角色。心理学家对人格的心理学含义尽管存在众多不同看法，但在通常意义上是指一个人相对稳定的心理特征和行为倾向。从这种意义上说，人格就是中国人通常所理解的性格。正因为如此，有的研究者为了避免引起理解上的混乱，主张将心理学上的 personality 翻译成"性格"。①

西方心理学家对人格的本质持不同看法，对人格的研究角度也不相同，因此给人格一词所下的定义也就有所区别。对不同人格定义的详细讨论是普通心理学尤其是人格心理学的任务，不在这里涉及。这里需要说明的是，各种人格定义并不是水火不容的。其中，有的是因研究角度不同而产生概念上的分歧，实际上是可以互补的；有的可能仅仅是用词上的区别，内容大致相同。

我们认为，现代西方心理学家对人格本质的理解至少在四个方面是一致或基本一致的。首先，绝大多数心理学家都强调或事实上承认人格的整体性。虽然人格可能表现为各种不同的具体形式，但各种心理成分彼此交织、互相结合，组成一个整体。其次，所有心理学家都承认人格的独特性，即承认没有两个人的人格是完全相同的。再次，绝大多数心理学家都承认人格对个人行为的调节功能，即认为人的行为至少部分决定于行为者的人格特征。最后，所有的心理学家都主张人格的相对稳定性，即认为人格对行为的调节功能具有跨时间和跨情境特征。因此，一个人格定义无论用什么样的词语表述，只要包含了上述四个方面内容，就抓住了人格的实质。根据这一认识，我们把人格（或性格）理解为个人在与环境的相互作用过程中形成的相对稳定的心理特质和行为倾向的整体组织，它决定着个人行为的独特性。这个定义并不完善，但它包含了人格的主要性质，比较容易理解。

人格测量就是通过一定的方法对在人的行为中起稳定调节作用的心理特质和行为倾向进行定量分析，以便进一步预测个人未来的行为。在心理与教育测量史上，首先提倡用科学方法测量人格的是英国的高尔顿。早在 1884 年，他在《品格的测量》一文中就指出构成我们行为的品格是一种明确的东西，所以应该加以测量。他认为通过记录心律和脉律的变化可以测量人的情绪，通过观察社会情境中人的活动可以评估人的性情、脾气等特征。他还编制了一个人格评定量表，这可以说是对人格测量技术的初步尝试。

1892 年，克雷普林将联想测验用于临床诊断，其基本做法是给被试一些经过专门选择的词作为刺激词，要求受测者在听到或看到刺激词后说出他最先想到的词（反应词），然后通过分析受测者反应词的内容来判断受测者的人格特征。后来，这种方法被广泛地运用于人格测验项目的编制。

1919 年，美国武德沃斯发表了第一个自陈人格量表——个人资料调查表，开人格问卷测量之先河。

1920 年，罗夏克墨迹测验问世，投射测验由此诞生。目前，用于人格测量的测验多达数百种，就编制测验的方法和测量的程序而言，人格测量技术的主要种类有自陈问卷法、投射法、评定法、情境法、行为观察法和晤谈法等。

---

① 张锋：《心理学理论问题探索》，西安：陕西人民教育出版社 2003 年版，第 71 – 123 页。

二、人格测量的信度和效度问题

相对于智力测量来说，人格测量的信度和效度更低一些，这就使得人们有理由质疑人格测量的真实性。而影响人格测量的真实性的因素除了编写测验项目的技术外，受测者是否真实地回答测验所提出的各种问题也是一个重要因素。当运用自陈问卷测量人的人格特征时，通常要求受测者针对所提的问题在"是"和"否"两个备选选项之间选择一个符合他的实际情况的选项。在这种情况下，受测者虽然清楚他应当选择"是"或"否"，但由于人格结构中的一些特质具有明显的社会评价色彩，受测者为了获得较高的社会评价，或不愿意让其他人了解自己真实的人格特征，完全可能选择一个与自己实际情况相反的选项。此其一。其二，有的受测者在某些项目上可能不太清楚哪个选项更符合自己的实际情况，所以在拿不准的情况下，常常随便选择一个选项。其三，有的被试在无意识中产生了一种防卫倾向，所以不知不觉地选择了与自己的实际情况不相符合的选项。其四，由于目前流行的人格问卷所提供的备选选项太少（通常只是"是"与"否"两种），受测者可能感到任何一个选项都不太符合自己的实际情况。在这种情况下，受测者要么两个选项都选，要么两个选项都不选，或者不假思索地任意选择其中一个。有的测验的编制者（如卡特尔）意识到了这个问题，于是在两个极端的选项之间插入一个折中性选项（如"不一定"，"介于'是'与'否'之间"），但实际上，受测者在一个具体问题上很少有这种不偏不倚的中间情况。

为了防止受测者回答问题时有意识或无意识地做出防卫性反应，有的问卷插入一个说谎量表，假如受测者在该量表上的得分过高，则说明受测者没有真实回答，所以其他方面的分数也就不能作为评价他的人格特征的依据。在明尼苏达多项人格调查表和艾森克人格问卷中就包含了这种说谎量表。但这只能在一定程度上解决测量的真实性问题，假如多数受测者的说谎分数都高，测验就没有多大意义了。当然，在实际测量中这种情况很少出现。

防止人格测量不真实的另一个办法是不用自陈问卷法，而改用投射测验，因为投射测验的一个优点是可以让受测者在不知不觉中将他的无意识心理投射到他对测验项目的反应之中。但目前的投射测验结果很难做到定量化，对测验结果的解释是施测者的主观看法，不同的施测者对同一个测验结果的解释常常不尽相同。因此，假如对测验结果给予不同的解释，那么，尽管测验结果本身是真实的，也难以证明整个测量工作的真实性。1998年，针对自陈报告人格测验易受社会赞许性和自我防御倾向影响的局限，测量学家研发了内隐联想测验，可以在一定程度上弥补上述不足。该方法近年来在多个研究领域（如社会态度、刻板印象、特质自尊等）已获得广泛应用。

当然，人格测量中存在的上述难以保证真实性的问题并不否定人格测量在一定程度上的科学性，这只是一个需要进一步改进和完善的问题。在人格测量中尽管存在着一定的难度和复杂性，但经过将近一百年的探索和发展，已经初步形成一套比较科学的人格测量的方法和技术，并在实际应用领域发挥着越来越重要的作用。

第二节　自陈量表

自陈人格测量是根据要测量的人格特质，编制许多有关的问题，要求受测者根据自己的实际情况逐一回答这些问题，然后根据受测者的答案去衡量受测者在这种人格特质上表现的程度。为完成自陈人格测量而编制的测量工具叫自陈量表或自陈问卷。自陈量表的项目形式一般采用是非式或选择式。它的计分规则比较客观，施测手续比较简便，测量分数容易获得解释。因此，它是人格测量中应用最广的一种测验。

一、自陈量表的编制及其特点

（一）自陈量表的编制

所谓"自陈"就是自我陈述，即让受测者个人提供关于自己人格特征的报告。由于纯粹主观的自我报告对有关变量难以控制，且不易获得客观的数量化的评价，因此自陈法多采用客观测验的形式，也就是测验的编制者预先拟定一系列陈述句或问题，每个陈述句或问题描述一种行为特征，若干个描述行为特征的陈述句或问题组成共同测量一种人格特质的量表。同时，在每一个陈述句或问题之下提供两个或两个以上的选项，供受测者根据自己的实际情况选择。

编制自陈量表的基本假设是只有受测者最了解自己的人格特征，因为个人随时随地都在观察自己的行为，而他人不可能了解自己行为的所有方面。编制自陈人格量表的首要前提是确定所要测量的人格特质，并明确给出该特质的操作性定义，然后围绕该特质选择能够表现该特质的行为情境和反应。具体的编题方法有以下几种：

（1）是否式：提供一个陈述句或问句，并列出"是"和"否"两种选项，要求受测者选择其中一个选项。例如：

我喜欢上街游玩。　　　　　　　　　　是□　　　否□

你有许多业余爱好吗？　　　　　　　　是□　　　否□

（2）二择一式：提供两个意思相反的陈述句（A 和 B），要求受测者选择其中符合自己实际情况的一个。例如：

A. 我常批评那些有权威和有地位的人。□

B. 在长辈或上级面前，我总是感到胆怯。□

（3）是否折中式：提供一个陈述句或问句，并列出"是""否"和"不一定"（或"介于'是'与'否'之间"）三种选项，要求受测者选择其中的一个选项。例如：

我善于控制自己的表情：A. 是的　　　B. 介于 A 与 C 之间　　　C. 不是的

（4）文字等级式：提供一个问句，同时列出几个（通常是五个）程度不等的选项，供受测者选择。例如：

你对自己的工作满意吗？
非常满意□　　比较满意□　　无所谓□　　不大满意□　　极不满意□

（5）数字等级式：实际上是文字等级式的变式，只不过是将文字式选项改为数字式选项。例如：

你对自己的工作满意吗？
非常满意　　1→2→3→4→5　　非常不满意

　　如前所述，在运用自陈量表测量人格特质时，受测者可能有意无意地选择不符合自己实际情况的选项。为了尽可能防止这种情况发生，在编写测验项目时，应当注意以下三方面的问题。

　　（1）尽可能回避带有明显社会评价色彩的问题，代之以中性的陈述。例如，我们要测量工作责任感，可以编写诸如"对于生活中的大多数事情，我都要做得妥帖才能放下心来"的陈述，而不要直截了当地编写成"只要是领导安排的工作，我都能保证认真按时做好"。因为后者具有明显的暗示和社会评价色彩。

　　（2）对于量表中必须涉及的个人私生活问题，应当采用适当隐蔽的措辞予以表述。例如，可以编写诸如"事实上，许多人在内心中都怀有一些不可告人的想法"，而不要编写成"你的内心中有一些不可告人的想法吗"。尤其是当涉及个人的性问题时，所编写的项目更应当作一些技术上的处理，以防止引起受测者反感而做出虚假的回答。

　　（3）所提供的选项最好排列成若干个等级，以便受测者选择更接近其实际情况的答案。

（二）自陈量表的特点

　　（1）自陈量表的题量较大，多数用于测量人格的若干特质。例如，著名的明尼苏达多项人格调查表总共有 566 个是否项目，包含 3 个效度量表和 10 个临床量表，其中临床量表可以测量人格的 10 种特质；卡特尔 16 种人格因素量表共有 187 个项目，用以测量人格的 16 种特质。当然，有的量表尽管题量较大，但只测人格的一个方面，如内—外向量表。

　　（2）自陈量表通常采用纸笔测验，即将测验项目印在纸上装订成册，另有一张答卷纸，将备选选项印在答卷纸上，被试一边阅读测验项目，一边在答卷纸上选择适合自己的选项，这样可以同时测量许多人。近年来，由于计算机技术的发展和普及，人们为了省去评分和计算上的麻烦，将测验编成计算机程序，受测者直接在机器上作答，计算机根据受测者答题的情况直接打印出测量结果。

（3）自陈量表的计分规则简单而客观，施测手续比较简便，测量分数容易获得解释。因此，一般对测验情境和施测者的要求不像智力测验那样严格。

（三）自陈量表的信度和效度

和智力测验一样，标准化的人格量表应当具有测验信度和效度指标的报道，但由于人格特征在行为中的表现远比智力的表现复杂和多样，也由于人格测量中受测者具有较强的防卫性，人格量表的信度和效度比智力测验要低。就目前流行的著名人格量表而言，信度指标通常采用重测信度和内部一致性信度，其信度系数一般不低于 0.6；而效度指标通常采用理论建构效度，而较少有效标效度的报道，因为在人格测量中较难找到适当而又实用的效标。

二、明尼苏达多项人格调查表的使用

（一）明尼苏达多项人格调查表简介

明尼苏达多项人格调查表（英文简称 MMPI）是由美国明尼苏达大学临床心理学系系主任哈撒韦（S. R. Hathaway）和心理治疗家麦金利（J. C. Mckinley）于 20 世纪 40 年代共同编制的。在编制过程中，他们进行了大量细致的研究工作。他们首先从大量病史、早期出版的人格量表以及心理医生的笔记中选编了大量的项目，然后对正常人和心理异常被试进行测量，经过重复测量、交叉测量来验证每个分量表的信度和效度。经过临床实践的反复验证和修订，到 1966 年，修订版的项目确定为 566 个，其中 16 个项目为重复项目（用于检测受测者反应的一致性）。566 个项目中前 399 个项目分别分配在 13 个分量表中，包括 10 个临床量表和 3 个效度量表，其余的项目则与一些研究量表有关。在临床诊断中通常只使用前 399 个项目。

MMPI 的项目内容范围非常广泛，包括身体各方面的状态（如神经系统、心血管系统、生殖系统等），精神状态以及对家庭、婚姻、宗教、政治、法律、社会等的态度。

几十年来，MMPI 一直被广泛应用，被翻译成各种版本，达百余种，其应用范围也扩展到诸如心理学、医学、人类学和社会学等领域的研究工作中。

在中国，宋维真从 1980 年开始主持试用修订 MMPI，于 1989 年完成了标准化工作，取得了中国版的信度和效度资料，并制定了中国常模，可用于测量 16 岁以上具有初中毕业文化程度的中国人。

修订后的项目仍为 566 个，只是对项目中的个别词句作了适当的改动。10 个临床量表的名称及其字母代号如表 14-1 所示。

表 14-1　MMPI 临床量表的名称及其英文缩写

序号	量表名称	英文缩写	序号	量表名称	英文缩写
1	疑病	Hs	6	妄想狂	Pa
2	抑郁	D	7	精神衰弱	Pt

（续上表）

序号	量表名称	英文缩写	序号	量表名称	英文缩写
3	癔病	Hy	8	精神分裂	Sc
4	精神病态	Pd	9	轻躁狂	Ma
5	男性化—女性化	Mf	10	社会内向	Si

三个效度量表的名称和意义如下：

（1）说谎量表（L）：分数高表示回答不真实。

（2）诈病量表（F）：分数高表示诈病或确系严重偏执。

（3）校正量表（K）：分数高表示一种自卫反应。

此外，在效度量表中，可加疑问量表（Q），即无法回答的项目数。无法回答的项目数超过一定的标准，则认为此答卷不可靠。

MMPI 中国版的信度指标采用重测信度和中文版与英文版的同质性信度。先后获得三个小样本的重测信度系数，分别为 0.80（华北，$N=15$）、0.79（华东，$N=13$）、0.78（西南，$N=15$）。中文版与英文版的同质性信度系数分别为：中文—中文 $r=0.70$，中文—英文 $r=0.65$，英文—中文 $r=0.53$。

MMPI 中国版的效度指标采用效标效度和建构效度。经过对 840 名不同类型的精神病人（精神分裂症、躁狂症、神经症）的测量结果与常模的分析比较，表明在许多分量表上存在显著差异。精神分裂症患者在妄想狂（Pa）、精神分裂（Sc）两个分量表上出现高峰。躁狂症患者在轻躁狂（Ma）分量表上出现高峰，而在抑郁（D）和社会内向（Si）两个分量表上的分数明显降低。神经症患者在疑病（Hs）、抑郁（D）和癔病（Hy）三个分量表上的分数明显提高。这表明，MMPI 对不同精神疾病具有较好的诊断效果。对各分量表的测量结果的相关分析表明，MMPI 的内在结构与国外研究的结果基本一致。根据各分量表之间相关系数的大小，可将 13 个分量表大致分为四大类：L 与 K 为一类，分数提高表明受测者不愿暴露自己的不足之处；Hy、D 和 Hs 为一类，分数提高表明受测者具有一定程度的神经症性格特点；Pd、Pa、Pt、Sc 和 Ma 为一类，分数提高表明受测者具有一定的精神病态性格特点；D 和 Si 为一类，分数提高表明受测者具有内向、情绪抑郁的性格特点。

（二）明尼苏达多项人格调查表的使用

1. 施测方法

按 MMPI 题册首页上的指导语进行。回答本调查表上的几百个项目是个需要较长时间而又枯燥的任务。正常人可在 1 小时左右完成作答过程，而精神病患者所需时间可能会长达 2 小时。如果受测者有焦虑感或情绪不稳定，可能会表现出对完成测验的不耐烦，这时可将测验分成几次完成。在进行测验前，主试应当熟悉全部测验材料（包括调查表的内容、简介、指导语、信度和效度的资料以及常模资料等），了解受测者的有关情况（如文化程度、理解能力及身体状况）。测验情境应尽可能安静，没有无关人员在场。可以告诉受测者，如果对有些项目无法回答，可以空下来，但尽可能不要空得太多。如果测验结果用于临床诊断，主试在测验前，一定要让患者知道这个测验的重要性以及对其治疗的好处，以便得到患者的配合。

2. 计分方法

用预先制作的 14 张套板（每个分量表一张，Mf 为两张，男女各一张）进行计分，步骤如下：

（1）将答卷按受测者性别分开。

（2）将答卷纸上同一题的两种答案的题号用彩色笔划去，当作没回答，与"无法回答"的题数相加，作为 Q 原始分数。如果总分超过 30 分，则此答卷无效。

（3）将每个分量表的套板依次覆盖在答卷纸上对准，数好套板上有多少个圆洞被涂黑，这个数目就是该分量表的原始分数，将此分数登记在此量表的原始分数栏内。

（4）在疑病（Hs）、精神病态（Pd）、精神衰弱（Pt）、精神分裂（Sc）和轻躁狂（Ma）五个分量表的原始分数上加 K 分，方法是 Hs + 0.5K，Pd + 0.4K，Pt + 1.0K，Sc + 1.0K，Ma + 0.2K（注意：字母所表示的分数均为原始分数）。不过，对于中国被试，加或不加 K 分，对测量的总结果没有什么明显影响，所以也可以不加 K 分。

（5）将各分量表的原始分数转记在剖面图的原始分数栏内。

3. 原始分数的转换

MMPI 的常模采用 T 分数。在分数的转换过程中，先将受测者在各分量表上的原始分数根据常模表，转化成相应的 T 分数，登记在剖面图的 T 分数栏内；然后在剖面图上找到各分量表 T 分数的点，将各点相连，就成为一条表示受测者人格特征的曲线图。

4. 测量结果的解释

对各分量表的 T 分数可参照 MMPI 说明书中对各分量表分数提高的意义的文字描述予以解释。这里需要强调的是，说明书中所列举的人格特点只是一类人共同的典型特点，在具体地解释一个人的分数时应当持慎重和灵活的态度。这一原则同样适用于其他人格量表。

三、卡特尔 16 种人格因素量表的使用

（一）卡特尔 16 种人格因素量表简介

卡特尔 16 种人格因素量表（简称 16PF）是由美国伊利诺伊州立大学教授雷蒙德·B. 卡特尔（Raymond B. Cattell）经过几十年的系统观察、科学实验以及因素分析统计后逐渐形成的。这一量表能在约 45 分钟内测量出 16 种主要的人格特质。初中以上文化程度的人均可接受本量表的测试。

16PF 在国际上广泛流行，现已译成中、意、德、日、法等多种文字，被许多国家修订。16PF 中的 16 种人格因素是各自独立的，每种因素与其他因素的相关度较小。借助于本量表，受测者不仅可以对自己在 16 个因素上的人格特点有所了解，而且可以根据卡特尔制定的人格因素组合公式对自己的整体人格做出评价。

16PF 英文版有 A、B 两套等值的测题，每套 187 个项目，分配在 16 个因素中。每个

因素所包含的项目数不等，少则 13 个，多则 26 个。每个项目有 a、b、c 三个选项（如 a. 是的；b. 不一定；c. 不是的），受测者根据自己的情况选择一个合适的选项。

16PF 中国版的修订工作是在辽宁省修订本的基础上由戴忠恒与祝蓓里主持完成的，取得了全国范围内的信度和效度资料，制定了中国成人（男、女）常模、中国大学生（男、女）常模、中国中学生常模（男、女）、中国产业工人常模、中国专业技术人员常模、中国干部常模以及上海市的各种常模。

16PF 所测量的人格因素的名称及其字母代号如表 14 – 2 所示。

表 14 – 2　16 种人格因素的名称及其字母代号

代号	因素名称	代号	因素名称	代号	因素名称	代号	因素名称
A	乐群性	F	兴奋性	L	怀疑性	Q_1	实验性
B	聪慧性	G	有恒性	M	幻想性	Q_2	独立性
C	稳定性	H	敢为性	N	世故性	Q_3	自律性
E	恃强性	I	敏感性	O	忧虑性	Q_4	紧张性

16PF 的信度指标采用重测信度，通过对上海市 82 名大学生实施重测，所获得的各人格因素的重测相关系数如表 14 – 3 所示。16 种人格因素中，除四种因素（聪慧性、怀疑性、实验性和自律性）的重测信度系数较低外，其他因素的信度比较理想。16PF 的效度指标采用建构效度，以大学生为对象，求出 16 种人格因素之间的相关系数。结果表明，除少数因素之间具有较高相关外，大多数因素之间的相关较低。因此，多数因素是相对独立的人格特质。

表 14 – 3　16PF 各人格因素的重测相关系数

代号	因素名称	相关系数	代号	因素名称	相关系数
A	乐群性	0.72	L	怀疑性	0.35
B	聪慧性	0.37	M	幻想性	0.56
C	稳定性	0.68	N	世故性	0.58
E	恃强性	0.73	O	忧虑性	0.58
F	兴奋性	0.82	Q_1	实验性	0.37
G	有恒性	0.67	Q_2	独立性	0.71
H	敢为性	0.78	Q_3	自律性	0.46
I	敏感性	0.73	Q_4	紧张性	0.65

（二）卡特尔 16 种人格因素量表的使用

1. 施测方法

16PF 属团体测验。施测时，先给每个受测者发一张答卷纸，填上受测者的姓名、性别、年龄、职业、测验日期等。然后发给测题，翻到测题的说明部分，主试朗读其中的指导语，让受测者边看边听，并在主测的指导下完成答卷纸上的四个例题。待受测者掌握答题方法后，让受测者自己完成正式测验。对施测情境的要求与 MMPI 相同。

2. 计分方法

每个项目有 a、b、c 三个选项，根据受测者对每一项目的回答，分别记为 0、1、2 分或 2、1、0 分。在实际操作时，要用预先制作好的两张有机玻璃计分套板，每张套板记 8 个因素的分数。具体方法是：将套板套在答卷纸上，分别计算出每一因素上的原始分数，将此分数登记在剖面图左侧的原始分数栏内。

3. 原始分数的转换

16PF 的常模采用标准 10 分制。根据受测者的文化程度或职业种类将受测者各因素的原始分数对照常模表分别转化成标准分数，并登记在剖面图左侧的标准分数栏内。然后在剖面图上找到各因素的标准分数点，将各点相连，即成为一条表示受测者人格特征的曲线图。

4. 测量结果的解释

根据剖面图上对各因素高分特征和低分特征的描述，可以大体解释受测者在 16PF 上的主要特点。如要作进一步的解释，则需参照《16PF 手册》中的文字描述。

16PF 不仅能够对受测者在 16 种人格因素上的主要特征进行分析性描述，而且能够根据实验统计结果所得的四个公式（分别用于诊断受测者在适应性、外向性、情绪性和果断性上的特征，）对他在次级人格因素上的特征进行综合描述。同时，可以利用另外四个公式预测受测者在某些特殊情境中的行为特征（即心理健康水平、专业成就的可能性、创造潜力、对新环境的适应能力），尤其适用于升学、就业及生活问题的指导。

四、艾森克人格问卷的使用

（一）艾森克人格问卷简介

艾森克人格问卷（英文简称 EPQ）是由英国心理学家艾森克（H. J. Eysenck）及其夫人于 1975 年在先前几个人格调查表的基础上编制而成的。它的理论基础是艾森克提出的人格三维度理论。艾森克认为，虽然人格在行为上的表现形式是多样的，但真正支配人行为的人格结构是由少数几个人格维度构成的。艾森克经过长期的实验研究和临床观察，提出精神质、外倾性和神经质是人格的三个基本维度。这里，人格维度代表着一个连续体，每个人都或多或少地具有这三个维度上的特征，但不同的个人在这三个维度上的表现程度是不同的。因此，通过测量可以在这些维度上找到受测者的特定位置。根据这种观点编制的 EPQ 由四个分量表构成（P、E、N 和 L），用于测量受测者在精神质（P）、外倾性（E）和神经质（N）三个人格维度上的特征。L 是说谎量表，用于识别受测者回答问题时的诚实程度。该问卷分儿童和成人两种，儿童问卷共有97个项目，适用于7～15岁的受测者；成人问卷共有101个项目，适用于16岁以上的受测者。

EPQ中国版由龚耀先教授主持修订。修订后的儿童问卷和成人问卷各由88个项目组成。每个项目都有"是"和"否"（在儿童问卷中为"是"和"不是"）两个选项，供受测者选择。他们通过标准化工作，取得了全国范围内的信度和效度资料，制定了中国儿童（男、女）和成人（男、女）常模。

EPQ中国版的信度是运用重测法在87名小学生和49名中学生被试身上得到的，结果如表14-4所示。

表14-4　EPQ的重测信度系数

量表	P	E	N	L
小学生	0.597 2	0.581 9	0.639 3	0.669 4
中学生	0.645 3	0.862 8	0.729 0	0.616 8

EPQ中国版的效度指标用建构效度系数表示，它通过对1 000名儿童和1 000名成人（男女均各半）的测量，获得了各分量表之间的相关系数，结果如表14-5和14-6所示。

表14-5　EPQ各分量表之间的相关系数（儿童样本）

	量表	P	E	N	L	
男	P		-0.201 5	0.286 3	-0.426 5	女
	E	-0.102 8		0.157 3	0.236 7	
	N	0.466 5	-0.112 1		-0.469 5	
	L	-0.540 9	-0.166 8	-0.428 5		

表14-6　EPQ各分量表之间的相关系数（成人样本）

	量表	P	E	N	L	
男	P		-0.092 1	0.286 5	-0.575 9	女
	E	0.094 9		0.152 8	-0.137 5	
	N	0.295 1	-0.015 7		-0.293 5	
	L	-0.550 1	-0.169 9	-0.367 9		

（二）艾森克人格问卷的使用

1. 施测方法

EPQ属于团体测验。施测时，先给每个受测者发一张答卷纸，填上受测者的姓名、性别、年龄、测验日期、职业、文化程度等。然后发给测题，翻到测题的说明部分，主试朗读其中的指导语，让受测者边看边听，待受测者掌握答题方法后，让受测者自己完成正式测验。对施测情境的要求与 MMPI 以及 16PF 相同。

2. 计分方法

EPQ 记分的依据是记分键（见该问卷的手册）。记分键中的数字是项目号，项目号前无"－"号的表示该项目受测者圈"是"记 1 分，圈"否"（或"不是"）记 0 分；项目号前有"－"号的表示该项目受测者圈"否"（或"不是"）记 1 分，圈"是"记 0 分。按 P、E、N、L 四个分量表分别记分，然后算出各分量表的总分（原始分数）。

3. 原始分数的转换

EPQ 的常模采用 T 分数。根据受测者的性别和年龄将受测者各分量表的原始分数对照常模表分别转化成 T 分数，然后在剖面图上找到各维度的 T 分数点，将各点相连，得到一条表示受测者人格特征的曲线图。

4. 测量结果的解释

对精神质（P）、外倾性（E）和神经质（N）三个人格维度上受测者 T 分数的解释可参照手册中对高分特征和低分特征的文字描述。此外，艾森克还将外倾性（E）和神经质（N）两个维度作垂直交叉分析，这样就可以得到四种典型的人格类型（如图 14－1 所示），根据受测者 E 和 N 的 T 分数可以在交叉图上找到相应的交点。

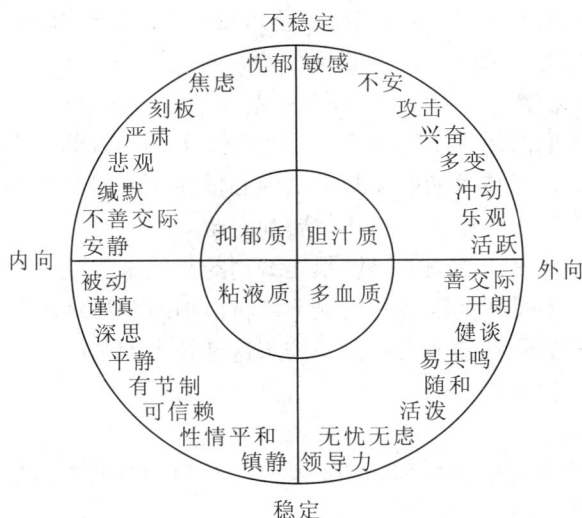

图 14－1　艾森克二维人格模型

第三节　投射测验

一、投射测验及其理论基础

（一）投射测验的性质及其特点

投射（projection）是指个人对客体特征的想象式解释。在这种解释中，个人具有将自己身上发生的心理过程无意识地附着在客体身上的倾向。换句话说，投射是个人把自己的思想、态度、愿望、情绪、性格等心理特征无意识地反映在对事物的解释之中的心理倾向。由于心理投射的作用，人们常常把无生命的事物看成有生命的事物，把无意义的现象解释成有意义的现象。在这种情况下，个人对客体特征的投射性解释所反映的不是客体本身的性质，而是解释者自己的心理特征。因此，运用投射技术测量个人对特定事物的主观解释，就有可能获得对受测者人格特征的认识。

投射技术作为一个心理测量术语，是 1938 年由主题统觉测验的编制者莫瑞（H. A. Murray）最早提出来的，但投射测验作为一种心理测量技术，早在 1921 年之前就已有人开始探索并实际应用了。1921 年，罗夏克（H. Rorschach）发表了他编制的墨迹测验，但当时并未引起人们的重视。1938 年，弗兰克（L. K. Frank）明确阐述了投射技术的内涵及其重要性，认为投射技术能够唤醒被试内心世界或人格特征的不同表现形式，从而在对测验项目的反应中投射出被试内在的需要和愿望。

投射技术的基本方式是向受测者提供预先编制的一些未经组织的、意义模糊的标准化刺激情境，让受测者在不受任何限制的情况下，自由地对刺激情境做出反应，然后通过分析受测者的反应，推断受测者的人格特征。按照这种技术编制的最为著名的人格测验是罗夏克墨迹测验和主题统觉测验。

投射测验的特点如下：

（1）测验材料没有明确的结构和确切的意义，这就为受测者提供了针对测验材料进行广阔的自由联想的机会和空间。

（2）受测者对测验材料的反应不受限制，可以根据自己对测验材料的理解作任何想象式的解释，因此，受测者对测验材料的解释在很大程度上不是取决于测验材料的性质，而是取决于受测者的人格特征和当时的心理状态。

（3）测验的目的具有明显的隐蔽性，受测者事先并不知道施测者对他的反应作何心理学的解释，这就在很大程度上避免了受测者的伪装和防卫，使测验的结果更能反映受测者真实的人格特征。

（4）对测验结果的解释重在对受测者的人格特征获得整体性的了解，而不是对某个或某些单个人格特质的关注。

（5）投射测验的内容多为无明确意义的图片，在测验时不受语言文字的限制，所以被广泛地应用于人格的跨文化研究。

（6）相对于自陈量表，投射测验的最大局限是计分上的困难，这使得研究者对测验结果难以进行确定的定量分析。

（二）投射测验的理论基础

由于投射测验重在探讨人的无意识心理特征，因此，对受测者在测验上反应的解释就不可避免地受到精神分析理论的影响。按照精神分析理论的无意识观点，个人无法单凭自己的意识功能了解到自己的人格特征，因此，运用自陈问卷法不可能测量到受测者真实的人格特征。相反，如果我们以某种无确定意义的刺激情境作为引导，受测者就会在不知不觉中将自己无意识结构中的愿望、要求、动机、心理冲突等特征投射在对刺激情境的解释中。从上述理论出发，投射测验假定：①人们对外部事物的解释性反应都是有其心理原因的，同时也是可以给予说明和预测的；②人们对外部刺激的反应虽然取决于所呈现的刺激的特征，但反应者过去形成的人格特征、他当时的心理状态以及他对未来的期望等心理因素也会渗透在他对刺激的反应过程及其结果之中；③正因为个人的人格会无意识地渗透在他对刺激情境的解释性反应之中，所以，向受测者提供一些意义模糊的刺激情境，让受测者对这种情境做出自己的解释，然后分析他解释的内容，就有可能获得对受测者自身人格特征的认识。

（三）投射测验的信度和效度

虽然投射测验在国外被广泛地应用于对人格特征的评价过程中，尤其是20世纪40年代至60年代的临床心理学工作者更是把它视为临床诊断中不可缺少的工具，但是，对投射测验的批评一直没有停止过。除了谈到操作此种测验的技术高度复杂、难以掌握、难以获得数量化的常模资料外，最为严重的批评莫过于对投射测验的信度和效度持质疑态度。以罗夏克墨迹测验为例，虽然有的研究资料认为它的信度和效度是不错的，但是更多的研究证明它的信度和效度都很低。导致这些相互矛盾的研究结果的一个主要原因是投射测验本身的性质决定了其难以获得确切的信度和效度资料，也难以在不同的测验结果之间进行有效的比较。所以，目前投射测验的应用在走下坡路。在我国，除了龚耀先等研究者对罗夏克墨迹测验在小范围内做过试用外，对投射测验的研究和应用工作尚属少见。下面所介绍的罗夏克墨迹测验和主题统觉测验只供有兴趣的读者了解，而不能作为开展这项工作的技术依据。

二、罗夏克墨迹测验简介

（一）罗夏克墨迹测验的形成和内容

罗夏克墨迹测验是由瑞士精神病学家罗夏克经过长期的试验和比较研究后创制的一种投射测验。他从1910年开始用画片来研究精神障碍对病人知觉过程的影响，后来改用墨迹图。在最初制作墨迹图时，他先在一张纸的中央滴一堆墨汁，然后将纸对折，并用力挤压，从而形成两边对称但每次形状不一的图形。罗夏克用大量这样的墨迹图片对各种精神病人进行试验，发现不同类型的精神病人对墨迹图片的反应不同，然后再和低能者、正常人、艺术家的反应作比较，最后选定其中的十张墨迹图片作为测验材料，并确定了记分方法和解释测验结果的原则，于1921年正式发表。十张墨迹图卡中，有五张是黑白的，有三张是彩色的，另有两张除黑色外，还带有鲜明的红色。

（二）实施罗夏克墨迹测验的基本程序

实施罗夏克墨迹测验是一项高度复杂的工作，只有那些经过专门培训并具有丰富临床经验的人员才能使用。这里介绍的只是其中最基本的实施程序。

1. 指导语

在施测之前，主试应当向受测者提供一个简短的指导语：要给你看的图卡上印刷着偶然形成的墨迹图像。请你将看到图卡时所联想到的东西，不论什么，都自由地、原封不动地说出来。回答无所谓正确与不正确，所以，请你看到什么就说什么。

2. 施测

施测过程分四个阶段：

（1）自由反应阶段。让受测者对所看到的墨迹图的内容进行自由联想，主试原原本本地记录受测者的所有言语反应。在这一阶段，主试与受测者一般不应对话。

（2）提问阶段。在这一阶段，主试为了对受测者的反应进行记号化，可有针对地向受测者提出问题。

（3）类比阶段。当利用经过提问获得的资料仍不能搞清记号化的问题时，可在类比阶段作进一步的商讨。

（4）极限测验阶段。在这一阶段，当对受测者的反应产生疑问时，主试可以进行进一步确认。

3. 记号化

记号化是指对受测者的测验资料进行分类，将具有相似特性的反应归类，并给予同样的记号。记号化包括以下四个方面：

（1）区位记号。这是根据受测者对墨迹图反应的范围进行的分类，有五种类别：整体反应（W）、普通局部反应（D）、细微局部反应（d）、特殊局部反应（Dd）和空白反应（S）。

（2）决定因子记号。这是根据受测者对墨迹图反应时的依据所作的分类，有四个方面：形状反应（F）、运动反应（M）、浓淡反应（K）和色彩反应（C）。

（3）内容记号。这是根据受测者对墨迹图所作反应的内容进行的分类，主要有以下典型的反应内容：人（H）、动物（A）、解剖（At）、性（Sex）、自然（Na）、物体（Obj）等。

（4）独创记号。这是根据受测者对墨迹图反应的独特性所作的分类，有普通反应（P）和独创反应（O）两种情况。

4. 测验结果的解释

根据上述记号化的结果在决定因子的心理图像上标上每个因子的反应次数，将各点相连，即受测者的人格图像。然后结合反应区位、反应内容、反应的独创性以及它们之间的数量关系，根据测验手册中的描述，解释受测者的人格特征。下面是对某受测者在其中两张图卡（如图 14 – 2 和图 14 – 3 所示）上的反应进行解释的例子。①

图 14 – 2 罗夏克墨迹测验举例（例 1：图卡 II）

受测者的反应：有两只熊，熊掌贴着熊掌，好像在玩拍拍掌，也可能是在打架，红色是打架时流出来的血。

记号化：DFM，CAP

区位：D = 大部位

决定因子：FM = 动物在动

内容：A = 动物

独创性：P = 普通反应

解释：受测者一开始即以动物反应，且为普通反应，表现出嬉戏、幼稚的行为，然后是敌意举动的反应。颜色反应和血的内容，显示他可能不易克制自己对环境的反应。他是否用嬉戏、幼稚的外表来掩饰敌意和破坏的感觉？而这感觉正威胁着他对环境的处理。

图 14 – 3 罗夏克墨迹测验举例（例 2：图卡 III）

---

① 摘编自普汶著，郑慧玲编译：《人格心理学》，台北：桂冠图书股份有限公司 1987 年版，第 96、97 页。

受测者的反应：两个食人族的野人。还要再看出什么来吗？两个非洲土著正弯腰在一口锅上，大概在煮什么东西——希望不是吃人。我不该开玩笑的——幽默一下。（他们是男的还是女的？）可能是男的，或是女的。女的可能性大，因为这里有胸部。但是，我一开始没有想到是什么性别。

记号化：DMHP

区位：D = 大部位

决定因子：M = 人在动

内容：H = 人

独创性：P = 普通反应

解释：受测者一开始即以原始的、口欲的攻击性来反应——食人族的野人。这表示他有某种内在愿望吗？然后他提出问题，这是他在测验过程中表现的一个行为特征，然后开个玩笑。这表示他处理敌意的方式，经常是依赖他人（发问）和看事情好笑的一面吗——一种否认自己敌意的感觉？没有明确指出人物的性别，后来又产生性别混淆，表示他对自己性别角色意识的混淆。

一般来说，W 分高，表示具有高度的综合能力，但过高也表明缺乏精细分析的能力；M 分高，表示具有想象力和移情倾向；C 分高，表示性格外向，情绪不稳定；A 分高，且反应资料呈无组织状态时，表示智力低下，思维刻板；F 分高，表示良好的自我控制能力和情绪活动的和谐；K 分高，可能预示着不安的情绪等等。在对各记号项目进行解释时，应注意对各种分数作综合性的解释，不可凭任何单一的分数来判断一个人的人格是否正常。只有这样，才能体现投射测验的初衷。

三、主题统觉测验简介

（一）主题统觉测验的形成和内容主题

主题统觉测验（Thematic Apperception Test，TAT）是与罗夏克墨迹测验齐名的另一种人格投射测验，它是由美国哈佛大学的心理学家莫瑞（H. A. Murray）和摩根（C. D. Morgan）于 1935 年创制的，此后经过三次修订。

TAT 是一种窥探受测者的主要需要、动机、情绪、情操和人格特征的方法。它的基本原理是向受测者呈现一系列意义相对模糊的图卡，并鼓励他们按照图卡不假思索地编述故事。编制这种测验的基本假设是：①人们在解释一种模糊的情境时，总是倾向于使这种解释与自己过去的经历和目前的愿望保持一致；②在面对测验图卡讲述故事时，受测者同样利用了他们过去的经历，并在所编造的故事中表达了他们的感情和需要，而不论他们是否意识到这种倾向。

现在使用的 TAT 是经莫瑞修订过的第三版。第三版全套测验包括 30 张黑白图卡和 1 张空白卡，图卡的内容有的为人物，有的为景物。就测验内容而言，TAT 比罗夏克墨迹测验的组织和意义要明确，但 TAT 同罗夏克墨迹测验一样，对受测者的反应不加任何限制，任其针对图卡凭自由想象去编造故事。30 张图卡分为四组，分别是成年男性组（M）、成年女性组（F）、儿童男性组（B）和儿童女性组（G）。其中有的图卡适用于所有的受测者（只用数字表示顺序号），有的图卡只适用于特定年龄及特定性别的受测者，还有的图卡只限制受测者的年龄或性别（分别用数字后面的字母标明）。适用于各组受测者的图卡均为19 张，外加 1 张空白卡，共 20 张图卡。图 14 - 4 和图 14 - 5 是其中两个例子。

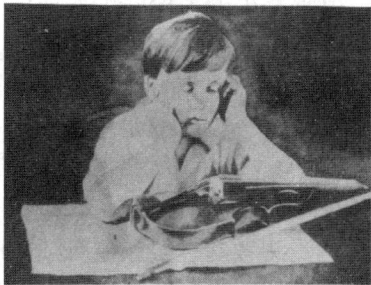

图 14 - 4　主题统觉测验举例一　　　　图 14 - 5　主题统觉测验举例二

（二）实施主题统觉测验的基本程序

1. 测验环境与指导语

测验应当在友好的气氛当中进行，主试对于受测者的反应应当持鼓励和赞许的态度；测验环境布置应当具有一定的审美情调，并能激发人的想象力和创造性。

一般的指导语是：这是一个想象力测验，是测验你的智力的一种形式。我将让你看一些图片，每张都让你看一会儿。你的任务是对每张图片尽你所能编一个带有戏剧性的故事，说明是什么因素导致了图片上的情景，当前在发生什么事情，图片上的人正在想什么，结果会怎么样。你可以用 5 分钟时间讲一个故事。明白了吗？现在开始看第一张图片。

上述指导语适合正常智力的青少年和成年人，对于儿童和受教育较少或有智力障碍的成人，应作适当的变通。此外，空白卡的指导语是特殊的。可以说：请你看着这张卡片，一边尽力想象它上面有什么图案，一边仔细地把它描述出来，编成一个你想象中的故事。

2. 施测

在实施 TAT 时，每个组的受测者都要完成两个系列的测验。第 1 ~ 10 号图卡为第一系列，第 11 ~ 20 号图卡为第二系列。其中第二系列图卡的情境更加抽象，也更加奇特。完成每个系列的测验任务需要 1 个小时，两个系列之间至少要间隔一天。

在测验的过程中，主试一般不应说话，以防打断受测者的想象过程。但在下列情况下，可以给予必要的语言指导：①如果接近时限，可以给予提醒；②编完一个故事后可以给予适当的语言鼓励；③如果受测者在编的故事中，忽略了一些关键的地方，可以请受测者补上，但不能与受测者就故事情节展开讨论。

在测验过程中，主试要记录受测者所说的内容，如果笔记有困难，可以利用录音机录音，但前提是不能让受测者发觉。

3. 计分

TAT 的计分规则分两部分：一是在每一种需要变量和情绪变量上的分数，计分规则是根据每一种需要或情绪的强度在 1~5 之间记分；二是在每一种压力变量上的分数，计分规则是根据每一种压力的强度在 1~5 之间记分。最后在每一变量上都得到两个分数，一是总体平均分（AV），二是分数的分布（R）。

被评定的主要的需要变量和情绪变量有恭顺、成就、攻击、自责、关怀、顺从、性、受保护、进取、归属、自主、矛盾、情绪变化、沮丧、焦虑、怀疑等；被评定的主要的压力变量有归属、攻击、支配、关怀、拒绝、身体危险等。而评定这些变量的分数的依据是受测者在所编的故事中对主人公的行为、需要、动机、情感和主人公所处的环境的描述，以及整个故事所反映出的主题的性质。

4. 测验结果的解释

解释 TAT 分数有两个基本的假设：第一个假设是主人公的归因（需要、情绪状态和情感）代表着受测者人格的倾向性。这种倾向性是受测者的过去和他所预期的将来：①他已做过的事；②他想去做的事；③他未意识到的一些基本的人格力量；④他当时所体验的情绪和情感；⑤他对将来行为的预测。第二个假设是受测者所统觉的环境压力也代表着过去、现在和将来：①他真正遇到过的情境；②他出于愿望或恐惧而想象到的情境；③他正在统觉的情境；④他期望遇到的或害怕遇到的情境。

主试应当根据上述两个基本假设，参照手册中对各种需要、情绪及压力变量的基本描述去解释受测者投射在所编故事中的人格状态和特征。同时要特别在需要、情绪的力量和压力的力量之间进行强度上的比较，并分析它们之间的相互作用所导致的结果。

第四节　内隐联想测验

自陈式问卷测量存在社会赞许效应和自我防御效应，而投射测验虽然克服了自陈报告问卷的局限，但对其结果的解释不仅过于复杂，容易受解释者的主观影响，而且对测验结果难以进行量化处理。近 20 年来，在态度（如群体刻板印象）和人格特质（如特质自尊）测量领域，研究者研发出一种可以同时克服自陈式问卷和投射测验局限的测量技术，即内隐联想测验（Implicit Association Test，IAT）。

一、内隐联想测验及其理论基础

（一）内隐联想测验的性质及其基本范式

内隐联想测验是用来测量人们对特定对象的内隐态度的定量方法。所谓"内隐态度"（implicit attitudes）是指过去经验积淀下来的一种未被内省识别或识别不准确的无意识痕迹，该痕迹潜在影响着个体对待社会目标客体的认知、情感和行为反应。[1] 由于这些经验痕迹通常不能被人们明确地意识到，因而难以采用自陈报告的方式表达出来，但如果受到与此痕迹相关的刺激，这些痕迹便会被激活，并自动化地调节人们的当前行为。IAT 就是通过测定人们在分类任务中对两类刺激（目标刺激与属性刺激）间自动化联结的紧密程度，来评定人们对特定对象的内隐态度的测试方法。它的基本操作范式是在计算机屏幕左上方和右上方分别呈现一个类别标签，而在屏幕的中央依次呈现刺激（如目标词或属性词），被试需按指导语尽快将刺激进行辨别归类并做出按键反应，计算机自动记录其反应时和正误反应。

在标准的 IAT 任务（Greenwald，McGhee & Schwartz，1998）中，需要分别构建作为态度对象的两类目标词汇（target words）和反映态度对象特性的两类属性词汇（attributive words），目标词（如鲜花或昆虫）和属性词（如美丽或丑陋）之间有两种可能的关系：相容（compatible）关系，如鲜花—美丽，昆虫—丑陋；和不相容（incompatible）关系，如鲜花—丑陋，昆虫—美丽。这里所谓"相容"，是指二者间的联结与被试的内隐态度一致，或对被试而言二者有着紧密且合理的联系。例如，人们对"鲜花"和"美丽"均持有一致的积极态度，而且"鲜花"与"美丽"间更具有紧密而合理的联系，因而二者间彼此是"相容的"。与此相反，所谓"不相容"，是指二者间的联结与被试的内隐态度相冲突，或对被试而言二者间的联系不紧密且不合理。例如，人们对"鲜花"和"丑陋"持有的态度是不一致的（对前者的态度是积极的，而对后者的态度是消极的），而且"鲜花"与"丑陋"间的联系不紧密且不合理，即人们不会认为鲜花是丑陋的，因而二者间彼此是"不相容的"。当目标词和属性词处于相容关系时，即两者的关系与被试的内隐态度一致时，被试的辨别反应更多地具有自动化性质，因而其反应速度更快；相反，当目标词和属性词处于不相容关系时，即两者的关系与被试的内隐态度冲突时，被试的辨别反应需要更精细和更复杂的意识加工，因而其反应速度会变慢。因此，在 IAT 中，被试对不相容任务的平均反应时与对相容任务的平均反应时之差，就被定义为被试对特定对象的内隐态度效应，称为 IAT 效应，用"d"表示。在上述例子里，如果人们对态度对象（如"鲜花"）持有积极态度，那么在"目标词"与"积极属性词"匹配时（相容关系），被试的反应时就会更短，而在"目标词"与"消极属性词"匹配时（不相容关系），被试的反应时就会更长；相反，如果人们对态度对象（如"昆虫"）持有消极态度，那么在"目标词"与"积极属性词"匹配时（不相容关系），被试的反应时就会更长，而在"目标词"与"消极属性词"匹配时（相容关系），被试的反应时就会更短。这样，计算不相容关系条件下的平均反应时与相容关系条件下的平均反应时的差值，如果 IAT 效应（d）是一个正值，说明被试对态度对象（如"昆虫"）表现出更消极的态度。

（二）内隐联想测验的理论基础

支撑内隐联想测验的主要理论是双重态度模型（model of dual attitudes）[2]。该理论的

① GREENWALD A G & BENAJI M R. Implicit social cognition：attitudes，self-esteem，and stereotypes. Psychological Review，1995，102（1）：4 - 27.

② WILSON T D, Lindsey S & SCHOOLER T Y. A model of dual attitudes. Psychological Review，2000，107（1）：101 - 126.

核心假设是：人们对同一态度对象能够同时存在两种不同的评价，一种是可被人们明确地意识到的，并可以自我控制的态度（外显态度）；一种则是无明确意识的、可被自动激活的态度（内隐态度）。在人们的语义记忆系统中，外显态度和内隐态度并存，且对人们的外在行为发挥不同的作用。外显态度引导个体深思熟虑后的审慎行为，因此可以根据实际情况加以必要的控制（如对真实的态度进行必要的修饰和隐藏，或迎合某些规则表达非真实的态度）。例如，如果你是一个实际上的大男子主义者，但同你一起讨论问题的同仁都是女性，那么你对女性的评价便会表现得十分慎重，你会小心翼翼地选择更加适当的词汇描述女性的优点，以避免引发不必要的冲突。与此不同，内隐态度引发个体的自动化的即时性行为，个体无法有意识地对该类反应做出控制。例如，如果你是一个实际上的大男子主义者，而且你真的认为女性喜欢絮叨，那么每当女性开始说话，你会不由自主地打断她的发言或绕开当前的话题。可见，相对于外显态度引发的行为，内隐态度引导的行为是一种未见思考的和快速的行为反应，它对行为的影响是在不知不觉的情况下自然发生的。

通常，态度是可以发生改变的（如一对恋人由彼此吸引喜欢到彼此排斥嫌弃）。传统的态度理论认为，态度的改变意味着新态度取代旧态度，而一旦旧态度被新态度取代，旧态度便不会再影响随后的行为。然而，根据双重态度模型，态度的改变不是新态度对旧态度的取代，而是对旧态度的暂时性超越，旧态度仍然保存于语义记忆系统中，并潜在地影响着个体的认知、情感和行为，如恋人间分手后的"藕断丝连"。在态度转变过程中，由于新态度处于超越旧态度的优势地位，个体对此可在意识水平上明确知觉到，也可以进行自我报告，成为外显态度；而旧态度因被抑制而进入无意识系统，称为内隐态度。个体在特定情境中对态度对象采取何种态度，取决于个体的认知资源是否足以提取外显态度以及该外显态度的强度是否足以超越内隐态度。在个体缺乏足够的认知资源时，内隐态度就会被激活，并调节个体的行为；而当个体认知资源充足时，内隐态度被抑制，外显态度对行为就会起主导作用。[①]

IAT 实验任务的设置以语义记忆的神经网络模型为基础。该模型认为，概念性信息按照其语义关系，固定在被分层组织起来的神经结点上，因此通过测定两个概念在此系统中神经结点间的距离，来估计这两个概念联系的紧密程度。内隐联想测验就是通过计算机化的分类任务，来测量两类词（概念词与属性词）之间自动化联系的紧密程度，继而考察个体对特定对象的内隐态度。

二、内隐联想测验的常用范式

（一）标准内隐联想测验

1. IAT 测验的编制

标准的 IAT 的基本结构包括目标概念和属性概念两个各为双极的维度。根据要测量的态度对象及其特性，目标概念可选取具有显著比较特性的群体集合，如花朵/害虫、男人/

---

① 吴明证：《内隐自尊》，上海：上海交通大学出版社 2016 年版，第 15 - 16 页。

女人、老年人/年轻人、黑人/白人等，而属性概念所选取的词汇可以是反映态度对象积极和消极特性的评价性词汇，如高尚/卑鄙、慷慨/自私等，或具有相反特质的描述性词汇，如活泼/安静、冷静/激动等。每一概念均选择具有代表性的词汇加以指代，这些词汇被称为"样例"（Example）。如果将目标概念设定为男人/女人，而属性词汇设定为积极/消极词，由此建构的 IAT 就是用于测量性别态度的测验；如果将目标概念设定为白人/黑人，而属性词汇设定为积极/消极词，由此建构的 IAT 就是用于测量种族态度的测验；如果将目标概念设定为健全人/残疾人，而属性词汇设定为积极/消极词，由此建构的 IAT 就是用于测量对残疾人态度的测验；如果将目标概念设定为自我/他人，而属性词汇设定为积极/消极词，由此建构的 IAT 测验就是用于测量自我态度（也称自尊）的测验等等。

2. IAT 的施测程序

最初的 IAT 操作程序包括五个步骤，后来被扩展为七个步骤。[1] 以内隐自尊的测量为例，表 14 - 7 呈现了典型的 IAT 的基本程序。[2] 在该程序中，通过计算机分别呈现自我词（如自我、我）、他人词（如他、她）、积极词汇（如钻石、聪明）和消极词汇（如死亡、愚蠢），研究者要求被试对这些刺激进行认知上的归类，并按照要求按键做出反应。测验主要考察被试在两个联合任务中的反应模式。在一致性联合区分任务（模块 3 和模块 4）中，被试对自我词和积极词共同做出反应（如按左键），对他人词和消极词共同做出反应（如按右键）；在不一致联合区分任务（模块 6 和模块 7）中，被试对他人词和积极词以左键共同做出反应，对自我词和消极词以右键共同做出反应。

表 14 - 7 内隐联想测验（IAT）流程

模块（Block）	试次（Trials）	作用	左键反应	右键反应
1	30	练习	积极词	消极词
2	30	练习	自我词	他人词
3	30	练习	积极词 + 自我词	消极词 + 他人词
4	30	测试	积极词 + 自我词	消极词 + 他人词
5	30	练习	他人词	自我词
6	30	练习	积极词 + 他人词	消极词 + 自我词
7	30	测试	积极词 + 他人词	消极词 + 自我词

在上述七个步骤中，第四步和第七步是 IAT 任务的测试模块，其余五个步骤均为练习模块。为平衡相容反应和不相容反应任务的顺序效应，一半被试按照表 14 - 7 中的七个步骤顺序完成测试，另一半被试则按照 1、5、6、7、2、3、4 顺序完成测试。为平衡右利手效应，对于一半被试，左键为正性词，右键为负性词，对于另一半被试则相反。计算机程序自动记录下从呈现刺激材料到被试按键反应之间的时间间隔［以毫秒（ms）为单位］

① GREENWALD A G，NOSEK B A & BANAJI M R. Understanding and using the implicit association test: an improved scoring algorithm. Journal of personality and social psychology，2003，85（2）：179 – 216.

② 吴明证：《内隐自尊》，上海：上海交通大学出版社 2016 年版，第 33 页。

和被试反应正确性。

3. IAT 的计分方法

IAT 的测量指标用反应时表示，以内隐自尊的测量为例，将被试执行不相容任务与相容任务（表 14-7 中的第七步和第四步）的反应时差值（d）作为内隐自尊的评定指标，d 值大于 0 表示被试持有积极的内隐自我概念，d 值小于 0 则表示被试持有消极的内隐自我概念。根据格林沃尔德（A. G. Greenwald）等人提供的建议①②，通常对 IAT 的数据进行如下处理：

（1）仅分析第四步和第七步的反应时。

（2）错误反应的数据不纳入统计分析。

（3）对第四步和第七步的错误率超过 20% 的被试数据予以剔除。

（4）将反应时大于 3 000 毫秒或小于 300 毫秒的数据，均分别记为 3 000 毫秒和 300 毫秒，或者将这两类数据的试次剔除。

（5）在从事科学研究或进行团体比较时，将原始反应时数据转换为对数后再进行统计处理。

（6）在从事科学研究或进行团体比较时，将第四步和第七步每种联结条件下的平均反应时和错误率分别高出同组被试平均反应时和错误率 3 个标准差的被试数据予以剔除。

4. IAT 的信度和效度

对于 IAT 的信度，格林沃尔德等人（2000）针对特质自尊和自我概念的内隐联想测验考察了复本信度和重测信度③，发现不同复本间的相关（r）分别为 0.43 和 0.68，表明内隐联想测验具有一定的可靠性和稳定性。其他人的研究④也显示，对内隐自尊的测量，内隐联想测验的内部一致性 α 系数为 0.88，重测信度（r）为 0.69。国内，蔡华俭等人以内隐联想测验为工具对大学生性别自我概念的研究⑤也发现，测量性别自我概念的平行的内隐联想测验之间的相关（r）分别为 0.72 和 0.65。这些数据表明，IAT 的同质性信度较高，复本信度和重测信度虽然大多低于外显测量的水平，但大体可以接受⑥。

从理论上讲，内隐联想测验是对态度的间接测量，由于它可以有效避免自我矫饰（self-presentation）和印象整饰（impression management）等，因而可敏感地反映个体态度的差异。格林沃尔德等人（1998）以效应大小 d 值（d = 均值差/标准差；d 值越大表明测量工具越敏感）作为敏感度的指标，检验了内隐联想测验对所测量对象的敏感性。他们比

① GREENWALD A G, MCGHEE D E & SCHWARTZ J K L. Measuring individual differences in implicit cognition: the implicit association test. Journal of personality and social psychology, 1998, 74 (6): 1464-1480.

② GREENWALD A G & FARNHAM S. D. Using the implicit association test to measure self-esteem and self-concept. Journal of personality and social psychology, 2000, 79 (6): 1022-1038.

③ GREENWALD A G FARHAM S D. Using the implicit association test to measure self-esteem and self-concept. Journal of personality and social psychology, 2000, 79 (6): 1022-1038.

④ BOSSON J K, SWANN W B Jr & PENNEBAKER J. W. Stalking the perfectmeasure of implicit self-Esteem: the blind and the elephant revisited?. Journal of personality and social psychology, 2000, 79 (4): 631-643.

⑤ 蔡华俭、周颖、史青海：《内隐联想测验（IAT）及其在性别刻板印象研究中的应用》，《社会心理研究》2001 年第 4 期，第 6-11 页。

⑥ 侯珂、邹泓、张秋凌：《内隐联想测验：信度、效度及原理》，《心理科学进展》2004 年第 2 期，第 223-230 页。

较了 IAT 和同样用于测量内隐认知的评价性语义启动方法的敏感性，发现前者的效应大小 $d = 1.21$，而后者的效应大小 $d = 0.62$，前者的敏感性更高。[1] 格林沃尔德等人（1998）进一步考察了内隐联想测验的效度，他们对外显测量和内隐测量的结果作了相关分析，结果发现各指标间均存在一定程度的相关，说明外显测量和内隐测量都测量了某一共同的结构，证实了内隐联想测验具有一定的聚合效度。同时，不同外显测量和内隐测量内部都具有很高的相关性，而两测验群之间的相关性相对较低，这表明内隐联想测验具有良好的区分效度。此外，也有研究表明，在态度领域，内隐联想测验对行为有着很好的预测效度[2][3]。

（二）内隐联想测验的变式

标准的 IAT 任务中，不论是类别概念还是属性概念均是双极的，前者如男性/女性、自我/他人、黑人/白人等，后者如坚强/柔弱、善良/奸诈、聪明/愚蠢等。研究者认为，这种基于相互比较构建的 IAT 所测量的是一种相对于参照人群的相对态度，而不是对某个特定对象的绝对态度[4]。例如，在特质自尊的 IAT 任务中，d 值反映的是相对于他人，被试对自我的态度是积极的还是消极的，而不能说明被试到底对自己持有消极的态度还是积极的态度。为了测定对单一对象的内隐态度，研究者对经典 IAT 作了改进，形成了各种 IAT 变式，其中主要的是单类别 IAT 和单属性 IAT。

1. 单类别内隐联想测验

单类别内隐联想测验（Single Category – Implicit Association Test，SC – IAT）是在标准 IAT 的基础上发展而来的内隐态度测验[5]。它的测验流程与标准 IAT 类似（见表 14 – 8）[6]。在 SC – IAT 中，每个模块呈现的词汇分成三类：自我词、积极词、消极词。三类词的呈现比率是 7∶7∶10，其中对应一个键的两个类别呈现比率是相等的。这一设计可以避免被试的习惯性反应，使得被试有 58% 的正确反应要按左键，42% 的正确反应要按右键。此外，SC – IAT 的重要特点是其自我词包含着被试的名和姓作为样例，从而提高了样例的代表性。

研究者（Karpinski & Steinman，2006）利用 SC – IAT 对三种态度对象（饮料偏好、自尊、种族态度）进行了内隐测量[7]，实验数据支持了 SC – IAT 信度，其内部一致性克隆巴

---

① GREENWALD A G，MCGHEE E & SCHWARTZ J L K. Measuring individual differences in implicit cognition：the implicit association test. Journal of personality and social Psychology，1998，74（5）：181 – 198.

② MCCONNELL A R & LEIBOLD J M. Relations among the implicit association test，discriminatory behavior，and explicit measures of racial attitudes. Journal of experimental social psychology，2001，37（5）：435 – 442.

③ BOSSON J K，SWANN W B JR & PENNEBAKER J W. Stalking the perfect measure of Implicit self-Esteem：the blind and the elephant revisited？. Journal of personality and social psychology，2000，79（4）：631 – 643.

④ KARPINSKI A. Measuring self – esteem using the implicit association test：the role of the other. Personality and social psychology bulletin，2004，30（1）：22 – 34.

⑤ KARPINSKI A & STEINMAN R. The single category implicit association test as a measure of implicit social cognition. Journal of personality and social psychology，2006，31（5）：949 – 962.

⑥ 吴明证：《内隐自尊》，上海：上海交通大学出版社 2016 年版，第 35 页。

⑦ KARPINSKI A & STEINMAN R. The single category implicit association test as a measure of implicit social cognition. Journal of personality and social Psychology，2006，31（5）：949 – 962.

赫 α 系数在 0.55 ~ 0.85 之间。此外，操纵执行 SC – IAT 的伪造或自我呈现，可提高被试反应的错误率，而一旦将这些被试从样本中删除，自我呈现倾向即显著下降（$d = 0.24$），从而支持了 SC – IAT 的效度。

表 14 – 8　单类别内隐联想测验（SC – IAT）流程

模块 （Block）	试次 （Trials）	作用	左键反应	右键反应
1	24	练习	积极词 + 自我词	消极词
2	72	测试	积极词 + 自我词	消极词
3	24	练习	积极词	消极词 + 自我词
4	72	测试	积极词	消极词 + 自我词

2. 单属性内隐联想测验

单属性内隐联想测验（Single – Attribute Implicit Association Test，SA – IAT）是对标准内隐测验的另一种修正版本。[①] SA – IAT 适用于测定比较被试对两个类别在同一属性上的态度差异。例如，如果我们想比较人们对自我和他人的领导力的态度，可以列举一组描述"领导力"的积极词汇，如果断的、民主的、公正的等，而不必同时考虑消极词汇，然后将积极词汇分别与自我和他人类别词组合。采用单属性内隐联结测验测量内隐自尊的实验流程见表 14 – 9[②]。SA – IAT 借鉴了 ST – IAT 的做法，但前者修正的不是类别概念，而是属性概念。

表 14 – 9　单属性内隐联想测验（SA – IAT）流程

模块 （Block）	试次 （Trials）	作用	左键反应	右键反应
1	20	练习	自我词	他人词
2	20	初始联合任务（练习）	自我词	他人词 + 积极词
3	40	初始联合任务（正式）	自我词	他人词 + 积极词
4	20	反转联合任务（练习）	自我词 + 积极词	他人词
5	40	反转联合任务（正式）	自我词 + 积极词	他人词

3. 简式内隐联想测验

标准 IAT 包括目标和属性两类概念，每一概念由彼此相对的样例加以表征。IAT 的实质是设置一个认知冲突任务，通过考察被试在一致性与不一致性联合任务中的行为表现差

---

① PENKE L, EICHSTAEDT J & ASENDORPF J B. Single – attribute implicit association tests (SA – IAT) for the assessment of unipolar constructs: the case of sociosexuality. Experimental psychology, 2006, 53 (4): 283 – 291.

② 张珂、张大均：《内隐联想测验研究进展述评》，《心理学探新》2009 年第 4 期，第 15 – 18 页。

异，推断特定目标概念与属性概念间的联结强度。但在具体实施过程中，被试可能会形成一定的策略，从而消解 IAT 中的认知冲突。测试要求被试记住联合分类任务的结构，并根据联合要求对特定样例进行反应，如果被试只记住某一联合任务要求（自我词汇或积极词汇），而忽略相对应的联合任务要求（他人词汇或消极词汇），那么就无法形成认知冲突。此时，一致性任务和不一致性任务就被简化为一个简单的记忆任务，其反应时差异并不能用于评估目标概念与属性概念之间的联结强度。此外，标准的 IAT 一般包含 7 个步骤，约 180 个试次，测试时间相对较长，疲劳也可能影响被试反应的精确性。

针对标准 IAT 的这一不足，有研究者构建了简式内隐联想测验（Brief Implicit Association Test，B - IAT）。① 为了避免被试反应倾向造成的实验误差，B - IAT 只要求被试记住其中一类联合任务，而无须记住与之相对应的联合任务。每一联合分类任务中，将类别标签和样例同时呈现给被试，但只要求被试记住样例所属的类别，并按键反应，该键被称为"反应焦点（focal）键"，而对其他的样例则要求被试按"非焦点（nonfocal）键"。这一改进使得 B - IAT 的试次相对于标准 IAT 减少了 1/3 的测试时间。

B - IAT 由两个联合分类任务组成，每一联合分类任务包含两类焦点类别材料，以内隐自尊的 B - IAT 测量为例，其操作模式见表 14 - 10。在两个联合任务中，如果"积极词汇"和"自我词汇"在其中一个模块中作为焦点类别，则另一个模块的焦点类别为"积极词汇"和"他人词汇"。若"积极"在这两个模块中都作为"焦点"类别，则另一类别"消极"在两个联合任务中是"非焦点"类别。例如，在"自我—他人/积极（消极）"B - IAT中，括号内概念代表非焦点类别，命名的顺序则代表分数所指的评价意义，分值越大表明第一个目标概念与第三个属性概念的联结越紧密。因此，在"自我—他人/积极（消极）"B - IAT 中，d 分数大于 0，说明"自我—积极"联结的强度高于"他人—积极（消极）"联结的强度；与此类似，如果"他人—自我/积极（消极）"B - IAT 的 d 分数大于 0，则说明"他人—积极"联结强度高于"自我—积极"联结的强度。研究发现，B - IAT 具有良好的内部一致性信度，克隆巴赫 α 系数在 0.6 ~ 0.93 之间，其测量功效显著，Cohen d 值在 0.43 ~ 1.8 之间，具有良好的预测效度②。

表 14 - 10　简式内隐联想测验（B - IAT）流程

模块 (Block)	试次 (Trials)	作用	左键 (非焦点键)	右键 (焦点键)
1	20	联合任务 1	他人词 + 消极词	自我词 + 积极词
2	20	联合任务 2	自我词 + 消极词	他人词 + 积极词
3	20	重复联合任务 1		
4	20	重复联合任务 2		

---

① SRIRAM N & GREENWALD A G. Brief implicit association test. Experimental psychology, 2009, 56 (4): 283 - 294.

② SRIRAM N & GREENWALD A G. Brief implicit association test. Experimental psychology, 2009, 56 (4): 283 - 294.

三、内隐联想测验的应用

内隐联想测验利用反应时指标，通过要求被试在态度对象与态度属性间快速反应，有效地降低了被试反应中意识的监控作用，而且即使被试不愿意表露自己内心真实的想法，也可通过反应时数据揭示其对特定对象的认知评价和内隐态度。此外，内隐联想测验融合了实验设计的基本思想，设置了相容组和不相容组，并且利用反应时的差值作为测量指标，最大限度地排除了个体本身反应快慢的影响，减少了个体差异对测量结果的影响，较为纯净地反映了过去经验的强度。由于 IAT 及其变式的上述特性，IAT 自从发布以来，被广泛地应用于社会认知几乎所有研究领域，包括认知偏见和刻板印象、社会认同、自尊、自我概念、病理心理学以及消费者态度等。①

格林沃尔德等人（1998）率先运用 IAT 考察了对黑人/白人的种族刻板印象。他们以一些典型的黑人姓氏及白人姓氏与积极形容词和消极形容词为材料，设计了种族刻板印象的 IAT。结果发现，被试在不相容条件下的反应时明显长于相容条件，说明人们更易于将白人和积极属性连在一起，而将黑人和消极属性连在一起，从而证实了种族内隐刻板印象的存在。此外，种族内隐刻板印象与外显种族态度测量之间具有相对独立性。格林沃尔德等人（1998）还研究了日裔美国人和韩裔美国人对日本民族和大韩民族的态度，发现了"内—外群体效应"，即被试更容易把愉快的词语与本民族名字相连接，而将不愉快的词语与外民族名字相连接。

格林沃尔德等人（1999）还运用内隐联想测验探讨了内隐自尊、群体内偏差（in - group bias）、社会同一性（socialidentity）②，发现当把自我词与积极词相联系时，被试的反应要比与消极词相联系时更快，效应大小高达 $d = 1.8$，而且女性更为偏好女性，更倾向把自己认同为女性。

在国内，蔡华俭等人（2001）最早运用内隐联想测验对大学生的性别学科刻板印象进行了研究，发现不管大学生的性别和专业如何，都显著地把理工科和男生相连，把人文学科和女生相连，并且内隐刻板印象和相应的外显测量之间相关很低，二者是相互分离的。③ 蔡华俭等（2002）还以内隐联想测验和相应的外显测量为工具，通过实证性因素分析探讨了大学生性别自我概念的结构特征。

近期，国内有研究者应用 IAT 技术考察了健全人对残疾人的认知评价特性④。他们以肢体残疾人图片为类别刺激，以表征残疾人行为特征的形容词为属性刺激，探讨了健全人对残疾人行为的内隐认知评价及其改善问题。研究结果发现，大学生被试对残疾人持显著的内隐负性认知评价，但在阅读了含有残疾人图片的正性行为描述性材料后，被试对残疾

---

① 蔡华俭：《Greenwald 提出的内隐联想测验介绍》，《心理科学进展》2003 年第 3 期，第 339 - 344 页。

② FARNHAM S D, GREENWALD A G & BANAJI M R. Implicit self - esteem// ABRAMS, DOMINIC, HOGG & MICHAEL A ed. Social identity and social cognition. Blackwell Publishers Inc, 1999：230 - 248.

③ 蔡华俭、杨治良：《大学生性别自我概念的结构》，《心理学报》2002 年第 2 期，第 168 - 174 页。

④ 周艳艳、马婷、张锋：《健全人对残疾人的内隐认知评价及其可塑性——基于文本阅读的间接接触的启动效应》，《应用心理学》2014 年第 4 期，第 339 - 357 页。

人的负性内隐认知评价显著减弱，从而证明健全人对残疾人行为的内隐认知评价具有可塑性。也有研究者采用 SC – IAT 探讨了亲社会视频游戏对游戏者内隐人性化知觉的影响①，发现相对于中性游戏，亲社会游戏可显著提高被试对自我及他人独特人性的内隐知觉水平，也可提升对自我普遍人性的内隐知觉水平，表明亲社会视频游戏对于提升游戏者对自我和他人的人性化知觉水平具有重要作用。

上述研究推动了内隐联想测验的应用，但目前该方法还局限于科学研究领域，在诸如人才选拔、心理辅导、组织行为等应用性领域尚未获得广泛推广。这是今后发展内隐联想测验的一个重要方向。

【练习与思考】

1. 人格自陈量表有何特点？编辑人格自陈量表一个测验项目包括哪些基本要素？

2. 相对于能力测验，自陈人格测验的信度和效度为什么较低？测量学家通常采用哪些措施尽可能保证自陈人格测验的信度和效度？

3. 查阅相关文献资料，比较和讨论明尼苏达多项人格调查表和卡特尔 16 种人格因素量表的形成过程和用途有何不同。

4. 卡特尔 16 种人格因素量表与艾森克人格问卷的项目反应模式有何不同？这两种反应模式对被试而言各有什么缺点？

5. 投射测验的理论基础是什么？相对于自陈人格测验，投射测验有何优势和局限？

6. 罗夏克墨迹测验是如何形成的？罗夏克墨迹测验对结果的解释为何带有主试的主观性？

7. 主题统觉测验是如何形成的？主题统觉测验对结果的解释需遵循什么规则？

8. 请比较罗夏克墨迹测验与主题统觉测验所关注的受测者心理状态的侧重点有何不同？

9. 内隐联想测验的理论基础是什么，其基本结构和实施程序是怎样的？

10. 参照内隐性别偏见的研究文献，尝试编制一个用于测量职业偏见或群际偏见或地域偏见或代际偏见的内隐联想测验的测量方案。

---

① 陈朝阳、马兵兵、马婷、张锋：《亲社会视频游戏对玩家人性化知觉水平的影响》，《心理发展与教育》2014年第 6 期，第 561 – 569 页。

第十五章 其他心理与教育测验

【本章提要】

- 焦虑及测验方法
- 兴趣及职业兴趣测验
- 态度和品德的常用测量方法

第一节 焦虑测验

一、焦虑概述

广义地说，焦虑是一种情绪。从强度上看，它涉及轻重不等但性质相同、相互过渡的一系列情绪，最轻的是不安和担心，其次是害怕和惊慌，最重的是极端恐怖；从快感度上看，它是一种负性情绪，给人的体验是不愉快的；从复杂度上看，它是一种复合情绪，包含悲哀、恐惧、愤怒等成分。

如果程度恰当，并主要针对某些特定的情境，焦虑是一种正常的、具有适应意义的负性情绪状态。这种体验的作用是向个体报告对外界情境的不适宜，驱使个体采取应付策略或行动，去改变自身的处境。如果焦虑自由浮动、泛化或程度过强，便会成为一种异常状态。焦虑可以是一时的情绪状态，也可内化为稳定的个体情绪特质，这样的人性格十分脆弱，而严重的、持续的焦虑有可能形成病态人格。

焦虑的表现主要有三个方面：一是行为上的表现，如说话唐突、语无伦次、皮肤变红、脸面痉挛、笨手笨脚、结结巴巴、思维不清等；二是生理上的表现，如肌肉僵硬、全身或局部疼痛、呼吸不畅、心律不齐、寒战、出汗、排尿过频、食欲减退、失眠、腹泻拉痢等；三是心理上的体验，如烦躁、不安、恐惧、担心等。

较早研究焦虑的要属精神分析学派的创始人弗洛伊德（S. Freud）。他不仅描述了焦虑的表现，还试图解释焦虑的形成过程。弗洛伊德按照他的人格结构理论，认为焦虑是被压抑的性紧张即力比多（libido）的释放。由于力比多的能量不允许正常释放，一旦累积就要求自动释放，便会形成焦虑或焦虑症状。①

对焦虑研究起推动作用的是毛瑞（Mowrer）②。他于 1939 年在《心理学评论》上发表文章，用刺激—反应理论来解释弗洛伊德的"焦虑"。他把焦虑和恐惧看成同义语，并把恐惧定义为产生痛苦反应的条件刺激。由于恐惧反应是一种强烈的不愉快的体验，因而可以看成是激发行为和强迫新习惯获得的内驱力。毛瑞把精神分析与学习理论相结合，使焦虑的研究在心理学实验室研究中变得多起来，这些研究表明，恐惧减少有利于激发学习各种条件反射的动机。

受以上观念的启发，为了研究焦虑对人的学习的影响，泰勒（Taylor）从 MMPI 中挑选一些项目，编制了显性焦虑量表（Manifest Anxiety Scale，MAS），把 MAS 测得的焦虑得分看成一种内驱力强度，以研究个体的焦虑水平（动机差异）对学习的影响。

与泰勒同时代的研究者还有曼德勒（G. Mandler）和萨拉森（S. Sarason），他们于 1952 年发表了测验焦虑问卷（Test Anxiety Questionnaire，TAQ）。曼德勒经过多年研究，还提出了自己的焦虑理论。他认为焦虑是在人处于无助之时产生的，"阻断"（interruption）是他观点的核心，任何情景在阻断或威胁着要阻断已组成的反应系列并且又不能提供任何可替代的反应时，就将引起焦虑。

卡特尔（R. B. Cattell）和同事赛欧（I. H. Scheir）（1961）在人格研究方面，也十分重视焦虑的研究。首先，他们发现正常人与神经症患者在焦虑上有差别（当然不是唯一的差别）；其次，他们提出了两种焦虑形式，即特质焦虑（trait anxiety）和状态焦虑（state anxiety），但他们对两者关系的认识尚不是十分清楚。

对焦虑状态和特质研究比较深入的要数施皮尔伯格（Spielberger）。他提出了焦虑的状态—特质理论。所谓焦虑状态是指由紧张、担忧、神经过敏和忧虑所引起的主观感受和自主神经系统的唤醒（或激发）所引起的生理反应，它发生于某一时刻，有一定的强度水平，但持续时间较短。特质焦虑是一种比较稳定的人格特质，它存在着个体差异，是一种习得的行为倾向。特质焦虑既可以在过去已出现的焦虑状态的频率和强度上反映出来，也可以在将要经历的未来事件的焦虑状态上反映出来。一般而言，焦虑特征越明显，个体在受到威胁的情境中经历焦虑状态的可能性就越大。

二、焦虑测验

焦虑各种各样，因此对焦虑的测量也种类繁多。焦虑有以下几种分类：按焦虑的跨情境程度分，有一般焦虑（如特质焦虑）和特定焦虑（如考试焦虑、怯场、社会交往焦虑等）；按意识程度分，有显性焦虑（意识到）和潜伏焦虑（意识不到）；按其效果分，有积极的焦虑和有害的焦虑。由于焦虑测验较多，这里仅简要介绍以下几种。

① SPIELBER C D & AXIETY. State – tralt – process//C D SPIELBERGER & I G SARASON（eds.）Stress and Anxiety，Vol. 1，New York：Hemisphere，1975：116 – 141.

② SPIELBER C D & AXIETY. State-tralt-process//C D SPIELBERGER & I G SARASON（eds.）Stress and Anxiety，Vol. 1，New York：Hemisphere，1975：116 – 141.

（一）显性焦虑量表（MAS）

MAS 是泰勒[1]按理论推理建构的量表。她当时编制这个量表主要是为了研究焦虑对学习的动机或驱力作用。泰勒根据卡默龙（N. A. Cameron）（1947）关于慢性焦虑反应所描述的显性焦虑概念，让五位专家（临床工作人员）根据卡默龙的定义来评价 MMPI 中的项目，如果某项目被判断能反映焦虑的程度超过 65%，就把其看成能反映显性焦虑，按照这个标准，她从 MMPI 中获得了 65 个项目，另外她还加入 135 个缓冲项目。这些项目也经过了五位专家的评定，一致显示它们不能反映显性焦虑，于是构成了最初的 MAS。随后，此量表又进行了多次修订，最后从 65 个项目中选取了 50 个项目，把缓冲项目增加到 225 个，并采取了 MMPI 中的 L、K 和 F 量表中的项目。关于该测验的重测信度，在间隔三周时皮尔逊相关系数为 0.89，间隔五个月时相关系数为 0.82，间隔 9～17 个月时相关系数为 0.81。

为了使 MAS 适合大学文化程度以下的人，泰勒等又简化了焦虑项目中某些难以理解的措辞和句子，修订后有 28 个焦虑项目，而且有两个替代本（复本），这些项目以"是否符合自己的状况"而回答。

（二）状态—特质焦虑量表（STAI）

状态—特质焦虑量表（State – Trait Anxiety Inventory，STAI）是由施皮尔伯格等人根据施皮尔伯格的理论编制的。首版 STAI（X）于 1970 年问世，作者于 1979 年对其进行修订，1980 年修订版称为 STAI（Y）。

该问卷的内容包括两个部分：一是状态焦虑，即评定人们"现在"或最近一段特定时间内的感受或人们将要遇到特别情境时的感受；二是特征焦虑，即评定人们在通常情况下的情绪体验。

STAI 不仅有适合初中、高中、大学生和成年人的状态与特质焦虑量表，还开发了适合小学生的儿童状态—特征焦虑量表，简称 STAI（C）。状态—特征焦虑量表目前已被译成 30 多种语言，在全世界广泛使用。

叶仁敏（1990）[2] 将 STAI（Y）和 STAI（C）在中国进行了修订。该量表是自陈形式，适用于个别或团体施测，无时间限制。状态焦虑量表与特征焦虑量表是分开编制的，各有 20 个题目，分别做每个测验需 6～10 分钟，一起做共需 10～20 分钟。如果两个测验都做，最好是先做状态焦虑测验，后做特征焦虑测验。因为状态焦虑对施测情境敏感，如先测特征焦虑，会形成一定的测试气氛，使状态焦虑测验的结果受到影响，而有研究表明，特征焦虑量表几乎不受所给情境的干扰。

SATI 的项目计分是 4 级计分，对焦虑的表述有正反两个方面，对反向表述，计分要反转，这是在计分时应注意的。

STAI 按状态焦虑和特征焦虑分别为大学生、中学生以及在职成人的不同性别群体建立了常模，30 天间隔的重测信度情况如表 15－1 所示。

---

① 陈仲庚、张雨新：《人格心理学》，沈阳：辽宁人民出版社 1986 年版，第 112－113、384－389 页。
② 叶仁敏：《状态—特质焦虑量表（Y 版）指导手册》，1990 年。

表 15 - 1 STAI 重测信度表

	中学生				大学生			
	状态焦虑		特征焦虑		状态焦虑		特征焦虑	
	男	女	男	女	男	女	男	女
人数	49	47	49	47	52	36	52	36
相关值	0.46	0.47	0.67	0.76	0.52	0.61	0.69	0.78

该测验与相关量表的相关值在 0.41 ~ 0.85 之间，表明有较高的同时效度。

（三）测验焦虑量表

测验焦虑（test anxiety）也译为考试焦虑。关于测验焦虑测量研究比较早的要属曼德勒和萨拉森，他们于 1952 年发表了测验焦虑问卷（Test Anxiety Questionnaire，TAQ）。近年来，除了 TAQ 外，萨拉森还编制了测验焦虑量表和测验焦虑问卷。这里主要介绍施皮尔伯格等人（1972，1978）编制的测验焦虑量表（Test Anxiety Inventory，TAI）。

施皮尔伯格的 TAI 对焦虑的定义还是根据其状态—特质理论，把测验焦虑看成特质，看成个体的焦虑倾向性。他们把测验焦虑也分成两个部分，即 W 因素和 E 因素，测验焦虑特质高的人更倾向于把测验情境看成对自我的威胁，因而在测验过程中表现出紧张、忧虑、神经过敏及情绪冲动等症状，从而分散注意力，干扰学生对智力认知任务的顺利完成。这里的 W 因素是指对失败结果的认知，而 E 因素则是由评价的紧张所引起的自主性神经系统的反应。

TAI 有 20 道题，要求被测验者按四种程度反应报告他们在测验情境中通常的感受。例如，在测验中，我非常紧张：①从不；②有时；③经常；④总是。被测验者须根据自己的情况选择一个最适合自己的反应。测验可以个别或团体施测，没有时间限制，中学生和大学生都可在 8 ~ 10 分钟内填完表格。

该测验由叶仁敏（1990）[1] 作了修订，在上海市抽取了 535 人作样本，分别按性别建立了大学生、大学新生、业余职工大学生和高中生的常模，并分别建立了 TAI 总分、忧虑性（W 因素）、情绪性（E 因素）的常模，但缺乏信效度指标。

（四）其他临床焦虑量表

关于焦虑的临床量表很多，这里主要就贝克焦虑量表（Beck Anxiety Scale，BAI）和汉密顿焦虑量表（Hamilton Anxiety Scale，HAMA）作重点介绍。

1. 贝克焦虑量表

贝克焦虑量表由美国贝克等人于 1985 年编制，适合于具有焦虑症状的成年人，主要测量受测者主观感受到的焦虑程度。有研究表明，该量表亦适合于我国[2]。该量表有 21 个题目，采用 4 级计分方法："1" 表示无焦虑症状（无烦恼），"2" 表示轻度（无多大烦

---

[1] 叶仁敏：《状态—特质焦虑量表（Y 版）指导手册》，1990 年。

[2] 汪向东编：《心理卫生评定量表手册》（增刊），北京：中国心理卫生杂志社 1993 年版，第 191 - 225 页。

恼），"3"表示中度（尚能忍受），"4"表示重度（只能勉强忍受）。其项目举例如下：

（1）腿部发抖。

（2）头晕。

（3）手发抖。

计分方法较简单，只要把 21 题的总分相加，按 $Y = INT (1.19X)$ 取整，转换成标准分即可，这里的 X 表示总分粗分。其效度指标主要有两种：一是取 60 名焦虑症患者和 80 名正常人做 BAI 测查，对测验总分进行 T 检验，发现焦虑症患者得分显著高于正常人；二是对 60 名焦虑症患者用 BAI 和自我评定焦虑量表（Zung，1971 年编制）进行检查。两者的相关值为 0.828。

2. 汉密顿焦虑量表[①]

汉密顿焦虑量表由汉密顿 1959 年编制，主要用于评定神经症和其他病人的焦虑严重程度。

汉密顿焦虑量表与其他焦虑量表不同，它是由受过训练的评定员按照 14 个症状方面进行的 5 级评定（0~4，数值大表示严重）。除第 14 项（会谈时的行为表现）要结合观察外，其余项目都是根据受测者的口头叙述进行评分，而且特别强调受测者的主观体验，其内容包括焦虑心境、紧张、害怕、失眠、躯体性焦虑、心血管系统等症状。每次评定需 10~15 分钟。

根据全国精神科量表协作组的资料，总分超过 29 分，可能为严重焦虑；超过 21 分，肯定有明显焦虑；超过 14 分，肯定有焦虑；超过 7 分，可能有焦虑；7 分以下便没有症状。一般来说，经过 10 次以上的训练，评定者有极好的一致性。上海市精神卫生中心曾对 19 例焦虑症患者进行联合检查，两个评定员的一致性很高，总分信度为 0.93，单项症状信度为 0.83~1.00，其实证效度也比较理想。

第二节　兴趣测验

一、兴趣测验概述

兴趣是个性的一部分，是人们从事各种活动的一种动力。一般将其定义成"积极探究某种事物的认识倾向"[②]，不同人的兴趣有不同的特点，这些差异表现在三个方面：一是兴趣的指向性差异，有的人对音乐感兴趣，有的人对体育感兴趣，有的人对哲学感兴趣；二是兴趣的广度差异，所谓广度是指数量范围，有的人兴趣广泛，琴棋书画样样喜欢，有的人兴趣狭窄，除了自己的专业外，对其他内容一概不感兴趣；三是兴趣的稳定性差异，有的兴趣持续时间很短，有的兴趣一辈子不变。一般而言，要进行测量的兴趣都不是短暂

---

① 汪向东编：《心理卫生评定量表手册》（增刊），北京：中国心理卫生杂志社 1993 年版，第 191 – 225 页。

② 林传鼎等主编：《心理学词典》，南昌：江西科学技术出版社 1986 年版，第 177 页。

的，因为稳定性太差，测量的信效度难以保证。

兴趣测验通常要考虑两个基本问题：一是兴趣的客观表现。通常兴趣不是凭空存在的，它往往与一些活动分不开。如果一个人对体育感兴趣，就会经常观看电视中的体育新闻，了解体育明星的经历和状况，学习体育比赛的知识，看体育杂志等。二是兴趣的主观表现。兴趣是一种主观愿望，有时仅仅通过活动了解是不够的，比如有的学生本不喜欢数学，但考虑到数学成绩不好就考不上重点中学，为此他也可能刻苦学习，到处订数学辅导资料，找老师问数学问题等。只有主观上喜欢，并在客观上有所表现者，才能准确地判断其兴趣所在。因为持久的兴趣需要有能力的支撑。

目前，心理测验学家对兴趣的研究很多，但主要集中在比较稳定的职业兴趣方面。职业兴趣测验的历史可以追溯到 1927 年，当时斯特朗（E. K. Strong）编制了斯特朗职业兴趣调查表（英文简称 SVIB）。此后，库德（G. F. Kuder）编制了库德爱好记录表。这两个量表都是严格按照心理测试的要求构建的。与这两者不同的是霍兰德（J. L. Holland）在20 世纪 50 年代末编制的职业爱好问卷（英文简称 VPI）。他把职业兴趣分成六个领域，与职业兴趣相对应，把职业也分成六个职业领域，可以根据被试的反应在职业分类表中确定职业兴趣。

除上述三种职业兴趣测验外，职业兴趣测验后期亦有一定的发展，但基本上没有什么实质性的突破，只不过是在做些完善的工作而已。比如，增加一些职业量表、增加问卷的有效性指标、寻求提高测验效度的办法等，其中比较有影响的主要有白纳德（Brainard）的职业爱好问卷、美国大学入学考试中心（英文简称 ACT）的兴趣问卷 ①、鲁尼波格（Lunneborg）（1968）编制的职业兴趣问卷（英文简称 VII），限于篇幅，这里不作介绍。

二、常见的职业兴趣测验

（一）斯特朗职业兴趣问卷②

斯特朗职业兴趣问卷是世界上最早的兴趣问卷。它是根据经验法编制的测验。其基本做法是这样的：取两组被试，一组代表专门从事某种工作且喜欢该职业的所谓标准职业人员，而另一组则代表一般人，让两组被试对测验项目进行诸如喜欢、无所谓和不喜欢的选择反应。由于这些人有差异，故回答不尽相同。斯特朗把这些能反映两者差异的项目合在一起，便构成某个标准职业的兴趣测验的项目集，不同的职业有不同的项目集组合（各职业有些项目相同），把这些不同的项目合在一起，就构成了该兴趣问卷的总项目。为了确定某个人的职业兴趣，将某人对所有项目的反应分别按各种职业标准量表计分，视其得分的高低，最终确定其职业兴趣。

坎贝尔（D. Campbell）于 1968 年和 1972 年先后把库德量表中的同质性量表（比具体职业大的职业领域量表）和霍兰德的六大职业领域引入斯特朗职业兴趣问卷，并于 1974年出版了斯特朗—坎贝尔职业兴趣问卷。该量表结果可以在三个层次上进行解释：第一层

---

① 龙立荣：《介绍国外四个著名的职业兴趣测验》，《社会心理研究》1991 年第 3 期，第 45 – 51 页。
② 龙立荣：《介绍国外四个著名的职业兴趣测验》，《社会心理研究》1991 年第 3 期，第 45 – 51 页。

为霍兰德的一般职业主题（英文简称 GOT）；第二层为相互异质的同质性量表（英文简称 BIS）；第三层为职业量表。此后，该测验经过多次修订，1994 年版的斯特朗职业兴趣问卷（Strong Interest Inventory，SII）① 包括 317 个项目，分为八个部分，如表 15 - 2 所示。

表 15 - 2　SII 的 8 个部分及其例题

		例题及回答方式		
职业 （135 题）	例：会计师	喜欢 L	无所谓 I	不喜欢 D
学校科目 （39 题）	例：天文学	喜欢 L	无所谓 I	不喜欢 D
休闲活动 （29 题）	例：野营	喜欢 L	无所谓 I	不喜欢 D
人的类型 （20 题）	例：婴儿	喜欢 L	无所谓 I	不喜欢 D
活动偏好 （30 题）	例：统计员 / 社会工作者	偏爱左边的 活动 L	没有偏好 I	偏爱右边的活动 R
活动 （46 题）	例：修理钟表	喜欢 L	无所谓 I	不喜欢 D
个性特点 （12 题）	例：喜欢用小 工具进行修补	是	不知道	否
工作偏好 （6 题）	例：观念 / 数据	偏爱左边的 题目 L	没有偏好 I	偏爱右边的题目 R

SII 只能通过计算机来计分，为受测者提供剖面图、数百个量表得分以及有关的职业信息。SII 的解释基于五类量表得分：管理指标、职业量表、基本兴趣量表、一般职业主题和个人风格量表。

管理指标用于考查测验结果是否有效，包含三个指标：一是总反应指标（317 道题中若答题数目少于 300 个，说明漏答太多，测验无效）；二是奇特反应指标（当受测者有大量奇特反应时，说明结果可疑，需要进一步澄清问题所在）；三是反应分布百分比指标（选择"喜欢""无所谓""不喜欢"各类反应的百分比，通常应该在 14% ~60% 之间）。

职业量表基本上是遵循前面介绍的经验量表编制思路，在受测者答题后，分别按不同的职业量表进行标准计分，然后转化成常模分数，按常模分数的高低，确定受测者喜欢的职业和不喜欢的职业。SII 已经包含 109 个职业量表。

基本兴趣量表（BIS）的编制方法是把所有测验项目求两两相关，然后将高相关的项

---

① 凯温·R. 墨菲、查尔斯·O. 大卫夏弗著，张娜、杨艳苏、徐爱华译：《心理测验：原理和应用》（第 6 版），上海：上海社会科学院出版社 2006 年版。

目合在一起，表明受测者对特定领域的兴趣强度和持久性，共有 25 个基本兴趣量表。

一般职业主题（GOT）是基于霍兰德的六种职业人格类型进行的理论建构，每个主题下包含 3~5 个 BIS，即被包括的低一级量表都与 GOT 之间高相关，其具体表现如表 15 – 3 所示：

表 15 – 3　SII 的一般职业主题与基本兴趣量表

GOT	BIS	GOT	BIS
现实型（R）	农业	社会型（S）	教学
	自然		社会服务
	军事活动		医疗服务
	体育活动		宗教活动
	机械兴趣		
研究型（I）	科学	企业型（E）	公共讲演
	数学		法律/政治
	医学		商贸
艺术型（A）	音乐/戏剧		销售
	美术		组织管理
	应用美术	传统型（C）	数据管理
	写作		计算活动
	烹调艺术		办公室事务

SII 有四个个人风格量表，用于测量个体的工作风格（喜欢与人打交道还是喜欢与数据或事物打交道）、学习环境（喜欢在学术环境中学习还是通过实践学习）、领导风格（喜欢被人领导还是领导他人）和冒险精神（是否喜欢冒险）。

SII 得分的平均数为 50，标准差为 10。根据受测者测验的结果，将其放在所有职业量表、基本兴趣量表和一般职业主题上计分，即可得出该受测者的职业兴趣的总体状况。经多次修订，1994 年版 SII 的一般职业主题、基本兴趣量表、职业量表、个人风格量表均有较高的内部一致性信度和重测信度，其内容效度、同时效度、预测效度和建构效度也在测验手册中有报告。当前，SII 多用于帮助高中生、大学生规划未来的专业教育和职业生涯。

（二）库德职业兴趣调查表（KOIS）[①]

库德于 1934 年编制了库德爱好记录表。其基本思想是，把所有职业分成十个兴趣领域，然后确定与之相应的十个同质性量表，受测者的结果按这十个量表计分，通过得分高低确定感兴趣或不感兴趣的职业领域。由于这种方法所测得的结果比较笼统，因此，库德

---

① 桑代克、哈根著，叶佩华等译：《心理与教育的测量和评价》（下册），北京：人民教育出版社 1985 年版，第 120 – 132 页。

从 SVIB 中吸取了职业量表的思想，在 1966 年编制了库德职业兴趣调查表（英文简称 KOIS），1985 年，他再次修订了 KOIS。

KOIS（1985）包含 100 组由三个项目构成的强迫选择项目，这种形式可以避免反应定式，其形式举例如下：

项目	反应	
修理汽车马达	M（最喜欢）	L（最不喜欢）
计算平均成功率	M	L
挨家挨户卖杂志	M	L
在合唱队中唱歌	M	L
在医院做义工	M	L
到森林中野营	M	L

在职业量表或大学专业量表的计分上，库德的计分办法与斯特朗不同。他主要不是采取对照组，而是直接把个人的成绩与标准职业组或大学专业组的测验成绩进行比较，这里的大学专业量表是斯特朗量表所没有的。如果受测者与哪个标准职业组或大学专业组的分数接近，就说明其对该职业或专业感兴趣，确定兴趣职业或专业的标准是最高相似系数之下相差 0.06 以内的职业或专业，一般呈现十个职业或专业。表 15-4 是某个攻读心理测量学的年轻女性的结果：

表 15-4　KOIS 职业或大学专业兴趣测试结构①

职业量表女性常模		大学专业女性常模	
1. 心理学家	0.66	1. 心理学	0.61
2. 诊疗心理学家	0.63	2. 生物学	0.60
3. 计算机程序编制员	0.61	3. 英语	0.59
		4. 外语	0.58
4. 精神病社会服务工作者	0.59	5. 历史	0.55
5. 社会调查工作者	0.57		
6. 书店经理	0.57	6. 保健	0.52
7. 保健治疗家	0.54	7. 数学	0.52
8. 医疗服务工作者	0.54	8. 普通社会科学	0.51
9. 中学理科教员	0.53	9. 基础教育	0.50
10. 学校社会服务工作者	0.53	10. 政治学	0.50

注：虚线以上为最感兴趣者。

---

①　桑代克、哈根著，叶佩华等译：《心理与教育的测量和评价》（下册），北京：人民教育出版社 1985 年版，第 120-132 页。

除职业和大学专业量表外，KOIS 还有职业兴趣评估和个人匹配部分。职业兴趣评估主要是过去的十个同质性量表，是对传统内容的修订，按百分等级呈现结果，男女常模分开，分高、中、低三级职业兴趣领域，其标准为：高者的百分等级在 75 以上，低者的百分等级在 25 以下，中者在高低之间。

对于 KOIS 而言，在 SII 中，由于其职业量表按经验法建构，它对标准职业组的特点及其与其他职业组的区别很清楚，因此区分能力较强。而 KOIS 只研究各种职业的共同点，而且从事各种职业的人有许多共同之处，故一些相差很大的职业所得分数比较接近。另外，在同质性测验中，同质性职业内部还具有许多异质性，比如建筑师通常有绘画、制图、解决机械和数学问题的爱好，同时也有许多不同的爱好，如仔细考察建筑师的工作就会发现，这个人可能喜欢设计或建筑管理，而另一个人却喜欢从事教学或建筑摄影。为了解决这个问题，库德提出了所谓个人匹配，即把一个人单独地与某职业中的不同个人榜样进行匹配，使对个人兴趣的研究进一步深入。

库德量表 1999 年版本有一个库德职业搜索与个人匹配（Kuder Career Search with Person Survey，KCS）。KCS 提供的是个人—个人的匹配，而不是早期所使用的个人—群体的匹配。库德认为，一个人可能更类似于从事某一具体工作的另一个人，而不是一个具有少量差异的职业群体。如果能将一个人的兴趣与另一个人的兴趣进行匹配，就可以获得关于个体的更精确、更有意义的信息。因此，KCS 最大的特点就是评分程序中的个人匹配。其方法是将受测者的活动偏好与数据库中的效标组相比较，显示与其匹配得最好的 25 个列表，这个列表揭示了与受测者最类似的个体。测试报告还会提供这个最佳兴趣匹配个体的传记信息、从事某类工作的满意度等内容，以便受测者进行职业探索。KCS 为兴趣测量提供了一种新的思路，但它的信度和效度还有待检验。

（三）自我指导问卷

继斯特朗和库德之后，在兴趣问卷编制领域比较有建树的当属霍兰德（J. L. Holland），他从 20 世纪 50 年代开始进行这方面的研究。

1970 年，霍兰德编制出了第一个自我指导问卷（Self‑Directed Search，SDS），1985 年他又对其作了修订，这里简要介绍其内容。霍兰德的 SDS 主要由两部分构成：一是职业类型测验，另一是职业搜寻表。其基本思想是先测定自己的兴趣特性（也叫人格特点），然后根据自己的人格特点查找适合自己的职业。很显然，职业人格类型或特点与职业之间有一种内在的联系。

霍兰德把人格分成现实型、研究型、艺术性、社会型、企业型和传统型六种类型。每个人的人格都是这六个维度按不同的程度组合而成的。与此相应，职业所需要的特性与这六个维度也密切相关（见图 15－1）。为了标定个人的兴趣特性或人格特性，霍兰德采用三个维度。这三个维度的排列方式称为"职业三字母码"，如 RIA、ASE 等。这样，经过第一部分测验所确定的三个字母码就可以和职业搜寻表中的三个字母码相匹配了。

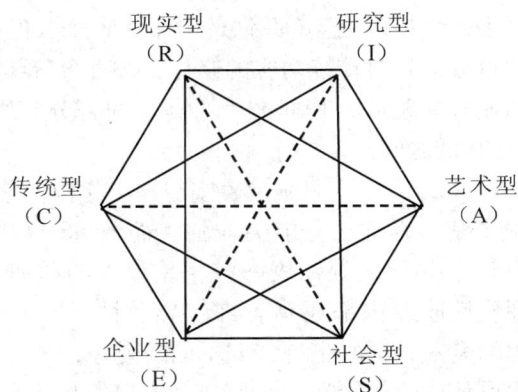

图 15 - 1　霍兰德的职业六边形模型

下面我们简单介绍一下这个测验的基本内容和施测过程。

第一步是根据个人的经历或感觉，确定自己感兴趣的职业，以便与后面测验的结果进行比较。

第二步即进行测量。这个测验包括活动、能力、职业和能力自我评价四个方面的内容。每个方面的内容都按六种类型以 R-I-A-S-E-C 的顺序排列。而且每个方面的各种类型题目的数目都是相等的（能力自我评价除外，它主要是进行六种类型活动能力水平等级评估）。这些项目不是随机排列的，而是按六种类型分别集合在一起。下面是其测验部分的几个样例：

活动部分样例：

R	L	D	I	L	D
装修电器	L	D	研究科研课题	L	D
修理汽车	L	D	在实验室工作	L	D
上工艺课	L	D	上物理课	L	D

能力量表样例：

A	Y	N	S	Y	N
会一种乐器	Y	N	擅长向别人解释事情	Y	N
能够独唱	Y	N	能够做个好主人	Y	N
能制造陶器	Y	N	擅长判断人的性格	Y	N

职业量表样例：

E	Y	N	C	Y	N
旅馆经理	Y	N	记账员	Y	N
推销员	Y	N	高校教师	Y	N
广告总经理	Y	N	税务专家	Y	N

注：L 代表喜欢，D 代表不喜欢，Y 代表有能力或喜欢，N 代表没能力或不喜欢。

第三步即确定职业码。具体方法是：把所有肯定的回答按六种类型计总分，取最大的三个维度按由大到小的顺序排列即可。

第四步即根据这个职业的三字母码在职业搜寻表中找职业，而对职业的喜欢又有所不同。如果这些职业都不理想，则可以将三字母码重新排列，然后再在职业表中查找，这样，将喜欢的职业按顺序排列。一般来说，这些职业会与前面填的理想的职业基本一致。

考虑到国内尚没有将 SDS 的结果与大学专业进行连接，为了帮助建立二者的联系，龙立荣、彭平根尝试进行了探索性研究①，建立了一套构建大学专业搜寻表的办法，对于优化人力资源管理、充分发挥高中生乃至大学新生的专业选择有一定的参考价值。

霍兰德的职业兴趣理论及测量经过了历史的检验，获得了大量支持证据，职业的 RIA-SEC 分类也被其他职业兴趣测验吸收和借鉴。然而，霍兰德的理论在我国只得到了部分支持②③，因此，其跨文化的适用性还有待研究。

第三节　态度和品德测量

一、态度测量

（一）态度概述

态度是指个体对人或事物所持有的一种较为持久而又一致的心理倾向，它包括认识、情感和行动倾向三种成分。这三种成分起作用是有先后的，通常是认识在先，它的作用是形成对人或事物的认识、看法，并在此基础上形成一定的评价，紧接着是情感，最后是行动倾向。有时候，认识、情感、行动倾向是同步、和谐一致的，有时候从认识到行动倾向却有一定的距离。尽管态度相对稳定，但也不是不可改变的，比如教育和广告在许多情况下就是要改变人们的态度。

态度的准确评价至少有以下几种功能：一是了解人们对各种不同事物的态度；二是评价宣传工具在改变人们态度中的效果；三是评价教育工作的成效。由于态度因人和事物的不同存在着很大差异，因此态度测量更多的是提供一种科学的测量思路和方法，而不在乎形成某种固定的测验。

态度测量大致可分为两类：直接测量与间接测量。前者是指以某种态度的方向和强度为指标进行测量，传统的量表法基本上都属于直接测量；后者是指以某种间接方式推测态度，如投射法、生理反应法、内隐态度测量法等。这里主要介绍态度测量的几种常见方法。

① 龙立荣、彭平根：《运用职业自我选择测验（SDS）研制大学专业职业搜寻表的初步研究》，《心理学报》2000 年第 4 期，第 453－458 页。

② 刘长江、James Round：《评估职业兴趣的结构》，《心理学报》2003 年第 3 期，第 411－418 页。

③ LONG L R & TRACEY T J G. Structure of RIASEC scores in China：a structural meta－analysis. Journal of vocational behavior . 2006，68（1）：39－51.

（二）量表测量

1. 等距量表法

这种方法由瑟斯顿于 1929 年创立，又叫瑟斯顿量表。他的基本思路是：围绕某一态度主题，选取能代表该方面的态度语或项目若干，由专家对这些项目进行等级排列，并对专家排列的结果进行项目分析，保留有效的项目并根据专家的反应确定项目的等级。要了解某个受调查者某方面的态度，只需看其对该量表的反应，最后运用对全部项目的反应结果（等级）求中位数，以中位数表示该受调查者的态度状况。这里比较困难的工作有两项：一是项目的收集和编制；二是项目的好坏和等级的确定。

（1）项目的编辑。首先是要找到足够的态度语，一般在预试时要有 100～200 句。常用的编题办法有这样几条：第一是查阅相关文献；第二是请来自不同团体的成员写出他们对特定事物的看法；第三是请相关问题的研究专家编写项目。在选题过程中，首先应特别注意找够中间等级的态度语句，通常两种极端的态度语比较多且容易编。其次要使态度语的表达合乎以下两个要求：第一是措辞简单，语意易于理解；第二是每一态度须针对本研究主题且确切。比如下面编辑的反映妇女在经济界的地位的项目就比较好：

①结婚后，如夫妇各有工作，生活更为快乐。

②妇女不应该依靠男子。

③妇女的合适工作是管理家务。

（2）确定项目的好坏和计分标准。为了确定上述项目的优劣和计分标准，常见的做法是请专家对前面编辑的项目进行等距排列，由最不赞成到最赞成，通常等级数不能太少，一般在 7～13 之间。如用 1 表示最不赞成，13 表示最赞成；2 表示不赞成，程度仅次于 1；12 表示赞成，程度仅次于 13，其余类推。由于评定专家不止一人，因此评定的结果可能不一致，如何根据专家们的评判来决定项目的好坏和等级呢？假如，这里有一个按 11 等级排列的项目，各评定专家判断的等级的累计百分比如图 15－2 所示：

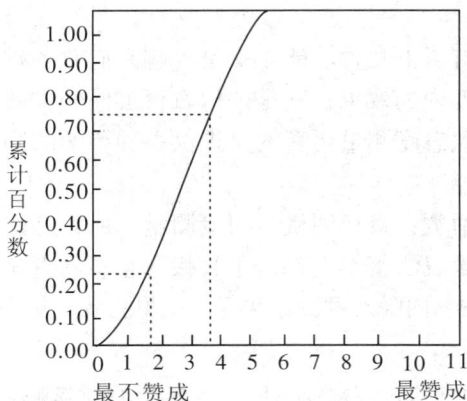

图 15－2　态度语评价的累计百分比分布

通过图 15 - 2 可以得到两个结果：一是该项目的量表值，二是该项目的鉴别力。项目的量表值是以项目累计分布的中位数（50% 累计百分比所对应的等级）表示，而项目的鉴别力以 Q 值（四分差）表示，由累计百分比图上的 25% 和 75% 的点所对应的等级 Q_1 和 Q_3 之差作为大小，即 $Q = Q_3 - Q_1$。一般而言，Q 值愈小，表示评定专家的态度愈一致，即态度语愈不含糊，质量好；Q 值愈大，则表示该态度语愈不一致，质量差；Q 值大于 2 的态度语应淘汰。

经上述过程后，把合乎要求的态度语合在一起便构成了一个态度量表，这个量表的每个项目均有等级值。要知道某个受测者的态度，只要求受测者答赞成或不赞成。由于受测者的赞同反应不止一项，这就有一个如何估计受测者的态度等级的问题，通常的做法是把受测者表示同意的项目依分数高低排列，然后求出中位数，以居中项目的量表值作为该受测者态度的估计值。

瑟斯顿量表的信度一般在 0.8 ~ 0.9 之间。其不足主要有以下几点：第一是制定过程复杂，选题目、找专家评定都很困难；第二是用中位数代表态度等级不一定合适，因为中位数相同，但其余的反应未必一致；第三是项目的挑选和等级确定以专家的评判为依据，专家的意见能否代表一般人值得怀疑；第四是等距量表事实上是否真正等距，亦把握不准。尽管如此，瑟斯顿量表在主题比较清楚、调查范围不广的态度问题调查上效果还是比较好的。

2. 利克特量表法

利克特量表法是由利克特（R. A. Likert）于 1932 年提出来的，是总加量表中最常用的一种。它的思路与瑟斯顿量表不同，首先，瑟斯顿量表认为量表中的每一个项目应尽可能反映不同的态度等级，因此主张请专家将项目分等级，而利克特量表法则假定每一项目或态度语都具有同等的量值，项目之间没有差别量值；其次，受测者的反应也不相同，在瑟斯顿量表中，受测者只对态度量表中的项目答赞成与不赞成，而利克特量表要求受测者对每一个项目的态度按五级或六级强弱反应；最后，在结果的估计上两者的办法也不相同，瑟斯顿量表以中位数作代表，而利克特量表用的是受测者在所有项目中评定等级的总和。

利克特量表法的项目表述、等级评定和项目筛选很有特色，着重介绍如下：

（1）项目表述与等级评定。利克特量表在项目表述上有两种方式，即正面陈述与负面陈述；而在等级评定上都采用相同的等级数，只是在总计分上要考虑颠倒，保持标准统一，即负面陈述要把分数颠倒。假如某态度测量为五级计分，非常同意得 5 分，同意得 4 分，无所谓得 3 分，不同意得 2 分，非常不同意得 1 分，那么正面陈述的题目答非常同意得 5 分，而负面陈述的题则得 1 分，其余类推。

（2）项目筛选。要保证态度测量有效，保证每个题目的鉴别力是基础。那么如何鉴别每个项目的区分度？通常的做法是将所有受测者的得分按总分由高到低排列，然后计算高分组与低分组在每一项目上平均得分的差异，差异越大，鉴别力越好，反之则越差。

利克特量表的优点是制作过程简单，而且能广泛接受与态度主题有关的项目；另外可通过增加项目而提高效度，并且允许受测者充分表达态度的强烈程度。问题与不足是相同的态度分数者可能持有不同的态度模式，从总分只能看出一个人的赞成程度，而无法对态度差异作进一步的解释。

3. 哥特曼量表法

哥特曼量表是由哥特曼（L. Guttman）于 1950 年提出来的，这种量表的编制思路与前述两者不同，它试图确定一个单向性的量表。所谓单向性即项目之间的关系或排列方式是有序可循的，如果一个人赞成第二个项目，他同时也赞成第一个项目，如果他赞成第三个项目，他同时也赞成第二、第一个项目。这种单向性是瑟斯顿量表所不具备的。尽管瑟斯顿量表中的项目有等级，但赞成高等级项目者未必赞成低等级项目。在利克特量表中，受测者的结果依项目总分而论，与单个项目的关系就更远了，正因为如此，瑟斯顿的中位数估计法与利克特的总分估计法对于相同分数等级的人都难以做出相同态度模式的测量结论。而哥特曼量表却有这种优势，相同分数的人，态度模式也相同。

哥特曼量表的制定方法比较简单，现介绍如下：

（1）挑选可用于测量对某事物态度的具体叙述句或称为项目，构成一个预备量表（假设有 7 个项目）。

（2）将预备量表施测于一个有代表性的样组，赞成的项目以"0"表示，不赞成的项目以"×"表示（假设抽取了 13 人）。

（3）依受测者回答赞成的多少由高到低排列，依项目赞成的多少也由高到低排列，这样就得到一个受测者对项目集的反应表，如表 15 – 5 所示。

（4）去掉某些无法判断是赞成还是反对的项目（这个假想数据未涉及）。

（5）计算复制系数。复制系数的计算公式如下：

$$Crep = 1 - \frac{误答数}{总反应数}$$

它是单向性好坏的一个指标，如果复制系数高于 0.90，则单向性得到基本保证。

那么何谓误答数，何谓总反应数呢？

总反应数为 13 个人，每人七次反应的总次数即 91。所谓误答数是指沿着答赞成与答不赞成的分切点所画的一条阶梯线（分切线上答不赞成或分切线下答赞成的即为误答数），这些是不符合单向性标准的。从表 15 – 5 可知，不符合单向性模式的共有四点，故 Crep = 1 – 4/91 = 0.96，属单向性比较好的哥特曼量表。将这些题目按新的顺序要求排列便得到了所需要的单向量表。

表 15 – 5　哥特曼量表反应分析表

被试	项目							分数
	7	5	1	2	4	6	3	
7	0	0	0	0	0	0	×	6
9	0	0	0	0	0	0	×	6
1	0	0	0	0	0	×	0	6
13	0	0	0	0	0	×	×	5
3	0	0	0	0	×	×	×	4
8	0	0	0	×	0	×	×	4

（续上表）

被试	项目							分数
	7	5	1	2	4	6	3	
2	0	0	0	×	×	×	×	3
6	0	0	0	×	×	×	×	3
5	0	0	0	×	×	×	×	3
4	0	0	×	×	×	×	×	2
11	×	×	×	0	×	×	×	1
12	0	×	×	×	×	×	×	1

该量表的优点在于由单向性带来的态度分数与态度结构的一致性，缺点则是编制困难。

（三）内隐联想测验

随着对内隐认知过程的研究，威尔逊等（T. D. Wilson, et al., 2000）提出了双重态度模型（model of dual attitude），认为人们对同一态度客体可能有内隐和外显双重态度共存。外显态度是人们能够意识到、通过自我反省就能表现出来的态度，可以用语言来表达。而内隐态度则是人们对态度客体的自动反应，不能用语言来表达，是埋在心里的、压抑的、克制的态度。传统的量表测量法只能了解人的外显态度，而内隐态度无法通过自陈报告来获得，只能通过间接测量方法。内隐联想测验是当前应用最广的方法之一。

内隐联想测验的结果相当稳定，内隐态度对行为也有很高的预测力。即便内隐测验作为一种间接测量，其有效性颇受质疑，但其为研究内隐态度及其与外显态度的关系提供了一种新的思路。

二、品德测量

（一）品德概述

品德是一个十分复杂的概念。从心理学的角度看，品德是一种个体现象，它是个人依据一定的道德行为准则，在行动时所表现出来的稳固的倾向或特征，其结构包括道德认识、道德感、道德意志和道德行为方式；从教育学的角度看，比较流行的观点是把品德与思想品德等同，认为品德是一定社会思想、政治、道德的规范在个体身上的体现，认为品德的内容是思想品质、政治品质、道德品质的统一体。两者的差异一是心理学对品德的内容定义得窄一些，而教育学要宽一些；二是心理学更倾向于从过程考虑，而教育学从内容的结构与关系方面考虑得多一些。这里则把品德的内容取教育学的观点，把品德的过程取心理学的观点，以利于后面对品德测量的全面介绍。

在个性中，品德是性格中能作善恶、好坏评价的主要内容，故它在人的个性中处于十分重要的地位。在教育目标中，德育也是居于智育、美育、体育和劳动技术教育之首，它决定了人活动的方向以及价值，作用不可小视。科学准确地测量品德，不仅有利于检验教育的成就，而且有利于找到德育工作的成功经验和失败教训，以改进方式方法，最终达到接近教育目标的目的。

相当一部分品德测量在方法上比测验法宽，包括观察法、实验法、访谈法乃至个案分析法等。不难设想，这类测量的信度、效度不仅难于计量，而且不会理想。鉴于上述原因，这里不介绍这些内容，而主要选择其中较规范的情境测验法与问卷测验法作介绍。

（二）情境测验法

情境测验就是设置一个活动环境或提出一个问题情境，通过学生对情境问题的反应来了解其品德特征。它分为直接情境测验和间接情境测验，直接情境测验主要是人为创造的真实活动情境，间接情境测验则是假想的问题情境。

1. 直接情境测验（真实活动情境测验）

这类情境通常是受测者需要亲自参加活动的情境，由于它比较具体，而且活动不可能太复杂，因而只能了解品德的某一个方面，如诚实、公正、竞争与协作等，难以把品德的方方面面都反映出来。

哈特松（Hartshorne）和梅尔（Meier）是在品德研究中最早尝试情境测验的人。为了了解学龄儿童诸如诚实、自我控制和利他主义等品格，他们设计了一系列内容广泛的测验，其中应用最广的是诚实测验。其中一种方法是利用平常的考试情境，让学生完成一些诸如词汇、算数推理、完成句子一类的试题，考试结束后，把试卷收齐带回并做一复份，下次上课时将未批改的试卷和标准答案发给学生，要求学生自己批改分数，再把批改后的卷子收回，将此卷与批改前的复份作对比，这样便可以发现儿童是否有自己修改答案提高分数的不诚实行为。

除此之外的常用情境还有曲线迷、方迷和周迷三种。这三种情境的图形如图 15 – 3、15 – 4、15 – 5 所示：

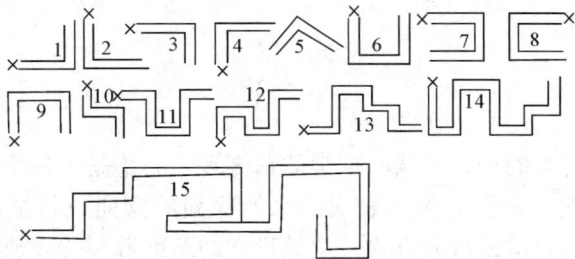

图 15 – 3　曲线迷测验

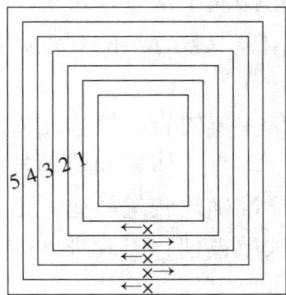

图 15 – 4　方迷测验

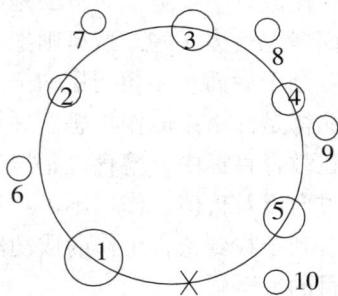

图 15 – 5　周迷测验

曲线迷测验要求受测者将铅笔尖放在迷津"×"处，同时要求受测者在闭上双眼后按迷津的方向移动，并不可接触迷津的任何一边，完成一题得 1 分。方迷测验则要求受测者在闭上眼睛后，从方迷的"×"处按箭头方向移动铅笔，也是不能接近四周的方框，最后回到"×"处，完成一个得 1 分。周迷测验也类似，要求在闭眼的情况下，从"×"处开始在大小不等的圆圈内打点，共打三遍，其中一个得 1 分。上述测验事先要通过控制测验确定诚实分数常模，然后将个人的操作成绩与常模分数进行比较，以确定诚实水平。

另外，苏联心理学家雅克布松（C. R. ЯKobcoH）设计了一个测验公正的情境测验。其具体做法是：把儿童分成三四人一组玩小汽车玩具，让受测者一人隔着屏风负责分配各种不同的令人喜欢的小汽车，把儿童留给自己玩的小汽车数与分发给其他小朋友玩的小汽车数的比率作为公正性的指标。如果受测者平均分配，表明他公正；如果他的玩具数比别的儿童多，意味着他不公正。

2. 假想的问题情境

品德分为道德认识、道德感、道德意志和道德行为。真实活动情境的品德测验往往是一种综合测验，由于它的涉及面窄，因而对道德认识的发展是难以测量的。

美国心理学家柯尔伯格（L. Kohlberg）受皮亚杰（J. Piaget）的临床法及道德发展思想的影响，运用道德两难故事法进行这种假想的问题情境测验，间接地测量道德判断的方式及发展水平。他把道德发展分成三种水平六个阶段：前世俗水平（preconventional level），它包含惩罚与服从的定向阶段和相对的实用主义阶段；世俗水平（conventional level），包括好孩子或好公民的定向阶段和遵从权威与维护社会秩序的定向阶段；后世俗水平（postconventional level），包括社会契约的定向阶段和普遍道德原则的定向阶段。

他的道德两难故事中一个比较经典的故事是海因兹偷药。故事的内容大体如下：一个欧洲妇女患了癌症，生命垂危。医生告诉她的丈夫海因兹，本镇一位药剂师最近发明了一种镭化剂的药，可以救他的妻子。这位药剂师售一小剂药要价 2 000 美元，高于药的成本 10 倍。海因兹竭尽全力只借到 1 000 美元，他恳求药剂师便宜一些把药卖给他，或延期付款。但药剂师说："不行，我发明这种药就是为了赚钱。"海因兹在绝望中铤而走险，晚上撬开药库偷走了这种药。主试讲过故事后提出了一系列问题，例如："海因兹该不该偷药？为什么？""法官该不该判他的罪？为什么？"这里主要是根据受测者对回答的解释及推理过程作发展水平的评价。

通常来说，在真实的情境与假想的情境中，对道德认识的测验是比较准确的。但在道德体验上是有差异的，实际情境要强烈得多，而且在道德判断与道德行为之间往往并不一致，所以仅仅通过道德判断发展水平来预测行为是不完全准确的。

（三）问卷测量法

尽管用于测量人格、兴趣等的问卷很多，但是专门用于测量品德的标准化问卷很少。造成这种情况可能有两方面的原因：一是品德问题太复杂，难以测量（特别是标准化的测量）；二是过去对这个方面的研究尚不够深入。而前者的影响可能更大一些，因为品德的相当一部分内容涉及价值判断，与人的生活密切相关，因而难以揭示，用自陈形式就更难保证真实性了。

鉴于前述的种种原因，这里只是简单介绍品德问卷测量的几种形式和注意事项。一般来说，问卷由两部分构成：一是人口性资料，要求回答诸如姓名、性别、年龄、文化程度一类的问题；二是正式内容。问卷内容有两种呈现形式：一种叫封闭式，其答案都是规定好了的，受测者只需从中选择符合自己情况的一个答案；另一种是开放式的，不指出固定的内容，而由受测者围绕问题自由作答。为了保证结果的可比性、标准化和数量化，在问卷式测量中，封闭反应形式用得较多，主要有以下三种：

（1）多项选择式。要求受测者从固定的答案中选一个或几个答案。例如：

别人打你，你从不还手吗？　　　　　A. 是　　B. 否

我曾经说过假话。　　　　　　　　　A. 是　　B. 不确定　　C. 不是

（2）评定量表式。要求受测者在每题后列出的几个等级中选出一个符合自己情况的等级。例如：

	很好	较好	中等	较差	很差
见了老师主动打招呼	1	2	3	4	5
诚实、不说谎、不骗人、不隐瞒	1	2	3	4	5
保护有益动物，不捉珍禽异兽	1	2	3	4	5

（3）排序或对偶比较式。把一系列问题放在一起，按符合自己情况的重要性排序或把这些问题两两对照，排除重要性。这种方式用得较少。

在编制品德测量类问卷时，应注意以下问题：第一，应做好问卷的试用与修订。如果在评价问卷时，不考虑问卷本身的质量，不作同质性分析，不作信度和效度分析，就难以保证测量结果真实可靠。第二，要客观地看待品德问卷测验的结果。在某种意义上，品德测量比人格测量还难以保证效度，因为它涉及的问题更敏感，如果把这种信息作为参考，那么它是有价值的；如果把它作为评价人的品德好坏的唯一标尺，就会贻害无穷。

【练习与思考】

1. 常用的焦虑测量工具有哪些？如何根据诊断需求有选择地使用？

2. 职业兴趣测验的量表发展趋势有哪些？在我国开发这类测验的挑战是什么？

3. 基于经验的斯特朗职业兴趣问卷测验的优势是什么，缺点是什么？

4. 基于理论的 SDS（Self-Directed Search）测验有何优势与缺点？

5. 影响择业的因素有哪些？如何客观评价职业兴趣测验在择业中的作用？

6. 态度测验有哪些常用方法？它们各自的优缺点是什么？

7. 如何控制问卷法测量态度、品德等属性时的社会称许性？

8. 有些态度的确是内隐的、潜意识的，是否很难准确判断？内隐的态度和外显的态度到底哪个更有预测力？

9. 品德测量的常用方法有哪些？品德是否能够被客观准确地测量？

10. 品德测量与客观信用体系构建在完善社会道德体系中哪个更有效？

第十六章　测量应用实务

【本章提要】

● 测量在人事测评中的应用
● 测量在心理诊断中的应用
● 测量在教育评价中的应用

心理与教育测量的功能之一是评估人的特性，而人又是一个包含个性倾向性（如需要、兴趣、动机、价值观等）、能力、气质和性格等特征的有机整合体。可见，尽管测量所应用的领域不同，但测量所涉及的内容有很大的相似性。比如在心理咨询中就要测量人的各方面的心理属性（这主要是为了帮助人们更好地适应生活、社会），人事测评中也要测量人的各个方面的心理特点（这主要是为了选拔和安置合适的人），而教育评估中自然也少不了对人心理特性的评估（这主要是为了提高教育效果）。因此，介绍测量在这三个方面的应用时会有些交叉或重复，但由于需要、目标不同，侧重点会有所差异。

第一节　人事测评

一、人事测评概述

人事测评是人事心理学中的一个核心问题。人事心理学致力于探讨人与事的最佳匹配，主要探讨人员选拔、训练、考核、分配和激励等有助于使组织达到最大效率目标的规律。

之所以说人事测评是核心，是因为组织目标的实现离不开人。而人的敬业精神、才能等心理品质只有与相应的事实现最佳组配，才能真正有效地为实现最大效率创造必要条件，为科学管理打好基础，否则，训练、考核、分配与奖励效果会受到影响。那么何谓人事测评呢？人事测评是指根据职业或工作的要求，综合运用各种测量手段，对人的素质适合事的程度进行测量和评价的过程，其目标是实现人与事的最佳匹配。理论上说，人事匹配既包括个人与岗位的匹配（person-job fit），也包括个人与群体或团队的匹配（person-group fit），其至包括个人与组织的匹配（person-organizational fit）。因为个人与岗位的匹配，不一定能够实现 $1+1>2$ 的效果，如果志不同、道不合，即使每个个体能够做好各自的工作，群体或部门还是可能发生内耗，最终非但没有实现群体、组织利益的最大化，同时也伤害了个人利益最大化。

人事测评的基本假设是：事与事不同，人与人有差异，事不能不择人，人不可能适合干任何事，要充分发挥人的潜能，其条件之一就是使人与事匹配。人事测评的作用最早是在战争中显示出来的，在"一战"时期，美国人为了防止低能和不合格的士兵入伍，便请心理学家编制了团体智力测验，为挑选聪明的人入伍和使聪明的人担任更重要的任务做出了贡献。受这种积极效果的激励，美国在"二战"期间还运用了按瑟斯顿思想编制的一般分类测验（General Classification Test，GCT），按知觉速度、推理能力、语词理解、语词流畅、空间知觉、记忆和计算七种能力（瑟斯顿所谓的智力）对军人进行分类，为战争的胜利做出了贡献。另外，美国 1942 年运用心理素质测验帮助挑选飞行员，结果使淘汰率由 65% 下降到 36%，大大节省了财力和人力的浪费。在 20 世纪 40 年代，这种重视人员选拔的观点基本上是美国人事工作的常规事宜，可见其价值之重大。

人事测评中有一个需要注意的理论问题需要明确，即到底是测评人跨越情境的、稳定的特质类的抽象属性，还是判断人在某种特定情境中的属性。由于心理测评的抽象性，人们更希望所测评到的素质结果具有多情境性，即不论是在政府组织，还是事业单位、外资企业，乃至国外都适合的素质。根据心理学家的理解，人的素质若没有跨情境性，其研究或评估价值就会受到限制，然而在实际的管理或工作实践中可以发现，尽管人的素质如智力、情绪智力、大五人格等属性具有稳定性，但是在解决实际问题时，还是有很强的情境制约性。比如：一个智力高的人，在解决各类问题上，都应该学习能力更强、解决速度更快；但是在实际工作中，给个人提供的学习时间是比较有限的，而且不同的年龄阶段学习能力也是有差异的。即使一个智商高的、50 岁以上的人还是能够学习外语，但是相对于年轻人在速度、水平上都要低很多，这个时候如果仅仅从能力本身考虑，就可能犯错误。考虑到组织要求的时限性和效率性，在人员选拔时，可能限制具有跨越情境性的一般素质，如智商、情商等，而更加关注某个特定领域、某个人所拥有的知识和技能、经验，以满足工作岗位的需要。特别是企业组织，更加关注个人的行业背景知识、核心技能、取得的业绩、处理棘手问题的能力等。其结果使得测评不是一般性和发展性的，而是更加具体、实用，即所谓的情境性。其实，抽象的智力、能力、性格等，都是在具体情境中体现出来的；与其做一些自陈式的问卷（容易产生社会称许性而影响真实性），还不如设计一些具体的、重要的活动来测试，可能效果更好。

人事测评工作有三步：一是工作分析；二是按工作分析的要求选人或测评人；三是选拔使用后的效果评估。

工作分析是人事测评的第一环，也是基础、关键的一环。它的好坏决定了选拔和效果评估。工作分析要解决两个方面的问题，即对工作自身做出规定和确定工作对工作人员的行为有什么要求。工作特性分析包括下列内容：①职务名称（便于工作登记、分类及确定组织内外的各种工作关系）；②工作活动和工作程序（说明所完成的任务、使用的原材料和机器设备、与他人工作的关系等）；③工作条件与物质环境；④社会环境（说明工作群体中的人数、完成工作所要求的人际交往、相互作用的数量和程度等）；⑤雇用条件（说明工作时数、工资结构、福利待遇、此工作在组织中的地位、晋升和调动等）。工作人员的行为要求是以工作特性分析为基础而制定的，其内容主要有：①身体方面的特性（包括体力、身体的灵活性、感官能力等）；②一般能力（主要指一般的智力和创造力、学习能力）；③知识和技能的特性（主要指知识与技能和经验等）；④性格方面的特性（主要指人格特性，如志向、道德感、适应、自控、忍耐、孤独、依赖性等）；⑤领导方面的特性（主要指领导力、表达能力、决策能力和协商方面的特性）。

人员选拔是继工作分析后因事择人的又一关键步骤。人员选拔的方法有多种，如工作申请表考查、心理测量、面谈或面试、情境模拟测试等，对人的心理特点的测量是心理测量的优势，它可以发挥十分重要的作用。它的质量依赖于测验工具的选择是否合理，以及操作是否规范科学。

人员选拔的效果评估是对人事测评过程的一个检验，它的作用至少有以下三点：①判断预测或选拔工具与流程的优劣；②帮助确定培训计划的目标；③给雇员提供具体的反馈。效果评估有主观测量和客观测量，主观测量可以用主观评定量表和定性评语评价，客观测量主要用生产数据和人事数据（如事故、离职、缺勤等）评价。

二、测量在人事测评中的应用

心理测量在人事测评中有一定的应用价值。如果把人员分在岗与不在岗，那么对于在岗人员来讲，心理测量的应用表现在两个方面：一是对内部在岗人员的诊断。诊断的目的包括晋升、调岗、淘汰等。二是对外招聘。即根据组织发展的需要，为空岗招聘合适的人员。如果把这两类人员合在一起，心理测量在人事测评时的应用表现在两个方面：一是已有员工的心理特点评估与安置；二是人员的外部招聘选拔。其实，不论内部评估，还是外部招聘选拔，其基本的逻辑和原理是相似的，只是难度不同而已。对于内部评估，由于信息更加容易获得，因此，只要选择的方法合理，信息对称的可能性就更大，评估的准确度也更高，可能面对的问题是人情和关系的潜在影响；而外部招聘和选拔，在时间有限的情况下，采集的信息有限，真实性难以保证，临场表现型的人容易取得优势，造成误判。这里将简单介绍两个内容，即人员测评的内容素质标准和这些素质的测评方法。

（一）胜任力模型

随着人力资源成本的不断提高，选好人、用好人、实现人—岗匹配、使个人和组织实现双赢成为人力资源管理的重要任务。目前，人事测评领域最流行的理论当属胜任力模型（competency model）。胜任力（competency）是驱使人们产生工作绩效的各种个性特征的集合，反映的是可以通过不同方式表现出来的知识、技能、个性和内驱力等。胜任力由一系列素质构成，因此也有人将胜任力模型称为素质模型或胜任力素质模型。素质具有以下特征：

（1）素质与工作绩效有密切的关系，甚至可以预测员工未来的工作绩效。每个人所具备的素质可能导致绩效优异，也可能导致负面效果。

（2）素质是可度量的。通过评价素质等级，能够区分业绩优秀者和业绩一般者。

（3）素质可以通过不同方式表现，有的是显性的（如知识、技能），有的是隐性的（如内驱力）。

麦克里兰（McClelland）把人的素质模型形象地描绘成一座冰山。冰山水上的部分是表象部分，即人的知识与技能，容易被感知；冰山水下的部分是我们所指的潜在特征。从上到下的深度不同表示被挖掘与感知的难易程度不同，向下越深越不容易被挖掘与感知。这样，人的素质从上到下分为六个层面。

（1）技能：指结构化地运用知识完成某项具体工作的能力，即对某一特定领域所需技术与知识的掌握情况。

（2）知识：指个人在某一特定领域拥有的事实型与经验型信息。

（3）社会角色：指一个人留给大家的形象。

（4）自我形象：指一个人对自己的看法，即内在自己认同的本我或自我。

（5）品质：指个性、身体特征对环境与各种信息所表现出来的持续而稳定的行为特征。品质与动机可以预测个人在长期无人监督下的工作状态。

（6）动机：指在一个特定领域的自然而持续的想法和偏好（如成就、亲和、影响力），它们将驱动、引导和决定一个人的外在行动。

个人在工作中的绩效水平由素质的六个层次的综合因素决定，既有易于感知的知识、技能和行为，又有难以被挖掘和感知的潜能。更进一步地讲，"水面上"的知识与技能等仅仅是冰山的一个小角，"水面下"更宏大的潜在素质，则会对绩效起到更大的决定作用，如图 16-1 所示。

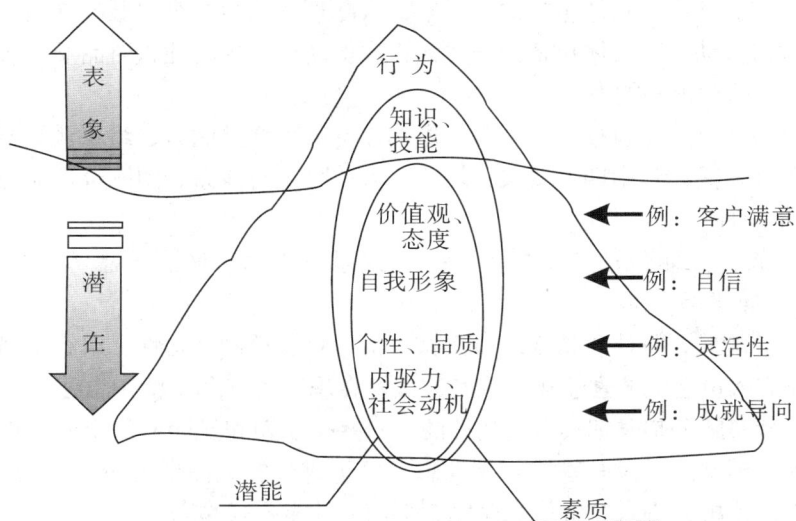

图 16-1　冰山模型

心理学家们经过大量的研究，得出了权威的、公认的素质词典。在这个词典中，人的素质分为六大类、二十个具体要素，每个要素又分为很多级别。这二十个素质要素，对人类的知识、技能、社会角色、自我概念、性格和动机作了全面的概括，形成了企业任职者完整的素质模型。如图 16－2 所示。

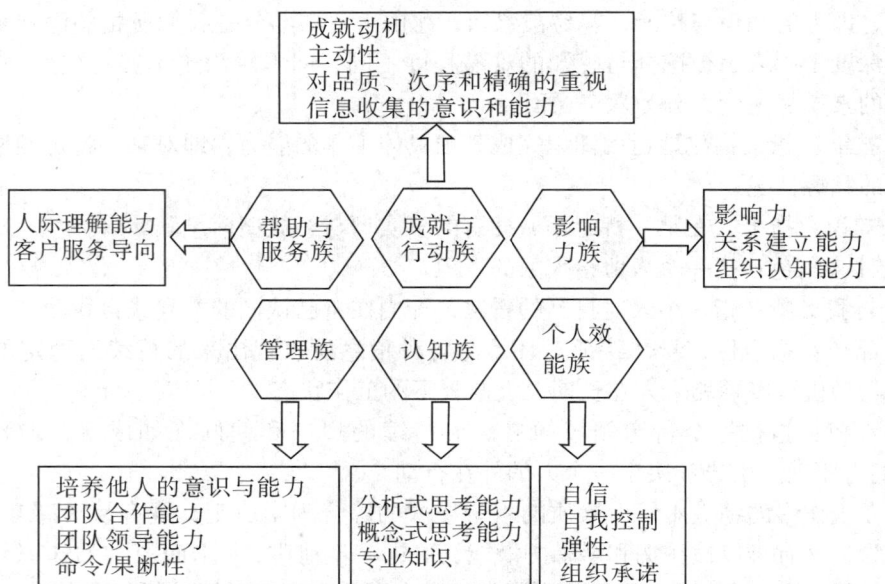

图 16－2　麦克里兰素质词典结构图

（1）帮助与服务族，具体包括两个要素：人际理解能力、客户服务导向。

（2）成就与行动族，具体包括四个要素：成就动机，主动性，对品质、次序和精确的重视，信息收集的意识和能力。

（3）影响力族，具体包括三个要素：影响力、关系建立能力、组织认知能力。

（4）管理族，具体包括四个要素：培养他人的意识与能力、团队合作能力、团队领导能力、命令/果断性。

（5）认知族，具体包括三个要素：分析式思考能力、概念式思考能力、专业知识（技术、职业、管理等）。

（6）个人效能族，具体包括四个要素：自信、自我控制、弹性、组织承诺。

上述是西方人员选拔的理想化理论和方法。在现实工作和生活中，建立一个符合公司理念的素质模型实际上是非常具有挑战性的。一些初创期和发展期的企业，很少能建立起这样系统的人才模型。只有一些比较有理想、处于成长和成熟期的企业，为了基业常青、不断做大做强，才可能将人才价值观凝练，形成人才素质模型。

初创期的企业，更多是根据岗位需要，从岗位实际出发，提炼几个基本的素质，然后用这些素质进行选拔和评价。更有甚者，完全没有素质标准，仅仅靠临场的感受进行评判，标准和测评的方式与方法都是临时的。当然这种做法的好处是简单快捷；缺点是缺乏科学性和准确性，招录的人员不好用，最终进入离职—招聘—离职—招聘的怪圈。这是非常值得警惕的事情。特别是在当今我国用人成本迅速攀升的时代，为了维护和谐劳动关系，新《劳动合同法》出台，这说明把好入口关比历史上任何时候都重要，可以降低组织的运行成本，提升组织的品牌形象。

（二）胜任力测评方法

由于组织中的测评大多涉及选拔和任用、调配等，与个人的名利关系非常紧密，因此，社会称许性往往比较高。除非是自我职业生涯管理，需要客观地了解自己，对于自陈式测试不会撒谎和歪曲，因为这样做的后果是惩罚自己，不符合人性；否则，其他诸如内部人才库建设和组织开展的有计划的职业生涯管理、晋升、调配、对外招聘等，均涉及个人利益问题，因此使用的测量工具和程序应该有很大的不同。

考虑到我国应试教育发达的现实情况，许多智力测试的题目，在一些补习班、竞赛题目库、考试练习题库中都有出现，这就使得原来题目的难度和区分度自然发生了变化，往往导致智力测验的分数偏高的情况。可以说，已有的、传统的智力测验工具的效度很难让人信服，比如韦克斯勒智力测验的题型和答案有外泄；瑞文推理测验的题目也可能出现类似的情况。这样一来，如果选择这些传统的心理测验，信度和效度就大打折扣，科学性比较低。人格类测验的状况也类似，很多标准化的人格测验基本都可以在网络中找到题目和计分办法、结果解释描述，也失去了选拔和区分的能力，不再有选拔的价值。

虽然这些办法失去了效果，但是人员选拔仍然需要做。为此，一些新的方式和方法出现了，比如基于岗位情境的专门化测试，评价中心（assessment center）是比较典型的方法。

这里，为了体现知识的系统性和完备性，分两个方面分别介绍，即经典的心理测验以及常用的评价中心方法。

1. 经典的心理测验

（1）智力测验。

智力测验在高级职员的选拔和安置中经常使用，因为高智力水平是胜任这类工作不可缺少的，一个人智力低下得连自己的生活都安排不了，如何能领导一个工厂、指挥一项科研？常用的智力测验有韦克斯勒成人智力量表和瑞文推理测验。韦克斯勒成人智力量表仍将智力分成言语和操作两大块，其中言语部分包含常识、数字广度、词汇、算术、理解、类同、字母—数字排序七个分测验，操作部分包含填图、图画排列、积木图案、物体拼配、数字符号、矩阵推理、符号搜索七个分测验。WAIS–Ⅲ个别施测，通常需要45~60分钟的时间。瑞文推理测验则是非文字的标准化测验，有五个分测验，每个分测验12道题，它可以个别施测，也可以团体施测，但无时间限制，一般成人45分钟左右可以完成。

（2）个性测量。

不同工作对个性的要求是不同的，有些工作是单调重复的，要有忍耐力；有些工作需要与人打交道，需要外向的人；有的工作在整个生产中十分关键，要求严格，压力大，要求人能忍受压力；有的工作有很大的风险，要求人有冒险性。评价人的个性，使用个性测验是一种较好的评价方法。在个性测量中，通常的分类是自陈测验、投射测验、情境测验和评定量表。自陈量表前面介绍较多，主要有兴趣、气质、性格等几类。在兴趣测验中，有斯特朗—坎贝尔兴趣问卷、库德兴趣调查表、自我兴趣问卷；在人格（含气质、性格）测验中，有卡特尔16种人格因素量表、艾森克人格问卷等常用工具。投射测验主要有罗夏克墨迹测验和主题统觉测验，由于过程复杂、要求高，所用不多。情境测验、评定量表编制得还不多，这里不作介绍。根据实际经验，由于自陈式测试模板化，很容易习得，产生欺骗的可能性比较大。而投射测验和主题统觉测验亟待开发和完善，用来作为人员选拔的方法可能很有前途，存在问题是主观性过强，解释性过于依赖专家本身，科学性也有挑战。

（3）专业知识技能测验。

专业知识技能测验在各类专业人员的选拔和安置中应用广泛。在许多情况下，仅仅测量智力、个性是不够的，因为智力、个性等代表人的一般素质，但如果需要的是有专业知识和技能的人，就要求进行专业知识技能的评估。比如目前进行的公务员资格考试、会计师资格考试、计算机程序员考试、律师资格考试等均属于此系列。还有研究生的入学考试，许多都涉及专业知识问题，由于职业、专业领域非常多，这个部分可以通过专家面试法、考试法、操作法进行测试。

（4）多项能力倾向测验。

这种测验在人的特殊能力的全面诊断评估方面很有好处，其缺点是费时。目前介绍、修订较多的主要是一般能力倾向成套测验（General Aptitude Test Battery，GATB），它包括普通推理能力、语言能力、数学能力、空间关系能力、形状知觉能力、文书能力、动作协调、手指灵巧、手工灵巧等分测验。

2. 常用的评价中心方法

由于管理工作十分复杂，要求比较高，故对管理能力的评价也较困难。管理能力测验的有效方法是评价中心方法。评价中心是在工作情景模拟测评的基础上逐步发展起来的，以测量评价被试的管理素质为核心的一组标准化、程序化的评价活动。

该方法体系包括一系列基于情境的设计，通过项目的精选、实施过程的程序化、评价标准的规范化、评价方法的多样化，基本能够识别不同类型的人员，是现代企业人员选拔、调配的有效测评措施。评价中心不是某一种特定的方法，而是一系列评价方法的集成，包括无领导小组讨论、文件筐测验、角色扮演法、案例分析法、演讲法等。

关于评价中心的测评原理即工作机制的经典解释是：被试参与评价中心的模拟行为练习。这些行为练习都是根据对岗位的工作分析精心设计的，评价者观察、记录被试在练习中的行为表现。这些行为能按照人的特质进行分类，特定的行为表现反映特定的素质特征，从而能对工作绩效做出有意义的预测。也就是说，借用经典的人员测评的 S－T－R 测评模式同样可以解释评价中心的工作原理，即通过对受测被试施加行为刺激（stimuli，在评价中心中就是各种情景模拟练习），观察被试在特定刺激情景下的行为表现（response），进而推断被试的相关特质（trait）。

评价中心通过对测评程序的精心控制和方法技术的科学设计来保证测评的有效性。实施评价中心测评时要考虑以下内容：①维度（dimensions）。对相关岗位进行工作分析，确定岗位的素质要求，确定评价中心的测评维度（即通常说的测评指标、测评要素），明确评价中心所要评价的内容，并将观察到的行为进行分类，这些行为类别要与工作相关，与特定的维度相关。②技术（techniques）。评价中心技术必须能提供工作分析中确定的维度或者特质的相关信息。不能使用单一的技术，要用多种技术，这些技术可以是测验、面试、问题量表、测量工具或工作情景模拟等，如文件筐、小组讨论、角色扮演、事实搜寻等，这些都是评价中心本身所具有的特点。多种技术的综合运用为评委提供了观察被试行为的良好机会，通过观察分析可以确定这些行为是否与我们将要测评的维度相符合。③评价者（assessors）。进行观察和评估的评价者必须要有多个，评价者必须经过训练并具有相关能力。④数据的收集和报告（gathering and reporting data）。评价者必须使用系统的程序记录所观察到的具体行为，每个练习都要有一个报告或者记录，评价者得出的数据和用其他方法得来的数据必须通过评价者会议或者有效的统计程序综合在一起。

下面通过一个实际的评价例子来简要说明评价中心方法的使用流程。如果选拔的岗位是中高层管理者，该管理者需要的素质维度经过筛选如下：战略分析能力、组织协调能力、语言表达能力、激励下属的能力、冲突管理能力与积极的领导者特质等。由于不同的方法具有不同的视角和测量优势，可以选择性地进行组合测试，充分发挥不同方法的不同优势，比较全面地认识人的特性。

表 16 – 1　管理者素质测试的评价中心方法举例

岗位素质	素质描述和标准	权重	评价方法
战略分析能力	行业知识和背景；行业分析能力；前瞻性思维；行业业绩	30%	自我介绍 案例分析法
组织协调能力	分工、协调、时间管理、冲突解决能力	20%	无领导小组讨论 文件筐测验
语言表达能力	观点的明确性、表达的流畅性、用词的规范性、表达的清晰性	10%	自我陈述 无领导小组讨论陈述 案例分析陈述
激励下属的能力	根据下属的需求，结合自身的实际，调动下属的积极性和创造性	20%	面试法
冲突管理能力	对管理工作中常见的冲突案例是否有足够多的、合理的解决办法	10%	面试法 文件筐测验
积极的领导者特质	主动性、责任心、上进心等	10%	心理测验

按照上述思路，可以进一步细化评价标准，选择合适的、经过培训的专业考官，最终经过全面的测试，获得对不同的竞聘人员的评价结果。当然具体使用哪些方法组合，要根据需要和时间等综合考虑，有的用游戏活动多（如现场无领导小组讨论、模拟现实活动），有的更多采用文件筐方法集成多角度问题考核，有的主打面试法，包括结构化和无结构面试等。下面简单介绍几个常见的评价技术：

（1）无领导小组讨论。

该方法是将数名被评价者集中起来组成小组，要求他们就某一问题开展不指定角色的自由讨论，主试（评价者）通过对被评价者在讨论中的言语及非言语行为的观察来对他们做出评价的一种测评形式。所谓"无领导"即参加讨论的这一组被评价者在讨论问题的情境中地位是平等的，并没有哪一个人被指定充当小组的领导者。无领导小组讨论可以用来考查被评价者的语言表达能力、组织协调能力、决策能力、沟通能力、应变能力、合作精神等多方面的素质。比较经典的讨论材料如下：

在 9 月下旬的某一天，你所乘坐的巨型客轮正在太平洋上航行，突然遇到特大风暴，你迫不得已采取紧急的救生措施。你和另外七名乘客漂流到一个荒岛上，你们八人（四男四女）来自不同的国家，所使用的语言有汉语、日语、英语和法语，但每个人都或多或少会讲些英语。现在你们并不知道你们所处的位置在哪里，对岛上的情况也不了解，也不知道何时会有船只经过，何时才会有人来救你们。现在你们每人有一件救生衣、一条小毛巾，随身都携带了些钱及钥匙，每人都身穿比较薄的轻便衣服。此外，你们还共同拥有下列东西：

- 一个打火机
- 一把瑞士军刀
- 一本航海地图册
- 一个指南针
- 一台电子字典（可进行英、汉、日、法等多种语言互译）
- 一部手机［大约还可通话 1 小时（电池容量)］
- 一块手表
- 一面镜子
- 一瓶盐
- 一块大塑料布
- 每人平均两公斤的水
- 六袋饼干
- 一瓶 52°的白酒
- 一些粗绳子
- 几件厚外套

本次讨论大家的任务是，根据这共同拥有的 15 件东西对你们求生的重要性，对它们进行排序并说明理由。

无领导小组讨论通常需要注意如下事项：

第一，将被评价者按一定人数编组（一般 6~8 人）。如果人数太少，则情境不够充分；如果一组人数太多，则头绪太多，评委的注意力也分配不过来。

第二，按照便于交流讨论的形式坐好。圆形会议桌最好，但因角度问题，不利于评委对所有被评价者进行观察，因此我们建议成员坐成"V"字形，既便于讨论，也便于评委观察与评价。

第三，不确定会议主持人，不指定发言的先后。

第四，不提出诸如积极主动、观点清晰之类的其他具体要求。

第五，只要求他们根据主试提出的真实或假设的背景材料，就某一指定主题进行自由讨论。过程中评委一般不要打断讨论，即使看到有人口若悬河或从头到尾一言不发也不要插话或干涉。

第六，要求小组在规定的时间内（一般 1 小时）形成一致意见，并以书面或口头形式向主试与评委汇报讨论结果。

第七，无领导小组讨论评定结果易受到主评委主观倾向、经验、态度、风格等因素的影响，所以，所有评委都要经过严格的培训，统一评定标准。

（2）文件筐测验。

文件筐测验也叫公文处理、公文包测验，是一种情景模拟测验，是对实际工作中管理人员掌握和分析资料、处理各种信息以及做出决策的工作活动的一种抽象和集中。测验一般在假定情景下实施，该情景模拟一个组织所发生的实际业务、管理环境，提供给受测人员的信息包括涉及财务、人事备忘录、市场信息、政府的法令公文、客户关系等十几份甚至更多的材料。测验要求受测人员以管理者的身份，模拟真实工作情景中的想法和行为习惯，在规定条件下（通常是较紧迫困难的条件，如时间与信息有限、独立无援、初履新任等），对各类公文材料进行处理，形成公文处理报告。处理完毕后，一般还要求受测人员试填写行为理由问卷，说明处理的理由、原则或依据，有不清楚的地方或想深入了解受测人员时，主考官还可以与其进行深入面谈，以澄清模糊之处。通过观察受测人员在规定条件下处理公文过程中的行为表现以及分析人员的处理理由说明，评估其计划、组织、授权、决策和问题解决能力等多方面的管理潜质。

在评价中心施测过程中采用文件筐测验的一般程序是：主试事先根据被评价者所应聘的岗位设计好各种公文。这些公文是指与目标岗位工作有关的各种材料，它们是根据该岗位经常会遇到的，分别来自上级和下级、组织内部与组织外部的各种典型问题而设计的，包括日常琐事和重大事件的处理，如电话记录、请示报告、上级主管的指示、待审批签发的文件、统计材料和报表、备忘录、商业函件、建议、投诉等。接着把设计好的公文（一般有十多份）装入一个文件筐中，交给受测人员，并向其提供有关组织及其相关岗位等背景资料。测验过程就是要求受测人员以该岗位的负责人（如经理）身份，全权负责处理文件筐里的所有公文材料。

在文件筐测验处理过程中，通常有以下规则要求：

①必须对所有的文件给出自己的处理意见（或方案），同时还得写明处理的依据或理由，分别写在对应的"处理意见"和"处理依据或理由"栏内。

②对于文件的处理意见（或方案），要求语言表述准确、清晰，以便相关部门能按处理意见的意图执行。

③凡需交下属执行的，应注明承办部门、相应的处理原则或方案；凡需答复的函电，应写明内容要点，以便秘书拟稿或答复；凡需召开会议或召见人员的，应将时间、主题、大致内容、参加者批告给秘书，以便秘书通知安排。

④一般需要在 60 分钟内完成所有文件的处理。

文件筐测验材料范例：被评价者的角色是张总，王×是张总的秘书。

背景材料：

今天是 2014 年 12 月 16 日，从现在起的 60 分钟内请您暂时忘记自己的姓名，忘记自己的本来职位，而设想自己的名字叫张××，您的身份是 KTH 电子设备有限公司的总经理。今天是您在这个新岗位上工作的第一天，原来的总经理杜×先生因某种原因已于 1 周前匆忙离职，您要全权履行他的职责。您原来的职位是 KTH 集团股份有限公司的营销总监。

KTH 电子设备有限公司隶属于 KTH 集团股份有限公司，集团公司成立于 1990 年 3 月 28 日，1997 年 12 月改组为股份制公司，1998 年 3 月 28 日，KTH 集团公司 A 股股票在上海证券交易所挂牌上市。KTH 集团现有总资产 60 多亿元，净资产 10 亿元。KTH 电子设备有限公司是集团公司的全资子公司，于 1996 年 8 月成立，地处西南重镇重庆，以移动电话、固定电话为主导产品，兼及元器件、集成电路等电子设备的生产和开发。公司拥有强大的技术开发实力，每年新产品产值率在 80% 以上，先后成功研制和推出了一系列具有极强市场适应能力和竞争力的高新技术产品，特别是最近两年推出的几款移动电话产品非常受市场欢迎。

KTH 电子设备有限公司现有员工 358 人。接任总经理工作之前，您一直在处理原职位未了事宜，直到今天下午才走进总经理办公室开始履行新岗位的工作职责。现在在办公桌上就有一大堆文件等着您处理，秘书因为健康原因需请假休息，明天才能来上班，因此您不得不独自处理一切事务。

文件 1

内部请示报告

杜总：

产品工程部上周反映情况，最近两个月，因为赶生产进度，员工已经连续 7 周没有歇过双休日，并且几乎每天都在加班，大家都很疲倦，有许多员工并不满意现在的加班补贴（我们已经按照劳动法规定对在法定劳动时间之外加班的员工给予双倍工资），产品工程部的意见是新招一批技术员工，以减轻员工的工作负担。

我们到产品工程部去了解的情况跟他们反映的情况差不多，另外还了解到有少部分员工流露出跳槽的意向（据我们所知，竞争对手早就有意从我们公司挖走部分技术员工）。

我们又找营销中心了解情况，看目前这种产品是否为长期旺销品。营销中心分析认为，出现这种局面仅是因为商家季节促销，平时一般不会出现这么高额的订单。

因此人力资源部分析认为，目前这种时候暂不适宜招聘新员工，一方面因为工作量增大并非长期稳定行为；另一方面，新进员工可能因为技术不熟练，适应新岗位需要一个重新培训的过程。因而，我们认为产品工程部提出的招聘新技术员工的建议不是解决问题的最有效方法。

我们的建议是：（1）提高加班补贴；（2）部分产品转包给其他公司。

不知您的意见如何？有何补充？

人力资源部部长 黄×

2014 年 12 月 5 日

同意。别无补充。

杜×

2014 年 12 月 8 日

张总：

此件杜总已批示。我昨天又跟黄部长联系过，他们还没有形成最后的决策，想听听您的意见。您意下如何？需要调整吗？请示下。

王×

2014 年 12 月 13 日

文件 2

情况汇报

张总：

上周接到一个客户投诉电话，说在广州市场上购买了一款我公司的移动电话，用了没两天就出现频繁掉线的情况，送到当地质检部门检测后认为是电话质量有问题。公司已派人去广州了解情况，初步查明该顾客购买的电话是假冒产品。当时为平息事态已为该顾客更换同型号的手机一部。随后公司又在当地市场暗访发现同一型号同一款式的手机确实存在不少假冒产品。它们以低于市场售价 40% 销售。该款式型号的手机是我们公司今年 4 月投放市场的。

先向您汇报以上情况，进一步的情况我们正在调查处理中。

市场部 谢×

2014 年 12 月 9 日

文件 3

邀请函

杜先生：

我谨代表组委会真诚地邀请您参加于 12 月 20 日举行的"2014 年移动通讯行业峰会"，并请您在大会上作相关主题演讲。

大会将于 9：30 开始，您的演讲安排在 10：10 左右，时间大约 40 分钟。会议地点在香格里拉大酒店。

移动通讯行业协会秘书长 汪×

2014 年 12 月 2 日

张总：

杜总当初答应了协会的邀请，并定下演讲主题"e 时代的信息技术变革"，但现在他离职了，您认为应该如何操作以应对 20 日的会议，请指示。

王×

2014 年 12 月 12 日

文件4

杜总：

按照协议，第二批接受德国西门子公司半年技术培训的两名工程技术人员，应于2015年1月初动身。因为是培训技术人才，我们要求产品工程部和研发中心各提交两个候选名额，四名备选人员名单昨天已送交到我部。请您审阅圈定，尽快告知我们，以便我们提早作出国培训、申请护照及签证等安排。

备选人员名单及基本情况如下：

1. 李×：男，30岁，清华大学计算机系2006年毕业，2010年进入我公司工作至今，现为研发中心设计工程师，英语可做一般口头交流。

2. 蔡×：女，40岁，大连理工大学电子信息系1996年毕业，现为研发中心高级工程师。英语读、说兼通，相当流畅。

3. 湛×：男，33岁，西安交通大学精密仪器专业2003年毕业。现为产品工程部调试工程师。英语读、译能力较好，但口语较差。

4. 马×：女，29岁，电视大学电子专业2007年毕业，现为产品工程部助理工程师。英语可作初步交流。（注：马×系现任市长秘书的侄女）

人力资源部部长　黄×

2014年12月9日

张总：

此件杜总未来得及批阅，请指示。

王×

2014年12月13日

（3）案例分析。

案例分析通常是主试提供给被评价者一些实际工作中常常碰到的问题的书面材料，让被评价者阅读这些内容，并要求他们解决案例中的问题，提供书面的报告或者在小组讨论中发言。主试根据被评价者在这一过程中所表现出的分析问题、解决问题、表达观点、传递信息等各方面的能力给予相应的评价。

案例分析测评在设计与操作上相对简便易行，既可以考察一些一般性的技能，如数字分析能力、材料组织能力、文字表达能力，也可以考察一些综合性能力，如决策能力、问题解决能力等。

案例分析测评示例：

请仔细阅读下述两个案例，并就案例所附问题发表您的看法。

案例1：

某外贸服装厂A是苏北地区颇有知名度的服装大厂。该厂以做针织类的外贸服装加工、销售为主要业务，每年的销售额上亿元。A厂下属一销售公司，专门负责该厂营销工作，确保完成A厂下达的销售与利润指标。最近，负责销售公司的张总遇到了一件令他头痛的事情，原来手下的一名销售业务员辞职了，该业务员的离开带走了一些客户，这些客户的损失使销售公司的销售额一下子减少了 1 000 万元，占整个公司销售指标的近 10%。如何挽留这些客户，张总一筹莫展，因为所有的客户信息都掌握在销售人员手中。在过去，销售公司曾经发生过销售人员单干而造成客户资源流失的事情，但是因为缺乏有效的管理方法和手段，公司的客户资源被业务人员私有化的问题一直没有得到解决。这一次销售业务员的离开，使得 A 厂销售公司大伤元气。

问题：张总应如何解决客户资源私有化的问题？

案例 2：

袁××先生是南机公司的总裁。南机公司是一家生产和销售农业机械的企业。1998 年产品销售额为 5 000 万元，1999 年达到 6 400 万元，2000 年预计销售可达 8 700 万元。每当坐在办公桌前翻看那些数字、报表时，袁先生都会感到踌躇满志。

这天下午又是业务会议时间，袁先生召集了公司在各地的经销负责人，分析目前和今后的销售形势。在会议上，有些经销负责人指出，农业机械产品虽有市场潜力，但消费者的需求趋向已有所改变，公司应针对新的需求，增加新的产品种类，来适应这些消费者的新需求。

身为机械工程师的袁先生，对新产品研制、开发工作非常内行。因此，他听完了各经销负责人的意见之后，心里便很快算了一下，新产品的开发首先要增加研究与开发投资，然后需要花钱改造公司现有的自动化生产线，这两项工作约耗时 3 ~ 6 个月。增加生产品种同时意味着必须储备更多的备用零件，并根据需要对工人进行新技术的培训，投资又将进一步增加。

袁先生认为，从事经销工作的人总是喜欢以自己业务方便来考虑，不断提出各种新产品的要求，却全然不顾品种更新必须投入的成本情况，就像以往的会议一样。而事实上公司目前这几种产品，经营效果还很不错。所以，他决定仍不考虑新品种的建议，目前的策略仍是改进现有的品种，以进一步降低成本和销售价格。他相信，降低产品成本、提高产品质量并开出具吸引力的价格，将是提高公司产品竞争力最有效的法宝，毕竟客户们实际考虑的还是产品的价值。尽管他已做出了决策，但他还是愿意听一听顾问专家的意见。

问题：1. 你认为该企业的外部环境中有哪些机会与威胁？
　　　2. 如果你是顾问专家，你如何评价袁先生的决策？

三、测验的滥用和误用

在我国，心理测验被滥用和误用的情况还是比较多的。所谓滥用就是没有按照心理测验的规范程序使用。比较常见的滥用有公开心理测验的题目和计分方法，随意解释测验结果；使用没有科学性的测验工具进行测试和解释；对于测量活动，没有严格的选题方法、评分方法和解释方法等。由于没有法律或知识产权的保护，一些经典的、优秀的测验也面临测试题目、计分办法的公布进而容易被获取，使之失去了应有的信度和效度，不再具有区分能力等一系列问题。

所谓误用，则是心理测验工具的不当使用。具体来说，有将自我诊断的有效方法用来进行选拔的现象，比如将自我职业测验当成选拔方法，这种结果的可靠性受到社会称许性的影响，应该是效果很差或无效的；有些自陈人格问卷也有类似的问题；还有一些本身就有很强的社会称许性的调查工具如价值观自陈问卷、忠诚度问卷等也属于误用。关于心理测验的滥用和误用的典型情况，具体描述如下：

第一，缺乏知识产权保护意识，公开测验的信息。心理学中的测验，开发成本高、时代性强，需要经过专业人员使用和解释才有效。然而，由于我国相关人员缺乏知识产权保护意识，有意或无意地将心理测验的题目公布在网络上，导致测验题目的科学性缺乏保证；或者将有些智力测验的题目作为智力开发练习题、竞赛题等，导致其难度下降，测试缺乏准确性。客观地说，现在我国基本上没有能够用来进行选拔的智力测验工具。在人格测试中也是如此，自主开发的人格测验本就不多，即使修订西方的人格测验，也往往由于题目的公布，测验的科学性、准确性受到限制。

第二，缺乏专业能力或资格，随意使用心理测验。心理测验是具有一定专业性、学术性的专门技能，包括心理测验的适用目的、使用程序、场地和环境、结果计分与解释等，都有明确的要求和规定。但是，许多人在使用心理测验工具时，没有考虑到其专业性，在上述的部分环节出现不遵守测验要求的情况，最终导致测量不准确或解释不科学。

第三，使用没有心理测验手册的测验工具。由于我国的现实测验要求比较多，而测验开发本身相对少，因此出现了科学的心理测验工具供小于求的状况，许多个人素质测试缺乏可以使用的测验工具库，为了应急，在网络上搜寻接近的测验、改编测验工具的情况比较普遍。对于现实中人员选拔需要的诚信、忠诚、敬业、责任心、主动性、创造力、合作性、适应性、冒险性等，客观地说，目前还是缺乏可靠的测验工具的，有的借用已有的问卷，有的自己编制题目，对于计分标准、常模、解释等非常轻视，因此很容易出现滥用的情况。

第四，错误使用可能失去信度和效度的测验。在人事测评中，心理测验工具误用也很多。特别是心理学背景出身的人，以为经过了严格的标准化程序修订的测量工具，理论上应该能够准确测量，但实际上由于前面提到的题目和计分、解释办法公布，加上长期没有修订的问题，许多经典的测验已经没有效度了。比如韦克斯勒智力测验、瑞文标准推理测验、16PF，甚至 MBTI（Myers – Briggs Type Indicator）这个信度和效度较高的、企业广泛使用的测验，在我国也面临选拔性失效的问题。

第五，指导性测试与选拔性测试无差异使用。测验是有目的的，如果是组织的职业生涯管理活动，由于结果是个人指向的，不是选拔导向，个人过强的社会称许其实是自我误导。为了避免这种误导，一般情况下，个人不会作假或撒谎。因此，自陈式的心理测试如人格类的16PF、大五人格测试、MBTI等，可靠性更高。相反，如果是某个组织要从内部或外部选拔重要岗位的人员，用这类测验工具，可靠性和准确性就会急剧下降。

第六，由于缺乏科学的测评方法的引导，许多江湖测量比较流行，比如手相、星座、血型之类的以宿命论、遗传决定论为理论基础的测试和解读方法比较流行。严格地说，这些东西作为娱乐项目无可厚非，但是由于其理论基础不可靠，没有经过科学检验，缺乏必要的科学性，应该摈弃。

第二节 心 理 诊 断

一、心理咨询概述

咨询①一词来源于拉丁语 consultation，其基本意思是商讨或协商，即通过商谈而解决问题。根据这种含义，在不同的领域有不同的协商，用以解决不同的问题，如商业有商业咨询，法律有法律咨询，另外还有技术咨询、医学咨询和管理咨询等。心理学中也有以人的心理为内容而进行的心理咨询。心理咨询的对象通常是那些存在心理冲突、心理不适、心理困惑或心理障碍的人。由于人们存在心理问题的程度有轻有重，轻的如不知道如何与人交往、不知道如何对待失败、不了解自己适合干什么，重的如对某种动物有不同常人的恐惧、强迫重复某种不必要的行为、极端抑郁、神经衰弱乃至自杀念头强烈等，因此在咨询的过程、方法上存在一定的差异。正是由于这些差异，人们在对心理咨询对象的认识上也存在一定的分歧，这些分歧的核心和焦点是咨询对象的心理困扰程度。可以把心理困扰的状况形象地看成一个连续体，如图 16 - 3 所示：

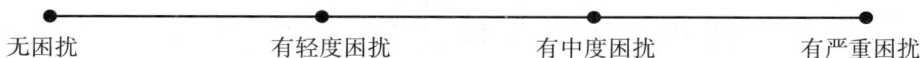

| 无困扰 | 有轻度困扰 | 有中度困扰 | 有严重困扰 |

图 16 - 3　心理困扰程度示意图

有人主张心理咨询的对象是所有存在心理困扰需要咨询的人，即无困扰之外的所有人，这是第一种观点。第二种观点是主张心理咨询只针对有轻度困扰者，理由是有中度或严重心理困扰的人通常有神经症（如恐怖症、强迫症等）和精神病（癔病、精神分裂症等），解除他们的困扰的办法主要是心理治疗和药物治疗，而心理咨询只是辅助巩固疗效的办法，若以治疗为核心，治疗者与被治疗者的关系不是咨询关系，而应是医患关系。因此，建议把这类活动称为心理治疗更合适。它与一般意义上的咨询完全不同，这部分对象不属于心理咨询的范围。第三种观点是折中派，主张把轻度困扰者与部分中度困扰者划归为心理咨询的对象。他们认为第一种观点对心理咨询的定义过于宽泛，往往容易夸大心理咨询的作用，而贻误对咨询对象施以及时的心理与药物治疗，从而影响咨询形象；而第二种观点又对心理咨询的作用估计不足，认为心理咨询对中度困扰者一筹莫展。事实上，许多中度困扰者如恐怖症、中度强迫症等通过心理咨询亦可以收到很好的效果，而且这种方式相对于心理治疗更容易为咨询对象所接受，实施咨询使咨询对象心理压力小，故主张在两者间打个折扣。

---

① 邓明昱、郭念峰主编：《咨询心理学：心理咨询、心理测验、心理治疗》，北京：中国科学技术出版社1992年版，第3-4页。

综上所述，可以对心理咨询作如下定义：心理咨询①是求助者就其心理冲突、心理障碍或轻度心理疾病向有专业技术的咨询人员诉说、询问，咨询人员分析问题的原因和症结并寻求解决问题的办法，提高其对生活的适应性和对周围环境的调节能力。

心理咨询的形式，从不同的角度出发，可有多种分法：按照问题的性质可分为人格或情感性咨询与职业生涯发展咨询；按与接受咨询者的接近程度可分为直接面谈咨询和间接咨询（咨询与咨询对象有关的人）；按接受咨询者人数的多少可分为个别咨询和团体咨询（超过一人）；按咨询的手段可分为电话咨询、信函咨询、电视咨询和网络咨询等。上面的各种咨询形式各有其优缺点，在选择时要因地制宜。比如直接面谈咨询就有获得信息直接、影响直接和咨询效果好等优点。如果咨询者胆小，或地处偏远，或经费短缺，直接面谈咨询的作用就难以发挥，信函、电话等咨询方式则更有优势。

心理咨询通常有三个核心过程：一是分析诊断过程；二是帮助指导过程；三是效果评估过程。

分析诊断过程，就是要了解咨询对象存在些什么困扰，有哪些具体的表现，导致这些现象的可能原因是什么，并在深入了解的基础上做出判断，确定问题属于哪种类型，程度严重与否，原因为何，初步的应对措施是什么。

帮助指导过程，就是根据分析诊断的结果以及提出的对策，具体落实对策的过程。比如，我们发现某学生的考试焦虑属情绪性的，拟通过放松训练予以缓解和消除，便需要系统地给咨询对象讲清帮助工作的思路、办法、时间及注意事项，然后按这套措施一步一步地实施。在本例中，要讲清什么是放松训练、它与考试焦虑缓解的关系、放松训练如何进行、要多长时间、要达到什么效果等问题。在大多数情况下，帮助指导过程比较顺利，有些时候，可能由于诊断不准确、对策缺乏针对性，需要在实施中予以调整。

何以知道咨询效果的好坏呢？效果评估过程是重要的一环。咨询效果评估的办法有多种，测验是其中用得较多的一种。

之所以说上述三个过程是心理咨询的核心过程，是因为不同的咨询形式可能各自有些特殊的地方，比如个别会谈等。除了上述三个过程外，还有一个开端，它的作用是建立良好的信任关系，促使咨询活动进一步深入。

二、心理测量在心理咨询中的应用

如果把比内为鉴别智力低下儿童而编制的比内智力测验看成广义的咨询，那么心理咨询中应用心理测量的历史与心理咨询的历史一样长。除智力测量外，兴趣测验、能力测验、职业能力倾向测验、焦虑测验在心理障碍咨询中都得到了广泛的应用。心理测量在心理咨询中的作用主要是诊断与效果评估，尤其以诊断用得最多。考虑到心理咨询分类的复杂性和多样性，为了更好地将心理测验与运用领域结合，特将心理测验在心理咨询中的应用作以下简单的分类：①在职业生涯发展咨询中的应用；②在神经症、人格障碍等咨询中的应用。在职业生涯发展咨询中的应用主要用于职业生涯发展诊断，在神经症、人格障碍

---

① 张小乔主编：《心理咨询治疗与测验》，北京：中国人民大学出版社1993年版。

等咨询中的应用既用于心理诊断也用于咨询效果评估。

（一）在职业生涯发展咨询中的应用

从某种意义上说，人的一生都是在自我发展、自我创造。完全客观地认识自己并不容易，而不能较好地认识、评价自己，塑造自己就会很困难。特别是进入职业领域前、职业领域中，都存在一个不断地认识、澄清职业自我，并根据择业环境的特点不断地调试，做出合理的职业选择和职业发展规划的问题。在实际的职业生涯发展咨询活动中，情况更加复杂，既要充分考虑当事人的个人愿望和发展潜力，还要分析和了解就业、职业发展环境的制约作用。在当今大众创新、万众创业的社会经济背景下，许多人更愿意选择创业而非就业；而自我职业发展规划必须与组织的发展战略和方向一致，不是仅仅从自我的角度考虑，否则就容易脱离实际，比如现代企业组织更加突出扁平化、创客化，组织的纵向发展空间受到挤压，这就需要更加具有工匠精神，突出专业能力的提升和专注度，而创客化的发展态势则要求人不仅仅从事某个狭窄领域的工作，还要具有创业者的素质和心态，而这种要求又加强了综合能力和素质的要求与培养。不同的社会发展趋势和组织需求，自然会影响嵌入其中的员工的行为和决策。

此外，人的适应性有宽窄之分。有的人能力强，适应面宽泛，可以有更多的职业规划和选择，而且成功的概率也比较大；而有的人则素质相对狭窄，有许多明显的短板，但也未必不成功，只是成功的类型不同而已。

职业自我认识的内容很多。从职业自我认识咨询方面看，人们感兴趣的问题通常有两大类：一是自己有什么样的职业价值观或职业兴趣，有哪些职业能力优势，存在哪些职业能力短板，有什么样的性格特征。二是如何利用这些综合特征进行职业选择，当职业价值观或职业兴趣与职业能力发生冲突时，应该如何决策；当个人特征与择业环境发生冲突时，又应该如何选择。

斯尤普（Super，1970）的工作价值观问卷（work values inventory）测量了 15 个工作价值观，包括创造性、管理、成就、工作环境、上下级关系、生活方式、安全性、同事、审美、社会声望、独立性、变化性、经济回报、亲社会性和智力激发。每个价值维度有三个测验项目，用五级量表测试。其中，5 代表"非常重要"，4 代表"重要"，3 代表"比较重要"，2 代表"有一点重要"，1 代表"不重要"。例如，了解是否看重成就的题目是："在做完一天工作后，有一份好心情""能从工作成果中看出你干得很出色""能看到自己努力的结果"；是否看重工作变化性的题目是："期望能有新变化""不总是做同样的事""要做很多不同的事"。该问卷一共有 45 个项目。

在我国的重复研究表明，由于该问卷是自陈式的回答方式，而人们总是寻求回报利益最大化，希望自己的职业或工作既有创造性又有经济回报，同时拥有较高的独立性、安全性等多个回报，导致该问卷社会称许性较高，很难区分出比较有特色的、主导的价值取向，真正对职业选择起指导作用。在职业价值观测试方面，强迫排序或对偶比较可能更有价值。这个方面还需要进一步研究，将国外的思想和方法进行调试，以适合我国国情。下面是工作价值观问卷的部分样题，通过试测可以看看自己的反应趋势，并琢磨改进办法：

下面的陈述是一些人们认为重要的关于工作的价值观。它决定了人们能从工作中或工作的结果中获得什么样的满意感。因此，对于不同的人，下列陈述的重要性可能不一样：同样的工作对一些人来说非常重要，但对另一些人来说却不太重要。仔细阅读下列每一项陈述，并指出它对你有多重要。

"1"代表"不重要"，"2"代表"有一点重要"，"3"代表"比较重要"，"4"代表"重要"，"5"代表"非常重要"。

在工作中，你……

	1	2	3	4	5
1. 需要不断解决新问题	1	2	3	4	5
2. 能帮助他人	1	2	3	4	5
3. 可以得到晋升	1	2	3	4	5
4. 期望能有新变化	1	2	3	4	5
5. 在你负责的方面享有自由	1	2	3	4	5
6. 在你的领域中享有声望	1	2	3	4	5
7. 需要有艺术才能	1	2	3	4	5
8. 是团队的一分子	1	2	3	4	5
9. 对你工作的稳定性有把握	1	2	3	4	5
10. 可以成为你理想中的人	1	2	3	4	5

在工作中，你……

	1	2	3	4	5
1. 有一个能公正待你的老板	1	2	3	4	5
2. 喜欢你工作的环境	1	2	3	4	5
3. 在做完一天工作后，有一份好心情	1	2	3	4	5
4. 拥有权力	1	2	3	4	5
5. 能实施新想法或新建议	1	2	3	4	5
6. 能创新	1	2	3	4	5
7. 能从工作成果中看出你干得很出色	1	2	3	4	5
8. 有一个通情达理的老板	1	2	3	4	5
9. 不担心失去工作	1	2	3	4	5
10. 能为社会贡献一份力量	1	2	3	4	5

在工作中，你……

	1	2	3	4	5
1. 能自己做决定	1	2	3	4	5
2. 逐步增加的薪水可以负担日益增长的消费	1	2	3	4	5
3. 能感到工作是一种挑战	1	2	3	4	5
4. 要运用领导能力	1	2	3	4	5
5. 有很好的休息室、卫生间等设施	1	2	3	4	5
6. 能拥有自己喜欢的闲暇生活方式	1	2	3	4	5
7. 与同事成为朋友	1	2	3	4	5
8. 工作得到别人的肯定	1	2	3	4	5

9. 不总是做同样的事	1	2	3	4	5
10. 感觉到自己帮助了他人	1	2	3	4	5

在工作中，你……

1. 使他人增加幸福感	1	2	3	4	5
2. 要做很多不同的事	1	2	3	4	5
3. 被他人尊重	1	2	3	4	5
4. 与同事关系不错	1	2	3	4	5
5. 过着一种非常愉快的生活	1	2	3	4	5
6. 有良好的工作条件（光线充足、安静、干净、有足够的空间等）	1	2	3	4	5
7. 计划、组织他人的工作	1	2	3	4	5
8. 需要精神高度集中	1	2	3	4	5
9. 有足以让你生活得不错的报酬	1	2	3	4	5
10. 自己是老板	1	2	3	4	5
11. 生产有吸引力的产品	1	2	3	4	5
12. 确信在目前这份工作结束后，能在公司里得到另一份工作	1	2	3	4	5
13. 有一个能为他人着想的上司	1	2	3	4	5
14. 能看到自己努力的结果	1	2	3	4	5
15. 能提出新的想法	1	2	3	4	5

在现实生活中，人们能够满足的价值观是有限的，而人们追求的价值观却是无限的。一份工作能够满足个人某一方面的需要，但也许不能满足另一方面的需要，因此必须学会放弃。

影响择业的因素很多，面对复杂的职业选择情境，许多初入职的人，包括已经入职但需要进行职业转换的人，都面对许多困扰。如何发现择业决策者的择业自我效能，有针对性地开展择业辅导，提高择业技能以及自我效能显得非常重要。为此，贝兹（Betz）和泰勒（Taylor）于1983年编制、1996年修订的职业决策自我效能量表（Career Decision Making Self – Efficacy，CDMSE）很有权威性。职业决策自我效能是指决策者在进行职业决策过程中对自己成功完成各项任务所必需的能力的自我评估或信心。具体包括五个部分：①自我评价能力：指了解自己的能力、职业兴趣、与职业有关的需要和价值以及自我概念等的能力；②获得职业信息的能力：指个人对特定职业的职责、任务的了解程度；③目标筛选：指将个人的属性与工作的特点进行匹配的能力；④职业规划能力：指在做出职业决策后，对决策的实施能力；⑤解决问题的能力：指解决或应付在职业决策过程中所遇到的问题或障碍的能力，比如与父母的冲突、缺乏从事所喜欢的职业的能力、决策犹豫和不现实等。每一部分有10个项目，共50个项目。每个项目要求从"完全没有信心"到"完全有信心"，采用10点计分量表，即从0到9，分别表示信心的程度，程度最高计9分，全量表的最高分为 450 分。得分越高，表示越有信心成功地做出职业决策。CDMSE 的科学性可以从信度和效度两个方面来看。在信度方面，泰勒和贝兹（1983）的研究结果显示，五个分量表的 α 系数分别为 0.88、0.89、0.87、0.89、0.86；卢卓（Luzzo，1993）的验证性研究也显示，全量表的 α 系数为 0.93，间隔六个星期的重测信度系数为 0.83。泰勒和贝兹（1983）、罗宾斯（Robbins，1985）研究发现，CDMSE 与其他著名的职业决策量表有显著相关，表明 CDMSE 有较好的同时效度。随着学术界对自我效能兴趣的增加，对 CDMSE 又在以前的基础上进行了一些新的研究，贝兹和卢卓（1996）及卢卓（1996）的研究表明，CDMSE 具有较好的信度和同时效度，但该问卷的因素结构还有待完善。

彭永新和龙立荣（2001①，2003②）运用我国大学生和高中生样本对 CDMSE 进行了修订，尽管该问卷的结构效度有待改进，但还是有一定的信度和效度。通过该问卷的测试，有利于咨询者明确来访者择业决策的主要问题，便于有效地选择咨询策略。该原始问卷的样题如下：

你有多大信心能做到：

准确地自我评价
1. 列出几个你感兴趣的科系。
2. 在图书馆查找你感兴趣职业的信息。
3. 从你正在考虑的一系列可能的科系中挑选一个科系。

收集信息
4. 查明某一职业的人均年收入。
5. 在图书馆查找你感兴趣职业的信息。
6. 查找设有工程学系学校的信息。
7. 找老师询问与你的专业有关的研究院和工作机会的情况。
8. 查明 21 世纪初某种职业的就业趋势。

挑选目标
9. 选择一个适合你喜爱的生活方式的职业。
10. 选择你的父母不同意的专业或职业。
11. 选择一个适合你兴趣的专业或职业。
12. 做出职业决策，不会担心是对还是错。
13. 选择一个异性占大多数的职业。
14. 选择一个适合你能力的专业或职业。

制订规划
15. 为你的目标制订下一个五年计划。
16. 准备一份好的简历。

---

① 彭永新、龙立荣：《大学生职业决策自我效能测评的研究》，《应用心理学》2001 年第 2 期，第 38 – 43 页。
② 彭永新、龙立荣：《高中生专业决策自我效能量表的初步编制》，《中国心理卫生杂志》2003 年第 3 期，第 175 – 177 页。

17. 获得与你未来目标有关的工作经验。

18. 识别与你的可能性职业有关的雇主、公司、行政事业单位。

19. 确定你需要采取的步骤，以便成功地完成你已选择的专业。

问题解决

20. 改换专业，如果你不喜欢你第一次选择的专业的话。

21. 反抗你的父母或朋友，当他们试图要你从事你感到力不能及的职业或专业时。

22. 坚持为你的专业或职业目标学习，即使你灰心丧气时。

23. 改换职业，如果你对所从事的职业不满意的话。

从评价个人的心理特性方面讲，人们比较感兴趣的主要是性格和智力以及价值观、气质类型等。一个人能较好地认识自己，比较客观地对待自己的优缺点，扬长避短，对自己有好处，对社会也有价值。假如某人发现自己在性格上乐群、外向、情绪稳定，但权宜敷衍、缺乏恒心和负责的精神，那么在以后的学习、生活和工作中便要保持优势，克服权宜敷衍的不足，尽量回避个人的性格和能力短板；如发现言语思维能力强，而动手能力、体育运动能力特别差，就要注意克服不足，加强言语思维能力方面的优势，朝文学、法律、哲学、行政管理等方面发展。由于能力不仅受到后天环境和教育的制约，还受到先天遗传的制约，遗传素质的改变相对难以控制，所以在能力与职业价值观、职业兴趣和性格发生冲突时，更应该多注重能力的优势，因为用人单位招聘时，首先是要有能力做好工作，而价值观、兴趣相对来说更容易培养和塑造。

在性格测验方面，比较常用的测验有卡特尔 16 种人格因素测验和 YG 性格测验。

卡特尔 16 种人格因素测验结果比较丰富。除了评价乐群性、聪慧性、稳定性、恃强性、兴奋性、有恒性、敢为性、敏感性、怀疑性、幻想性、世故性、忧虑性、实验性、独立性、自律性、紧张性这 16 个单维因素外，还有二元个性因素适用于焦虑型、内向与外向型、感情用事与安详机警型、怯懦与果断型的量表，以及对人的心理健康因素、有成就者的个性因素、有创造性的个性因素等方面的测量。16PF 是咨询中广泛使用的人格测验。

YG 性格测验的使用也很多，其特点是解释接近生活，容易理解。它把性格分成抑郁性（D）、稳定性（C）、自卑（I）、神经性（N）、客观性（O）、攻击性（Ag）、协调性（Co）、活动性（G）、适应性（R）、思维向性（T）、支配性（A）和社会向性（S）12 个维度，然后又把这 12 个维度概括成情绪性、社会化、内外向性、活动性、冲动性、主导性六个方面（如图 16－4 所示）。该测验把人划分成五种典型类型和许多亚类型（或称混合型）。这五种典型类型是：适应外向型（D）、不适应冲动型（B）、均衡型（A）、适应内向型（C）、不适应内省型（E）。

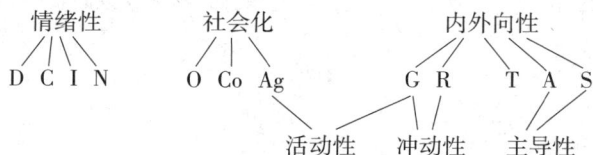

图 16－4 YG 性格维度与概括类别

艾森克人格问卷则适用面窄一些，主要用于临床，其测量结果主要有三个方面：内向还是外向、情绪稳定还是不稳定以及精神病症状。这些测验都有适用于不同年龄的常模（卡特尔人格因素问卷中适合 8～14 岁儿童的问卷简称为 CPQ）。

在能力测验方面，比较成熟的有智力测验、能力倾向成套测验和单项特殊能力测验，这方面的内容在前面的相关章节中已详细介绍过，这里不再赘述。

（二）在神经症、人格障碍等咨询中的应用

前面提到了对正常人或未出现明显心理障碍的人的性格的测量，现在介绍针对中度或严重心理困扰者咨询使用的测量工具。

比较常见的心理障碍可分为三大类：一是神经症，包括恐怖症、强迫症、神经衰弱、焦虑和抑郁等；二是人格障碍，包括癔病、躁狂症和精神分裂症等；三是性心理障碍，包括恋物癖、窥淫癖、裸露癖等。对于这一类咨询者，如有中度症状可通过心理咨询而治疗者，可以通过咨询而解除症状；如经过诊断超出了咨询的范围，可以推荐其到精神病医院接受治疗。

在这类咨询中，常用的诊断和评估工具有明尼苏达多项人格调查表、艾森克人格问卷、症状量表以及部分焦虑测验量表。MMPI 是在临床诊断中比较权威的自陈测验，由于它是按照经验法编制，因此在对咨询对象的症状与严重程度方面的评估比较准确。除了四个效度量表（疑问量表、说谎量表、诈病量表、校正量表）外，还有十个分量表，分别测量咨询对象在疑病症（Hs）、抑郁症（D）、癔病（Hy）、精神病态（Pd）、男性化—女性化（Mf）、妄想症（Pa）、精神衰弱（Pt）、精神分裂（Sc）、轻躁狂（Ma）和社会内向（Si）方面的状况。此外，还可根据这十个方面的两个高点组合，得到十几种评价，如果把全部的 566 道题做完（前面的临床量表只需做 399 道题），还可以对焦虑（A）、压抑（R）、外显性焦虑（MAS）、自我力量（Es）、依赖性（Dy）、支配性（Do）、社会责任感（Re）、偏见（Pr）、社会地位（St）、控制（Co）等性格内容进行测量。

艾森克人格问卷由 P、E、N 和 L 共四个量表组成，主要测量内外向（E）、情绪稳定性（N）、精神质（P）。L 量表是效度量表，主要测验受测者的不真实回答。在这个测验中，P 值在心理咨询中的作用比较大。

症状量表[①]（Symptom Check – List 90，SCL – 90）是由德瑞格提斯（L. R. Derogatis）编制而成的，起初这个量表仅适用于精神科和非精神科成年人门诊的病人，后来发现其对心理健康状况的研究亦十分有用。该量表在我国广泛使用，并且有较高的准确性，有中学生、大学生和成人的常模可用。它包括 90 个项目，采取五级计分制方式，主要测量八个方面，即躯体化（主要反映身体不适感，如心血管、胃肠道、呼吸等系统的不适，头痛、腰痛、肌肉酸痛）、强迫症状、人际关系敏感、抑郁、焦虑、敌对、偏执（主要指投射性思维、猜疑、妄想、夸大等）和精神病性，在咨询诊断与效果评估中有广泛的使用价值。

---

① 王征宇：《症状自评量表（SCL–90）》，《上海精神医学》1984 年第 2 期，第 68–70 页。

三、心理测量在心理咨询中的滥用与误用

心理测量在心理咨询中的滥用和误用，主要表现在如下几个方面：

第一，职业生涯咨询中自我认识类测验的误用。由于知识产权或版权的制约，我国自主开发的心理测验相对较少，广泛使用的大多是国外的测验修订或原版本，如果是修订版，也需要建立适合我国的样本和常模的测验工具。但事实上，这些严格按照心理测验修订和开发的测验工具还是比较少的。职业生涯价值观测验由于中国人严重的社会称许性，导致总体测试结果偏高进而区分能力下降，而基于对偶比较方法的工具几乎没有，比如类似库德职业兴趣测验、斯特朗职业兴趣测验的编制，工作量巨大，而引进又涉及知识产权问题。目前主要靠经验法淘汰明显不适合咨询者的职业或岗位，或者从兴趣，或者从能力，或者从就业市场的大致判断来估计，很不严谨和规范。

第二，职业决策中的误用。职业决策实际上是非常复杂的过程，甚至很难衡量决策的好坏和优劣，因为制约职业成功的因素非常多。职业决策首先是个过程，不是一次定终身的事情，职业自我的寻找和确认需要时间、实践的检验；其次，职业决策有两个主体，即求职者和招聘者，两者既有合作也有对立博弈，需要寻求平衡；最后，决策中的价值观是多元的、随着年龄而变动的，有主观感受也有客观效果评估。有一个"职业决策过程论"的观点，初次择业决策应该主要考虑知识和能力，不论求职者的爱好和个性如何，招聘方第一看重的是能否胜任岗位工作，而事实上，年轻人更加喜欢用爱好和情绪来决策，造成很多失误；有了一定的知识经验和能力后，职场谈判能力提升了，可以考虑性格和价值观的适配性，即求职者有了一定的主动权和经验，可以考虑更多的求职因素，这些职业调试更多是对前期失误决策的必要矫正；当价值观成熟了，能力特征清晰了，可以主要考虑价值观适配的择业。因此，试图通过某个职业兴趣测试、某个知识技能测试、某个单一的价值观测试来确定个人适合的职业乃至职业领域都是危险的。个体和职业的匹配不是一个点，而是一个区域或职业群；不同能力、性格的人，职业群的水平区域大小、纵向层次高低都是不同的，甚至活动的区域也是有差异的，不可简单定论。

第三，心理障碍或人格咨询中，固化心理测试的结果。所谓固化，就是完全看心理量表测试的结果而下结论，忽视了心理状态的变化性和潜伏性。心理咨询中测验的使用，一般症状诊断有经验式或量表式，而量表测试上，MMPI更多是临床使用，一般的咨询使用较少。在心理咨询中，如果用SCL－90这个常用的工具测试，结果大多是近两周的症状，有时候个人心情好、暂时脱离了常态的工作或生活环境，可能有些症状就消失了，因此出现了测量准确性的问题；此外，有些人过去有症状，也经历过心理测试，为了回避诊断，也可能故意歪曲对项目的反应，出现诊断不准确的问题。因此心理测验的结果不仅仅看短期的测试，还要保持一定的动态性，不能简单认为测试没有症状了，就一定没有心理问题。

除了环境改变的制约和人为的歪曲，还有一个问题就是心理问题的潜伏性。心理问题的发生有许多内部、外部复杂的原因，特别是性格特质所致的心理问题，比如，一个过度内向、敏感、多疑的个体，在遇到问题后，缺乏疏通和解决途径，容易导致心理问题。短

期内可能没有表现出症状，但长期未必。因此，可以借助艾森克人格问卷中的情绪稳定性和内外向因素进行预测和预防；还可以通过 16PF 中的二阶因子如焦虑以及心理健康因子等辅助进行诊断和预测，避免过于依赖短期的症状判断，而耽误了较好的干预时机。

此外，适当根据临床、咨询经验，选择一些针对性的问题或症状，进行深度的访谈、询问，可以补充心理测验情境性不够的缺点，使得诊断结论更为准确、可靠。

第三节　教育评价

一、教育评价概述

谈测量在教育评价中的应用之前，弄清楚教育评价本身的含义是十分必要的，而评价又是教育评价的基础，故我们先来分析评价。与评价关系最密切的有测量、测验和考试等。测量是"根据一定的法则用数字对事物加以确定"，测量的方法和内容十分广泛，仅就方法而言，就有通过观察、实验、访谈等进行的测量和用测验法进行的测量。测验只是测量的一种方法，故它比测量的范围要窄。测验通常是指测量一个行为样本的系统程序，它的标准化程度比较高，而且受信度和效度指标的制约，这是相当一部分测量方法所不具备的属性。而考试从内容上讲，与测量的内容范围同样广泛，但从方法上讲与测验更相似，其与测验的区别主要在于考试多用于有目的的人员甄别选拔，就目前的现实而言，标准化程度比较低；而测验不限于选拔，还有鉴别个别差异、建构理论等作用。总之，测量的内容和方法是包容性均较大的一个概念，包含测验与考试。

那么什么是评价呢？通常认为测量是"对测量的结果进行价值判定"，测量是评价的前提，是评价的必要组成部分，没有测量，价值判断就无法进行。

在明确了评价之后，我们再来谈谈教育评价。评价是多方面的，可以是教育，也可以是心理疾病的治疗效果，还可以是企业管理水平等。那么，什么是教育评价呢？教育评价[①]是根据教育目标，在系统收集资料的基础上，对教育过程及其结果进行价值判断的过程。第一，教育评价要有一个参照标准，这个标准就是教育目标，教育工作的好坏主要根据教育所能接近教育目标的程度来判断；第二，教育评价要以事实为基础，没有一套切实可行的科学程序，得不到符合客观实际的事实，价值判断就会出现错误，而心理与教育测量的一整套理论和以这套理论为依据开发的成果对于获得客观的事实是很有帮助的；第三，教育评价的内容是对教育过程及结果的评价，是一种动态性评价。教育评价的内容有广义和狭义之分。广义的评价内容包括宏观的内容（如教育制度、教育规划、教育投资、教育环境质量等）和微观的内容（如学校教育目标、课程设置、课堂教学质量等），而狭义的评价内容则主要以教师和学生为对象，是对学校教育活动和学生发展质量的评价，本书主要取狭义评价内容。

---

① 翟天山主编：《教育评价学》，武汉：武汉工业大学出版社1992年版，第12页。

要确定一项工作的好坏，评价是基本的。那么，教育评价有什么功能呢？其功能大致可以概括为三点：一是导向功能，由于教育评价的标准是教育目标，这个标准的确立为人们指明了努力的方向，一旦经过评价发现偏离了教育目标，人们就会主动调整自己的行为，向符合目标的方向前进；二是管理功能，科学的教育评价可使人们明确自己的现状和职责，人们一旦发现自己的不足，就会想办法予以改进，从客观效果上讲，其达到了激发人的动机和调动人的积极性的效果；三是诊断和选拔功能，这是教育评价的基本功能，教育评价可以使我们了解人的德、能、勤、绩等多个方面的情况，是进一步施加影响或进行选拔的依据。

教育评价过程通常分为三个阶段：第一，确立明确的可操作的教育目标，作为对事实进行判断的标尺，这个标尺的明确与否、正确与否会直接影响评价结果，比如，现在主要注重素质教育目标，如果还以应试教育的观点为出发点，评价标准就会发生变化，这是在教育评价之前就应认真考虑的。第二，根据教育目标选择或编制可以测量这些教育目标的工具或方法，选择或编制测量工具或方法应以测量理论为指导，力求使用最有效的手段来获得事实资料。第三，通过测量所收集的资料和数据，对照教育目标形成一个价值判断。心理与教育测量在教育评价中的应用主要体现在如何选择或编制科学的工具来测量事物，为进行价值判断作准备、打基础。

二、测量在教育评价中的应用

测量在这里主要是对人的测量，在教育过程中的人主要有学生、教师和管理者三部分，下面分别就这三类对象的测量作些介绍。

（一）在测量学生的学习与发展状况中的应用

评价学生的学习与发展，在教育评价中居于主导地位，它至少有三个方面的作用：

第一，摸清学生的学习和发展状况，是因材施教的前提。任何一种成功的教育，如果不是建立在尊重学生已有的学习和发展状况的基础上，是不可行的。班主任做思想工作需要了解学生，科任老师教好课也需要了解学生，培养学生的健全人格更需要了解学生。

第二，弄清学生的学习和发展状况，是评价教育过程中不同阶段成效的依据。比如在单元、期中、期末学习后，为了检验教育工作的好坏，便少不了全面了解学生的学习与发展状况，它是前一段工作的结束，又是进一步开展教育工作的基础。

第三，弄清学生的学习和发展状况，是评价一种新的教育思想、教育措施、教育技术等有效与否的重要举措。一项工作，如果只是因袭传统，就会僵化，因此，只有不断研究、改革，才能创新，才有生命力。为了不断提高教育工作的水平，进行各种教育研究是不可少的，而任何一项方法和措施的终极目标都是塑造和培养人。这种探索的评价离不开对学生学习和发展状况的调查。

对学生的学习和发展状况的评价主要包括学生的品德、学习能力、创造力、学习成绩、职业兴趣、性格、气质、心理健康状况等。下面分别介绍：

1. 品德测量

前面一章的品德测量介绍了标准化程度比较高的两种思路：一是情境性测验，如哈特松等的诚实测验以及柯尔伯格的道德发展水平测验；二是问卷测验。除了自评外，还可以通过他人如家长、教师、同学等进行评估。不论哪种方法，严格地说，对品德这种复杂的心理品质的测量都显得太简单、粗糙、片面。尽管如此，这些测量办法都能部分地用于评价品德。

2. 学习动机测验

一般而言，学习动机是学习的直接动力，在学习动机中研究较多的是成就动机，通常把它分成追求成功的动机和避免失败的动机，另外对成败归因的方式也十分重要。

这里介绍两个测验：一是叶仁敏等（1988）修订的由吉斯米（J. Gjesme）与尼加德（R. Nygard）于1970年编制的成就动机量表（AMS）。它主要用来测量人追求成功的动机和避免失败的动机。在编制者看来，成就动机强的人向往成功，有自信心，对成绩感到骄傲，喜欢富于冒险性、挑战性和难度高、充分发挥个人能力的工作，而且对失败并不感到特别在意和羞愧。该量表共有30道题，前面15道题测量追求成功的动机，后面15道题测量避免失败的动机，有适合中学生和大学生的常模，个别、团体施测均可，5～10分钟即可完成。

另一份成就动机测验由周步诚等（1991）[①] 修订，主要测量成就动机、考试焦虑、成败归因、要求水平四个方面。这个测验把成就动机看成因活动性质而异，它包括知识学习方面的成就动机、图画和美工音乐等方面的成就动机。成败归因有两类：一类是外部归因，另一类是内部归因。内部归因者学习动机强，外部归因者学习动机弱。这里的要求水平是指在假设情境中个人期望完成任务的水平，认为成功动机强的人要求水平高，回避失败动机强的人要求水平低。这个测验适合于小学四年级至高中三年级的学生，每个年级小学段、初中段、高中段都有常模，该测验的分半信度为0.83～0.89，重测信度为0.79～0.86，由以学习成绩作效标的评价来看，效度也比较满意。

3. 学习适应性测验

学习适应性是一种学习适应能力，是指克服困难取得较好学习效果的一种倾向，包括热情、有计划地学习、听课方法、读书和记笔记的方法、记忆和思考的方法、应试方法、学习环境等。周步诚等（1991）修订了一个学习适应性测验，适用于小学一年级至高中三年级的学生，为了使测验有针对性，不同的年级段有不同的内容，有小学一、二年级段，小学三、四年级段，小学五、六年级段和初中与高中段。其测验的主要内容有学习态度、学习方法、学习环境等。该测验的分半信度为0.71～0.86，重测信度为0.75～0.88，用成绩优秀和成绩差的学生在分测验和总测验上的反应结果进行差异检验，发现有预期的差异，表明有一定建构效度。

4. 智力测验

智力是影响学生学习的重要因素，也是教育培养的目标，在教育评价中经常遇到。适合评价学生智力的测验比较多，这里主要推荐三种：第一种是韦克斯勒智力测验，有儿童智力测验（适合6～16岁儿童）和幼儿智力测验（适合4～6.5岁儿童）。前一种由北京师范学院林传鼎和北京师范大学张厚粲主修，后一种由湖南医科大学龚耀先主修。第二种是

[①] 周步诚：《学习动机测验指导手册》，1991年。

中国比内测验（适合 2 ~ 18 岁的儿童和青少年），由北京大学吴天敏修订。第三种是瑞文标准推理测验（适合 5 ~ 70 岁的人），其特点是主要由图画构成，对文化知识的要求较低，还可以进行团体测验，这个测验有两个修订本，一个由北京师范大学张厚粲等修订，一个由华东师范大学李丹等修订。

5. 性向测验

它主要用于了解学生的潜在优势，即经过同等训练个人的相对优势。目前，经过修订的测验有一般能力倾向成套测验（GATB）的两个修订本，一个是由上海市教育科学研究所高德建、顾天祯等修订的中学生一般能力倾向成套测验（SS - GATB）[1]，测量学生的九种能力，即一般智力（G）、言语能力（V）、数理能力（N）、空间判断（S）、图形知觉（P）、符号知觉（Q）、运动协调（K）、手指灵巧（F）和手工灵巧（M）。这些分量表可以分成三类：学习能力（包括一般智力、言语能力和数理能力）、知觉能力（包括空间判断、图形知觉和符号知觉）和操作能力（包括运动协调、手指灵巧和手工灵巧），样本主要是上海市中学生，有初一至高二 5 个年级的常模，量表由百分位数计分。另一个由华东师范大学心理系戴忠恒[2]修订。这个修订版与前面一个的主要区别有：①样本范围不同。前者为上海市样本，后者为全国十几个省市、自治区、直辖市的 17 个中等以上城市。②对象不同。前者为初一至高二 5 个年级，后者为初二至高三 5 个年级。③修订蓝本不同。前者以美国版为主，后者主要以 GATB 日本 1983 年第四次修订为主。除了上述成套性向测验外，还有单项测验，如音乐、美术、文书、机械能力等性向测验。这部分内容可参见能力测验一章的相关部分。

6. 创造力测验

创造力是现代教育的中心目标之一。在这方面比较知名的测验主要有托伦斯创造性思维测验和南加利福尼亚大学测验，这里不多介绍，相关内容参见能力测验一章。

7. 学习能力测验

林传鼎和张厚粲等根据澳大利亚教育学会制定的学习能力测验修订了适合我国小学四、五年级和初中一、二年级少年儿童的学习能力测验。该测验是一种团体测验，由三个分测验组成：①找同义词；②算数推理；③语言类比。该测验主要测试了北京、天津和西安三地 1 080 名小学四、五年级和初中一、二年级的学生，测验的分半信度在 0.62 ~ 0.90 之间，测验成绩与语文、数学的相关系数分别为 0.33 和 0.48，说明该测验是有效的，但尚需进一步扩大测验题目，更广泛地取样，取得更大范围的常模。

8. 学习成绩测验

学习成绩测验是平时用得最多、最普遍的一种工具。然而就我国目前的标准化程度来讲，水平也是比较低的，主观随意性比较大，对具体内容也没有开发出相应的建立了一定信度和效度的工具。我们应该在平时的工作中不断总结、积累材料，使之逐步走向规范化、科学化的轨道。

9. 职业兴趣测验

随着我国人才市场的逐步建立，人事管理的逐步规范化，追踪人的心理特点，考虑人

---

① 高德建等：《中学生一般能力倾向成套测验指导手册》，1988 年。
② 戴忠恒：《一般能力倾向成套测验简介及其中国试用常模的修订》，《心理科学》1994 年第 1 期，第 16 - 21 页。

的兴趣是大势所趋。在中等教育中，学生有两次分流，如何了解学生的心情，使他们学习自己喜欢的专业或职业，是充分调动人的积极性和挖掘人的潜力的关键。国内在这方面的工作正在逐步展开，在没有现成的职业兴趣测验工具之前，引进和修订国外已有的测验是一个省时省力的办法。上海市进行职业辅导时，就借鉴了在世界范围内具有广泛适用性的 SDS，效果尚可。

10. 个性测验

这方面的测验修订和编制比较多，从适宜评价的测验来看，占主导地位的还是自陈问卷，投射测验和情境测验编制和修订得很少。从内容上讲，个性测验中与教育评价有关的部分可分为两个方面：一是正常者的个性，二是不健康或病态者的个性。当然，这里也不排除有些个性问卷中包括部分不健康或病态个性，但以正常个性为主。从正常个性测验方面来看，目前主要有卡特尔 16 种人格因素问卷、儿童人格问卷（EPQ）、YG 性格问卷等；从诊断心理不健康或病态个性方面来看，主要有艾森克人格问卷（儿童）、症状自评量表、心理健康诊断测验（MHT）等。除心理健康诊断测验外，其余的测验都介绍过，这里简单介绍一下这个测验。心理健康诊断测验是根据日本铃木清等人编制的不安倾向诊断测验修订而成的，适合我国中小学生心理健康状况的诊断。该测验可以团体施测，适合小学四年级至高中三年级的学生，测验由八个分量表构成，即学习焦虑、对人焦虑、孤独倾向、自责倾向、过敏倾向、身体症状、恐怖倾向和冲动倾向。该量表没有效度量表（说谎量表），测验的解释分总体解释和分量表解释。该测验的分半信度系数在 0.84 ~ 0.88 之间，全量表的分半信度系数为 0.91，重测信度系数在两个月之后进行，上述五个年级的重测信度系数在 0.667 ~ 0.863 之间，信度较高。从效度方面来看，该测验与明尼苏达多项人格调查表相关量表的相关为 0.59，对精神病科医生诊断为有神经症或精神病患者施测的结果表明，其有一定的一致性，各分量表之间的相关大多数不到 0.40，而且各内容分量表与总分的相关在 0.536 ~ 0.70 之间，表明有一定的结构效度。总之，该测验的效度也是比较理想的。

（二）测量在教师与管理者评价中的应用

对教师的评价主要有这样几个方面：一是教师的资格评定，即教师的专业知识水平是否达到基本要求，专业知识包括文化知识和教育心理学方面的知识；二是教师教学艺术水平的评定，即教师的教学能力；三是教师管理水平的评定，即教师在学生班级管理方面的能力；四是教师的个性评定。其中，教师的资格和教学艺术水平是其中的核心内容。在教师评定方面，虽说有一些办法和措施，但标准化水平还不高，有待进一步研究。

对于教育管理者的评价，也不是十分系统、成熟，可参照第一节的有关内容予以评价。

三、测量在教育评价中的误解和滥用

因材施教，创造性地探索教育成功之道，是教育工作者的责任和义务，"人类灵魂的工程师"的美誉可能也与此紧密联系。

然而，准确把握人心和行为的动因恰恰又是很有挑战性的事情，既有个人内部的原因和特质，又有环境特征的影响，在使用和应用结果时需要谨慎。与人事评估和心理咨询不同的是：许多教育工作者更多地依靠经验而不大使用心理测试帮助诊断和评价学生。造成这种情况的原因是多方面的：一是许多教育工作者认为经验观察本身很可靠，不需要使用复杂的心理测验工具；二是有些心理测试难以获得，实施比较复杂，而且结果可靠性有限。尽管教育评价中心理测验使用比较少，但是也存在一些问题，具体表现如下：

第一，误解并排斥心理测验。心理测验是经过一系列科学程序而获得的标准化的测评工具，为了达到测评的科学性和准确性，进行了大样本的尝试和筛选，相对于个体的经验判断，还是要较客观和全面。教师通常根据与学生的交往来对学生的性格进行判断，这种判断固然有一定的经验基础，但是由于师生关系中存在心理距离，学生许多真实想法未必暴露给教师，可能出现信息不对称的情况，导致教师对学生的误解或误判，即便是与学生朝夕相处的家长也有类似的问题。多一个视角就多一种信息，有助于更加准确地了解人。

在能力方面更是如此。平时教师有一些知识类的测试，对于了解学生的智力、知识掌握程度一定是有帮助的。但是，在某一个学校优秀的人，未必在一个县、市、省优秀，在某个省优秀，未必在全国是最优秀的。这里涉及一个能力的细分问题，心理测验在设计常模时，就会考虑这个问题，可以帮助人更加客观地定位和评价。

心理测验有许多隐含的内在理论假设，这些假设未必是普通的教育工作者熟悉和认识到的，仅仅靠经验，往往不能进行全面、科学的判断，甚至造成截然相反或歪曲的评价。比如创造力测试就不仅仅是娱乐节目中的脑筋急转弯，对流畅性、变通性、独特性等有一整套科学的假设和评价方案；对个人特殊能力的判断，局限于学校范围内的活动，也是片面的，而一般能力倾向成套测验（GATB）则集成了所有职业，提取其中具有代表性的能力潜质进行测试和评价，比单个人的经验要科学、全面。

心理测验不是完全准确客观的，还有许多值得完善的空间，但不能因噎废食，排斥心理测验。有了心理测验这个专家系统，教育工作者可以更好地认识学生，分析学生行为和心理产生的深层次原因，并寻找切实有效的教育措施和方法，提升教育的效果。

第二，迷信心理测验。心理测验本身也是有局限性的，因为人的行为以及背后的原因是非常复杂的，不仅个人本身是变化的，具有可塑性，而且环境也在不断地发生变化。因此，不考虑测验的时代性是个问题。其实测验本身也是有时间限制的，比如智力测验的题目可能需要随着时代的发展定期修订，避免题目泄漏导致难度和区分度不够；也可能需要增加新的内容，比如互联网时代的术语和名词等。

第三，由于同类测验较多，不考虑测验的权威性和目的性。由于学者的视角不同、观点不同，对同一个领域的概念或心理构念的测试方法会有不同，因此需要考虑测验的权威性。有的测验属于探索性的，使用时需要慎重；有的测验非常经典，经过了长时期的、国内外的检验，则需要大力推广使用。

由于测量的目标不同，使用的测验也应该有差异。比如针对考试焦虑的问题，如果是严重的考试焦虑者，不仅要考虑状态焦虑，还要考虑更加深层次的特质焦虑，由于特质焦虑需要很长的干预时间，测查就不能限于考试前几个月或几周测试；选择的测验工具也不能限于考试焦虑本身，可以考虑一般性的测试工具，了解状态或特质焦虑本身。

【练习与思考】

1. 测量在人事测评中有哪些主要的应用领域？有哪些测验可资利用？

2. 自我报告式人格类心理测验对于人事选拔为什么价值有限？

3. 评价中心方法的测试题目具有多样性、情境性，如何编制和选择有效的题目，如何保证评分的客观性？

4. 评价中心的方法很多，有履历表法、案例分析法、无领导小组讨论法、辩论法、结构化面试法、非结构面试法、文件筐测验等，每种方法都有不同的特色。请挑选其中三种方法，分析其优点和不足。

5. 测量在心理咨询中有哪些主要的应用领域？有哪些测验可资利用？

6. 职业生涯类咨询和人格、情感障碍类咨询的测验工具的性质有何差异？

7. 职业生涯类咨询心理测验与人事测评中的测验使用有何差别？

8. 如何发现人格类咨询中暂时没有外显心理症状但是有潜在人格特质问题的人员？

9. 测量在教育评价中有哪些主要的应用领域？有哪些测验可资利用？

10. 测量在我国教育评价中的误解和滥用有哪些特征和危害？

第十七章　测量理论与应用的新发展

【本章提要】

● 经典测量理论的缺陷
● 潜在特质理论
● 项目特征曲线与项目特征函数
● 项目参数和被试能力估计
● 项目反应理论的优良性质
● 项目反应理论的应用
● 概化理论的基本思想及测验情境关系说
● 测验设计
● G 研究与 D 研究
● 认知诊断
● 认知属性
● 认知模型
● 认知诊断模型
● 被试认知状态

第一节　项目反应理论简介

一、经典测量理论的局限

经过前面十六章的学习，我们对建立在真分数理论基础上的经典测量理论（Classical Test Theory，CTT）已经有了比较详细的了解，甚至已在测验的实践中对它有了比较深刻的认识。历史上，经典测量理论无论是在理论的基础研究方面还是实践指导方面，均为心理与教育测验的发展做出了巨大贡献。当今，经典测量理论在测量研究中仍然占据着非常重要的地位，继续指导着多种测验的编制和应用，我们不能轻视对经典测量理论的学习和研究。

但是，经典测量理论的理论框架是有先天缺陷的，在测验实践飞速发展的今天，已日益显现出它的局限性。

（1）经典测量理论的信度估计精度不高。根据真分数理论假设，测验原始分数 X 线性分解为测验真分数 T 和随机误差分数 E 两部分，并且进一步假设真分数是测验原始分数的期望，误差分数与真分数相互独立，从而导出测验信度为真分数方差与原始分数方差之比。且不说这一连串假设的可靠性，就说这结果，如此定义的测验信度并无益于信度的估计，因为在定义中除原始分数方差可得之外，真分数方差与误差分数方差都是无从求取的。为实际估计测验信度，经典理论又提出了平行测验概念或者条件稍弱一点儿的 τ 等价测验概念，从而推演出若干实际使用的信度估计公式。但是，严格的平行测验是不存在的，τ 等价测验也是很难获取的，由此造成了实际估计的信度、精度比较差。测验信度是测量误差估计的重要指标，测验编制的一个重要原则就是要降低测验误差，提高测验质量，而作为测验误差大小的指标——测验信度本身还不能准确估计，这不能不说是一件憾事。因此，改造经典理论的信度概念，提高信度估计的准确性，成了测验理论研究的一个重大课题。

（2）经典测量理论的误差指标笼统单一、不精细。回忆第四章内容，对于一个信度为 $Y_{xx'}$ 的测验，经典测量理论导出测验测量标准误差为 $SE = S_x \cdot \sqrt{1 - Y_{xx'}}$，以此可估计真分数置信区间。但是我们应该注意到，这个 SE 是所有被试测量误差的标准差，或称为测验平均标准误差，因此，此值可以用来描写所有被试的测量精度。从应用上讲，这样非常方便，实际却是经典测量理论的一大不足。因为，不仅是不同的测量有不同的测量误差，相同的测量对于不同的被试也会有不同的测量误差。我们知道，一个被试的水平与一份测验的难度相当，测量的结果就会比较准确；被试水平低于或高于测验难度，测验结果的误差就会增大，并且这种增大的趋势随着被试水平离测验难度的距离越远而越严重。因此，用一个笼统单一的或称作平均的误差指标来刻画所有被试的测量精度，是难以令人满意的。所以寻求针对每个被试的更为精细的测验误差指标，是测量理论研究急需解决的一个重要问题。

（3）经典测量理论各种参数的估计对样本的依赖性太大。经典测量理论构造了一个完整的理论体系，同时设计了一系列参数指标来描写测量的各方面特性。这些指标中最主要的就是测验的信度、效度、试题的难度和区分度四个"度"，要编制出高质量的测验离不开对测验"四度"的估计。经典测量理论提出了用相应的样本统计量值作为总体参数估计值的方法，但是这些参数的估计对样本的依赖性是很大的，最明显的例子就是题目难度。对于同一题目，若样本的群体水平较低，就有较高的难度估计值；若样本的群体水平较高，就会形成较低的难度估计值。题目区分度从本质上讲是被试所获题分与总分之间的相关系数，相关系数的估计受样本全距的影响很大。相同的题目，样本全距越大，所估相关系数值越大；样本全距越小，所估相关系数值越小，也就是说项目区分度的估计值是受样本全距影响的。在经典测量理论中，测验的信度和效度也主要是计算相关系数，因此同样会受到样本全距的影响。经典测量理论为避免样本偏倾而导致参数估计误差过大，特别强调抽样时要注意保证样本对总体的代表性。从理论上讲，我们可以通过科学的随机抽样保证样本的代表性，但这毕竟是"随机"抽样，存在有时偏差较小、有时偏差较大的可能，更何况有时限于客观条件，还得不到真正"随机"的样本。比如高等教育自学考试，其考生的流动性很大，导致考生流动的因素很复杂，要在这样很不稳定的群体中通过"随机"

抽样，获得一个对总体有充分代表性的样本是非常困难的。这种情况的直接结果是，所估各种测量参数指标对测验编制的指导价值非常有限。能否找到对被试样本依赖性较小甚至没有依赖的测量参数指标呢？这在经典测量理论的框架内是难以办到的。

（4）经典测量理论各参数指标之间的配套性较差。测量工作者应用测题去测被试，理所当然要选择最适合被试水平的试题。在经典测量理论中，题目水平的刻画量是题目难度，被试水平的刻画量是卷面得分。我们知道，题目难度的参照系是被试群体，难度 0.8 表示该试题有 80% 的被试得分；被试卷面得分的参照系是试卷的全部试题，百分制试卷上被试得分 80 表示被试在此特定试卷上的得分率为 80%，但不能推断出难度 0.8 的试题恰好与水平 80 分被试相匹配的结论，更不能精确预测被试在该试题上的得分概率。换句话说，在经典测量理论中，依靠现有的参数指标，找不到验证某试题是否恰好匹配某被试的计量方法。这就导致编制测验、选择试题时带有一定的盲目性，究其原因，就是试题难度和被试水平这两个参数指标未能定义在同一个参照系上，未能应用同一种度量指标。虽然两个指标各自的意义都非常清晰，但测验实践迫切需要它们能够相互配套、高度统一起来。

更深入的研究发现，经典测量理论的所有题目参数与被试水平参数之间的关系都是比较笼统的。一份所有试题参数都已知的试卷测试一个水平参数已知的个体，其结果分数将会是多少，测量的误差又将会是多大，都无法预先估计，说明这些参数指标对测验编制的指导价值相当有限。能否设计出一套相互配套的参数指标，同时寻找到一种计量方法，把题目参数与被试水平参数之间的关系精确地揭示出来呢？看来经典测量理论难以解决这个问题。

还有，在学习目标参照测验内容时，可能读者已经发现，经典测量理论用于目标参照测验的编制指导，比起用于常模参照测验显得有些苍白无力。这除了历史原因，还有经典测量理论框架存在先天局限的问题。再有，现代社会追求的是高效率，传统的测量所用试卷千人一面，说这样的试卷对任何被试都是效率很高的。适合于高水平被试的题目，低水平被试作答基本上是无效劳动；同样，适合于低水平被试的题目，高水平被试作答同样无益于对他们的鉴别。但是由于"统一比较"的需要，又不得不做，因此也就不可能是高效率的。是否有与经典测量理论指导常模参照测验同样有力的测量理论来指导目标参照性测验呢？能否设计出分别适用于不同的被试，却又使测试结果一样，可以相互比较的测验呢？随着社会政治、经济、文化的发展，我们需要编制更多内容丰富、功能齐全、适应面更广、测验精度更高的测验，这就需要有基础理论更为扎实，科学性、实用性更强的测量理论来弥补经典测量理论的不足。项目反应理论（Item Response Theory，IRT）就是应这种需要产生的各种新兴理论中最受推崇的一种测量理论。

二、项目反应理论的基础知识

（一）潜在特质理论简介

在日常生活中我们不难发现，人们的行为举止就好像处于某些心理品质的定量控制之中，甚至觉得好像是这些心理品质决定了他的一切行为。这是诱导心理学家研究人类心理品质的起因。但是至今没有任何迹象证明这些心理量存在于人的物理或生理知觉之中。心理学上把这类制约人的行为的心理特征称为心理特质，同时又由于这种心理特质并没有明确它的物理或生理形态，因此又被称为潜在特质（latent trait）。如此定义的潜在特质仅仅是一种统计结构，并不能说明它是一种物理的或生理的实体。

心理与教育测量的任务就是定量地估计个体在每一种这样的潜在特质上的水平，然后又据所估个体的特质水平去解释或预测个体在类似境况下将会产生的行为反应。在认知测量中，潜在特质通常被称为被试能力（应该注意到它与理论心理学常用的能力概念的区别）。但是，人类的这些心理特征或直接称为潜在特质，由于它的潜在性（物理、生理属性不明），至今还未被它的主体直接探明，因此给心理与教育的测量带来了很大困难。测量学家只能借助于一些可观察的间接变量来鉴别与定义这些潜在特质，并且只能用同样的方法来探查：在约束已知行为发展的过程中，有哪些潜在特质起了比较重要的作用，用这样的方法来考查某种潜在特质将对人的哪些行为发展产生重要影响。

以上所述构成心理测量研究中潜在特质理论的基本内容。

心理测量学进一步将潜在特质理论数学模型化。心理测量学将其定义为：对于某一特殊行为的发展起作用的所有潜在特质的集合，称为潜在特质空间（latent trait space）。在潜在特质空间中，互相独立的潜在特质的个数，称为这个特质空间的维度。一个潜在特质空间可能是多维的，也可能是单维的。一个 K 维的潜在特质空间可以用向量的形式表示为：

$$H = (\theta_1, \theta_2, \theta_3, \cdots, \theta_K)$$

向量中的每一个分量也称为潜在特质分量。

包含了决定某一行为发展的所有潜在特质的空间称为全特质空间。全特质空间的维度也是有高低的，其数值完全取决于所研究行为的性质。特质空间的维度越高，研究难度就越大。

心理测量学者首先关心的是查明潜在特质空间的维度，查明各维特质在决定人的行为时所作贡献的大小。心理测量学者更关心的是能估计出个体在这些潜在特质上的水平，并且能预测具有特定特质水平的个体的行为发展方向和特点。这些任务实际上是心理测量学研究的主要内容。潜在特质理论实际上是一切心理测量理论研究的基础，只是在应用潜在特质理论时各自的角度和起点及其结果的明晰度不同罢了。

（二）题目—总分回归与项目特征曲线

以认知测量为例，无论是测验编制者还是测验使用者都有这样的经验：对于一道编制质量很好的题目，全卷总分较低的被试在该题目上的正确作答概率较小，而全卷总分较高的被试在该题目上的正确作答概率相应较大。这种伴随着总分的由低到高，题目正确作答概率由小到大的变化基本上是一种连续性变化，因此形成了一条从低分到高分的不降曲线，这就是题目正确作答率对测验卷面总分的回归曲线。在经典测量理论中的题目—总分回归曲线也被用来分析题目质量。但是，由于测验卷面总分是一种随测验的许多表面特性而变的分数量表，使得题目对总分的回归曲线形态趋向复杂，无法形成对题目性质的独立描写。人们提出用能稳定反映被试水平的潜在特质变量替代卷面总分作为回归曲线的自变量，这样的回归曲线被称为项目特征曲线（Item Characteristic Curve，简称 ICC），记作 $P(\theta)$（为说明方便，我们以只有一个潜在特质分量的单维潜在特质空间为例，本书后面的叙述除特别声明的外均是如此）。后续任务是探清项目特征曲线的形态特点。我们固然可以通过抽样测试搜集数据，然后做一些简单的计算，在平面上描点画线，得到这些曲线。但那只能提供一些感性认识，对于探清题目特征参数与被试特质参数之间的关系却无济于事。尽管如此，通过描点我们还是约略认识到项目特征曲线是一条中心对称的 S 形曲线，这就为寻找数学函数表达式去拟合这些曲线提供了重要信息。

首先，成功地被用来拟合这条 S 形曲线的函数是正态卵形函数，其表达式如下：

$$P(\theta) = C + (1-C) \int_{-\infty}^{a(\theta-b)} \frac{1}{\sqrt{2\pi}} e^{-\frac{t^2}{2}} dt \tag{17.1}$$

历史上正态卵形函数为理论上说明项目特征曲线的性质起了很大的作用。但在测验实践中，应用比较方便且比较广泛的是下面给出的 Logistic 函数，其表达式如下：

$$P(\theta) = C + \frac{1-C}{1 + e^{-1.7a(\theta-b)}} \tag{17.2}$$

类似式（17.1）和（17.2）这样用来拟合项目特征曲线的函数，称为项目特征函数（Item Characteristic Function，ICF）。

（三）项目反应理论数学模型中所含参数的意义

我们可以注意到，无论是正态卵形函数还是 Logistic 函数，除含有被试潜在特质参数 θ 之外，还含有三个未知参数 a、b、c。从形式上看，这三个参数是决定 S 形曲线走向的形态参数，实际上它们还都是反映测验试题性质特征的题目参数。为深刻理解这些参数的意义，我们绘制了一个理想试题的项目特征曲线（如图 17-1 所示）供读者参考。图中直角坐标的横轴是潜在特质变量 θ，纵轴是 θ 的函数 $P(\theta)$。$P(\theta)$ 的值是潜在特质值为 θ 的被试在该试题上正确作答的概率。

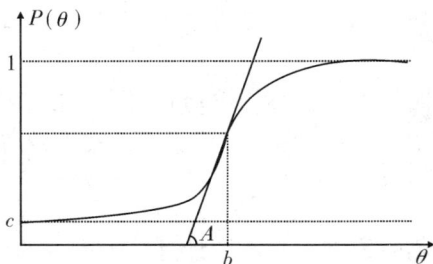

图 17-1 项目特征曲线

参数 θ 是个体潜在特质的表征值。在认知测量中，θ 也就被简单地称为个体在某一行为发展方向上的能力。θ 在特征函数中是一个自变量，从理论上说 θ 的定义域是无穷的，从 $-\infty$ 至 $+\infty$ 都可取。$P(\theta)$ 的值随着 θ 值的增大而增大，但以 $P(\theta)=1$ 为它的上渐近线。其含义是随着个体潜在特质水平的提高，被试在该题目上正确作答的概率将越来越大。参数 θ 与卷面总分有一定的联系，正常情况下两者呈正相关。但是，潜在特质 θ 是被试水平更为本质、精确的描写。习惯上 θ 采用标准 Z 分数的表达形式。

参数 c 称为伪机遇水平参数，相当于经典理论中的猜测参数。c 值是实际测验中被试纯凭机遇作答而成功的概率。直线 $P(\theta)=c$ 是项目特征曲线的下渐近线。换句话说，题目的伪机遇水平为 c，意味着潜在特质水平为 $-\infty$ 的被试在该题上正确作答的概率也为 c。高质量的题目应有较小的 c 值，这与经典测量理论的观点是一致的。

参数 b 被称为题目难度。b 的度量系统与潜在特质参数的度量系统是一致的。难度为 b 的题目，若排除 c 的影响，潜在特质 θ 值恰等于 b 的被试在该题目上正确作答的概率为 0.5。若不排除 c 的影响，则同样条件下被试在该题目上正确作答的概率为 $1/2\cdot(1+c)$。横坐标 $\theta=b$，纵坐标 $P(\theta)=1/2(1+c)$ 的点是项目特征曲线的拐点，曲线递增的速率在此点由快转慢。此曲线拐点也是曲线的中心对称点，因此，题目难度参数也是项目特征曲线的定位参数。b 值确定，项目特征曲线在横轴上的位置也就确定了。说 b 是题目难度参数是因为随着题目 b 值的升高，项目特征曲线在横轴方向上向右平移，这时只有潜在特质 θ 更高的被试才可能在新题目上获得相同的正确作答概率。

参数 a 被称为题目的区分度，它刻画测验题目对被试水平区分能力的高低。在题目的项目特征曲线中，a 值是曲线拐点处切线斜率的函数值。若记过拐点的切线夹角为 A，则 $a=2\pi\cdot tgA$。因此又有人称 a 为陡峭参数。曲线在拐点处越陡峭，a 值越大。曲线陡峭，意味着潜在特质 θ 在 b 值附近稍有变化，则在该题目上正确作答的概率差值很大。这说明该试题起到了精细区分 b 值附近被试的作用。相反，如果曲线在拐点处比较平缓，则潜在特质值 θ 的较大增减都不能引起正确作答概率的明显改变，说明试题对被试的区分能力不高。这就是称 a 为题目区分度的理由。

虽然项目反应理论的三个题目参数沿用了经典测量理论的一套名称，但从根本上说，其定义的角度与方式都有了质的变化，研究者必须给以充分的注意。项目反应理论中题目参数和潜在特质水平参数共同影响测验的结果和精度。项目特征函数中题目参数越多，对题目性质刻画越精细，但相对来说，模型也趋于复杂，应用越困难。式（17.1）和（17.2）被称为三参数模型，为简便起见，有的学者令 c 为 0，转变为双参数模型，还有的学者进一步令 a 值为 1，则转变为单参数模型。读者可以自己练习获得这两种模型的表达式。

有一种单参数项目特征曲线模型被称为 Rasch 模型，是丹麦学者 Rasch 独立研究项目反应理论给出的项目反应模型。Rasch 理论自成一派，在西欧等地得到更多的推崇。

（四）模型参数的估计

应用项目反应理论指导测验编制，参数估计是必不可少的工作。项目反应理论中的参数估计有两种情况：第一种情况是将题目参数已知的测验施测后，根据被试的作答反应矩阵，估计所有被试的潜在特质水平 θ。这种参数估计广泛应用于测验使用者，相对来说，估计方法比较简单。第二种情况是一份新编测验施测后，根据被试的作答反应矩阵同时估计所有参测试题的题目参数和所有参测被试的潜在特质水平参数。若用三参数模型，参测被试 N 个，参测题目 n 个，则待估参数共有 $3n+N$ 个。这种估计主要用于测验研究者和编制者，其估计方法复杂，计算量也很大。在此我们就第二种情况的参数估计的思想方法、主要公式及一些关键的计算方法作些简单介绍。对参数估计不感兴趣的读者可略过此部分内容的阅读，并不会影响读者对后续内容的理解。作为应用，读者可以直接使用某些参数估计软件，如国外的 LOGIST、BILOG、MicroCAT 等。若理论研究需要，读者也可以查阅有关文献获取有关参数估计的详细介绍。

用于第二种情况的参数估计方法有多种，我们介绍其中的联合极大似然估计法。数学模型采用 Logistic 函数。Logistic 模型适用于双歧式评分题，被试在任何题目上的作答反应记录只有成功（记作1）和失败（记作0）两种结果。对于一场有 N 个被试，n 道试题的测试，其最终结果为一个全部由1和0组成的 n 行 N 列的作答反应矩阵 U：

$$U = (u_{ij})_{n \times N} = \begin{pmatrix} u_{11} & u_{12} & \cdots & u_{1N} \\ u_{21} & u_{22} & \cdots & u_{2N} \\ \vdots & \vdots & \vdots & \ddots & \vdots \\ u_{n1} & u_{n2} & \cdots & u_{nN} \end{pmatrix} \tag{17.3}$$

记 P_{ij} 为 $\theta = \theta_j$，$a = a_i$，$b = b_i$，$c = c_i$（$i = 1, 2, 3, \cdots, n$；$j = 1, 2, 3, \cdots, N$）时的函数值 $P(\theta)$，即

$$P_{ij} = C_i + \frac{1 - C_i}{1 + e^{-1.7a_i(\theta_j - b_i)}} \tag{17.4}$$

又记 $Q_{ij} = 1 - P_{ij}$。

为进行参数估计，先求这场测验的对数似然函数：

$$\begin{aligned} \ln L(U \mid \theta, a, b, c) &= \ln \prod_i \prod_j P_{ij}{}^{u_{ij}} \cdot Q_{ij}{}^{1-u_{ij}} \\ &= \sum_i \sum_j \left[u_{ij} \ln P_{ij} + (1 - u_{ij}) \ln Q_{ij} \right] \end{aligned} \tag{17.5}$$

将对数似然函数分别对 N 个 θ 和 $3n$ 个 a、b、c 参数求偏导，并令其为0，稍加整理可得如下方程组：

$$\begin{cases} \sum_{i=1}^{n} \dfrac{u_{ij} - P_{ij}}{P_{ij} \cdot \theta_{ij}} \cdot \dfrac{\partial P_{ij}}{\partial \theta_{j}} = 0 \quad (j = 1,\ 2,\ 3,\ \cdots,\ N) \\[2mm] \sum_{j=1}^{N} \dfrac{u_{ij} - P_{ij}}{P_{ij} \cdot Q_{ij}} \cdot \dfrac{\partial P_{ij}}{\partial a_{i}} = 0 \\[2mm] \sum_{j=1}^{N} \dfrac{u_{ij} - P_{ij}}{P_{ij} \cdot Q_{ij}} \cdot \dfrac{\partial P_{ij}}{\partial b_{i}} = 0 \quad\left.\right\} \quad (i = 1,\ 2,\ 3,\ \cdots,\ n) \\[2mm] \sum_{j=1}^{N} \dfrac{u_{ij} - P_{ij}}{P_{ij} \cdot Q_{ij}} \cdot \dfrac{\partial P_{ij}}{\partial c_{i}} = 0 \end{cases} \qquad (17.6)$$

这是一个由 $3n + N$ 个方程所组成的含有 $3n + N$ 个未知参数的庞大方程组。求解的策略是把对 θ 求偏导得到的 N 个方程与对题目参数求偏导得到的 $3n$ 个方程分成两部分反复迭代求解。此时，第一部分的 N 个方程均成为一个个在项目参数已知的条件下可独立求解某一个被试能力参数的一元方程，第二部分也成了一组组在被试能力参数已知的条件下可独立求解某一个题目三个参数的三元方程组，这就为进一步求解整个方程组提供了极大的方便。由于所有方程都是非线性方程，求解必须采用牛顿—拉普逊迭代法。整个求解过程从设定一套参数初值开始，经过反复迭代获得一组解序列，可以证明序列最终收敛于方程组的真解。细心的读者可以发现，第一种参数估计情况是第二种参数估计情况的特例，或者说是其中的一个部分，因此要简单得多。

三、项目反应理论的优良性质

由本节第二部分的介绍可以看出项目反应理论从理论导入到整个理论框架，都与经典测量理论有较大的不同，基本上突破了经典测量理论的公理体系框架。这样做克服了经典测量理论由于先天不足而产生的许多局限。项目反应理论有许多优良特性，主要表现在以下几个方面。

（一）题目参数的跨群体不变性

我们在本节第一部分曾经指出过"经典测量理论各种参数的估计对样本的依赖性太大"，也就是说经典测量理论中各种参数的估计是严重依赖于被试群体的。在项目反应理论中测验的题目参数估计具有跨群体不变性，也就是常说的"项目反应理论题目参数估计独立于被试样本"。读者已知项目特征曲线是被试正确作答概率对其潜在特质水平的回归曲线。统计学上可以证明回归线是因变量与自变量之间本质关系的描写，在许多情况下不受样本分布的影响。我们来看项目特征函数，$P(\theta)$ 是具有潜在特质 θ 的被试对测验题目正确作答的概率，这个概率值的大小仅仅依赖于被试的潜在特质 θ，与具有这种特质值的人数多寡没有任何关系，更不依赖于具有其他特质水平值的人数多寡。所以一道试题无论是施测于哪种分布群体，$P(\theta)$ 由 θ 值唯一确定，整个 $P(\theta)$ 也随 θ 的变化而变化。由此，$P(\theta)$ 曲线的拐点、拐点切线的斜率与渐近线的高度也都唯一确定，进而可以说题目参数 a、b、c 也是唯一确定的。项目反应理论的这一优良性质为建设大型题库和编制各种测验提供了方便。

在此需要指出的是，项目反应理论还具有"项目反应理论被试能力参数估计独立于题目样本"的优良性质。因为在项目反应理论中被试的水平不是由被试做对了多少数量的题目决定的。在项目反应理论中被试能力值估计的原理是，将被试所做所有试题的难度值从低到高排序。理论上，被试的水平应该高于他所做对的所有试题的最高难度，低于他所做错的所有试题的最低难度。实际上，由于猜测和失误，此分界点可能不那么明确，但可以通过一定的方法加以确定。不管怎么样，换一批题目，还是可以依据此原理找到他的能力水平值的。可以理解的是，这个确定被试能力水平值的过程与题目的数量内容没有必然关系，只与题目难度的分布是否已将被试能力值有效覆盖和能否精细区分有关。

项目反应理论"被试能力参数估计独立于题目样本"的优良性质为编制个性化测试和提高测验效率提供了有力保障。

（二）潜在特质量表的可选择性

从题目参数跨群体不变性的分析中可以看出，题目参数的这一性质只有在潜在特质量表确定时才能表现出来。一旦潜在特质 θ 的度量系统改变，题目参数就会随着变化，因此，施测于不同被试群体的试题，要使其题目参数不变，就要使两群体潜在特质 θ 的量表保持一致。由于项目反应理论中潜在特质 θ 的量表可以任意选择，这使得上述要求能够得到满足。所谓量表的可选择性实际上是指量表的参照点和度量单位可以任意选择，而其回归函数值保持不变。这一性质不难验证：我们考查项目特征函数，对于 θ 的参照点的改变（加上或减去一个常数），只要参数 b 的参照点作相应改变，$P(\theta)$ 的值就保持不变；对于 θ 测量单位的改变（乘上一个常数），只要参数 b 的测量单位作相应改变，而参数 a 的测量单位作一逆变（除以这个常数），$P(\theta)$ 的值也保持不变。利用这一性质，我们可以使不同被试、不同试卷的所有潜在特质参数与题目参数定义在同一度量系统上。项目反应理论的这一优良性质为进行测验等值提供了理论基础。

（三）参数设计的科学性

项目反应理论参数设计的科学性在介绍参数意义时读者已有体会。在此，我们归纳要点如下：①题目难度参数 b 与被试潜在特质参数 θ 定义在同一度量系统上。这一性质为选择与被试水平相匹配的试题施测创造了条件。②区分度参数与难度参数相互独立。由项目特征曲线可以看出，区分度参数由曲线拐点处切线的斜率决定，与拐点的位置没有关系，即与难度没有关系。这一性质为在任何难度水平上编制高区分度试题提供了保证。③伪机遇参数的实证性。在经典测量理论中猜测参数根据理论概率计算，并不考虑实际是否有猜测。项目反应理论试题的伪机遇水平参数由实测数据计算而得，实际反映各题的猜测情况。这使得试题筛选重实际性能而不拘泥于表面形式。

（四）信息函数概念的引进与信息函数的可加性

项目反应理论引进了一个全新的概念：测验题目信息函数。项目反应理论定义测验试题的信息函数为：

$$I_i\ (\theta)\ = P_i{}'\ (\theta)^2 / P_i\ (\theta)\ \cdot Q_i\ (\theta) \tag{17.7}$$

式中 $P_i{}'\ (\theta)$ 是 $P_i\ (\theta)$ 对 θ 的一阶导函数。项目反应理论证明，对于一个潜在特质水平值为 θ 的被试，试题 i 施测于他时，所得 θ 值的测量标准误差为：

$$SE_i\ =\ \bigl[\,I_i\ (\theta)\,\bigr]^{-\frac{1}{2}} \tag{17.8}$$

此式说明，一个试题提供的信息函数越大，测试的误差越小。可以证明，试题的信息函数与试题的区分度成正比，与伪机遇水平成反比，与 θ 减 b 的差的绝对值成反比。项目反应理论进一步证明测验题目信息函数具有可加性，累加值称为测验信息函数，记为 $I\ (\theta)$：

$$I\ (\theta)\ = \sum_{i=1}^{n} I_i\ (\theta) \tag{17.9}$$

同样，整个测验的测量标准误差为：

$$SE\ (\theta)\ =\ \bigl[\,I\ (\theta)\,\bigr]^{-\frac{1}{2}} \tag{17.10}$$

由信息函数的定义不难看出，项目反应理论的测量误差概念与经典测量理论的不一样，它不仅与参测题目性质有关，还与参测被试的水平有关，即对不同的被试施测相同试题，其测验误差并不相同。测验信息函数概念的引进从根本上改变了测验误差分析的思想方法和技术，也为测验编制提供了一种新型的、切实可行的选题策略。

四、项目反应理论的应用

（一）项目反应理论对题库建设的特殊贡献

题库质量高低的一个重要标志是库中题目技术参数的完备性与准确性。技术参数越完备，题库的可控程度就越高，选择题目的针对性就越强。经典测量理论题库的计量技术参数主要是难度、区分度和猜测度。项目反应理论题库的计量技术参数除这三个之外，还可增加题目信息函数。把题目信息函数作为技术参数存入题库是项目反应理论题库所独有的。这提高了题库参数的完备性，提高了题库管理的可控性，为拓宽题库功能提供了有利条件。

参数的准确性也是题库质量的重要条件。在经典测量理论的题库建设中，建库者力求各题目参数的准确性。但是，经典测量理论题目参数的估计严重依赖于样本。在大型题库建设中要想自始至终都使用一个稳定的、足够大的群体做试测样本，实际上是很难做到的，这给维持参数的准确性带来了困难。在项目反应理论中，由于题目参数估计有跨群体不变性和潜在特质参数具有可选择性，即使是来自不同群体施测的题目参数也可以用参数等值技术将它们统一于同一个量纲系统中，这样就保证了题库参数的准确性。

（二）常模参照测验的编制

测验编制的一个重要目标就是要使测验的误差达到最小。如果事先规定好测验的最大允许误差，能否根据试题的已知参数直接组拼出符合要求的试卷呢？这在经典测量理论中是难以实现的。在项目反应理论中可以预先规定潜在特质量表上所有值的最大允许测量误差，然后利用式（17.10）求出所有水平值上的最小允许信息量，形成一个信息函数，项目反应理论称其为目标信息函数。组卷就成了选择测验试题，用它的试题信息函数充填目标信息函数的过程。每入选一题就增加一题的信息函数，直至累加之和在每一水平点上都不小于目标信息函数为止。用这样的试卷去施测，可以保证各水平测值的误差均不会超过规定的允许误差。当然在选择试题时，只要不违背其他选题原则，命题者应尽量选那些信息量大的试题进行组卷。这样，用较少的试题就能达到不超过允许误差的要求，从而提高测验的效率。

（三）目标参照测验的编制

目标参照测验的编制有两条原则：一是要准确地划定合格分数线；二是要尽量降低对被试合格与否的误判率。项目反应理论在备有题库的条件下组拼目标参照测验可以比较理想地遵循这两条原则。如果测验的对象已经确定，项目反应理论指导编制目标参照测验划定合格分数线的步骤如下：

（1）请专家就整个题库针对被试合格要求定一个合格率。比如认为要正确作答题库试题的80%以上才是合格，则这个合格率就定为0.80。这个值实际上是用整个题库测试时真分数的合格分数，记为 π_c。

（2）用下式求出专家心目中的潜在特质合格分数：

$$\pi_c = \frac{1}{N}\sum_{i=1}^{N}P_i(\theta) \tag{17.11}$$

式中，π_c 已知，所有题目参数已知，可用牛顿迭代法求解 θ_c。

（3）对于用该题库中试题编制的任何试卷，只要根据施测数据估出被试的潜在特质 θ，就可将其与 θ_c 比较，判断该被试合格与否。也可以就组成试卷的 n 道试题，以 θ_c 为已知，再用式（17.11）估出该份试卷的真分数合格分数，直接用被试原始分数与它作比较，判断被试合格与否。编制者还可以通过调整试卷的试题难度分布来将真分数合格分数调整到自己认定的点，比如说我国习惯使用0.60（百分制的60分）。

合格分数线划准了，如何使对被试合格与否的误判率最小呢？对此项目反应理论有几种选题策略。比较简单的就是选择那些在合格分数 θ_c 上有最大测验信息量的试题组成试卷。同样可以事先规定好在 θ_c 点上的最大允许误差，然后累加入选试题在 θ_c 点上的信息量，一旦累加信息量转换成的测验标准误差小于规定值，即可停止选题。在 θ_c 点有较小的测验误差，就使得处于 θ_c 点附近的被试受误判的概率降低。

（四）计算机化自适应测验编制

计算机化自适应测验（Computerized Adaptive Testing，CAT）是当今测验形式发展的一个重要方向，也是项目反应理论最具特色的应用。实现计算机化自适应测验有三个条件：

（1）在测试过程中能快速估计被试能力参数和能力参数估计精度。

（2）能针对精度目标，选出与被试水平相匹配的试题进行测试。

（3）对于使用了不同试题施测的被试能估计出定义在同一参照系上的能力水平值。

在经典测量理论中要满足这些条件是相当困难的。在项目反应理论指导下，结合计算机的应用，这些条件都可以满足。在测试中，计算机可以不断估计被试的潜在特质值 θ（参见参数估计部分），可以通过累加参测试题的信息函数而计算测验的精度。每轮测试估计出被试 θ 值后，可以在题库中挑选那些难度与 θ 接近，在 θ 附近有最大测验信息量的试题进行新一轮测试。重复以上步骤，直至测验精度满足预定要求，即可报告被试的能力水平值。由于测试题目来自同一个项目反应理论题库，虽然测试题数不一样，测试的具体题目也不一样，但由于项目反应理论具有"被试能力参数估计独立于题目样本"的优良性质，因此，所估出的被试能力值还是定义在同一参照系上的，是可比的。测试时是按被试水平选择试题，并且所选试题又具有最大信息量，这使得所组成的测验大大提高了测验的效率。可见，计算机化自适应测验是测验发展的一个非常富有生命力的方向。

（五）认知诊断测量模型发展基础

有人认为，测量学的发展已经从第一代测验理论——标准测验理论阶段进入新一代测验理论阶段。标准测验理论是在能力水平的研究范式下产生的，能力水平研究范式将所测的心理特质视为一个"统计结构"，目的是从宏观上给个体一个整体的评估，在单维线性连续的度量系统上给个体指定一个地位值。如今，人们已经不满足于在总的能力水平层面上进行测验实践，而是想深入作答的认知加工过程进行分析，以揭示不同被试的认知加工点，这就是新一代测验理论。新一代测验理论强调测验应同时在能力水平和认知水平两个水平的研究视野下进行。新一代测验理论将测验理解为一种整理和解释个体所知道的和所能做的事实的技术，目的在于对个体认知能力结构和性状进行诊断。因此，认知诊断是新一代测验理论的核心内容。我们将在本章第三节介绍新一代测验理论和认知诊断测验编制，在这里要告诉读者的是，在编制认知诊断测验时需要应用各种认知诊断专用的测量模型。据统计，认知诊断发展至今，人们已经开发了百余种认知诊断测量模型。可以发现，在这些认知诊断专用测量模型中，很多都是在项目反应理论模型的基础上拓展而成的，有些还会直接用到项目反应理论的概率模型作为自己诊断分析的依据。所以我们说，项目反应理论是认知诊断测量模型发展的基础。

五、项目反应理论展望

历史上项目反应理论的发展酝酿了一个较长的时期，到 20 世纪 60 年代末 70 年代初才开始蓬勃发展起来。从整个理论的假设基础与理论框架来看，项目反应理论确有经典测量理论难以比拟的优点。项目反应理论为各种测验的发展都留下了相应的研究空间：从单维特质空间测量到多维特质空间测量，从双歧评分试题测试到多级评分试题测试，从认知特质测试到非认知特质测试，从纸笔形式测试到计算机测试，从个别测试到团体测试均可在项目反应理论的框架中找到相应位置。但是就项目反应理论的发展与应用现状来看，尽管其基本框架无所不包，但目前发展最成熟、应用最成功的还是单维的双歧评分试题模型。而在其他方面，有的现在还只作了一些有益的探索，有的还可能只是一种构想。比如多级评分试题的应用还有待发展，多维特质空间的测量还有待建构更多的实用模型，非认知特质方面的测量应用也还屈指可数。因此，还不能满足各方面测验发展的需要。实践需要有更多的测量工作者投入到项目反应理论的研究中，实践也需要项目反应理论有更快的发展。

第二节　概化理论简介

项目反应理论研究者从分析被试在测验试题上的反应出发，建立了项目特征函数。在对单个题目特性分析得非常透彻的情况下，再研究题目组合的性质，也就是测验的性质，形成项目反应理论的独特体系。几乎在同时，另一些测验研究者从深入分析测验误差的来源和结构出发，应用方差分量分析辅助测验研究，创建了从宏观上研究测验性质的新理论——概化理论（Generalizability Theory，GT），也有人将其译为概括化理论、拓广理论。概化理论在经典理论的基础上建起了一套全新的概念体系，为测验理论的发展开辟了一个新方向。本节拟向读者简要介绍一下概化理论的基本体系和应用方法，以便于进一步学习与研究。

一、概化理论的基本思想

（一）分数方差的测量学意义再认识

在经典测量理论中，我们已经认识到原始分数方差是测验分数变异的总量。经典测量理论将原始分数方差分解为真分数方差和误差分数方差两部分，以真分数方差占总分方差之比作为测验的信度，以信度高低来评价测验的质量。在经典测量理论中测验误差是一个笼统的概念，误差方差也是一个总量，至于测验误差由哪些因素造成、各种原因所形成的误差方差在误差总方差中各占多大比例，经典测量理论均没有做出明确的说明。

事实上，测验误差的来源是多种多样的，各种误差在误差总量中所占的比重也是不相同的。以作文测试为例，如果我们请一位阅卷者一次评阅一个被试的一篇作文，所评分数即使有误差，我们也无法计量。若请一位阅卷员先后两次评阅一个被试的同一篇作文，评分若相同，则我们认为该阅卷员先后评分稳定无误差。若两次评分不相同，我们就说该阅卷员先后评分不稳定，评分有误差。两个分数间的方差是这种时距性误差的刻画量。我们分别请几位阅卷员各自独立评阅同一个被试的同一篇作文，若评分不一致，我们就说这些阅卷员的评分不准确。这些分数的方差是阅卷员间评分误差的刻画量。我们请一位阅卷员一次评阅一个被试的多篇作文，若评分不同，我们就说对于测量被试的一般作文水平而言，这是作文命题间的不一致，这些分数的方差是作文命题误差的刻画量。如果我们请几个阅卷员，先后两次评阅一个被试的几篇作文，那么阅卷员间的误差、时距性误差、命题误差就汇集到一起来了，总的还称其为误差。此时的分数方差已是多种误差方差的总量，其内部结构是复杂的，简单笼统地以一个误差量描写它，就显得比较粗糙。概化理论就是基于这种认识开始的新研究。

（二）概化理论的测验情境关系说

概化理论认为测量误差是采用一种测量方法测量时必然产生的，是任何测量者都无法避免的。关键问题是测量工作者测量时必须明确他的测量目标到底是什么，造成测量误差的因素有哪些，各种因素对测量目标的影响分别有多大。为此，概化理论提出了测验情境关系说，在不同的测验情境关系下，测量误差的结构不同，误差量也不同。由此测验编制者可以通过改变测验情境关系达到改善测量质量、降低测量误差的目的。概化理论认为，研究测量必须先研究测验情境关系。概化理论提出：测验情境关系是由一个测量目标和若干个测量侧面构成的。

测量目标是测量者希望通过测量用数据描绘的那些实体。在心理与教育测量中，绝大多数的测量目标是个体心理品质，可以通过问"测谁"和"测什么"得到回答。比如说在作文测试中，无论是多个阅卷者评阅、多次评阅，还是多篇命题的评阅，其测量目标都是被试的写作能力。因此，被试间分数方差就是测量目标分数方差，也就是经典测量理论中所说的真分数方差。测量目标分数方差只是原始分数方差中的一部分，但它是测量者所追求的个体差异，理论上认为测量目标分数方差越大越好。

除了测量目标分数方差，其余的都是误差分数方差，这些误差的来源都称为测量侧面。实际上一个测量侧面就是某一个方面的测量条件。比如在作文测量中，阅卷者是一个测量侧面，同一篇作文多次评阅是一个测量侧面，命题又是一个测量侧面。其他诸如测量时间、采光等级、干扰噪音、指导语类型，甚至被试的心境、文化背景等均可以作为测量侧面进入测验情境关系中。

概化理论指出，一个测量侧面可以有不同的水平。比如在作文测试中，若有三个阅卷员，前后两次评阅，有四个作文题，则阅卷者侧面有三个水平，评阅次数侧面有两个水平，命题侧面有四个水平。测量侧面还有随机侧面与固定侧面之分。随机侧面是指在测量分析中，该侧面内的水平是该侧面所有水平的一个随机样本，在以后的测量中，使用的水平随机取自该侧面的所有水平。固定侧面是指在分析中所取水平不是随机样本，在未来的测量中也将严格使用分析中所使用过的侧面水平。固定侧面的通常用语就是我们常说的"标准化"。应该指出的是，一个测量侧面一旦被固定，它就成为测量目标的一部分了。每固定一个测量侧面，测量的误差就会减小一些，测量的信度和效度就会提高一些。但是，这种信度和效度的提高是有代价的，其代价是测量结果分数可解释、应用的范围将变小。比如，在作文测试中测量的目标本来是被试的作文水平，若我们固定阅卷者侧面，即每次阅卷者不变，则测量的目标变为这几个阅卷者评阅被试的作文水平，解释的范围由一般阅卷者评阅缩小到"这几个"的范围。若我们固定作文题目侧面，那测量目标就是被试用这几个作文题目写作文的水平。

在测量中测量侧面被固定得越多，测量的信度和效度也就越高，但测量目标所受的限制也就越大。概而言之，一旦所有侧面均被固定，测量误差没有了，测量也就没有了实际意义。经典测量理论中所谓的标准化测验就是"标准化"除测验题之外的各种测量条件，实际上就是固定各个测量侧面，以获得较高的测量信度。相对来说，标准化测验的结果分数解释范围也就大受限制，即只能说是标准化环境下的考生水平，只能起标准化条件下比较考生水平高低的作用。至于在非标准化条件下比较结果将会如何就难以料定了。由此可见，为应用概化理论进行测验分析，测验情境关系中至少应有一个测量侧面是随机的。因为如果所有的侧面均被固定，测量结果就极度可靠，不必分析测量误差了，但是这时的测量目标完全被限死，结果分数的解释完全固定，没有了比较的价值。

由测验情境关系分析得出的概化理论的另一个重要思想就是测验的真分数不止一个。在经典测量理论中，操作性地定义个体真分数是个体重复测量所得分数的平均数，但经典测量理论未说明这种重复测量的条件。因此，个体的真分数只有一个，真分数成为描写个体品质的一个常量。但是在概化理论中，从测验情境关系的讨论中可以看到，测量目标、测量侧面都是会变化的，对于相同的个体存在着许多种不同的测量方法，不同的测量方法实际上含有不同的测量目标和不同来源的误差。因而，对于一个给定的个体，所处的测验情境关系不同，就会有不同的真分数。

根据概化理论有多重真分数的思想以及有多种测量误差来源的思想，必然可以推演出一个新的结论，即在不同的测验情境关系下，测量的信度也不相同。也就是说即使所测个体不变，也存在多种信度。

现在我们归纳一下概化理论提出的测验情境关系理论的基本思想：任何测量都是依赖于特定的测验情境关系的，测验情境关系中的测量目标、测量侧面、测量侧面的水平都是会变化的。它们的变化会引起测验误差的来源、测验误差的大小、真分数的种类以及测验信度的变化，同时测验分数的解释范围也会发生变化。

（三）　测验设计的模型与种类

为全面分析测验的性质，概化理论提出测验实施之前必须进行测验设计。测验设计首先包括测量目标的界定、测量侧面的选择以及各侧面水平的确定。随之而来的是测验数据采集方法的设计。数据采集方法有全交叉采集、相互嵌套采集和交叉与嵌套混合采集三大类型。所谓交叉采集指所有测量目标在所有测量侧面的所有水平上均被测量的数据采集方法。嵌套采集指某个侧面的各个水平分别被包含在另一个侧面的各个水平之中施测的数据采集方法。混合采集指兼有两种方法的数据采集法，用于多个测量侧面的情况。三种数据采集法设计分为交叉设计、嵌套设计和混合设计。交叉设计的数据信息是最丰富的，纯嵌套设计的数据信息是最简单的。应用嵌套设计有时是限于测验的客观条件，有时是为了节约投入。采用交叉设计对有的研究来说，信息的浪费是明显的。实践中常用的测验设计有单侧面交叉设计、双侧面交叉设计和双侧面嵌套设计，当然还有三侧面交叉设计、三侧面嵌套设计和三侧面混合设计等。从理论上说，测量的侧面越多，测量的水平数越多，对测验的分析就越完善。但是，对于统计分析本身来说，困难也会越大，甚至无法进行分析。

（四）G 研究

概化理论的统计分析分为两个阶段：第一阶段叫作 G 研究，第二阶段叫作 D 研究。在概化理论中，研究者设计的测验情境关系及用一定方法采集的测验数据被称为测验的观察领域。在这观察领域数据上进行的统计分析称为 G 研究。G 研究的目的是定量估计观察领域中测量目标的方差以及各个测量侧面所产生的测量误差方差。从统计角度来说，G 研究就是要分解观察数据总方差，估计各因素期望方差。G 研究又分为两步进行，第一步就是分解观察数据总方差。G 研究的第一步把数据总方差分解成三类方差：第一类是测量目标主效应方差；第二类是测量侧面主效应方差，设计情境中有几个测量侧面就有几个侧面主效应方差；第三类是各种交互效应方差。交互效应方差可分为两类：一类是由各测量侧面与测量目标形成的各级交互效应方差；另一类是纯由各测量侧面自己形成的各级交互效应方差。交互效应方差的另一种分类方法是按级别层次分类，种类多少视测量侧面的多少而定。G 研究的第二步是利用样本方差估计各种效应的期望均方。所估出的测量目标效应期望均方是测量目标个体差异的描写量，所估出的各测量侧面效应期望均方是各测量侧面不同水平间差异的描写量，实际上是各测量侧面对测量目标干扰程度的描写量，也就是误差描写量。各交互效应期望均方是各测量侧面对测量目标的交互干扰程度的描写量，也是一种测量误差。概化理论通过 G 研究的两步计算分析得到了对测验观察领域中各种效应期望均方的估计，但这并不是概化理论的最终研究目的，它只是为后续的 D 研究提供了基础数据，D 研究才是概化理论最具特色的计量分析手段。

（五）D 研究

D 研究（decision study）称为决策研究。D 研究的目的是利用 G 研究的结果数据，在原设计的测验情境关系范围之内，分析比较各种可能的测验方案，测验工作者可以根据分析结果，结合可能的实施条件优选实际测验方案。D 研究最终提供的是各种测验方案下的测验误差估计值。所谓各种测验方案都是在原设计方案采集的数据范围内，对测验情境关系做出各种不同的调整而得到的。调整测验情境关系的方法之一是固定某一个或某几个测量侧面，使这些侧面的效应方差成为测量目标效应方差的一部分，从而减小误差效应方差总量，增大测量目标效应方差。但是这种调整，如前面所述，是以缩小测验结果的解释范围为代价的。调整测验情境关系的另一种方法是改变某个或某几个测量侧面的水平数。增加测量侧面的水平数意味着增加测量的重复数，同样可以达到提高测量精度的目的。调整测验情境关系的第三种方法是改变测量数据的采集方法，主要是将交叉设计的数据部分或全部地改为混合设计或嵌套设计，达到减少投入、简化测量的目的，但这种调整要以不过多地增加测量误差为原则。

对于变化了的各种新测验方案，D 研究给出了两个比较优劣的误差指标：一个叫作相对误差方差，另一个叫作绝对误差方差。相对误差方差是所有与测量目标有关的交互效应方差之和，绝对误差方差是除测量目标效应方差之外的所有方差之和。

在误差指标的基础上，D 研究进一步给出了测验精度的两个综合指标：一个叫概化系数，另一个叫依存系数，分别简称为 G 系数和 ψ 系数。G 系数是测量目标效应方差与测量目标效应方差加相对误差方差之和的比，它是对常模参照测验分数稳定性程度的度量。ψ 系数是测量目标效应方差与总效应方差之比。它是对目标参照测验分数稳定性和一致性两种程度的度量。这两个系数类似于经典理论中的信度，只是在概化理论中，同一测量目标可以有好多个测验信度，信度可随着测验的性质不同而不同，也随着测验情境关系的不同而不同。

在效度研究方面，概化理论沿用了经典测量理论的效度概念。但是概化理论效度的计算与经典测量理论不同。概化理论的效度可以在原测量设计的测验情境关系下，在 D 研究中应用 G 研究结果直接计算求取，所得值的确切含义是：用某一侧面的重复数据估计测量目标一般水平时的效度。

二、双侧面交叉设计模型的概化分析

概化理论的基本思想已如前述，为使读者对概化分析有一直观认识，现以双侧面交叉设计模型为例，演示一下概化分析的具体过程。双侧面交叉设计是指这样一种测验情境关系：一个测验目标，记为 p，测验目标有 K 个元素（$p = 1$，2，3，…，K）；两个测验侧面，分别记为 i 和 o，侧面 i 有 T 个水平（$i = 1$，2，3，…，T），侧面 o 有 J 个水平（$o = 1$，2，3，…，J）。所谓交叉设计是指，对于测验目标 p 中的每一个元素，必须接受 i 和 o 两个侧面所有水平组合的处理。根据双侧面交叉设计进行测试，最后采集的样本数据构成一个三维数据集合：

$$\{X_{pio} \mid p = 1,\ 2,\ 3,\ \cdots,\ K;\ i = 1,\ 2,\ 3,\ \cdots,\ T;\ o = 1,\ 2,\ 3,\ \cdots,\ J\}$$

概化分析以这个数据集为基础，分两步进行。

（一）G 研究

首先，应用采集的样本数据计算四类七种效应均方（计算公式同三因素析因实验方差分析的均方计算一样，本处不再抄列），具体如下：

目标均方：

$$MS\ (P)$$

侧面均方：

$$MS\ (i),\ MS\ (o)$$

与测验目标有关的交互效应均方：

$$MS\ (pi),\ MS\ (po),\ MS\ (pio)$$

测验侧面间的交互效应均方：

$$MS\ (oi)$$

其次，据所求样本效应均方，估计相应的期望均方，估计公式如下：

$$\hat{\sigma}^2\ (p)\ =\ [MS\ (p)\ -MS\ (pi)\ -MS\ (po)\ +MS\ (pio)]\ /TJ$$
$$\hat{\sigma}^2\ (i)\ =\ [MS\ (i)\ -MS\ (pi)\ -MS\ (io)\ +MS\ (pio)]\ /KJ$$
$$\hat{\sigma}^2\ (o)\ =\ [MS\ (o)\ -MS\ (po)\ -MS\ (io)\ +MS\ (pio)]\ /KT$$
$$\hat{\sigma}^2\ (pi)\ =\ [MS\ (pi)\ -MS\ (pio)]\ /J$$
$$\hat{\sigma}^2\ (po)\ =\ [MS\ (po)\ -MS\ (pio)]\ /T$$
$$\hat{\sigma}^2\ (io)\ =\ [MS\ (io)\ -MS\ (pio)]\ /K$$
$$\hat{\sigma}^2\ (pio)\ =MS\ (pio)$$

估出各种效应的期望均方，G 研究就完成了。

（二）D 研究

D 研究的任务是在 G 研究基础上对各种调整了的测验情境关系进行分析，优选测验方案。如前面所述，调整测验情境关系结构的方法有三种，其中固定测验侧面的方法和改变数据结构，将交叉设计改为嵌套设计的方法，在 D 研究中表现为将部分相应的期望均方进行合并的计算，在此不再介绍。现以改变测验侧面水平数为例，介绍一下 D 研究的计算过程。若记 n_i' 和 n_o' 分别为 i 侧面和 o 侧面拟采用的新的水平数，以大写字母表示新的测验情境，则新情境下各期望均方的估计公式如下：

$$\hat{\sigma}^2\ (P)\ =\hat{\sigma}^2\ (p)$$
$$\hat{\sigma}^2\ (I)\ =\sigma^2\ (i)\ /n_i'$$
$$\hat{\sigma}^2\ (O)\ =\sigma^2\ (o)\ /n_o'$$
$$\hat{\sigma}^2\ (PI)\ =\sigma^2\ (pi)\ /n_i'$$
$$\hat{\sigma}^2\ (PO)\ =\sigma^2\ (po)\ /n_o'$$
$$\hat{\sigma}^2\ (PIO)\ =\sigma^2\ (pio)\ /n_i'n_o'$$
$$\hat{\sigma}^2\ (IO)\ =\sigma^2\ (io)\ /n_i'n_o'$$

最后，计算新测验情境下各误差方差和信度系数：
真分数方差：

$$\hat{\sigma}^2\ (v)\ =\hat{\sigma}^2\ (P)$$

相对误差方差：

$$\hat{\sigma}^2（\zeta）=\hat{\sigma}^2（PI）+\hat{\sigma}^2（PO）+\hat{\sigma}^2（PIO）$$

绝对误差方差：

$$\hat{\sigma}^2（\Delta）=\hat{\sigma}^2（\zeta）+\hat{\sigma}^2（I）+\hat{\sigma}^2（O）$$

概化系数：

$$G=E\hat{\rho}^2=\hat{\sigma}^2（P）／\left[\hat{\sigma}^2（P）+\hat{\sigma}^2（\zeta）\right]$$

依存系数：

$$\varphi=\hat{\sigma}^2（P）／\left[\hat{\sigma}^2（P）+\hat{\sigma}^2（\Delta）\right]$$

依据所求的各种新测验情境关系下的误差方差和信度系数，就可以优选测验方案。概化理论把采取原始数据的原测验情境关系的测验侧面全体称为可测量全域（universe of possible measures）；把研究者改变了的意欲分析比较的那些新测验情境关系的测验侧面全体称为概化全域（universe of generalization，也译为拓广全域）。一般来说，概化全域只可测量全域的子集。

三、概化理论简评

用方差分析的方法分析心理与教育测量的历史不算短，早在50年前就有学者开始讨论用方差分析方法分析测验信度。但是概化理论的基本原理却成形于 Cronbach、Rajaratnam 和 Gleser 三人 1963 年和 1965 年发表的两篇文章，之后就有了 Cronbach 领衔主编的第一本概化理论专著《行为测量的可靠性》的问世。而后概化理论在美国和欧洲的一些国家得到了广泛的重视，概化理论的基本原理、概化理论的基本技术渐趋成熟，显示了较高的应用价值。可以认为概化理论有一对双亲——经典测量理论和方差分量分析。但是不能把概化理论等同于经典测量理论或方差分量分析。概化理论在分析问题的视角、理论基础、概念体系等方面与经典测量理论相比，差异比它们间的类似显得更大一些。在模型设计、专业术语、计量分析角度等方面也与一般方差分析相距甚远。

就目前发展状况来看，应用概化理论分析测验行为必须注意以下两个问题：其一是，从统计本质来说，概化理论是随机抽样误差分析模型，其分析基础是样本数据。概化分析的特色是可以比较各种测验方案，但应用者要注意到抽样误差的影响，即为了保证概化分析结果数据的可靠性，应用者必须充分保证样本数据的代表性，除要科学抽样之外，还要注意对施测条件的控制。如果施测条件前后不一，就会失去概化分析的作用。用概化分析的语言说，测验的情境关系发生了变化，新测验已不是原观察领域可拓广的测验领域了。

其二是，利用概化理论分析测验误差，若测验侧面过多，不仅会有实测组织的困难，还会有模型设计和计量分析的困难，甚至由于统计技术限制而无法完成。还有一点要提及的是，计算中可能会出现某些方差分量估计值为负。这是一个数理统计学者们都还在研究的理论问题，实际应用中一般可以通过令这些分量估计值为 0 而继续后面的计算。

第三节　新一代测验理论与认知诊断简介

一、新一代测验理论的兴起

测量学者 Mislevy 于 1993 年将测验理论的发展大至划分为两个阶段：标准测验理论（standard test theory）阶段和新一代测验理论（test theory for a new generation of tests）阶段。新一代测验理论和标准测验理论的根本区别是标准测验理论只关注被试宏观能力的测量及评估，而新一代测验理论不仅关注被试宏观能力的测量及评估，更关注个体内部微观心理加工过程的测量及评估。据此原则，经典测量理论、项目反应理论及概化理论都属于标准测验理论。在经典测量理论中，以总分作为被试的宏观能力指标；在项目反应理论中，按个体对一些选定项目的反应来估计被试宏观能力；而概化理论是研究与被试宏观能力测评有关的种种误差问题。标准测验理论虽然已经认识到了被试宏观层次的能力是一个"统计结构"，但一直把这个"统计结构"看成一个整体，未能深入这个"统计结构"的内部去对被试微观的内部心理加工过程进行测量及评估，因此不能更为细致地反映被试作答的内部心理加工机制。心理测量学第一阶段的这种研究范式被称为"能力水平研究范式"（ability level paradigm）。

随着心理测量学和认知心理学的进一步发展，人们越来越不满足于只关注个体宏观层次的能力水平评估，还希望深入了解个体内部微观心理加工过程，进而揭示标准测验理论"统计结构"所蕴含的心理学意义。据此，心理测量学的研究进入第二阶段，暂称为新一代测验理论阶段，研究范式升格为"认知水平研究范式"（cognition level paradigm）。新一代测验理论强调测验应同时在"能力水平"和"认知水平"两种水平的研究范式下进行，强调用心理学理论（尤其是认知心理学理论）来指导测验编制，从而使测验所测量的特质及对测量结果的解释具有心理学理论支持。

在新一代测验理论中，认知诊断理论被视为其核心理论。

二、认知诊断的含义

认知诊断的含义有广义与狭义两个层次：广义的认知诊断是指用某种方法建立起观察分数和被试的内部认知特征之间的关系。广义认知诊断包括两个方面的应用：其一是指在心理学理论建构中的应用。在心理学理论建构中，认知诊断是作为一种研究方法出现，以探索、构建和验证各种心理的理论结构为主要目的。其二是指在教育领域中的应用，目的是按被试有没有掌握测验所测的技能或特质来对被试加以分类和评价。

狭义的认知诊断仅指认知诊断在教育领域中的应用。这类应用更被社会关注，以致当前的认知诊断研究绝大部分集中于这一方面。本章后续所介绍内容也主要集中在教育认知诊断。当然，需要提醒的是，这只是认知诊断第二方面的应用，而第一方面的应用更为基础，更为心理学本身所关注。

进行认知诊断研究需要两大学科基础：其一是认知心理学基础，其二是心理测量学基础。在心理学理论建构中的认知诊断，需要有被试内在心理加工的假设模型，然后编制测验、采集数据，采用统计分析方法验证假设模型。在教育领域中的认知诊断，则需要已被证实的心理加工模型，指导测验编制，对被试施测，然后通过统计分析，对被试的认知品质做出分类和评价。可见，不管是哪方面应用，都需要根据测量对象的心理模型来选择、编写测验项目和组编测验，达到详细描述被试间差异的目的。而心理模型的构建、验证都是认知心理学研究的主要领域。因此，认知心理学是认知诊断的一个重要学科基础。

根据心理模型来选择、编写测验项目和组编测验、采集测验数据、最终实现对被试个体差异的分析和解释，显然都需要心理与教育测量的支持。特别是认知诊断还将认知变量直接引入各种合适的测量模型、使用各种现代统计方法揭示个体认知状态的特征，这就更是测量学的研究重点了。因此，心理与教育测量学也是认知诊断的一个重要学科基础。

三、认知诊断的基础概念

作为新一代测验理论核心的认知诊断使用了一套成系列的专用概念。要了解、应用或研究认知诊断必须熟悉这些专用概念。

第一个概念是"认知属性"。属性（attribute）是认知诊断理论最基础的概念，被定义为在某个具体领域内完成一项任务所需要掌握的程序性知识或者陈述性知识的描述。这里的"具体领域"可以理解为一个测验所涉及的内容与能力领域，"任务"可以理解为测验题目，"程序性知识或者陈述性知识"可以用知识、技能或认知成分来加以表述。完成一个题目所需掌握的属性可能是一个，也可能是多个。完成一个测验所需掌握的属性是完成测验所有题目所需掌握属性的集合。进行认知诊断首先要辨析出测验所需的所有认知属性。

第二个概念是"属性层级关系"。如果测验所需的某两个属性间，掌握其中一个是掌握另一个的必要条件，就认为这两个属性处于不同层级。测验的每两个属性之间有可能有这种处于不同层级的关系，也可能没有。进行认知诊断在界定出测验所需的所有认知属性后，还要理清所有认知属性间的层级关系。据分析，认知属性之间主要存在五种基本的层级关系结构，如图 17-2 所示。

第三个概念是"认知模型"。认知模型通常指问题解决的认知加工模型。认知诊断所使用的认知模型是完成测量任务所需的所有认知属性加上它们的层级关系构成的一种理论结构。认知模型的表达形式可以是图形，也可以是矩阵。用图形表达的认知模型可以是图 17-2 中的某一种，也可以是其中几种的复杂组合。认知诊断中表达认知模型的矩阵有邻接矩阵（Adjacency Matrix，A 矩阵）和可达矩阵（Reachability Matrix，R 矩阵）两种，它

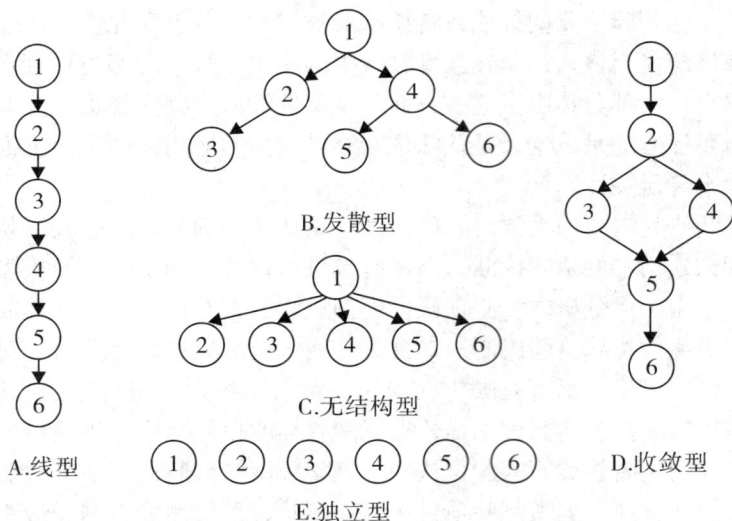

图 17－2　属性层级关系结构的五种类型

们都是内中元素全为 1 或 0 的 K 行 K 列矩阵（K 为属性数量）。邻接矩阵用元素 1 反映两个属性之间存在直接层级关系（图 17－2 中每个箭头所连接的两个属性间的关系），可达矩阵用元素 1 反应属性间存在直接关系、间接关系和自身关系三者之一。邻接矩阵是根据认定的属性和属性层级关系编制的。可达矩阵可以由邻接矩阵做布尔代数运算获得。

　　第四个概念是"Q 矩阵"。认知模型确定之后，要根据属性及其层级关系找出所有可以在一个题目中测试的各种属性组合，然后为每一种可能的属性组合编写至少一道测验试题并用数 1 和数 0 标定所有试题测或未测的认知属性，由此形成一个元素全是 1 或 0 的 $I \times K$（I 是题目数量，K 是认知属性数量）矩阵，这个矩阵被称作 Q 矩阵。Q 矩阵第 i 行第 j 列的元素用 q_{ij} 表示，$q_{ij} = 1$ 意味着测验的第 i 题测试了第 j 个属性，而 $q_{ij} = 0$ 意味着第 i 题没有测试第 j 个属性。

　　第五个概念是"题目属性向量"。Q 矩阵的每一个 K 维向量反映的是对应题目所考查认知属性的情况，认知诊断中将其称为题目属性向量，有学者简称其为 q 向量。认知诊断理论认为，从题目与被试的关系看，$q_{ij} = 1$ 意味着：在没有猜测的情况下，被试要答对第 i 题就必须掌握第 j 个属性。

　　第六个概念是"被试认知状态"。被试对一个测验所测试的所有属性的掌握情况被称为被试的认知状态，简记为 KS。第 t 个被试的认知状态可以用 K 维向量表示为：$\alpha_t = \{\alpha_{t1}, \ldots, \alpha_{tk}, \ldots, \alpha_{tK}\}$。$\alpha_{tk} = 1$ 表示第 t 个被试掌握了第 k 个属性，$\alpha_{tk} = 0$ 表示第 t 个被试未掌握第 k 个属性。认知诊断的目的，是根据被试的作答结果，对被试的认知状态进行推断，或者说是求出这个 K 维认知状态向量，也称属性掌握模式。在认知模型确定的前提下，被试认知状态向量的种类也是确定的。

　　第七个概念是"认知诊断模型"。认知诊断模型是指认知诊断所用的测量模型。认知诊断模型有许多种，但每一种模型都是一个将题目属性变量、被试认知状态变量和被试的作答反应变量融为一体的统计模型。认知诊断所用测量模型的作用是在测验所有题目属性变量确定、被试作答反应变量确定的前提下，应用某些统计方法，估计和确认每一个被试的认知状态向量。

第八个概念是"理想反应模式"。在某些认知诊断模型中还用到一个"理想反应模式"的概念。理想反应模式是被试反应向量的一种，特指每一种认知状态被试在没有猜测也没有失误的前提下对所有测试题目的反应结果。一个测验的理想反应模式的种类与被试认知状态的种类是一一对应的。每一种被试认知状态所对应的理想反应模式可以按被试未掌握的每一道测验题目所测所有属性而逐题推演得到。

四、认知诊断的基本流程

（1）界定测验所涉及的内容与能力领域，选择从能力、技能、知识点、认知成分等某个角度给出测验所测所有认知属性。注意所测认知属性太少会使诊断显得粗糙，所测认知属性太多则使诊断准确率下降，当前技术水平之下合适的属性个数为 4 ~ 8 个。

（2）分析确定所有属性间符合认知加工规律的层级关系。

（3）在前两步基础上科学表述和验证测验的认知模型。

（4）根据属性及其层级关系找出所有可以在一个题目中测试的各种属性组合。寻找合理属性组合的方法可以用逻辑分析法，即先用随机组合方法列出所有属性组合，然后根据属性层级关系一一分析，划去逻辑上不符合属性层级关系的组合，留下所有合理组合。每一个合理属性组合实际上都构成一个题目属性向量。每一个合理属性组合实际上也构成一种被试认知状态。

（5）为每一种可能的属性组合编写至少一道测验试题。为同一属性组合所编测验题目越多诊断准确率越高。但是要确保每道题所测属性正是对应组合所规定模式，属性被多测一个、少测一个、换测一个都影响诊断准确率。将所有试题组合成测验，写出所编测验的 Q 矩阵。

（6）测试，采集被试反应数据。

（7）根据选定的认知诊断模型进行数据分析，得到对每一个被试认知状态的诊断结果。认知诊断模型的种类很多，各种模型的适用条件不同，模型使用的方法也不同，使用者要选择适合自己所编测验特征的诊断模型，正确使用模型进行数据分析、获取诊断结果。

（8）为各种有缺陷的被试认知状态设计教学补救措施，有针对性地开展集体或个别形式的教学补救活动。

五、两种常用认知诊断模型简介

（一）规则空间模型（rule space model）

规则空间模型（Tatsuoka，1982—1995）是一种应用距离判别将被试在测验项目上的作答反应划归为某种理想反应模式，从而确认被试认知状态的方法。

如果已经按照认知诊断的基本流程从第一步走到第六步，分析获得了所有种类的被试认知状态向量（在规则空间模型中也被称为标准属性掌握模式）和所有被试的作答反应向量，应用规则空间模型做数据分析的后续步骤如下：

（1）按每一种被试标准属性掌握模式对测试项目进行模拟作答，求取标准被试的理想反应模式。

（2）将所有标准被试的理想反应模式与全体实测被试的实际反应模式混合在一起，求取每一标准被试和每一实测被试的 IRT 能力变量 θ 和反应模式偏离理想反应模式的程度指标 ζ。

θ 的计算方法参见本章第一节。

ζ 的计算公式如下：

$$\zeta = f(x) / [Varf(x)]^{1/2} \tag{17.12}$$

式中 x 是实测被试或标准被试在 n 个项目上作答的二值反应向量。标准被试在 n 个项目上作答的反应向量就是前面所说的理想反应模式。

其中：

$$f(x) = [P(\theta) - T(\theta)]'[P(\theta) - X] \tag{17.13}$$

$P(\theta)$ 是实测被试或标准被试对 n 个项目的答对概率向量：

$$P(\theta) = [P_1(\theta), P_2(\theta), \cdots, P_n(\theta)] \tag{17.14}$$

$T(\theta)$ 是实测被试或标准被试对 n 个项目答对概率的均值向量，向量中元素都相等，

$$T(\theta) = \left[\frac{1}{n}\sum_{i=1}^{n} P_i(\theta), \frac{1}{n}\sum_{i=1}^{n} P_i(\theta), \cdots, \frac{1}{n}\sum_{i=1}^{n} P_i(\theta)\right] \tag{17.15}$$

$$Varf(x) = \sum P_i(\theta) Q_i(\theta) \left[P_i(\theta) - \frac{1}{n}\sum_{i=1}^{n} P(\theta)\right]^2 \tag{17.16}$$

Tatsuoka 将由 θ 和 ζ 构成的二维空间称为规则空间，把由标准被试的理想反应模式计算得到的 (θ, ζ) 点称为空间的纯规则点。

（3）在由 θ 和 ζ 构成的二维空间中计算每一实测被试的 (θ, ζ) 点与空间的所有纯规则点的马氏距离，认定与实测被试 (θ, ζ) 点具有最短距离的纯规则点所属的标准被试的认知状态即该被试的认知状态。

（二）DINA 模型（Deterministic Input Noisy And Gate，DINA）

DINA 模型（DiBello，Roussos & Stout，2007）是教育认知诊断中应用和研究最为广泛的测量模型。该模型因为仅引进"失误"和"猜测"两个参数，理解和应用都相对简单。

DINA 模型的数学表达式为：

$$P(Y_{ij} = 1 \mid a_i) = (1 - s_j)^{\eta_{ji}} g_j^{1-\eta_{ji}} \qquad (17.17)$$

式中，Y_{ij} 是被试的作答反应矩阵（Y_{ij}）中的元素，是一个取值仅为 1 和 0 的二分变量，表示被试 i 是否答对了第 j 题。

α_i 是 i 被试认知状态向量，η_{ji} 是一个取值仅为 1 和 0 的二分变量，表示被试 i 是否掌握了第 j 题所考查的全部属性。η_{ji} 由下式计算：

$$\eta_{ji} = \prod_{k=1}^{K} a_{ik} q_{jk} \qquad (17.18)$$

式中，α_{ik} 是被试认知状态向量中的元素，表示 i 被试是否掌握第 k 个认知属性，q_{jk} 是题目属性向量 q_j 中的元素，表示第 j 题是否考核第 k 个认知属性。

$s_j = P(Y_{ij} = 0 \mid \eta_{ij} = 1)$，表示项目 j 上被试失误的概率，即被试掌握了项目 j 所考核的所有属性，但答错项目 j 的概率。

$g_j = P(Y_{ij} = 1 \mid \eta_{ij} = 0)$，表示项目 j 能被猜对的概率，即被试未全部掌握项目 j 考核的所有属性，但答对项目 j 的概率。

如果已经按照认知诊断的基本流程从第一步走到第六步，获得了所有题目的属性向量 q_j，获得了所有被试的作答反应矩阵（Y_{ij}），就可以应用 DINA 模型估计所编诊断测验所有题目的"失误"参数 s_j 和"猜测"参数 g_j，估计所有被试的认知状态向量 α_i。

参数估计方法通常采用极大似然估计。

六、认知诊断展望

认知诊断是一个很好的理念，目标明确、路径清晰，特别是教育认知诊断，实际需求呼声很高。但是，我们也要看到，当前认知诊断发展还处于初级阶段，原因是认知诊断的认知模型和测量模型的开发均有较大难度，要真正实现"认知和测量相结合"还需要更多的协同研究。因此，只有吸引更多领域的研究者参加，形成分工协作的团队，深入认知诊断各环节研究，才能真正推进认知诊断的发展。

【练习与思考】

1. 与经典测量理论相比，项目反应理论有哪些优良性质？
2. 项目反应理论的三个常用项目参数是如何定义的？
3. 项目反应理论引进信息函数有何实际价值？
4. 简述计算机化自适应测验的原理。
5. 概化理论的测验情境关系学说的基本含义是什么？

6. 概化理论 G 研究的目的是什么？

7. 概化理论 D 研究的目的是什么？D 研究怎么进行？

8. 认知诊断的目的是什么？认知诊断的测量学背景是什么？

9. 认知诊断中的认知模型和认知诊断模型有何区别和联系？

10. 认知诊断中理清属性层级关系有何作用？

附录一
心理测验管理条例

第一章 总 则

第 1 条 为促进中国心理测验的研发与应用,加强心理测验的规范管理,根据国家有关法律法规制定本条例。

第 2 条 心理测验是指测量和评估心理特征(特质)及其发展水平,用于研究、教育、培训、咨询、诊断、矫治、干预、选拔、安置、任免、就业指导等方面的测量工具。

第 3 条 凡从事心理测验的研制、修订、使用、发行、销售及使用人员培训的个人或机构都应遵守本条例以及中国心理学会《心理测验工作者职业道德规范》的规定,有责任维护心理测验工作的健康发展。

第 4 条 中国心理学会授权其下属的心理测量专业委员会负责心理测验的登记和鉴定,负责心理测验使用资格证书的颁发和管理,负责心理测验发行、出售和培训机构的资质认证。

第二章 心理测验的登记

第 5 条 凡个人或机构编制或修订完成,用以研究、测评服务、出版、发行与销售的心理测验,都应到中国心理学会心理测量专业委员会申请登记。

第 6 条 登记是心理测验的编制者、修订者、版权持有者或其代理人到中国心理学会心理测量专业委员会就其测验的名称、编制者(修订者)、版权持有者、测量目标、适用对象、测试结构、示范性项目、信度、效度等内容予以申报,中国心理学会心理测量专业委员会按照申报内容备案存档并予以公示。心理测验登记的申请者应当向中国心理学会心理测量专业委员会提供测验的完整材料。

第 7 条 测验登记的申请者必须确保所登记的测验不存在版权争议。凡修订的心理测验必须提交测验原版权所有者的书面授权证明。

第 8 条 中国心理学会心理测量专业委员会在收到登记申请后,将申请登记的测验在中国心理学会心理测量分会的有关刊物和网站上公示3个月(条件具备时同时在相关学术刊物公示)。3个月内无人对版权提出异议的,视为不存在版权争议;有人提出版权异议的，责成申请者提交补充证明材料，并重新公示（公示期重新计算）。

第9条 公示的测验内容包括但不限于测验的名称、编制者（修订者）、版权所有者、测量目标、适用对象、结构、示范性项目、信度和效度。

第10条 对申请登记的测验提出版权异议需要提供有效证明材料。1个月内不能提供有效证明材料的版权异议不予采纳。

第11条 中国心理学会心理测量专业委员会只对登记内容齐备、能够有效使用、没有版权争议的心理测验提供登记。凡经过登记的心理测验，均给予统一的分类编号。

第三章 心理测验的鉴定

第12条 心理测验的鉴定是指由中国心理学会心理测量专业委员会指定的专家小组遵循严格的认证审核程序对测验的科学性、有效性及其信息的真实性进行审核验证的过程。

第13条 心理测验只有获得登记才能申请鉴定。中国心理学会心理测量专业委员会只对没有版权争议、经过登记的心理测验进行鉴定，只认可经科学程序开发且具有充分科学证据的心理测验。

第14条 中国心理学会心理测量专业委员会每年受理两次测验鉴定的申请。

第15条 鉴定申请材料包括但不限于以下内容：测验（工具）、测验手册（用户手册和技术手册）、记分方法、计分方法、测验科学性证明材料、信效度等研究的原始数据、测试结果报告案例、信息函数、题目参数、测验设计、等值设计、题库特征等内容资料。

第16条 对不存在版权争议的测验，中国心理学会心理测量专业委员会组织专家在3个月内完成鉴定。

第17条 鉴定工作程序包括初审、匿名评审、公开质证和结论审议4个环节。

1）初审主要审核鉴定申请材料的完备程度和是否存在版权争议。

2）初审符合要求后进入匿名评审。匿名评审按通讯方式进行。参加匿名评审的专家有5名（或以上），每个专家都要独立出具是否同意鉴定的书面评审意见。无论鉴定是否通过，参与匿名评审专家的名单均不予以公开，专家本人也不得向外泄露。

3）匿名评审通过后进入公开质证，由鉴定申请者方面向鉴定专家小组说明测验的理论依据、编修或开发过程、相关研究和实际应用等情况，回答鉴定专家小组成员以及旁听人员对测验科学性的质询。鉴定专家小组由5名以上专家组成，成员由中国心理学会心理测量专业委员会聘任或指定。

4）公开质证结束后进入结论审议。鉴定专家小组闭门讨论，以无记名方式投票表决，对测验做出科学性评级。科学性评级分A级（科学性证据丰富，推荐使用）、B级（科学性证据基本符合要求，可以使用）、C级（科学性证据不足，有待完善）。

第18条 为保证测验鉴定的公正性，规定如下：

1）测验的编制者、修订者和鉴定申请者不得担任鉴定专家，也不得指定鉴定专家；

2）为所鉴定测验的科学性和信息真实性提供主要证据的研究者或者证明人不得担任

鉴定专家；

　　3）参加鉴定的专家应主动回避直系亲属及其他可能影响公正性的测验鉴定；

　　4）参与鉴定的专家应自觉维护测验评审工作的科学性和公正性，评审时只代表自己，不代表所在部门和单位。

　　第 19 条　为切实保护鉴定申请者和鉴定参与者的权益，参加鉴定和评审工作的所有人员均须遵守以下规定：

　　1）不得擅自复制、泄露或以任何形式剽窃鉴定申请者提交的测验材料；

　　2）不得泄露评审或鉴定专家的姓名和单位；

　　3）不得泄露评审或鉴定的进展情况和未经批准和公布的鉴定或评审结果。

　　第 20 条　对于已经通过鉴定的心理测验，中国心理学会心理测量专业委员会颁发相应级别的证书。

第四章　测验使用人员的资格认定

　　第 21 条　使用心理测验从事职业性的或商业性的服务，测验结果用于教育、培训、咨询、诊断、矫治、干预、选拔、安置、任免、指导等用途的人员，应当取得测验的使用资格。

　　第 22 条　测验使用人员的资格证书分为甲、乙、丙三种。甲种证书仅授予主要从事心理测量研究与教学工作的高级专业人员，持此种证书者具有心理测验的培训资格。乙种证书授予经过心理测量系统理论培训并通过考试，具有一定使用经验的人。丙种证书为特定心理测验的使用资格证书，此种证书需注明所培训使用的测验名称，只证明持有者具有使用该测验的资格。

　　第 23 条　申请获得甲种证书应具有副高以上职称和 5 年以上心理测验实践经验，需由本人提出申请，经 2 名心理学教授推荐，由中国心理学会心理测量专业委员会统一审查核发。

　　第 24 条　申请获得乙种和丙种证书需满足以下条件之一：

　　1）心理专业本科以上毕业；

　　2）具有大专以上（含）学历，接受过中国心理学会心理测量专业委员会备案并认可的心理测量培训班培训，且考核合格。

　　第 25 条　心理测验使用资格证书有效期为 4 年。4 年期满无滥用或误用测验记录，有持续从事心理测验研究或应用的证明（如论文、被测者承认的测试结果报告或测量专家的证明），或经不少于 8 个小时的再培训，予以重新核发。

　　第 26 条　中国心理学会心理测量专业委员会对获得心理测验使用资格的人颁发相应的证书。

第五章　测验使用人员的培训

第 27 条　为取得心理测验使用资格证书举办的培训，必须包括有关测验的理论基础、操作方法、记分、结果解释和防止其滥用或误用的注意事项等内容，安排必要的操作练习，并进行严格的考核，确保培训质量。学员通过考核方能颁发心理测验使用资格证书。

第 28 条　在心理测验培训中，应将中国心理学会心理测量专业委员会颁布的心理测验管理条例与心理测验工作者职业道德规范纳入培训内容。

第 29 条　培训班所讲授的测验应当经过登记和鉴定。为尊重和保护测验编制者、修订者或版权拥有者的权益，培训班所讲授的测验应得到测验版权所有者的授权。

第 30 条　培训班授课者应持有心理测验甲种证书（讲授自己编制的、已通过登记和鉴定的测验除外）。

第 31 条　中国心理学会心理测量专业委员会对心理测验使用资格的培训机构进行资质认证，并对培训质量进行监控管理。

第 32 条　通过资质认证的培训机构举办心理测量培训班需到中国心理学会心理测量专业委员会申报登记，并将培训对象、培训内容、课时安排、考核方法、收费标准与详细培训计划及授课人的基本情况上报备案。中国心理学会坚决反对不具有培训资质的培训机构或者个人举办心理测验使用培训。

第 33 条　培训的举办者有责任对培训人员的资质情况进行审核。

第 34 条　培训中应严格考勤。学员因故缺席培训超过 1/3 以上学时的，或者未能参加考核的，不得颁发资格证书。

第 35 条　培训结束后，主办单位应将考勤表、试题及学员考核成绩等培训情况报中国心理学会备案。凡通过考核的学员需填写心理测量人员登记表。

第 36 条　中国心理学会心理测量专业委员会建立心理测验专业人员档案库，对获得心理测验使用资格者和专家证书者进行统一管理。凡参加中国心理学会心理测量专业委员会审批认可的心理测量培训班学习并通过考核者，均予颁发心理测验使用资格证书，列入中国心理学会心理测量专业委员会专业心理测验人员库。

第六章　测验的控制、使用与保管

第 37 条　经登记和鉴定的心理测验只限具有测验使用资格者购买和使用。未经登记和鉴定的心理测验中国心理学会心理测量专业委员会不予以推荐使用。

第 38 条　为保护测验开发者的权益，防止心理测验的误用与滥用，任何机构或个人不得出售没有得到版权或代理权的心理测验。

第 39 条　凡个人和机构在修订与出售他人拥有版权的心理测验时，必须首先征得该测验版权所有者的同意；印制、出版、发行与出售心理测验器材的机构应该到中国心理学会心理测量专业委员会登记备案，并只能将测验器材售予具有测验使用资格者；未经版权所有者授权任何网站都不能使用标准化的心理量表，不得制作出售任何心理测验的有关软件。

第40条　任何心理测验必须明确规定其测验的使用范围、实施程序以及测验使用者的资格，并在该测验手册中予以详尽描述。

第41条　具有测验使用资格者，可凭测验使用资格证书购买和使用相应的心理测验器材，并负责对测验器材的妥善保管。

第42条　测验使用者应严格按照测验指导手册的规定使用测验。在使用心理测验结果作为诊断或取舍等重要决策的参考依据时，测验使用者必须选择适当的测验，并确保测验结果的可靠性。测验使用的记录及书面报告应妥善保存 3 年以备检查。

第43条　测验使用者必需严格按测验指导手册的规定使用测验。在使用心理测验结果作为重要决策的参考依据时，应当考虑测验的局限性。

第44条　个人的测验结果应当严格保密。心理测验结果的使用须尊重测验被测者的权益。

第七章　附则

第45条　对于已经通过登记和鉴定的心理测验，中国心理学会心理测量专业委员会协助版权所有者保护其相关权益。

第46条　中国心理学会心理测量专业委员会对心理测验进行日常管理。为方便心理测验的日常管理和网络维护，对测验的登记、鉴定、资格认定和资质认证等项服务适当收费，制定统一的收费标准。

第47条　测验开发、登记、鉴定和管理中凡涉及国家保密、知识产权和测验档案管理等问题，按国家和中国心理学会有关规定执行。

第48条　中国心理学会对违背科学道德、违反心理测验管理条例、违背《心理测验工作者道德准则》和有关规定的人员或机构，视情节轻重分别采取警告、公告批评、取消资格等处理措施，对造成中国心理学会权益损害的保留予以法律追究的权力。

第49条　本条例自中国心理学会批准之日起生效，其修订与解释权归中国心理学会心理测量专业委员会。

中国心理学会
2015 年 5 月

附录二
心理测验工作者职业道德规范

凡以使用心理测验进行研究、诊断、安置、教育、培训、矫治、发展、干预、选拔、咨询、就业指导、鉴定等工作为主的人，都是心理测验工作者。心理测验工作者应意识到自己承担的社会责任，恪守科学精神，遵循下列职业道德规范：

第 1 条　心理测验工作者应遵守《心理测验管理条例》，自觉防止和制止测验的滥用和误用。

第 2 条　心理测验工作者必须具备中国心理学会心理测量专业委员会认可的心理测验使用资格。

第 3 条　中国心理学会坚决反对不具有心理测验使用资格的人使用心理测验；反对使用未经注册或鉴定的测验，除非这种使用出于研究目的或者是在具有心理测验使用资格的人监督下进行。

第 4 条　心理测验工作者应使用心理测量学品质好的心理测验。

第 5 条　心理测验工作者有义务向受测者解释使用测验的性质和目的，充分尊重受测者的知情权。

第 6 条　使用心理测验需要充分考虑测验结果的局限性和可能的偏差，谨慎解释测验的结果和效能，既要考虑测验的目的，也要考虑影响测验结果和效能的多方面因素，如环境、语言、文化、受测者个人特征、状态等。

第 7 条　应以正确的方式将测验结果告知受测者。应充分考虑到测验结果可能造成的伤害和不良后果，保护受测者或相关人免受伤害。

第 8 条　评分和解释要采取合理的步骤确保受测者得到真实准确的信息，避免做出无充分根据的断言。

第 9 条　应诚实守信，保证依专业的标准使用测验，不得因为经济利益或其他任何原因编造和修改数据、篡改测验结果或降低专业标准。

第 10 条　开发心理测验和其他测评技术或测评工具，应该经由经得起科学检验的心理测量学程序，取得有效的常模或临界分数、信度、效度资料，尽力消除测验偏差，并提供测验正确使用的说明。

第 11 条　为维护心理测验的有效性，凡规定不宜公开的心理测验内容如评分标准、常模、临界分数等，均应保密。

第 12 条　心理测验工作者应确保通过测验获得的个人信息和测验结果的保密性，仅在可能发生危害受测者本人或社会的情况时才能告知有关方面。

第 13 条 本条例自中国心理学会批准之日起生效，其修订与解释权归中国心理学会心理测量专业委员会。

中国心理学会
2015 年 5 月

附表一　正态分布表

Z	Y	P	Z	Y	P
0	0. 398 94	0. 000 00	0. 22	0. 389 40	0. 087 06
0. 01	0. 398 92	0. 003 99	0. 23	0. 388 53	0. 090 95
0. 02	0. 398 86	0. 007 98	0. 24	0. 387 62	0. 094 83
0. 03	0. 398 76	0. 011 97	0. 25	0. 386 67	0. 098 71
0. 04	0. 398 62	0. 015 95	0. 26	0. 385 68	0. 102 57
0. 05	0. 398 44	0. 019 94	0. 27	0. 384 66	0. 106 42
0. 06	0. 398 22	0. 023 92	0. 28	0. 383 61	0. 110 26
0. 07	0. 397 97	0. 027 90	0. 29	0. 382 51	0. 114 09
0. 08	0. 397 67	0. 031 88	0. 3	0. 381 39	0. 117 91
0. 09	0. 397 33	0. 035 86	0. 31	0. 380 23	0. 121 72
0. 1	0. 396 95	0. 039 83	0. 32	0. 379 03	0. 125 52
0. 11	0. 396 54	0. 043 80	0. 33	0. 377 80	0. 129 30
0. 12	0. 396 08	0. 047 76	0. 34	0. 376 54	0. 133 07
0. 13	0. 395 59	0. 051 72	0. 35	0. 375 24	0. 136 83
0. 14	0. 395 05	0. 055 67	0. 36	0. 373 91	0. 140 58
0. 15	0. 394 48	0. 059 62	0. 37	0. 372 55	0. 144 31
0. 16	0. 393 87	0. 063 56	0. 38	0. 371 15	0. 148 03
0. 17	0. 393 22	0. 067 49	0. 39	0. 369 73	0. 151 73
0. 18	0. 392 53	0. 071 42	0. 4	0. 368 27	0. 155 42
0. 19	0. 391 81	0. 075 35	0. 41	0. 366 78	0. 159 10
0. 2	0. 391 04	0. 079 26	0. 42	0. 365 26	0. 162 76
0. 21	0. 390 24	0. 083 17	0. 43	0. 363 71	0. 166 40

（续上表）

Z	Y	P	Z	Y	P
0.44	0.362 13	0.170 03	0.73	0.305 63	0.267 30
0.45	0.360 53	0.173 64	0.74	0.303 39	0.270 35
0.46	0.358 89	0.177 24	0.75	0.301 14	0.273 37
0.47	0.357 23	0.180 82	0.76	0.298 87	0.276 37
0.48	0.355 53	0.184 39	0.77	0.296 59	0.279 35
0.49	0.353 81	0.187 93	0.78	0.294 31	0.282 30
0.5	0.352 07	0.191 46	0.79	0.292 00	0.285 24
0.51	0.350 29	0.194 97	0.8	0.289 69	0.288 14
0.52	0.348 49	0.198 47	0.81	0.287 37	0.291 03
0.53	0.346 67	0.201 94	0.82	0.285 04	0.293 89
0.54	0.344 82	0.205 40	0.83	0.282 69	0.296 73
0.55	0.342 94	0.208 84	0.84	0.280 34	0.299 55
0.56	0.341 05	0.212 26	0.85	0.277 98	0.302 34
0.57	0.339 12	0.215 66	0.86	0.275 62	0.305 11
0.58	0.337 18	0.219 04	0.87	0.273 24	0.307 85
0.59	0.335 21	0.222 40	0.88	0.270 86	0.310 57
0.6	0.333 22	0.225 75	0.89	0.268 48	0.313 27
0.61	0.331 21	0.229 07	0.9	0.266 09	0.315 94
0.62	0.329 18	0.232 37	0.91	0.263 69	0.318 59
0.63	0.327 13	0.235 65	0.92	0.261 29	0.321 21
0.64	0.325 06	0.238 91	0.93	0.258 88	0.323 81
0.65	0.322 97	0.242 15	0.94	0.256 47	0.326 39
0.66	0.320 86	0.245 37	0.95	0.254 06	0.328 94
0.67	0.318 74	0.248 57	0.96	0.251 64	0.331 47
0.68	0.316 59	0.251 75	0.97	0.249 23	0.333 98
0.69	0.314 43	0.254 90	0.98	0.246 81	0.336 46
0.7	0.312 25	0.258 04	0.99	0.244 39	0.338 91
0.71	0.310 06	0.261 15	1	0.241 97	0.341 34
0.72	0.307 85	0.264 24	1.01	0.239 55	0.343 75

（续上表）

Z	Y	P	Z	Y	P
1.02	0.237 13	0.346 14	1.31	0.169 15	0.404 90
1.03	0.234 71	0.348 49	1.32	0.166 94	0.406 58
1.04	0.232 30	0.350 83	1.33	0.164 74	0.408 24
1.05	0.229 88	0.353 14	1.34	0.162 56	0.409 88
1.06	0.227 47	0.355 43	1.35	0.160 38	0.411 49
1.07	0.225 06	0.357 69	1.36	0.158 22	0.413 09
1.08	0.222 65	0.359 93	1.37	0.156 08	0.414 66
1.09	0.220 25	0.362 14	1.38	0.153 95	0.416 21
1.1	0.217 85	0.364 33	1.39	0.151 83	0.417 74
1.11	0.215 46	0.366 50	1.4	0.149 73	0.419 24
1.12	0.213 07	0.368 64	1.41	0.147 64	0.420 73
1.13	0.210 69	0.370 76	1.42	0.145 56	0.422 20
1.14	0.208 31	0.372 86	1.43	0.143 50	0.423 64
1.15	0.205 94	0.374 93	1.44	0.141 46	0.425 07
1.16	0.203 57	0.376 98	1.45	0.139 43	0.426 47
1.17	0.201 21	0.379 00	1.46	0.137 42	0.427 85
1.18	0.198 86	0.381 00	1.47	0.135 42	0.429 22
1.19	0.196 52	0.382 98	1.48	0.133 44	0.430 56
1.2	0.194 19	0.384 93	1.49	0.131 47	0.431 89
1.21	0.191 86	0.386 86	1.5	0.129 52	0.433 19
1.22	0.189 54	0.388 77	1.51	0.127 58	0.434 48
1.23	0.187 24	0.390 65	1.52	0.125 66	0.435 74
1.24	0.184 94	0.392 51	1.53	0.123 76	0.436 99
1.25	0.182 65	0.394 35	1.54	0.121 88	0.438 22
1.26	0.180 37	0.396 17	1.55	0.120 01	0.439 43
1.27	0.178 10	0.397 96	1.56	0.118 16	0.440 62
1.28	0.175 85	0.399 73	1.57	0.116 32	0.441 79
1.29	0.173 60	0.401 47	1.58	0.114 50	0.442 95
1.3	0.171 37	0.403 20	1.59	0.112 70	0.444 08

（续上表）

Z	Y	P	Z	Y	P
1.6	0.110 92	0.445 20	1.89	0.066 87	0.470 62
1.61	0.109 15	0.446 30	1.9	0.065 62	0.471 28
1.62	0.107 41	0.447 38	1.91	0.064 38	0.471 93
1.63	0.105 67	0.448 45	1.92	0.063 16	0.472 57
1.64	0.103 96	0.449 50	1.93	0.061 95	0.473 20
1.65	0.102 26	0.450 53	1.94	0.060 77	0.473 81
1.66	0.100 59	0.451 54	1.95	0.059 59	0.474 41
1.67	0.098 93	0.452 54	1.96	0.058 44	0.475 00
1.68	0.097 28	0.453 52	1.97	0.057 30	0.475 58
1.69	0.095 66	0.454 49	1.98	0.056 18	0.476 15
1.7	0.094 05	0.455 43	1.99	0.055 08	0.476 70
1.71	0.092 46	0.456 37	2	0.053 99	0.477 25
1.72	0.090 89	0.457 28	2.01	0.052 92	0.477 78
1.73	0.089 33	0.458 18	2.02	0.051 86	0.478 31
1.74	0.087 80	0.459 07	2.03	0.050 82	0.478 82
1.75	0.086 28	0.459 94	2.04	0.049 80	0.479 32
1.76	0.084 78	0.460 80	2.05	0.048 79	0.479 82
1.77	0.083 29	0.461 64	2.06	0.047 80	0.480 30
1.78	0.081 83	0.462 46	2.07	0.046 82	0.480 77
1.79	0.080 38	0.463 27	2.08	0.045 86	0.481 24
1.8	0.078 95	0.464 07	2.09	0.044 91	0.481 69
1.81	0.077 54	0.464 85	2.1	0.043 98	0.482 14
1.82	0.076 14	0.465 62	2.11	0.043 07	0.482 57
1.83	0.074 77	0.466 38	2.12	0.042 17	0.483 00
1.84	0.073 41	0.467 12	2.13	0.041 28	0.483 41
1.85	0.072 06	0.467 84	2.14	0.040 41	0.483 82
1.86	0.070 74	0.468 56	2.15	0.039 55	0.484 22
1.87	0.069 43	0.469 26	2.16	0.038 71	0.484 61
1.88	0.068 14	0.469 95	2.17	0.037 88	0.485 00

（续上表）

Z	Y	P	Z	Y	P
2.18	0.037 06	0.485 37	2.47	0.018 88	0.493 24
2.19	0.036 26	0.485 74	2.48	0.018 42	0.493 43
2.2	0.035 47	0.486 10	2.49	0.017 97	0.493 61
2.21	0.034 70	0.486 45	2.5	0.017 53	0.493 79
2.22	0.033 94	0.486 79	2.51	0.017 09	0.493 96
2.23	0.033 19	0.487 13	2.52	0.016 67	0.494 13
2.24	0.032 46	0.487 45	2.53	0.016 25	0.494 30
2.25	0.031 74	0.487 78	2.54	0.015 85	0.494 46
2.26	0.031 03	0.488 09	2.55	0.015 45	0.494 61
2.27	0.030 34	0.488 40	2.56	0.015 06	0.494 77
2.28	0.029 65	0.488 70	2.57	0.014 68	0.494 92
2.29	0.028 98	0.488 99	2.58	0.014 31	0.495 06
2.3	0.028 33	0.489 28	2.59	0.013 94	0.495 20
2.31	0.027 68	0.489 56	2.6	0.013 58	0.495 34
2.32	0.027 05	0.489 83	2.61	0.013 23	0.495 47
2.33	0.026 43	0.490 10	2.62	0.012 89	0.495 60
2.34	0.025 82	0.490 36	2.63	0.012 56	0.495 73
2.35	0.025 22	0.490 61	2.64	0.012 23	0.495 85
2.36	0.024 63	0.490 86	2.65	0.011 91	0.495 98
2.37	0.024 06	0.491 11	2.66	0.011 60	0.496 09
2.38	0.023 49	0.491 34	2.67	0.011 30	0.496 21
2.39	0.022 94	0.491 58	2.68	0.011 00	0.496 32
2.4	0.022 39	0.491 80	2.69	0.010 71	0.496 43
2.41	0.021 86	0.492 02	2.7	0.010 42	0.496 53
2.42	0.021 34	0.492 24	2.71	0.010 14	0.496 64
2.43	0.020 83	0.492 45	2.72	0.009 87	0.496 74
2.44	0.020 33	0.492 66	2.73	0.009 61	0.496 83
2.45	0.019 84	0.492 86	2.74	0.009 35	0.496 93
2.46	0.019 36	0.493 05	2.75	0.009 09	0.497 02

（续上表）

Z	Y	P	Z	Y	P
2.76	0.008 85	0.497 11	3.05	0.003 81	0.498 86
2.77	0.008 61	0.497 20	3.06	0.003 70	0.498 89
2.78	0.008 37	0.497 28	3.07	0.003 58	0.498 93
2.79	0.008 14	0.497 36	3.08	0.003 48	0.498 96
2.8	0.007 92	0.497 44	3.09	0.003 37	0.499 00
2.81	0.007 70	0.497 52	3.1	0.003 27	0.499 03
2.82	0.007 48	0.497 60	3.11	0.003 17	0.499 06
2.83	0.007 27	0.497 67	3.12	0.003 07	0.499 10
2.84	0.007 07	0.497 74	3.13	0.002 98	0.499 13
2.85	0.006 87	0.497 81	3.14	0.002 88	0.499 16
2.86	0.006 68	0.497 88	3.15	0.002 79	0.499 18
2.87	0.006 49	0.497 95	3.16	0.002 71	0.499 21
2.88	0.006 31	0.498 01	3.17	0.002 62	0.499 24
2.89	0.006 13	0.498 07	3.18	0.002 54	0.499 26
2.9	0.005 95	0.498 13	3.19	0.002 46	0.499 29
2.91	0.005 78	0.498 19	3.2	0.002 38	0.499 31
2.92	0.005 62	0.498 25	3.21	0.002 31	0.499 34
2.93	0.005 45	0.498 31	3.22	0.002 24	0.499 36
2.94	0.005 30	0.498 36	3.23	0.002 16	0.499 38
2.95	0.005 14	0.498 41	3.24	0.002 10	0.499 40
2.96	0.004 99	0.498 46	3.25	0.002 03	0.499 42
2.97	0.004 85	0.498 51	3.26	0.001 96	0.499 44
2.98	0.004 70	0.498 56	3.27	0.001 90	0.499 46
2.99	0.004 57	0.498 61	3.28	0.001 84	0.499 48
3	0.004 43	0.498 65	3.29	0.001 78	0.499 50
3.01	0.004 30	0.498 69	3.3	0.001 72	0.499 52
3.02	0.004 17	0.498 74	3.31	0.001 67	0.499 53
3.03	0.004 05	0.498 78	3.32	0.001 61	0.499 55
3.04	0.003 93	0.498 82	3.33	0.001 56	0.499 57

（续上表）

Z	Y	P	Z	Y	P
3.34	0.001 51	0.499 58	3.63	0.000 55	0.499 86
3.35	0.001 46	0.499 60	3.64	0.000 53	0.499 86
3.36	0.001 41	0.499 61	3.65	0.000 51	0.499 87
3.37	0.001 36	0.499 62	3.66	0.000 49	0.499 87
3.38	0.001 32	0.499 64	3.67	0.000 47	0.499 88
3.39	0.001 27	0.499 65	3.68	0.000 46	0.499 88
3.4	0.001 23	0.499 66	3.69	0.000 44	0.499 89
3.41	0.001 19	0.499 68	3.7	0.000 42	0.499 89
3.42	0.001 15	0.499 69	3.71	0.000 41	0.499 90
3.43	0.001 11	0.499 70	3.72	0.000 39	0.499 90
3.44	0.001 07	0.499 71	3.73	0.000 38	0.499 90
3.45	0.001 04	0.499 72	3.74	0.000 37	0.499 91
3.46	0.001 00	0.499 73	3.75	0.000 35	0.499 91
3.47	0.000 97	0.499 74	3.76	0.000 34	0.499 92
3.48	0.000 94	0.499 75	3.77	0.000 33	0.499 92
3.49	0.000 90	0.499 76	3.78	0.000 31	0.499 92
3.5	0.000 87	0.499 77	3.79	0.000 30	0.499 92
3.51	0.000 84	0.499 78	3.8	0.000 29	0.499 93
3.52	0.000 81	0.499 78	3.81	0.000 28	0.499 93
3.53	0.000 79	0.499 79	3.82	0.000 27	0.499 93
3.54	0.000 76	0.499 80	3.83	0.000 26	0.499 94
3.55	0.000 73	0.499 81	3.84	0.000 25	0.499 94
3.56	0.000 71	0.499 81	3.85	0.000 24	0.499 94
3.57	0.000 68	0.499 82	3.86	0.000 23	0.499 94
3.58	0.000 66	0.499 83	3.87	0.000 22	0.499 95
3.59	0.000 63	0.499 83	3.88	0.000 21	0.499 95
3.6	0.000 61	0.499 84	3.89	0.000 21	0.499 95
3.61	0.000 59	0.499 85	3.9	0.000 20	0.499 95
3.62	0.000 57	0.499 85	3.91	0.000 19	0.499 95

（续上表）

Z	Y	P	Z	Y	P
3.92	0.000 18	0.499 96	3.96	0.000 16	0.499 96
3.93	0.000 18	0.499 96	3.97	0.000 15	0.499 96
3.94	0.000 17	0.499 96	3.98	0.000 14	0.499 97
3.95	0.000 16	0.499 96	3.99	0.000 14	0.499 97

附表二
t 分布检验临界值表

df	t 分布检验临界值								
单侧	25%	20%	15%	10%	5%	2.5%	1%	0.5%	0.05%
双侧	50%	40%	30%	20%	10%	5%	2%	1%	0.1%
1	1.000	1.376	1.963	3.078	6.314	12.706	31.821	63.657	636.619
2	0.816	1.061	1.386	1.886	2.920	4.303	6.965	9.925	31.599
3	0.765	0.978	1.250	1.638	2.353	3.182	4.541	5.841	12.924
4	0.741	0.941	1.190	1.533	2.132	2.776	3.747	4.604	8.610
5	0.727	0.920	1.156	1.476	2.015	2.571	3.365	4.032	6.869
6	0.718	0.906	1.134	1.440	1.943	2.447	3.143	3.707	5.959
7	0.711	0.896	1.119	1.415	1.895	2.365	2.998	3.499	5.408
8	0.706	0.889	1.108	1.397	1.860	2.306	2.896	3.355	5.041
9	0.703	0.883	1.100	1.383	1.833	2.262	2.821	3.250	4.781
10	0.700	0.879	1.093	1.372	1.812	2.228	2.764	3.169	4.587
11	0.697	0.876	1.088	1.363	1.796	2.201	2.718	3.106	4.437
12	0.695	0.873	1.083	1.356	1.782	2.179	2.681	3.055	4.318
13	0.694	0.870	1.079	1.350	1.771	2.160	2.650	3.012	4.221
14	0.692	0.868	1.076	1.345	1.761	2.145	2.624	2.977	4.140
15	0.691	0.866	1.074	1.341	1.753	2.131	2.602	2.947	4.073
16	0.690	0.865	1.071	1.337	1.746	2.120	2.583	2.921	4.015
17	0.689	0.863	1.069	1.333	1.740	2.110	2.567	2.898	3.965
18	0.688	0.862	1.067	1.330	1.734	2.101	2.552	2.878	3.922
19	0.688	0.861	1.066	1.328	1.729	2.093	2.539	2.861	3.883
20	0.687	0.860	1.064	1.325	1.725	2.086	2.528	2.845	3.850
21	0.686	0.859	1.063	1.323	1.721	2.080	2.518	2.831	3.819
22	0.686	0.858	1.061	1.321	1.717	2.074	2.508	2.819	3.792
23	0.685	0.858	1.060	1.319	1.714	2.069	2.500	2.807	3.768

（续上表）

df	t 分布检验临界值								
单侧	25%	20%	15%	10%	5%	2.5%	1%	0.5%	0.05%
双侧	50%	40%	30%	20%	10%	5%	2%	1%	0.1%
24	0.685	0.857	1.059	1.318	1.711	2.064	2.492	2.797	3.745
25	0.684	0.856	1.058	1.316	1.708	2.060	2.485	2.787	3.725
26	0.684	0.856	1.058	1.315	1.706	2.056	2.479	2.779	3.707
27	0.684	0.855	1.057	1.314	1.703	2.052	2.473	2.771	3.690
28	0.683	0.855	1.056	1.313	1.701	2.048	2.467	2.763	3.674
29	0.683	0.854	1.055	1.311	1.699	2.045	2.462	2.756	3.659
30	0.683	0.854	1.055	1.310	1.697	2.042	2.457	2.750	3.646
40	0.681	0.851	1.050	1.303	1.684	2.021	2.423	2.704	3.551
50	0.679	0.849	1.047	1.299	1.676	2.009	2.403	2.678	3.496
60	0.679	0.848	1.045	1.296	1.671	2.000	2.390	2.660	3.460
70	0.678	0.847	1.044	1.294	1.667	1.994	2.381	2.648	3.435
80	0.678	0.846	1.043	1.292	1.664	1.990	2.374	2.639	3.416
90	0.677	0.846	1.042	1.291	1.662	1.987	2.368	2.632	3.402
100	0.677	0.845	1.042	1.290	1.660	1.984	2.364	2.626	3.390
110	0.677	0.845	1.041	1.289	1.659	1.982	2.361	2.621	3.381
120	0.677	0.845	1.041	1.289	1.658	1.980	2.358	2.617	3.373

附表三
积差相关系数显著性检验表

$n-2$	$\alpha=5\%$	$\alpha=1\%$	$n-2$	$\alpha=5\%$	$\alpha=1\%$	$n-2$	$\alpha=5\%$	$\alpha=1\%$
1	0.997	1.000	16	0.468	0.590	35	0.325	0.418
2	0.950	0.990	17	0.456	0.575	40	0.304	0.393
3	0.878	0.959	18	0.444	0.561	45	0.288	0.372
4	0.811	0.917	19	0.433	0.549	50	0.273	0.254
5	0.754	0.874	20	0.423	0.537	60	0.250	0.325
6	0.707	0.834	21	0.413	0.526	70	0.232	0.302
7	0.666	0.798	22	0.404	0.515	80	0.217	0.283
8	0.632	0.765	23	0.396	0.505	90	0.205	0.267
9	0.302	0.735	24	0.388	0.496	100	0.195	0.254
10	0.576	0.708	25	0.381	0.487	125	0.174	0.228
11	0.553	0.684	26	0.374	0.478	150	0.159	0.208
12	0.532	0.661	27	0.367	0.470	200	0.138	0.181
13	0.514	0.641	28	0.361	0.463	300	0.113	0.148
14	0.497	0.623	29	0.355	0.456	400	0.098	0.128
15	0.482	0.606	30	0.349	0.449	1 000	0.062	0.081

参考文献

一、中文著作

1. 郑日昌编著：《心理测量》，长沙：湖南教育出版社 1987 年版。

2. 戴忠恒编著：《心理与教育测量》，上海：华东师范大学出版社 1987 年版。

3. 彭凯平编著：《心理测验——原理与实践》，北京：华夏出版社 1989 年版。

4. 漆书青、戴海崎：《项目反应理论及其应用研究》，南昌：江西高校出版社 1992 年版。

5. 高觉敷主编：《中国心理学史》，北京：人民教育出版社 1985 年版。

6. 葛树人：《心理测验学》，台北：桂冠图书股份有限公司 1987 年版。

7. 李聪明：《教育评价的理论与方法》，台北：幼狮文化事业公司 1985 年版。

8. 宋维真、张谣主编：《心理测验》，北京：科学出版社 1987 年版。

9. 翟天山主编：《教育评价学》，武汉：武汉工业大学出版社 1992 年版。

10. 韦恩·卡西欧著，彭和平等编译：《人事心理学》，北京：中国人民大学出版社 1991 年版。

11. 王汉澜主编：《教育测量学》，开封：河南大学出版社 1987 年版。

12. 谢小庆编著：《心理测量学讲义》，武汉：华中师范大学出版社 1988 年版。

13. 张小乔主编：《心理咨询治疗与测验》，北京：中国人民大学出版社 1993 年版。

14. 桑代克、哈根著，叶佩华等译：《心理与教育的测量和评价》（下册），北京：人民教育出版社 1985 年版。

15. 罗德、诺维克著，叶佩华译：《心理测验分数的统计理论》，福州：福建教育出版社 1992 年版。

16. 霍兰德、鲁宾编，叶佩华等译：《测验等值》，广州：广东高等教育出版社 1990 年版。

17. 余嘉元编著：《项目反应理论及其应用》，南京：江苏教育出版社 1992 年版。

18. 孔祥斌、王学兰主编：《教育测量》，天津：天津社会科学院出版社 1992 年版。

19. 邢最智、司徒伟成编著：《现代教育测量理论》，广州：华南理工大学出版社 1989 年版。

20. 罗伯特·L. 艾伯尔著，漆书青、邱仰霖、钟文菘译：《教育测量纲要》，南昌：

江西师范大学高等教育研究室 1984 年版。

21. 陈英豪、吴裕益：《测验与评量》，高雄：复文图书出版社 1993 年版。

22. 郭生玉：《心理与教育测验》，台北：精华书局 1995 年版。

23. 安妮·安娜斯塔西、苏珊娜·厄比纳著，缪小春、竺培梁译：《心理测验》，杭州：浙江教育出版社 2001 年版。

24. 郭庆科编著：《心理测验的原理与应用》，北京：人民军医出版社 2002 年版。

25. 侯杰泰、温忠麟、成子娟：《结构方程模型及其应用》，北京：教育科学出版社 2004 年版。

26. 吉尔伯特·萨克斯、詹姆斯·W. 牛顿，王昌海等译：《教育和心理的测量与评价原理》，南京：江苏教育出版社 2002 年版。

27. 金瑜主编：《心理测量》（第 2 版），上海：华东师范大学出版社 2005 年版。

28. 凯温·R. 墨菲、查尔斯·O. 大卫夏弗著，张娜、杨艳苏、徐爱华译：《心理测验：原理和应用》（第 6 版），上海：上海社会科学院出版社 2006 年版。

29. L．克罗克、J. 阿尔吉纳著，金瑜等译：《经典和现代测验理论导论》，上海：华东师范大学出版社 2004 年版。

30. 刘邵：《人物志》。

31. 刘易思·R. 艾肯著，张厚粲、黎坚译：《心理测量与评估》，北京：北京师范大学出版社 2006 年版。

32. 罗伯特·格雷戈里：《心理测验：历史、原理及应用》，北京：人民邮电出版社 2008 年版。

33. 罗伯特·M. 卡普兰、丹尼斯·P. 萨库佐著，赵国祥等译：《心理测验》（第 5 版），西安：陕西师范大学出版社 2005 年版。

34. 美国教育研究协会、美国心理学协会、全美教育测量学会主编，燕娓琴、谢小庆译：《教育与心理测试标准》，沈阳：沈阳出版社 2003 年版。

35. 漆书青、戴海崎、丁树良编著：《现代教育与心理测量学原理》，北京：高等教育出版社 2002 年版。

36. 张厚粲编著：《实用心理评估》，北京：中国轻工业出版社 2005 年版。

37. 郑日昌、蔡永红、周益群：《心理测量学》，北京：人民教育出版社 1999 年版。

38. 杨志明、张雷：《测评的概化理论及其应用》，北京：教育科学出版社 2003 年版。

39. 张厚粲：《心理与教育测量论文集》，北京：北京师范大学出版社 1992 年版。

40. 沈德立等：《中国青少年心理健康素质调查研究》，北京：经济科学出版社 2009 年版。

41. 吴明证：《内隐自尊》，上海：上海交通大学出版社 2016 年版。

二、论文

1. 张厚粲、丁艺兵：《心理测验理论及其发展》，《教育研究》1988 年第 3 期。

2. 杨志明、张厚粲：《用概化理论研究测量误差初探》，《北京师范大学学报》1992年增刊第 2 期。

3. 林传鼎：《我国古代心理测验方法试探》，《心理学报》1980 年第 1 期。

4. M. M. P. I. 全国协作组：《明尼苏达多相个性调查表在我国修订经过及使用评价》，《心理学报》1982 年第 4 期。

5. M. M. P. I. 全国协作组：《中国人使用明尼苏达多相个性测验表的结果分析》，《心理学报》1985 年第 4 期。

6. 洪德厚、周家骥、王养华、徐增钰：《〈中国少年非智力个性心理特征问卷〉（CA – NPI）（1988 年版）的编制与使用》，《心理科学通讯》1989 年第 2 期。

7. 宋维真、张建新、张建平等：《编制中国人个性测量表（CPAI）的意义与程序》，《心理学报》1993 年第 4 期。

8. 沙毓英、张铎、金竞明等：《中国人性格研究的理论与方法初探》，《云南师范大学学报》（哲学社会科学版）1993 年第 2 期。

9. 沙毓英、张锋、金竞明等：《〈中国学生性格问卷〉（11 ~ 18 岁）的编制》，《云南师范大学学报》1993 年第 3 期。

10. 龚耀先：《艾森克个性问卷在我国的修订》，《心理科学通讯》1984 年第 4 期。

11. 漆书青：《现代测量理论的信度观》，《中国考试》1993 年第 2 期。

12. 戴海崎：《概化理论测验误差分析的思想与技术述评》，《中国考试》1994 年第 1 期。

13. 杨志明：《多题型试卷和多学科合成分数的信度估计》，《教育测量与评价》2017 年第 4 期。

14. 梁宝勇：《心理健康素质测评系统：基本概念、理论与编制构思》，《心理与行为研究》2012 年第 4 期。

15. 沈德立、马惠霞、白学军：《青少年心理健康素质调查表的编制》，《心理发展与教育》2007 年第 1 期。

16. 王健、邹义壮、崔界峰等：《韦氏成人智力量表第四版中文版的信度和结构效度》，《中国心理卫生杂志》2013 年第 9 期。

17. 杨鑫辉：《中国古代心理测验技术》，《心理技术与应用》2013 年第 2 期。

18. 张厚粲、余嘉元：《中国的心理测量发展史》，《心理科学》2012 年第 3 期。

19. 张厚粲：《韦氏儿童智力量表第四版（WISC – Ⅳ）中文版的修订》，《心理科学》2009 年第 5 期。

20. 张秀阁、梁宝勇：《心理健康素质测评系统：中国成年人核心心理健康素质全国常模的制定》，《心理与行为研究》2016 年第 4 期。

21. 陈朝阳、马兵兵、马婷、张锋：《亲社会视频游戏对玩家人性化知觉水平的影响》，《心理发展与教育》2014 年第 6 期。

22. 蔡华俭：《Greenwald 提出的内隐联想测验介绍》，《心理科学进展》2003 年第 3 期。

23. 蔡华俭、杨治良：《大学生性别自我概念的结构》，《心理学报》2002 年第 2 期。

24. 蔡华俭、周颖、史青海：《内隐联想测验（IAT）及其在性别刻板印象研究中的应用》，《社会心理研究》2001 年第 4 期。

25. 侯珂、邹泓、张秋凌：《内隐联想测验：信度、效度及原理》，《心理科学进展》2004 年第 2 期。

26. 张珂、张大均：《内隐联想测验研究进展述评》，《心理学探新》2009 年第 24 期。

27. 周艳艳、马婷、张锋：《健全人对残疾人的内隐认知评价及其可塑性——基于文本阅读的间接接触的启动效应》，《应用心理学》2014 年第 4 期。

三、测量工具

1. 宋维真主修：《明尼苏达多相个性调查表使用指导书》，中国科学院心理研究所，1989 年。

2. 戴忠恒、祝蓓里主修：《修订卡氏十六种人格因素量表手册》，华东师范大学，1988 年。

3. 龚耀先主修：《修订艾森克个性问卷手册》，湖南医学院，1986 年。

4. 沙毓英、张锋主编：《学生性格量表（11～18 岁）（SPS）测验手册》，1995 年。

5. 华东师范大学心理系译：《罗夏测验》（内部资料），1987 年。

6. 华东师范大学心理系译：《主题统觉测验》（内部资料），1987 年。

7. 龚耀先等：《C－WISC 手册》，长沙：湖南地图出版社 1993 年版。

8. 陈明终等编著：《我国心理与教育测验汇编》（上、下册），高雄：复文图书出版社 1985 年版。

四、英文资料

1. L R AIKEN. Psychological testing and assessment. Ally & Bacon，1985.

2. F G BROWN. Principles of education and psychological testing. New York：Holt，Yinehart & Winston，1983.

3. R L THORNDIKE. Applied psychometrics. Boston：Houghton Miffl in Company，1982.

4. A ANASTASI. Psychological testing. 1981.

5. RONALD A BERK. A guide to criterion-referenced test construction.

6. ROBERT STERNBERG. Handbook of human intelligence. 1979.

7. ROBERT GLASER. Criterion-referenced Measurement. 1994.

8. F M Lord. Applications of item response theory to practical testing problems. Lawrence Erlbaum Associates，1980.

9. R K HAMBLETON & H SWAMINATHAN. Item response theory：principles and applications. Kluwer－Nijhoff Publishing，1985.

10. H K SUEN. Principles of test theories. Lawrence Erlbaum Associates, 1990.

11. F M LORD. The standard error of equipercentile equating. Journal of educational statistics, 1982 (7).

12. MICHELLE LION & PHILIP E CHENG. Asymptotic standard error of equipercentile equating. Journal of educational and behaviotial statistics, 1995 (20).

13. D M Lewis, H C MITZET & GREEN D ROSS. Standard setting: a bookmark approach. CCSSO National Conference on Large Scale Assessment, 1996.

14. D M LEWIS, D R GREEN, H C MITZET, K BAUM & R J PATZ. The bookmark standard setting procedure: methodology and recent implementations, paper presented at the annual meeting of the national council on measurement in education. San Diego, CA, 1998.

15. MICHAEL J KOLEN & ROBERT L BRENNAN. Test equating, scaling, and linking: methods and practices (2nd ed.). New York: Springer, 2004.

16. S E EMBRESTON & S P REISE. Item response theory for psychologists, lawrence erlbaum associates publishers. 2000.

17. M J ALLEN & W M YEN. Introduction to measurement theory. Monterey, CA: Brooks/Cole Publishing Company, 1979.

18. AMERICAN EDUCATIONAL RESEARCH ASSOCIATION, AMERICAN PSYCHOLOGICAL ASSOCIATION & NATIONAL COUNCIL ON MEASUREMENT IN EDUCATION. Standards for educational and psychological testing. Washington, DC: American Psychological Association, 1985.

19. American Educational Research Association, American Psychological Association & National Council on Measurement in Education. Standards for educational and psychological testing. Washington, DC: American Educational Research Association, 1999.

20. L S FELDT & R L BRENNAN. Reliability, in R L LINN (ed.). Educational measurement (3rd ed.). New York: American Council on Education and Macmillan, 1989.

21. E H HAERTEl. Reliability. in R L BRENNAN (ed.). Educational measurement (4th ed.). CT: American Council on Education and Praeger Publishers, 2006.

22. M T KANE. An argument-based approach to validation. Psychological bulletin, 1992 (112).

23. M T KANE. Validation. in R L BRENNAN (ed.). Educational measurement (4th ed.). CT: American Council on Education and Praeger Publishers, 2006.

24. S MESSICK. Validity. in R L LINN (ed.). Educational measurement (3rd ed.). New York: American Council on Education and Macmillan, 1989.

25. HAERTEL E H. Reliability. in R L BRENNAN (ed.). Educational measurement (4th ed.).

26. KANE M T. Validation. in R L BRENNAN (ed.). Educational measurement (4th ed.). Westport, CT: American Council on Education/Praeger, 2006.

27. BOSSON J K, SWANN W B JR. & PENNEBAKER J W. Stalking the perfect measure of implicit self-esteem: the blind and the elephant revisited?. Journal of personality and social

psychology, 2000, 79 (4).

28. FARNHAM S D, GREENWALD A G & BANAJI M R. Implicit self-esteem. in ABRAMS, DOMINIC, HOGG, & MICHAEL A (ed.). Social identity andsocial cognition. Oxford, U. K: Blackwell Publishers Inc, 1999.

29. GREENWALD A G & BENAJI M R. Implicit social cognition: attitudes, self-esteem, and stereotypes. Psychological review, 1995, 102 (1).

30. GREENWALD A G, NOSEK B A & BANAJI M R. Understanding and using the implicit association test: an improved scoring algorithm. Journal of personality and social psychology, 2003, 85 (2).

31. GREENWALD A G, MCGHEE D E & SCHWARTZ J K L. Measuring individual differences in implicit cognition: the implicit association test. Journal of personality and social psychology, 1998, 74 (6).

32. GREENWALD A G & FARNHAM S D. Using the implicit association test to measure self-esteem and self-concept. Journal of personality and social psychology, 2000, 79 (6).

33. GREENWALD A G, MCGHEE E & SCHWARTZ J L K. Measuring individual differences in implicit cognition: the implicit association test. Journal of personality and social psychology, 1998, 74 (5).

34. KARPINSKI A. Measuring self-esteem using the implicit association test: the role of the other. Personality and social psychology bulletin, 2004, 30 (1).

35. KARPINSKI A. & STEINMAN R. The single category implicit association test as a measure of implicit social cognition. Journal of personality and social psychology, 2006, 31 (5).

36. MCCONNELL A R & LEIBOLD J M. Relations among the implicit association test, discriminatory behavior, and explicit measures of racial attitudes. Journal of experimental social psychology, 2001 (37).

37. PENKE L, EICHSTAEDT J & ASENDORPF J B. Single-attribute implicit association tests (SA – LAT) for the assessment of unipolar constructs: the case of sociosexuality. Experimental psychology, 2006, 53 (4).

38. SRIRAM N & GREENWALD A G. Brief implicit association test. Experimental psychology, 2009, 56 (4).

39. Wilson T D, LINDSEY S & SCHOOLER T Y. A model of dual attitudes. Psychological review, 2000, 107 (1).